O Governo de Si e dos Outros

Michel Foucault

O Governo de Si e dos Outros

Curso no Collège de France
(1982-1983)

*Edição estabelecida por Frédéric Gros
sob a direção de François Ewald e Alessandro Fontana*

Tradução
EDUARDO BRANDÃO

wmf**martinsfontes**

Esta obra foi publicada originalmente em francês com o título
LE GOUVERNEMENT DE SOI ET DES AUTRES
Cours au Collège de France (1982-1983)
por Les Éditions du Seuil
Copyright © Éditions du Seuil / Gallimard, 2008
Copyright © 2010, Editora WMF Martins Fontes Ltda.,
São Paulo, para a presente edição.

"Cet ouvrage, publié dans le cadre du Programme d'Aide à la Publication 2010 Carlos Drummond de Andrade de la Médiathèque de la Maison de France, bénéficie du soutien du Ministère français des Affaires Etrangères et Européennes."

"Este livro, publicado no âmbito do programa de auxílio à publicação 2010 Carlos Drummond de Andrade da Mediateca da Maison de France, contou com o apoio do Ministério francês das Relações Exteriores e Europeias."

Ouvrage publié avec le concours du ministère français chargé de la culture – Centre national du livre
Obra publicada com apoio do ministério francês da cultura – Centro nacional do livro

1ª edição 2010
5ª tiragem 2022

Tradução
EDUARDO BRANDÃO

Transliteração do grego
Zelia de Almeida Cardoso
Acompanhamento editorial
Luciana Veit
Revisões
Maria Fernanda Alvares
Andréa Stahel M. da Silva
Edição de arte
Adriana Maria Porto Translatti
Produção gráfica
Geraldo Alves
Paginação
Studio 3 Desenvolvimento Editorial

Dados Internacionais de Catalogação na Publicação (CIP)
(Câmara Brasileira do Livro, SP, Brasil)

Foucault, Michel, 1926-1984.
  O governo de si e dos outros : curso no Collège de France (1982-1983) / Michel Foucault ; tradução Eduardo Brandão. – São Paulo : Editora WMF Martins Fontes, 2010. – (Obras de Michel Foucault)

  Título original: Le gouvernement de soi et des autres.
  "Edição estabelecida por Frédéric Gros, sob a direção de François Ewald e Alessandro Fontana"
  ISBN 978-85-7827-321-7

  1. Ciência política – Filosofia I. Título. II. Série.

10-07077   CDD-194

Índices para catálogo sistemático:
1. Foucault : Obras filosóficas   194

Todos os direitos desta edição reservados à
Editora WMF Martins Fontes Ltda.
Rua Prof. Laerte Ramos de Carvalho, 133 01325.030 São Paulo SP Brasil
Tel. (11) 3293.8150 e-mail: info@wmfmartinsfontes.com.br
http://www.wmfmartinsfontes.com.br

ÍNDICE

Nota.. IX

Curso, anos 1982-1983

Aula de 5 de janeiro de 1983 – primeira hora 3
Questões de método. – Estudo do texto de Kant: O que é o esclarecimento? – Condições de publicação: as revistas. – O encontro da *Aufklärung* cristã com a *Hascalá* judaica: a liberdade de consciência. – Filosofia e atualidade. – A questão da Revolução. – As duas posteridades críticas.

Aula de 5 de janeiro de 1983 – segunda hora................................. 25
A ideia de menoridade: nem impotência natural, nem privação autoritária de direitos. – Saída do estado de menoridade e exercício da atividade crítica. – A sombra das três *Críticas*. – Dificuldade de emancipação: preguiça e covardia; o fracasso anunciado dos libertadores. – As molas propulsoras do estado de menoridade: superposição obediência/ausência de raciocínio; confusão entre uso privado/uso público da razão. – As inflexões problemáticas do fim do texto de Kant.

Aula de 12 de janeiro de 1983 – primeira hora 41
Recapitulações de método. – Determinação do tema de estudo do ano. – *Parresía* e cultura de si. – O *Tratado das paixões* de Galeno. – A *parresía*: dificuldade de precisar a noção; referências bibliográficas. – Uma noção duradoura, plural, ambígua. – Platão diante do tirano de Siracusa: uma cena exemplar de *parresía*. – O eco de *Édipo*. *Parresía versus* demonstração/ensino/discussão. – O elemento do risco.

Aula de 12 de janeiro de 1983 – segunda hora 59
Pontos de irredutibilidade do enunciado parresiástico ao enunciado performativo: abertura de um risco indeterminado/expressão pública de uma convicção pessoal/emprego de uma livre coragem. – Pragmá-

tica e dramática do discurso. – Uso clássico da noção de *parresía*: democracia (Políbio) e cidadania (Eurípides).

Aula de 19 de janeiro de 1983 – primeira hora 71
O personagem de Íon na mitologia e na história de Atenas. – Contexto político da tragédia de Eurípides: a paz de Nícias. – História do nascimento de Íon. – Esquema aletúrgico da tragédia. – A implicação dos três dizer-a-verdade: o oráculo/a confissão/o discurso político. – Comparação estrutural entre *Íon* e *Édipo rei*. – As aventuras do dizer-a-verdade em *Íon*: a dupla meia mentira.

Aula de 19 de janeiro de 1983 – segunda hora 91
Íon: Nada, filho de Nada. – Três categorias de cidadãos. – Consequências de uma intrusão política de Íon: ódios privados e tirania pública. – Em busca de uma mãe. – A *parresía*, irredutível ao exercício efetivo do poder e à condição estatutária do cidadão. – O jogo agonístico do dizer-a-verdade: livre e arriscado. – Contexto histórico: o debate Cléon/Nícias. – A cólera de Creusa.

Aula de 26 de janeiro de 1983 – primeira hora 105
Continuação e fim da comparação *Íon/Édipo*: a verdade não nasce de uma investigação mas do choque das paixões. – Reino das ilusões e da paixão. – O grito de confissão e de acusação. – As análises de G. Dumézil sobre Apolo. – Retomada das categorias dumezilianas aplicadas a *Íon*. – Modulação trágica do tema da voz. – Modulação trágica do tema do ouro.

Aula de 26 de janeiro de 1983 – segunda hora 123
Modulação trágica do tema da fecundidade. – A *parresía* como imprecação: a denúncia pública pelo fraco da injustiça do poderoso. – A segunda confidência de Creusa: a voz da confissão. – Últimas peripécias: do projeto de assassinato à aparição de Atena.

Aula de 2 de fevereiro de 1983 – primeira hora 139
Recapitulação do texto de Políbio. – Volta a *Íon*: veridicções divinas e humanas. – As três formas de *parresía*: político-estatutária; judiciária; moral. – A *parresía* política: seu vínculo com a democracia; seu arraigamento numa estrutura agonística. – Volta ao texto de Políbio: a relação isegoria/*parresía*. – *Politeía* e *dynasteía*: pensar a política como experiência. – A *parresía* em Eurípides: *As fenícias*; *Hipólito*; *As bacantes*; *Orestes*. – O processo de Orestes.

Aula de 2 de fevereiro de 1983 – segunda hora 159
O retângulo da *parresía*: condição formal/condição de fato/condição de verdade/condição moral. – Exemplo do funcionamento correto da *parresía* democrática em Tucídides: três discursos de Péricles. – A má *parresía* em Isócrates.

Aula de 9 de fevereiro de 1983 – primeira hora 171
Parresía: uso corrente; uso político. – Recapitulação de três cenas exemplares: Tucídides; Isócrates; Plutarco. – Linhas de evolução da *parresía*. – Os quatro grandes problemas da filosofia política antiga: a cidade ideal; os méritos compartilhados da democracia e da autocracia; o apelo à alma do príncipe; a relação filosofia/retórica. – Estudo de três textos de Platão.

Aula de 9 de fevereiro de 1983 – segunda hora 191
As *Cartas* de Platão: situação. – Estudo da carta V: a *phonê* das constituições; as razões de um não engajamento. – Estudo da carta VII. – História de Dion. – Autobiografia política de Platão. – A viagem à Sicília. – Por que Platão aceita: o *kairós*; a *philía*; o *érgon*.

Aula de 16 de fevereiro de 1983 – primeira hora 203
O *érgon* filosófico. – Comparação com o *Alcibíades*. – O real da filosofia: a palavra corajosa dirigida ao poder. – Primeira condição de realidade: a escuta, o primeiro círculo. – A obra filosófica: uma escolha; um percurso; uma aplicação. – O real da filosofia como trabalho de si sobre si (segundo círculo).

Aula de 16 de fevereiro de 1983 – segunda hora 223
O fracasso de Dionísio. – A recusa platônica da escrita. – *Mathémata* versus *synousía*. – A filosofia como prática da alma. – A digressão filosófica da carta VII: os cinco elementos do conhecimento. – O terceiro círculo: o círculo do conhecimento. – O filósofo e o legislador. – Observações finais sobre as interpretações contemporâneas de Platão.

Aula de 23 de fevereiro de 1983 – primeira hora 235
A enigmática insipidez dos conselhos políticos de Platão. – Os conselhos a Dionísio. – O diagnóstico, o exercício da persuasão, a proposição de um regime. – Os conselhos aos amigos de Dionísio. – Estudo da carta VIII. – A *parresía* na raiz do conselho político.

Aula de 23 de fevereiro de 1983 – segunda hora 259
Filosofia e política: relação necessária mas coincidência impossível. – Jogo cínico e platônico da relação com a política. – A nova conjuntu-

ra histórica: pensar, para além da cidade, uma nova unidade política. – Da praça pública à alma do príncipe. – O tema platônico do filósofo-rei.

Aula de 2 de março de 1983 – primeira hora 271
Série de recapitulações sobre a *parresía* política. – Pontos de evolução da *parresía* política. – As grandes questões da filosofia antiga. – Estudo de um texto de Luciano. – A ontologia dos discursos de veridicção. – A palavra socrática na *Apologia*. – O paradoxo do não engajamento político de Sócrates.

Aula de 2 de março de 1983 – segunda hora 295
Fim do estudo da *Apologia de Sócrates*: oposição *parresía*/retórica. – Estudo do *Fedro*: plano geral do diálogo. – As condições do bom logos. – A verdade como função permanente do discurso. – Dialética e psicagogia. – A *parresía* filosófica.

Aula de 9 de março de 1983 – primeira hora 307
A reviravolta histórica da *parresía*: do jogo político ao jogo filosófico. – A filosofia como prática de *parresía*: o exemplo de Aristipo. – A vida filosófica como manifestação da verdade. – A palavra permanente dirigida ao poder. – A interpelação de cada um. – O retrato do cínico em Epicteto. – Péricles e Sócrates. – Filosofia moderna e coragem da verdade.

Aula de 9 de março de 1983 – segunda hora 323
Estudo do *Górgias*. – A obrigação de confissão em Platão: o contexto de liquidação da retórica. – As três qualidades de Cálicles: episteme; *parresía*; eunoia. – Jogo agonístico contra sistema igualitário. – A palavra socrática: *básanos* e homologia.

Situação do curso 341
Índice das noções 357
Índice onomástico 377

NOTA

Michel Foucault ensinou no Collège de France de janeiro de 1971 até a sua morte em junho de 1984 – com exceção de 1977, quando gozou de um ano sabático. O título da sua cadeira era: *História dos sistemas de pensamento*.

Essa cadeira foi criada em 30 de novembro de 1969, por proposta de Jules Vuillemin, pela assembleia geral dos professores do Collège de France em substituição à cadeira de história do pensamento filosófico, que Jean Hyppolite ocupou até a sua morte. A mesma assembleia elegeu Michel Foucault, no dia 12 de abril de 1970, titular da nova cadeira[1]. Ele tinha 43 anos.

Michel Foucault pronunciou a aula inaugural no dia 2 de dezembro de 1970[2].

O ensino no Collège de France obedece a regras específicas. Os professores têm a obrigação de dar 26 horas de aula por ano (metade das quais, no máximo, pode ser dada na forma de seminários[3]). Eles devem expor cada ano uma pesquisa original, o que os obriga a sempre renovar o conteúdo do seu ensino. A frequência às aulas e aos seminários é inteiramente livre, não requer inscrição nem nenhum diploma. E o professor também não fornece certificado algum[4]. No vocabulário do Collège de France, diz-se que os professores não têm alunos, mas ouvintes.

O curso de Michel Foucault era dado todas as quartas-feiras, do começo de janeiro ao fim de março. A assistência, numerosíssima, com-

1. Michel Foucault encerrou o opúsculo que redigiu para sua candidatura com a seguinte fórmula: "Seria necessário empreender a história dos sistemas de pensamento" ("Titres et travaux", *in Dits et Écrits, 1954-1988*, ed. por D. Defert e F. Ewald, colab. J. Lagrange, Paris, Gallimard, 1994, 4 vols.; cf. vol. I, p. 846). [Ed. bras.: *Ditos e escritos*, 5 vols. temáticos, Rio de Janeiro, Forense Universitária, 2006.]
2. Publicada pelas Éditions Gallimard em maio de 1971 com o título: *L'Ordre du discours*. [Ed. bras.: *A ordem do discurso*, São Paulo, Loyola, 1999.]
3. Foi o que Michel Foucault fez até o início da década de 1980.
4. No âmbito do Collège de France.

posta de estudantes, professores, pesquisadores, curiosos, muitos deles estrangeiros, mobilizava dois anfiteatros do Collège de France. Michel Foucault queixou-se repetidas vezes da distância que podia haver entre ele e seu "público" e do pouco intercâmbio que a forma do curso possibilitava[5]. Ele sonhava com um seminário que servisse de espaço para um verdadeiro trabalho coletivo. Fez várias tentativas nesse sentido. Nos últimos anos, no fim da aula, dedicava um bom tempo para responder às perguntas dos ouvintes.

Eis como, em 1975, um jornalista do *Nouvel Observateur*, Gérard Petitjean, transcrevia a atmosfera reinante: "Quando Foucault entra na arena, rápido, decidido, como alguém que pula na água, tem de passar por cima de vários corpos para chegar à sua cadeira, afasta os gravadores para pousar seus papéis, tira o paletó, acende um abajur e arranca, a cem por hora. Voz forte, eficaz, transportada por alto-falantes, única concessão ao modernismo de uma sala mal iluminada pela luz que se eleva de umas bacias de estuque. Há trezentos lugares e quinhentas pessoas aglutinadas, ocupando todo e qualquer espaço livre [...] Nenhum efeito oratório. É límpido e terrivelmente eficaz. Não faz a menor concessão ao improviso. Foucault tem doze horas por ano para explicar, num curso público, o sentido da sua pesquisa durante o ano que acaba de passar. Então, compacta o mais que pode e enche as margens como esses missivistas que ainda têm muito a dizer quando chegam ao fim da folha. 19h15. Foucault para. Os estudantes se precipitam para a sua mesa. Não é para falar com ele, mas para desligar os gravadores. Não há perguntas. Na confusão, Foucault está só." E Foucault comenta: "Seria bom poder discutir o que propus. Às vezes, quando a aula não foi boa, pouca coisa bastaria, uma pergunta, para pôr tudo no devido lugar. Mas essa pergunta nunca vem. De fato, na França, o efeito de grupo torna qualquer discussão real impossível. E, como não há canal de retorno, o curso se teatraliza. Eu tenho com as pessoas que estão aqui uma relação de ator ou de acrobata. E, quando termino de falar, uma sensação de total solidão..."[6]

---

5. Em 1976, na (vã) esperança de reduzir a assistência, Michel Foucault mudou o horário do curso, que passou de 17h45 para as 9 da manhã. Cf. o início da primeira aula (7 de janeiro de 1976) de *Il faut défendre la société. Cours au Collège de France, 1976*, ed. sob a dir. de F. Ewald e A. Fontana por M. Bertani e A. Fontana, Paris, Gallimard/Seuil, 1997. [Ed. bras.: *Em defesa da sociedade,* São Paulo, Martins Fontes, 2002.]

6. Gérard Petitjean, "Les Grands Prêtres de l'université française", *Le Nouvel Observateur*, 7 de abril de 1975.

Nota

Michel Foucault abordava seu ensino como um pesquisador: explorações para um livro, desbravamento também de campos de problematização, que se formulavam muito mais como um convite lançado a eventuais pesquisadores. Assim é que os cursos do Collège de France não repetem os livros publicados. Não são o esboço desses livros, embora certos temas possam ser comuns a livros e cursos. Têm seu estatuto próprio. Originam-se de um regime discursivo específico no conjunto dos "atos filosóficos" efetuados por Michel Foucault. Neles desenvolve, em particular, o programa de uma genealogia das relações saber/poder em função do qual, a partir do início dos anos 1970, refletirá sobre seu trabalho – em oposição ao de uma arqueologia das formações discursivas que até então dominara[7].

Os cursos também tinham uma função na atualidade. O ouvinte que assistia a eles não ficava apenas cativado pelo relato que se construía semana após semana; não ficava apenas seduzido pelo rigor da exposição: também encontrava neles uma luz sobre a atualidade. A arte de Michel Foucault estava em diagonalizar a atualidade pela história. Ele podia falar de Nietzsche ou de Aristóteles, da perícia psiquiátrica no século XIX ou da pastoral cristã, mas o ouvinte sempre tirava do que ele dizia uma luz sobre o presente e sobre os acontecimentos contemporâneos. A força própria de Michel Foucault em seus cursos vinha desse sutil cruzamento entre uma fina erudição, um engajamento pessoal e um trabalho sobre o acontecimento.

*

Os anos 1970 viram o desenvolvimento e o aperfeiçoamento dos gravadores de fita cassete – a mesa de Michel Foucault logo foi tomada por eles. Os cursos (e certos seminários) foram conservados graças a esses aparelhos.

Esta edição toma como referência a palavra pronunciada publicamente por Michel Foucault e fornece a sua transcrição mais literal possível[8]. Gostaríamos de poder publicá-la tal qual. Mas a passagem do oral ao escrito impõe uma intervenção do editor: é necessário, no mínimo,

---

7. Cf. em particular "Nietzsche, la généalogie, l'histoire", *in Dits et Écrits*, II, p. 137. [Trad. bras.: "Nietzsche, a genealogia e a história", *in Microfísica do poder*, Roberto Machado (org.), Rio de Janeiro, Graal, 1979.]

8. Foram utilizadas em especial as gravações realizadas por Gérard Burlet e Jacques Lagrange, depositadas no Collège de France e no IMEC.

introduzir uma pontuação e definir parágrafos. O princípio sempre foi o de ficar o mais próximo possível da aula efetivamente pronunciada.

Quando parecia indispensável, as repetições foram suprimidas; as frases interrompidas foram restabelecidas e as construções incorretas, retificadas.

As reticências assinalam que a gravação é inaudível. Quando a frase é obscura, figura entre colchetes uma integração conjuntural ou um acréscimo.

Um asterisco no rodapé indica as variantes significativas das notas utilizadas por Michel Foucault em relação ao que foi dito.

As citações foram verificadas e as referências aos textos utilizados, indicadas. O aparato crítico se limita a elucidar os pontos obscuros, a explicitar certas alusões e a precisar os pontos críticos.

Para facilitar a leitura, cada aula foi precedida por um breve resumo que indica suas principais articulações.

O texto do curso é seguido do resumo publicado no *Annuaire du Collège de France*. Michel Foucault o redigia geralmente no mês de junho, pouco tempo depois do fim do curso, portanto. Era a oportunidade que tinha para destacar, retrospectivamente, a intenção e os objetivos dele. E constituem a melhor apresentação de suas aulas.

Cada volume termina com uma "situação", de responsabilidade do editor do curso. Trata-se de dar ao leitor elementos de contexto de ordem biográfica, ideológica e política, situando o curso na obra publicada e dando indicações relativas a seu lugar no âmbito do *corpus* utilizado, a fim de facilitar sua compreensão e evitar os contrassensos que poderiam se dever ao esquecimento das circunstâncias em que cada um dos cursos foi elaborado e ministrado.

O governo de si e dos outros, curso ministrado em 1983, é editado por Frédéric Gros.

*

Com esta edição dos cursos no Collège de France, vem a público um novo aspecto da "obra" de Michel Foucault.

Não se trata, propriamente, de inéditos, já que esta edição reproduz a palavra proferida em público por Michel Foucault, excluindo o suporte escrito que ele utilizava e que podia ser muito elaborado.

Daniel Defert, que possui as notas de Michel Foucault, permitiu que os editores as consultassem. A ele nossos mais vivos agradecimentos.

Nota

Esta edição dos cursos no Collège de France foi autorizada pelos herdeiros de Michel Foucault, que desejaram satisfazer à forte demanda de que eram objeto, na França como no exterior. E isso em incontestáveis condições de seriedade. Os editores procuraram estar à altura da confiança que neles foi depositada.

FRANÇOIS EWALD e ALESSANDRO FONTANA

Curso,
Anos 1982-1983

AULA DE 5 DE JANEIRO DE 1983
Primeira hora

Questões de método. – Estudo do texto de Kant: O que é o esclarecimento? – Condições de publicação: as revistas. – O encontro da Aufklärung *cristã com a* Hascalá *judaica: a liberdade de consciência. – Filosofia e atualidade. – A questão da Revolução. – As duas posteridades críticas.*

Gostaria de dizer antes de mais nada quanto me sensibiliza a presença fiel de vocês. Gostaria de lhes dizer também que muitas vezes é um pouco duro dar um curso assim, sem ter possibilidade de retornos, de discussões, sem saber tampouco se o que digo pode encontrar eco nos que estudam, que fazem teses, mestrados, se lhes proporciona possibilidades de reflexão, de trabalho. Vocês sabem, por outro lado, que, nesta instituição cujos regulamentos são extremamente liberais, não se tem o direito de fazer seminários fechados, reservados simplesmente a alguns ouvintes. Logo, não é o que vou fazer este ano. Mas o que gostaria, mesmo assim, não tanto por vocês mas egoisticamente por mim, é de poder encontrar, *off-Broadway* portanto, fora do curso, aqueles de vocês que pudessem eventualmente discutir sobre os temas de que trato este ano, ou de que pude tratar em outras ocasiões. Então, antes de poder organizar esse pequeno grupo, ou em todo caso esses pequenos encontros informais e exteriores ao curso e à instituição propriamente ditos, podem quem sabe esperar passar uma ou duas aulas. E seja semana que vem, seja em quinze dias, eu lhes proporei uma data e um lugar. Infelizmente, não quero fazer essa proposta a todo o mundo, porque entraríamos no caso [citado]. Mas, de novo, àqueles dentre vocês que realizando um trabalho preciso no âmbito universitário quisessem ter possibilidades de discussão, eu pedirei, se quiserem, que nos encontremos num lugar que proporei. Mais uma vez, não há nenhuma exclusão do público em seu perfil mais geral, ele tem todo o direito, como qualquer cidadão francês, de ser beneficiário, se assim podemos dizer, do ensino ministrado aqui.

Bem, o curso deste ano, creio que vai ser um pouco descosido e disperso. Gostaria de retomar alguns dos temas que pude percorrer ou evocar durante os últimos anos, diria até que durante os dez ou talvez doze anos em que ensinei aqui. Gostaria simplesmente, a título de referência geral, de recordar a vocês alguns, não digo dos temas nem dos princípios, mas alguns dos pontos de referência que estabeleci para mim mesmo em meu trabalho.

Nesse projeto geral que tem o signo, se não o título de "história do pensamento"[1], meu problema era fazer algo um pouco diferente do que pratica, de maneira perfeitamente legítima, aliás, a maioria dos historiadores das ideias. Em todo caso, eu queria distanciar-me de dois métodos, todos os dois também perfeitamente legítimos. Distanciar-me primeiro do que se poderia chamar, do que se chama história das mentalidades e que seria, para caracterizá-la de forma totalmente esquemática, uma história que se situaria num eixo que vai da análise dos comportamentos efetivos às expressões que podem acompanhar esses comportamentos, seja por precedê-los, seja por sucedê-los, seja por traduzi-los, seja por prescrevê-los, seja por mascará-los, seja por justificá-los, etc. Por outro lado, queria também me distanciar do que se poderia chamar de uma história das representações ou dos sistemas representativos, isto é, uma história que teria, que poderia ter, que pode ter dois objetivos. Um que seria a análise das funções representativas. E por "análise das funções representativas" entendo a análise do papel que podem desempenhar as representações, seja em relação ao objeto representado, seja em relação ao tema que as representa – digamos, uma análise que seria a análise das ideologias. E, depois, outro polo, me parece, de uma análise possível das representações é a análise dos valores representativos de um sistema de representações, isto é, a análise das representações em função de um conhecimento – de um conteúdo de conhecimento ou de uma regra, de uma forma de conhecimento – considerado critério de verdade, ou em todo caso verdade-referência em relação à qual pode ser estabelecido o valor representativo deste ou daquele sistema de pensamento, entendido como sistema de representações de um objeto dado. Pois bem, entre essas duas possibilidades, entre esses dois temas (o de uma história das mentalidades e o de uma história das representações), o que procurei fazer foi uma história do pensamento. E por "pensamento" queria dizer uma análise do que se poderia chamar de focos de experiência, nos quais se articulam uns sobre os outros: primeiro, as formas de um saber possível; segundo, as matrizes normativas de comportamento para os indivíduos; e enfim os modos de existência virtuais para sujeitos possíveis. Esses três elementos – formas de um saber possível, matrizes normativas de comportamento, modos de existência virtuais para sujeitos possíveis –, são essas três coisas, ou antes, é a articulação dessas três coisas que podemos chamar, creio, de "foco de experiência".

Em todo caso, é nessa perspectiva que procurei analisar, faz muito tempo, algo como a loucura[2], sendo a loucura por mim considerada não, absolutamente, um objeto invariante através da história, sobre o qual teriam agido alguns sistemas de representações, com função e valores variáveis. Não era tampouco para mim, essa história da loucura, uma maneira de estudar a atitude que se pode ter tomado, através dos séculos ou num momento dado, a propósito da loucura. Era, isso sim, procurar estudar a loucura como experiência no interior da nossa cultura, reapreender a loucura, primeiro, como um ponto a partir do qual se formava uma série de saberes mais ou menos heterogêneos, cujas formas de desenvolvimento deviam ser analisadas: a loucura como matriz de conhecimentos, de conhecimentos que podem ser de tipo propriamente médico, de tipo também especificamente psiquiátrico ou de tipo psicológico, sociológico, etc. Segundo, a loucura, na medida mesma em que é forma de saber, também era um conjunto de normas, normas que permitiam decupar a loucura como fenômeno de desvio no interior de uma sociedade e, ao mesmo tempo, igualmente normas de comportamento dos indivíduos em relação a esse fenômeno da loucura e em relação ao louco, comportamento tanto dos indivíduos normais como dos médicos, grupos psiquiátricos, etc. Enfim, terceiro: estudar a loucura na medida em que essa experiência da loucura define a constituição de certo modo de ser do sujeito normal, perante e em relação ao sujeito louco. Foram esses três aspectos, essas três dimensões da experiência da loucura (forma de saber, matriz de comportamentos, constituição de modos de ser do sujeito), que procurei, com maior ou menor sucesso e eficácia, reunir.

E digamos que, depois, o trabalho que procurei fazer consistiu em estudar sucessivamente cada um desses três eixos, para ver qual devia ser a forma de reelaboração a fazer nos métodos e nos conceitos de análise a partir do momento em que se pretendia estudar essas coisas, esses eixos, primeiramente como dimensões de uma experiência, e, em segundo lugar, como deviam ser ligados uns aos outros.

Estudar primeiro o eixo da formação dos saberes foi o que procurei fazer, em particular acerca das ciências empíricas nos séculos XVII-XVIII, como a história natural, a gramática geral, a economia, etc., que para mim não eram mais que um exemplo para a análise da formação dos saberes[3]. E aí me pareceu que, para estudar efetivamente a experiência como matriz para a formação dos saberes, não se devia procurar analisar o desenvolvimento ou o progresso dos conhecimentos, mas sim identificar quais eram as práticas discursivas que podiam constituir matrizes de conhecimentos possíveis, estudar nessas práticas discursivas as regras, o jogo do verdadeiro e do falso e, *grosso modo*, se vocês preferirem, as formas de veridicção. Em suma, tratava-se de deslocar o eixo da história do conhecimento para a análise dos saberes, das práticas discursivas que organizam e constituem o elemento matricial desses saberes, e estudar essas práticas discursivas como formas reguladas de veridicção. Do conhecimento ao saber, do saber às práticas discursivas e às regras de veridicção – foi esse deslocamento que procurei fazer por um certo tempo.

Segundo, tratava-se de analisar em seguida, digamos, as matrizes normativas de comportamento. E aí o deslocamento consistiu, não em analisar o Poder com "P" maiúsculo, nem tampouco as instituições de poder ou as formas gerais ou institucionais de dominação, mas em estudar as técnicas e procedimentos pelos quais se empreende conduzir a conduta dos outros. Ou seja, procurei colocar a questão da norma de comportamento primeiramente em termos de poder, e de poder que se exerce, e analisar esse poder que se exerce como um campo de procedimentos de governo. Aí também, o deslocamento consistiu no seguinte: passar da análise da norma à [análise] dos exercícios do poder; e passar da análise do exercício do poder aos procedimentos, digamos, de governamentalidade. Então, aí, tomei o exemplo da criminalidade e das disciplinas[4].

Enfim, em terceiro lugar, tratava-se de analisar o eixo de constituição do modo de ser do sujeito. E aí o deslocamento consistiu em que, em vez de se referir a uma teoria do sujeito, pareceu-me que seria preciso tentar analisar as diferentes formas pelas quais o indivíduo é levado a se constituir como sujeito. E, tomando o exemplo do comportamento sexual e da história moral sexual[5], procurei ver como e através de que formas concretas de relação consigo o indivíduo havia sido chamado a se constituir como sujeito moral da conduta sexual. Em outras palavras, tratava-se aí também de realizar um deslocamento, indo da questão do sujeito à análise das formas de subjetivação, e de analisar essas formas de subjetivação através das técnicas/tecnologias da relação consigo ou, vamos dizer, através do que se pode chamar de pragmática de si.

Substituir a história dos conhecimentos pela análise histórica das formas de veridicção, substituir a história das dominações pela análise histórica dos procedimentos de governamentalidade, substituir a teoria do sujeito ou a história da subjetividade pela análise histórica da pragmática de si e das formas que ela adquiriu, eis as diferentes vias de acesso pelas quais procurei precisar um pouco a possibilidade de uma história do que se poderia chamar de "experiências". Experiência da loucura, experiência da doença, experiência da criminalidade e experiência da sexualidade, focos de experiências que são, creio eu, importantes na nossa cultura. Eis portanto, vamos dizer, o percurso que procurei seguir e que era necessário, honestamente, que eu tentasse reconstituir para vocês, nem que tão só para fazer um balanço. Mas vocês já sabiam disso.*

Como essas três dimensões foram um pouco exploradas, deu-se, é claro, que, no decorrer de cada uma dessas explorações que sistematizo de modo um tanto arbitrário porque as retomo *a posteriori*, há um certo número de coisas que ficou de fora, que deixei de lado e que, ao mesmo tempo, me pareciam interessantes e talvez levantassem novos problemas. E é um pouco esse repercurso dos caminhos já trilhados que eu gostaria de empreender este ano, retomando alguns pontos: por exemplo, o que eu

---

* O manuscrito contém aqui todo um desenvolvimento que Foucault não retoma na sua exposição oral:

"Que sentido dar a essa empreitada?

São sobretudo seus aspectos 'negativos', negativistas, que aparecem ao primeiro olhar. Um negativismo historicizante, já que se trata de substituir uma teoria do conhecimento, do poder ou do sujeito pela análise de práticas históricas determinadas. Um negativismo nominalista, já que se trata de substituir universais como a loucura, o crime, a sexualidade, pela análise de experiências que constituem formas históricas singulares. Um negativismo de tendência niilista, se entendermos por isso uma forma de reflexão que, em vez de indexar práticas a sistemas de valores que permitam medi-las, inscreve esses sistemas de valores no jogo de práticas arbitrárias, mesmo que elas sejam inteligíveis.

Diante dessas objeções ou, para dizer a verdade, dessas 'recriminações', é necessário ter uma atitude muito firme, porque são 'recriminações', isto é, objeções tais que defendendo-se delas se subscreve fatalmente ao que elas sustentam. Sob essas diferentes objeções /recriminações, supõe-se ou impõe-se uma espécie de contrato implícito da decisão teórica, contrato ao fim do qual historicismo, nominalismo, niilismo são desqualificados de saída: como ninguém ousa se declarar tal e a armadilha consiste em não poder fazer outra coisa senão aceitar um desafio, isto é, subscrevê-lo...

Ora, o surpreendente é que, primeiro, evidentemente, historicismo, nominalismo, niilismo foram desde há muito apresentados sempre como objeções, e principalmente que a forma do discurso é tal que nem sequer se examinaram os dados.

1 O que é a questão do historicismo: quais foram os efeitos e o que podem ser os efeitos da análise histórica no campo do pensamento histórico?

2 O que é a questão do nominalismo: quais foram os efeitos dessas críticas nominalistas na análise das culturas, dos conhecimentos, das instituições, das estruturas políticas?

3 O que é a questão do niilismo: o que foram e quais podem ser os efeitos do niilismo na aceitação e na transformação dos sistemas de valores?

Às objeções que postulam a desqualificação do niilismo/nominalismo/historicismo, seria necessário tentar responder fazendo uma análise historicista nominalista niilista dessa corrente. Com isso quero dizer o seguinte: de modo algum edificar em sua sistematicidade universal essa forma de pensamento e justificá-la em termos de verdade ou de valor moral, mas procurar saber como pôde se constituir e se desenvolver esse jogo crítico, essa forma de pensamento. Não se trata de estudar essa questão este ano, mas apenas indicar o horizonte geral."

lhes dizia ano passado a propósito da *parresía**, do discurso verdadeiro na ordem da política. Parece-me que esse estudo permitiria ver, condensar um pouco, por um lado, o problema das relações entre governo de si e governo dos outros, ou até mesmo a gênese, a genealogia, se não do discurso político em geral, o qual tem essencialmente como objeto o governo pelo Príncipe, pelo menos de uma certa forma de discurso político [que teria como] objeto o governo do Príncipe, o governo da alma do Príncipe pelo conselheiro, pelo filósofo, pelo pedagogo, que é encarregado de formar sua alma. Discurso verdadeiro, discurso de verdade endereçado ao Príncipe e à alma do Príncipe: será um dos meus primeiros temas. Gostaria também de retomar as coisas que eu disse há dois ou três anos, creio, a propósito da arte de governar no século XVI[6]. Não sei direito exatamente o que farei, mas gostaria de retomar esses arquivos que permaneceram em aberto. Digo "arquivos", é um termo bastante solene [em se tratando] dessas pistas que cruzei e atravessei por alto, e que deixei mal desenhadas, de lado.

Gostaria esta semana de começar por, como dizer, não exatamente um excurso: uma pequena epígrafe. Eu gostaria, a título de epígrafe, de estudar um texto que talvez não se situe exatamente nas referências que escolherei na maior parte do tempo durante este ano. Mesmo assim, ele me parece coincidir exatamente, e formular em termos bem estritos, com um dos problemas importantes de que gostaria de falar: justamente essa relação do governo de si com o governo dos outros. E, por outro lado, parece-me que não apenas ele fala nesse próprio tema, mas fala de maneira tal que creio – sem demasiada, [ou antes,] com um pouco de vaidade – poder me ater a ele. É, para mim, um texto um pouco emblemático, um pouco fetiche, de que já lhes falei várias vezes, e que gostaria de examinar mais detalhadamente hoje. Esse texto, podemos dizer, tem relação com aquilo de que falo, e ao mesmo tempo eu gostaria que a maneira como falo dele tenha certa relação com ele. Esse texto é, evidentemente, o de Kant, *Was ist Aufklärung?* [O que é o esclarecimento?].

Como vocês sabem, esse texto foi escrito no mês de setembro de 1784 por Kant e publicado na *Berlinische Monatsschrift* de dezembro de 1784. Eu gostaria, a propósito desse texto, de considerar primeiro, bem brevemente, suas condições e suas datas de publicação. Não há absolutamente nada de extraordinário no fato de Kant publicar um texto como esse numa revista. Vocês sabem que uma grande parte da sua ati-

---

* Nesta edição, optou-se por manter a forma grega transliterada, conforme o original francês. Apenas os derivados (parrésico, por exemplo) serão mantidos de acordo com a ortografia vernácula. [N. do E.]

vidade teórica consistiu em publicar artigos, resenhas, intervenções, em certo número de revistas. Nessa *Berlinische Monatsschrift*, justamente, ele tinha publicado no mês anterior, em novembro de 1784, um texto que viria a ser, um pouco desenvolvido, a *Ideia de uma história universal de um ponto de vista cosmopolita*[7]. O ano seguinte, em [17]85, ele publica, sempre na mesma revista, sua *Definição do conceito de raça*[8]; em [17]86, publica também nela as *Conjecturas sobre o começo da história humana*[9]. Aliás, ele também escreveu em outras revistas: na *Allgemeine Literaturzeitung*, uma resenha do livro de Herder[10]; na *Teutsche Merkur* em [17]88, o texto *Sobre o uso dos princípios teleológicos em filosofia*[11], etc.

Convém manter presente no espírito esse lugar de publicação – isto é, uma revista –, pela razão seguinte. É que, como vocês vão ver, esse texto sobre a *Aufklärung* aplica, como um dos seus conceitos centrais, a noção de público, de *Publikum*. E por essa noção de *Publikum* entende: primeiro, a relação concreta, institucional, ou em todo caso instituída, entre o escritor (o escritor qualificado, traduz-se em francês: *savant*; *Gelehrter*: homem culto) e o leitor (o leitor considerado como indivíduo qualquer). E é a função dessa relação entre leitor e escritor, é a análise dessa relação – as condições em que essa relação pode e deve ser instituída e desenvolvida – que vai constituir o eixo essencial da sua análise da *Aufklärung*. Em certo sentido, a *Aufklärung* – sua noção, a maneira como ele a analisa – nada mais é que a explicação dessa relação entre o *Gelehrter* (o homem culto, o *savant* que escreve) e o leitor que lê. Ora, é evidente que, nessa relação entre o escritor... "é evidente" não, não é evidente. O interessante é que essa relação entre o escritor e o leitor – ao conteúdo dessa relação eu voltarei mais tarde, simplesmente introduzo sua importância – no século XVIII não passava tanto pela Universidade, é óbvio, não passava tanto pelo livro tampouco, e sim muito mais por essas formas de expressão que eram ao mesmo tempo formas de comunidades intelectuais, constituídas pelas revistas e pelas sociedades ou academias que publicavam essas revistas. São essas sociedades, [essas] academias, são essas revistas também que organizam concretamente a relação entre, digamos, a competência e a leitura na forma livre e universal da circulação do discurso escrito. E são, por conseguinte, essas revistas, essas sociedades e essas academias que constituem a instância – que foi historicamente, no século XVIII, tão importante, e a que Kant dá tanta importância dentro do seu próprio texto – que [corresponde a] essa noção de público. O público não era, evidentemente, esse público universitário que vai se constituir no transcorrer do século XIX, quando as universidades se reconstituirão. Esse público não é tampouco, evidentemente, o gênero de público com que a gente sonha quando faz atualmente análises sociológicas sobre a mídia. O público é uma realidade, uma realidade instituída e desenhada pela própria existência de instituições como as sociedades científicas, como as academias, como as revistas, e o que circula nesse âmbito. Um dos interesses do texto, e a razão pela qual, em todo caso, fiz questão de mencionar que ele havia sido publicado nesse gênero de revista, que fazia parte desse gênero de publicação, é que ele coloca, no próprio cerne da sua análise, essa noção de público a que se dirige a publicação. Era essa a primeira razão pela qual eu insistia sobre esse contexto, sobre esse problema de lugar e de data do texto.

A segunda razão pela qual insisti nesse local e data é o fato de que essa mesma questão, *"Was ist Aufklärung?"* (o que é a *Aufklärung*, o que é o esclarecimento?), havia sido respondida por Mendelssohn nessa mesma revista, nessa mesma *Berlinische Monatsschrift*, em setembro de 1784. Mas, na verdade, Kant, cuja resposta só é publicada em dezembro, não teve a oportunidade de ler a resposta de Mendelssohn, publicada em setembro, na mesma época em que Kant terminava a redação do seu texto. Logo, digamos, para essa mesma questão, duas respostas simultâneas, ou pouco distantes no tempo, mas que se ignoraram mutuamente. O encontro desses dois textos, o de Mendelssohn e o de Kant, é evidentemente interessante. Não que seja nesse momento, ou por essa razão, para responder a essa questão precisa que se deu o célebre encontro, tão importante na história cultural da Europa, entre a *Aufklärung*, digamos, filosófica ou *Aufklärung* do meio cristão, e a *Hascalá*[12] (a *Aufklärung* judaica). Vocês sabem que, na verdade, é [de] uns trinta anos antes, por volta de 1750, digamos 1754-1755, quando Mendelssohn encontra Lessing, que se pode datar, só por comodidade, o encontro entre essa *Aufklärung* cristã ou em parte reformada e a *Aufklärung* judaica. As *Conversações filosóficas* de Mendelssohn são de 1755[13], por conseguinte trinta anos antes dessa dupla resposta à questão da *Aufklärung*. Há uma tradução da *Jerusalém* de Mendelssohn publicada recentemente, e seu prefácio era muito interessante[14]. [Existe um] texto, que recordo para divertir um pouco, que é interessantíssimo ver, para avaliar um pouco o que pode ter sido o efeito de espanto e – não podemos dizer de escândalo – de estupefação quando, no interior do mundo cultural alemão, no público alemão definido como eu lhes dizia há pouco, irrompeu alguém que era um judeuzinho corcunda. É a carta de Johann Wilhelm Gleim, que escrevia: "O autor das *Conversações filosóficas* [que tinha assinado Moisés, e as pessoas se perguntavam se era mesmo um judeu que poderia ter escrito aquilo, se não era ou o próprio Lessing, ou algum outro, e que Gleim autentica; M.F.] é um judeu autêntico, um judeu que adquiriu sem mestre conhecimentos vastíssimos nas ciências."[15] Vocês têm portanto uma frase marcando que não pôde ser a partir da sua cultura judaica que ele adquiriu todos aqueles conhecimentos, mas só pode adquiri-los sem mestre, isto é, com uma defasagem em relação à sua própria origem e cultura, e por uma espécie de inserção, de nascimento imaculado no interior da universalidade da cultura. Esse judeu, portanto, "que adquiriu sem mestre conhecimentos vastíssimos em todas as ciências", no entanto "desde a juventude ganhou a vida numa loja judaica". Esse texto data portanto de 1755 e marca a irrupção, [ou antes] o encontro, a conjunção da *Aufklärung* judaica com a *Aufklärung*, digamos, cristã. Bodas prudentes, como vocês veem, em que o parceiro judeu, ao mesmo tempo que é bem marcado como alguém que ganha a vida numa loja judaica, só pode ser aceito e reconhecido com a condição de ter adquirido sem mestre conhecimentos vastíssimos em todas as ciências.

Deixemos esse encontro de 1755 de lado. Volto a 1784 e àqueles dois textos sobre a *Aufklärung*, o de Mendelssohn e o de Kant. Parece-me que a importância desses dois textos está, afinal, no que tanto um quanto o outro, tanto Kant quanto Mendelssohn, colocam muito claramente: não só a possibilidade, não só o direito, mas a necessidade de uma liberdade absoluta, não só de consciência mas de expressão em relação a tudo o que poderia ser um exercício da religião, considerado como um exercício necessariamente privado. Num texto [anterior a] esses meses de setembro-dezembro de [17]84, em que eles publicam seus textos sobre a *Aufklärung*, Kant escrevia a Mendelssohn, justamente a propósito da *Jerusalém* que acabava de ser publicada, e lhe dizia: "O senhor soube conciliar sua religião com uma liberdade de consciência tal que nunca acreditaríamos possível de sua parte [de parte da sua religião; M.F.], e de que nenhuma outra pode se gabar. O senhor, ao mesmo tempo, expôs a necessidade de uma liberdade de consciência ilimitada em relação a toda religião, de maneira tão aprofundada e tão clara que de nosso lado também a Igreja deverá se perguntar como purificar sua religião de tudo o que pode oprimir a consciência ou pesar sobre ela; o que não pode deixar de unir finalmente os homens, no que concerne aos pontos essenciais da religião."[16] Logo, elogio de Kant a Mendelssohn, porque Mendelssohn mostrou bem, frisou bem que o uso da sua religião tinha de ser necessariamente um uso privado, que não podia de maneira nenhuma exercer nem proselitismo – Kant não faz alusão a isso nesse texto, mas Mendelssohn insiste muito nesse aspecto – nem autoridade sobre essa comunidade de ordem privada no interior da sociedade. E essa atitude do pensamento judaico em relação à religião judaica, em todo caso essa atitude do pensamento de um judeu em relação à sua própria religião, deve servir, diz Kant, à atitude que todo cristão deveria ter em relação à sua própria religião.

Terceira razão pela qual esse texto me parece interessante, fora portanto dessa reflexão sobre o campo do que é o público, fora desse encontro no interior do campo público entre a *Aufklärung* cristã e a *Aufklärung* judaica, é que me parece – e é principalmente sobre esse ponto que gostaria de insistir – que nesse texto surge um novo tipo de questão no campo da reflexão filosófica. Claro, não é certamente nem o primeiro texto na história da filosofia, nem mesmo o único texto de Kant que tematiza, digamos, uma questão relativa à história ou à questão da história. Para ficarmos apenas com Kant, vocês sabem muito bem que encontrarão nele textos que colocam para a história uma questão de origem: é o caso, por exemplo, do texto sobre as conjecturas, as hipóteses sobre o começo da história humana[17]; é também até certo ponto o caso do texto sobre a definição do conceito de raça[18]. Outros textos colocam para a história uma questão, não de origem, mas uma questão, digamos, de acabamento, de ponto de consumação: é o caso, nesse mesmo ano de 1784, de *Ideia de uma história universal de um ponto de vista cosmopolita*[19]. Outros enfim colocam uma questão de finalidade interna que organiza os processos históricos – o processo histórico em sua estrutura interna e em sua finalidade permanente –, como o texto consagrado ao emprego dos princípios teleológicos[20]. Questão de começo, questão de acabamento, questão de finalidade e de teleologia, todas essas questões perpassam, de fato, as análises de Kant a propósito da história. Em relação a esses textos que acabo de evocar, parece-me que o texto sobre a *Aufklärung* é bem diferente, porque não coloca, diretamente em todo caso, nenhuma dessas questões. Nem questão de origem, claro, nem, vocês vão ver, apesar da aparência, nenhuma questão acerca do acabamento, do ponto de consumação. E só coloca de forma relativamente discreta, quase lateral, a questão da teleologia imanente ao próprio processo da história. E, para dizer a verdade, vocês verão que evita até mesmo essa questão.

De fato, a questão que, parece-me, surge pela primeira vez nos textos de Kant – não digo a única vez, encontraremos outro exemplo um pouco depois – é a questão do presente, é a questão da atualidade, é a questão de: o que acontece hoje? O que acontece agora? O que é esse "agora" dentro do qual estamos todos, e que é o lugar, o ponto [do qual] escrevo? Claro, não é a primeira vez que encontramos, na reflexão filosófica, referências ao presente, referências ao presente pelo menos como situação histórica determinada e que pode ter valor para a reflexão filosófica. Afinal de contas, quando Descartes, no início do *Discurso do método*, conta seu itinerário e o conjunto das decisões filosóficas que tomou, que tomou ao mesmo tempo para si mesmo e para a filosofia, ele se refere, de maneira totalmente explícita, a algo que pode ser considerado uma situação histórica na ordem do conhecimento, das ciências, da própria instituição do saber na sua própria época. Mas digamos que, nesse gênero de referências – poderíamos encontrar a mesma coisa em Leibniz, por exemplo –, sempre se trata de encontrar, nessa configuração designada como presente, um motivo para uma decisão filosófica. Nem em Descartes, nem tampouco, creio eu, em Leibniz vocês encontrariam uma questão que seria da ordem de: o que é, precisamente, este presente a que pertenço? Ora, parece-me que a questão a que Mendelssohn respondeu, à qual Kant responde – à qual, aliás, ele é levado a responder, pois lhe perguntam, foi uma questão formulada publicamente –, essa questão é outra. Não é simplesmente: o que, na situação atual, pode determinar esta ou aquela decisão de ordem filosófica? A questão se refere ao que é esse presente. Ela se refere, em primeiro lugar, à determinação de certo elemento do presente que se trata de reconhecer, de distinguir, de decifrar entre todos os outros. O que, no presente, faz sentido atualmente, para uma reflexão filosófica? Trata-se, em segundo lugar, na questão e na resposta que Kant procura lhe dar, de mostrar em que esse elemento é o portador ou a expressão de um processo, de um processo que concerne ao pensamento, ao conhecimento, à filosofia. E enfim, em terceiro lugar, trata-se, no interior dessa reflexão sobre esse elemento do presente, portador ou significativo de um processo, de mostrar em que e de que modo quem fala, como pensador, como estudioso, como filósofo, faz parte ele próprio desse processo. Mas é ainda mais complexo do que isso. Ele tem de mostrar não só em que sentido ele faz parte desse processo, mas como, fazendo parte desse processo, ele tem, como estudioso ou filósofo ou pensador, certo papel a desempenhar nesse processo em que será, portanto, ao mesmo tempo elemento e ator.

Em suma, parece-me que vemos aparecer no texto de Kant a questão do presente como acontecimento filosófico a que pertence o filósofo que fala sobre ela. Pois bem, se quisermos considerar a filosofia uma forma de prática discursiva que tem sua própria história, com esse jogo entre a questão "O que é a *Aufklärung*?" e a resposta que Kant vai lhe dar, parece-me que vemos a filosofia – e creio não forçar demasiadamente as coisas dizendo que é a primeira vez – se tornar a superfície de emergência da sua própria atualidade discursiva, atualidade que ela interroga como acontecimento, como um acontecimento do qual ela tem de dizer o sentido, o valor, a singularidade filosóficos, e no qual ela tem de encontrar ao mesmo tempo sua própria razão de ser e o fundamento do que ela diz. E, com isso, vê-se que a prática filosófica, ou antes, que o filósofo, ao fazer seu discurso filosófico, não pode evitar de colocar a questão do seu pertencimento a esse presente. Quer dizer que já não será simplesmente, ou já não será de modo algum, a questão do seu pertencimento a uma doutrina ou a uma tradição que vai se colocar a ele, já não será tampouco a questão do seu pertencimento a uma comunidade humana em geral, mas será a questão do seu pertencimento a um presente, vamos dizer, do seu pertencimento a um certo "nós", a um "nós" que se refere, de acordo com uma extensão mais ou menos ampla, a um conjunto cultural característico da sua própria atualidade. É esse "nós" que deve se tornar, para o filósofo, ou que está se tornando para o filósofo, o objeto da sua reflexão. E, com isso, se afirma a impossibilidade de o filósofo eludir a interrogação do seu pertencimento singular a esse "nós".

A filosofia como superfície de emergência de uma atualidade, a filosofia como interrogação sobre o sentido filosófico da atualidade a que ele pertence, a filosofia como interrogação pelo filósofo desse "nós" de que ele faz parte e em relação ao qual ele tem de se situar, é isso, me parece, que caracteriza a filosofia como discurso da modernidade, como discurso sobre a modernidade. Se vocês quiserem, eu diria as coisas da seguinte maneira. Claro, não é com esse texto que aparece, na cultura europeia, a questão da modernidade. Vocês sabem perfeitamente como, pelo menos desde o século XVI – deixemos o resto de lado –, ao longo de todo o século XVII, do próprio início do século XVIII, a questão da modernidade era colocada. Mas, para falar bastante esquematicamente, a questão da modernidade tinha sido posta na cultura, digamos, clássica num eixo que eu diria longitudinal. Quer dizer, a questão da modernidade era colocada como questão de polaridade, como uma questão concernente à polaridade entre a Antiguidade e a modernidade. Quer dizer, a questão da modernidade se colocava seja nos termos de uma autoridade a aceitar ou a rejeitar (que autoridade aceitar? que modelo seguir?, etc.), seja também sob a forma, correlativa àquela aliás, de uma valorização comparada: os antigos são superiores aos modernos? Estamos num período de decadência, etc.? Questão da autoridade a aceitar, questão da valorização ou dos valores a comparar. Parece-me que era, assim, nessa polaridade entre a Antiguidade e a modernidade, que se colocava a questão da modernidade. Ora, eu creio que, com Kant – e me parece que vemos isso muito claramente nesse texto sobre a *Aufklärung* –, aparece, aflora uma nova maneira de colocar a questão da modernidade, não numa relação longitudinal com os antigos, mas no que poderíamos chamar de uma relação sagital, ou uma relação, vamos dizer, vertical, do discurso com sua própria atualidade. O discurso tem de levar em conta sua atualidade para, [primeiro], encontrar nela seu lugar próprio; segundo, dizer o sentido dela; terceiro, designar e especificar o modo de ação, o modo de efetuação que ele realiza no interior dessa atualidade. Qual é a minha atualidade? Qual é o sentido dessa atualidade? E o que faz que eu fale dessa atualidade? É nisso, parece-me, que consiste essa nova interrogação sobre a modernidade.

Tudo isso é muito esquemático. É, mais uma vez, uma pista que seria preciso explorar um pouco mais detalhadamente. Parece-me que seria preciso tentar fazer a genealogia, não tanto da noção de modernidade, mas da modernidade como questão. E, em todo caso, ainda que eu tome o texto de Kant como ponto de emergência dessa questão, está entendido que ele próprio faz parte de um processo histórico amplo e importante cuja medida, justamente, seria necessário tomar. E, me parece, um dos eixos interessantes para o estudo do século XVIII em geral, porém mais precisamente disso que se chama *Aufklärung*, é o fato de a *Aufklärung* ter chamado a si mesma de *Aufklärung*. Quer dizer, estamos diante de um processo cultural sem dúvida muito singular, que logo tomou consciência de si de certo modo, nomeando-se e situando-se em relação a seu passado, em relação a seu futuro, em relação também a seu presente, designando pelo próprio nome de *Aufklärung* o processo, melhor que o processo, as operações que esse próprio movimento devia efetuar no interior do seu próprio presente. Será que, afinal de contas, a *Aufklärung* não é a primeira época que se autodenomina e que, em vez de simplesmente se caracterizar – o que era um velho costume, uma velha tradição – como período, ou de decadência ou de prosperidade, ou de esplendor, etc., se nomeia através de certo acontecimento, o da *Aufklärung*, que pertence a uma história geral do pensamento, da razão e do saber, no interior da qual a própria *Aufklärung* deve desempenhar o seu papel precisamente? A *Aufklärung* é um período, um período que se designa a si mesmo, um período que formula sua própria divisa, seu próprio preceito e que diz o que tem a fazer – tanto em relação à história geral do pensamento, da razão e do saber, quanto em relação a seu presente e às formas de conhecimento, de saber, de ignorância, de ilusão – por instituições etc. no interior das quais sabe reconhecer sua situação histórica. *Aufklärung* é um nome, é um preceito, é uma divisa. E é precisamente o que vamos ver no interior desse próprio texto, "O que é a *Aufklärung*?"

Enfim, a quarta razão pela qual eu gostaria de insistir nesse texto (vocês podem considerá-lo uma primeira referência) é que essa interrogação de Kant sobre a *Aufklärung* – que pertence portanto a esse contexto geral da própria *Aufklärung*, isto é, de um processo cultural que se designa a si mesmo, diz o que é e o que tem a fazer – não ficou localizada no interior do século XVIII ou no interior do processo da *Aufklärung*. Nessa questão da *Aufklärung*, vê-se uma das primeiras manifestações de uma certa maneira de filosofar que teve uma longa história desde havia dois séculos. Afinal, parece-me que uma das grandes funções da filosofia dita "moderna" – cujo começo e cujo desenvolvimento podemos situar no finzinho do século XVIII, no século XIX –, uma das suas funções essenciais, é se interrogar sobre sua própria atualidade. Poderíamos acompanhar toda a trajetória dessa questão da filosofia nos interrogando sobre sua própria atualidade através do século XIX e a partir do fim do século XVIII.

A única coisa que gostaria de frisar agora é que essa questão tratada por Kant em 1784, questão que lhe havia sido colocada de fora, pois bem, Kant não a esqueceu. Kant não a esqueceu e vai levantá-la novamente, vai tentar respondê-la novamente a propósito de outro acontecimento, que também foi um desses acontecimentos autorreferenciados, vamos dizer, e que não cessou de se interrogar sobre si mesmo. Esse acontecimento, claro, é a Revolução, é a Revolução Francesa. E em 1798 Kant vai de certo modo dar sequência ao texto de 1784. Em 1784, ele formulava a questão, ou tentava responder à questão que lhe formulavam: o que é essa *Aufklärung* de que fazemos parte? E em 1798 ele responde a uma questão que ele próprio se formula. Para dizer a verdade, ele responde a uma questão que, claro, a atualidade lhe formulava mas que também lhe formulava, pelo menos desde 1794, toda a discussão filosófica na Alemanha. E essa outra questão era: o que é a Revolução?

Vocês sabem que, em 1794, Fichte havia escrito sobre a Revolução Francesa[21]. Em 1798, Kant escreve sobre a Revolução um texto breve que faz parte de *O conflito das faculdades*[22] – que é na realidade uma coletânea de três dissertações sobre as relações entre as diferentes faculdades que constituem a universidade. A segunda dissertação de *O conflito das faculdades* – não se deve esquecer – diz respeito às relações entre a faculdade de filosofia e a faculdade de direito. Kant situa o essencial dessas relações conflituosas entre a filosofia e o direito exatamente em torno da questão: existe um progresso constante para o gênero humano? E é no interior dessa questão, que é portanto para ele a questão essencial das relações entre filosofia e direito, que ele faz o seguinte raciocínio. No parágrafo V dessa dissertação, ele diz: para responder à pergunta "existe um progresso constante para o gênero humano?", é necessário evidentemente determinar se existe a possibilidade de um progresso e a causa de um progresso possível. Mas, diz ele, uma vez que se estabeleceu que existe a causa de um progresso possível, na verdade só se poderá saber se essa causa age efetivamente se se evidenciar certo elemento que mostra que a causa age na realidade. Em suma, o que Kant quer dizer é que a assinalação de uma causa nunca poderá determinar nada além de efeitos possíveis, ou mais exatamente nunca poderá determinar senão a possibilidade de efeitos. A realidade de um efeito só poderá ser assinalada se se isolar um acontecimento, um acontecimento que se possa ligar a uma causa. Portanto é por um processo inverso àquele pelo qual se analisa a estrutura teleológica da história que se poderá responder a essa questão. O que será preciso, pois, não é acompanhar a trama teleológica que torna possível um progresso, mas sim isolar, no interior da história, um acontecimento, um acontecimento que terá, diz ele, valor de sinal. Sinal do quê? Sinal da existência de uma causa[23], de uma causa permanente que, ao longo da própria história, guiou os homens no caminho do progresso. Causa constante que se deve portanto mostrar que agiu outrora, que age agora, que agirá futuramente. O acontecimento, por conseguinte, que poderá nos permitir decidir se há progresso será um sinal, um sinal, diz ele, *"rememorativum, demonstrativum, pronosticum"*[24], isto é, um sinal que nos mostra que sempre foi assim (é o sinal rememorativo); um sinal de que é o que acontece atualmente (sinal demonstrativo); sinal prognóstico, enfim, que nos mostra que vai acontecer permanentemente assim. E é desse modo que poderemos ter certeza de que a causa que torna possível o progresso não agiu simplesmente num momento dado mas decorre de uma tendência e assegura uma tendência geral do gênero humano em sua totalidade, de caminhar no sentido do progresso. Logo, eis a questão: existe em torno de nós um acontecimento que seria sinal rememorativo, demonstrativo e prognóstico de um progresso permanente que arrasta o ser humano em sua totalidade? A resposta que Kant dá, o que eu disse a respeito dela permite que vocês a adivinhem, mas gostaria de ler a passagem na qual ele vai introduzir a Revolução como o sinal desse acontecimento. Ele diz o seguinte, no início do parágrafo VI: "Não esperem que esse acontecimento [de valor rememorativo, demonstrativo, prognóstico; M.F.] consista em altos gestos ou feitos importantes cometidos pelos homens, em consequência do que aquilo que era grande entre os homens se faz pequeno, ou aquilo que era pequeno se faz grande, nem em antigos e brilhantes edifícios políticos que desapareçam como por magia, enquanto em seu lugar surgem outros, de certo modo, das profundezas da terra. Não, nada disso."[25]

Duas coisas a observar nesse texto. Primeiro, claro, ele faz alusão, vamos dizer, a formas de análise, a referências que são, que eram tradicionalmente dadas nesse debate para saber se há ou não progresso da espécie humana. Quer dizer: a derrubada dos impérios, as grandes catástrofes pelas quais os Estados mais solidamente estabelecidos desaparecem, todos esses reveses de fortuna pelos quais o que era grande se torna pequeno e o que era pequeno se torna grande. Ele refuta tudo isso, mas, ao mesmo tempo, diz: prestem atenção, não é nos grandes acontecimentos que devemos buscar esse sinal que será rememorativo, demonstrativo e prognóstico do progresso. É em acontecimentos quase imperceptíveis. Quer dizer que não é possível fazer essa análise do nosso presente em seus valores significativos sem se entregar a uma hermenêutica ou a uma decifração que permitirá dar, ao que aparentemente não tem significação nem valor, a significação e o valor importantes que buscamos. Ora, o que é esse acontecimento que não é um grande acontecimento? Pois bem, é a Revolução. Enfim, a Revolução... Não se pode dizer, afinal, que a Revolução não é um acontecimento ruidoso, manifesto. Acaso ela não é, precisamente, um acontecimento que derruba e faz que o que era grande se torne pequeno e o que era pequeno, grande, e que abole e engole as estruturas mais sólidas, parece, da sociedade e dos Estados? Mas, diz Kant, não é a Revolução em si que faz sentido. O que faz sentido e constitui o acontecimento de valor demonstrativo, prognóstico e rememorativo não é o drama revolucionário em si, não são as façanhas revolucionárias, não é a gesticulação revolucionária. O significativo é a maneira como a Revolução faz espetáculo, é a maneira como é recebida em toda a sua volta por espectadores que não participam dela mas a veem, que assistem a ela e que, bem ou mal, se deixam arrastar por ela. Não é a gesticulação revolucionária que constitui o progresso. Antes de mais nada, não só não é a gesticulação revolucionária que constitui o progresso, como, para dizer a verdade, se fosse para refazer, essa Revolução não seria refeita. Há um texto que é extremamente interessante: "Pouco importa que a revolução de um povo cheio de espírito, que vimos se efetuar em nossos dias [é da Revolução Francesa que se trata, portanto; M.F.], tenha êxito ou fracasse, pouco importa que ela acumule miséria e atrocidades", e que ela as acumule a ponto de, diz ele, "um homem sensato que a refizesse com a esperança de levá-la a bom termo nunca se resolver, porém, a tentar essa experiência a tal preço."[26]

[...] Primeiramente, portanto, não é o próprio processo revolucionário que é importante. Pouco importa que ele tenha êxito ou fracasse, isso não tem nada a ver com o progresso, ou pelo menos com o sinal do progresso que buscamos. O fracasso ou o êxito da Revolução não são sinal de progresso ou sinal de que não há progresso. Melhor ainda, se alguém, conhecendo a Revolução, sabendo como ela se desenrola, tivesse a possibilidade ao mesmo tempo de conhecer o que ela é e, no entanto, levá-la ao mesmo tempo a bom termo, pois bem, calculando o preço necessário dessa Revolução, esse homem sensato não a faria. Logo a Revolução, o que se faz na Revolução não é importante. Melhor ainda, fazer a revolução é verdadeiramente algo que não é para fazer.

Mas, em compensação, o importante, o que faz sentido e que vai constituir o sinal de progresso é que, em torno da Revolução, há, diz ele, "uma simpatia de aspiração que beira o entusiasmo"[27]. O importante na Revolução, portanto, não é a própria Revolução, que, de todo modo, é um desperdício, mas o que acontece na cabeça dos que não fazem a Revolução, ou em todo caso que não são seus atores principais. É a relação que eles próprios têm com essa Revolução que eles não fazem, ou de que não são os atores essenciais. O significativo é o entusiasmo pela Revolução. E esse entusiasmo pela Revolução é sinal de quê?, pergunta Kant. É sinal, primeiro, de que todos os homens consideram que é do direito de todos se dotar da constituição política que lhes convém e que eles querem. Segundo, é sinal de que os homens procuram se dotar de uma constituição política tal que evite, em razão dos seus próprios princípios, toda guerra ofensiva[28]. Ora, é bem isso, esse movimento em direção a uma situação tal que os homens poderão se dotar da constituição política que querem, e de uma constituição política tal que impedirá toda guerra ofensiva, é justamente isso, essa vontade que, para Kant, nesse texto, é significada pelo entusiasmo com a Revolução. E é bem sabido que são igualmente esses dois elementos (a constituição política escolhida conforme a sua vontade pelos homens e uma constituição política que evite a guerra), é também isso que é o próprio processo da *Aufklärung*, isto é, de fato a Revolução é o que remata e continua o próprio processo da *Aufklärung*. E é nessa medida que tanto a *Aufklärung* quanto a Revolução são acontecimentos que já não podem ser esquecidos: "Sustento que posso predizer ao gênero humano – mesmo sem espírito profético –, de acordo com as aparências e os sinais precursores da nossa época, que ele alcançará esse fim"[29], isto é, chegará a um estado tal que os homens poderão se dotar da constituição que desejam, de uma constituição que impedirá as guerras ofensivas.

Assim, os sinais precursores da nossa época nos mostram que o homem alcançará esse fim e que por conseguinte, ao mesmo tempo, seus progressos já não serão questionados. "De fato, tal fenômeno na história da humanidade já *não se esquece*, porque revelou na natureza humana uma disposição, uma faculdade de progredir tal que nenhuma política teria podido, valendo-se da sutileza, extraí-la do curso anterior dos acontecimentos: somente a natureza e a liberdade, reunidas na espécie humana de acordo com os princípios internos do direito, estavam em condição de anunciá-la, muito embora, quanto ao tempo, de maneira indeterminada e como um acontecimento contingente. Mas, mesmo que o objetivo visado por esse acontecimento ainda não houvesse sido alcançado hoje, mesmo que a revolução ou a reforma da constituição de um povo houvesse finalmente fracassado, ou então se, passado certo lapso de tempo, tudo caísse de volta na situação precedente (como predizem agora certos políticos), essa profecia filosófica não perderia nada da sua força. Porque esse acontecimento é demasiadamente importante, está demasiadamente entranhado nos interesses da humanidade e tem uma influência demasiadamente vasta em todas as partes do mundo, para não ser recordado aos povos por ocasião de circunstâncias favoráveis e relembrado quando da crise de novas tentativas desse gênero; porque, num assunto tão importante para a espécie humana, a constituição projetada tem de alcançar enfim, a certa altura, essa solidez que o ensinamento de experiências repetidas não poderia deixar de lhe proporcionar em todos os espíritos."[30] Creio que esse texto é finalmente muito interessante, não apenas, é claro, no interior da economia do pensamento kantiano, mas também, evidentemente, pelo que se apresenta como uma predição, um texto profético, sobre o sentido e o valor que terá, não – mais uma vez – a Revolução, que de qualquer modo sempre corre o risco de cair de volta na situação precedente, mas a Revolução como acontecimento, como espécie de acontecimento cujo próprio conteúdo é sem importância, mas cuja existência no passado constitui uma virtualidade permanente, constitui para a história futura a garantia do não esquecimento e da própria continuidade de um caminho em direção ao progresso.

Eu queria apenas situar para vocês esse texto de Kant sobre a *Aufklärung*. Na hora que vai se seguir, procuraremos lê-lo mais em detalhes. Mas eu queria portanto situar esse texto para vocês, ao mesmo tempo quanto ao contexto no qual ele se encontra, sua relação com o público, sua relação com a *Aufklärung* mendelssohniana, quanto ao tipo de questões que ele coloca e quanto ao fato de que está, de certo modo, no ponto de partida de toda uma dinastia de questões filosóficas. Porque me parece que essas duas questões (o que é a *Aufklärung* e o que é a Revolução?), que são as duas formas nas quais Kant colocou a questão da sua própria atualidade, não pararam de rondar, se não toda a filosofia moderna desde o século XIX, pelo menos uma grande parte dessa filosofia. Afinal, a *Aufklärung*, ao mesmo tempo como acontecimento singular que inaugura a modernidade europeia e como processo permanente que se manifesta e se barganha na história da razão, o desenvolvimento e a instauração das formas de racionalidade e de técnica, a autonomia e a autoridade do saber, tudo isso, essa questão da *Aufklärung* – vamos dizer, também da razão e do uso da razão como problema histórico – perpassou, me parece, todo o pensamento filosófico de Kant até hoje. A outra atualidade encontrada por Kant, a Revolução – a Revolução ao mesmo tempo como acontecimento, como ruptura e subversão na história, como fracasso, e como fracasso quase necessário, mas ao mesmo tempo com um valor, e um valor operacional na história e no progresso da espécie humana – também é outra grande questão da filosofia. Eu me sentiria tentado a dizer que Kant, no fundo, me parece ter fundado as duas tradições, as duas grandes tradições críticas entre as quais se dividiu a filosofia moderna.

Digamos que, em sua grande obra crítica – a das três *Críticas*, principalmente a da primeira *Crítica* –, Kant colocou, fundou essa tradição da filosofia crítica que coloca a questão das condições em que um conhecimento verdadeiro é possível. E, a partir daí, pode-se dizer que toda uma seção da filosofia moderna, desde o século XIX, se apresentou, se desenvolveu como a analítica da verdade. É essa forma da filosofia que vamos encontrar agora na forma da filosofia, digamos, analítica anglo-saxã.

Mas existe, no interior da filosofia moderna e contemporânea, outro tipo de questão, outro modo de interrogação categórica: a que vemos nascer justamente na questão da *Aufklärung* ou no texto sobre a Revolução. Essa outra tradição crítica não coloca a questão das condições em que um conhecimento verdadeiro é possível, é uma tradição que coloca a questão de: o que é a atualidade? Qual é o campo atual das nossas experiências? Qual é o campo atual das experiências possíveis? Não se trata, nesse caso, de uma analítica da verdade. Tratar-se-ia do que poderíamos chamar de uma ontologia do presente, uma ontologia da atualidade, uma ontologia da modernidade, uma ontologia de nós mesmos.

E me parece que a opção filosófica com a qual nos vemos confrontados atualmente é a seguinte. É preciso optar ou por uma filosofia crítica que se apresentará como uma filosofia analítica da verdade em geral, ou por um pensamento crítico que tomará a forma de uma ontologia de nós mesmos, de uma ontologia da atualidade. E é essa forma de filosofia que, de Hegel à Escola de Frankfurt, passando por Nietzsche, Max Weber, etc., fundou uma forma de reflexão à que, é claro, eu me vinculo na medida em que posso.*

É isso. Então, se vocês quiserem, vamos tirar cinco minutos de descanso, depois passarei à leitura um pouco mais meticulosa desse texto sobre a *Aufklärung*, de que procurei simplesmente esboçar o contexto.

*

NOTAS

1. "No dia 30 [de novembro de 1969], a assembleia dos professores do Collège de France vota a transformação da cadeira de história do pensamento filosófico de Jean Hyppolite em cadeira de história dos sistemas de pensamento" (D. Defert, "Chronologie", in M. Foucault, *Dits et Écrits, 1954-1988*, ed. por D. Defert & F. Ewald, colab. J. Lagrange, Paris, Gallimard, "Bibliothèque des sciences humaines", 1994, 4 vols. [doravante, referência a essa edição], t. I, p. 35). Sobre a problematização de uma "história do pensamento", cf. mais precisamente, "Préface à l'*Histoire de la sexualité*", *id.*, IV, n.º 340, pp. 579-80.

2. M. Foucault, *Histoire de la folie à l'âge classique*, Paris, Plon, 1961 (1972 para a edição Gallimard). [Trad. bras.: *História da loucura na idade clássica*, 8.ª ed., São Paulo, Perspectiva, 2008.]

3. M. Foucault, *Les Mots et les Choses*, Paris, Gallimard, 1966. [Trad. bras.: *As palavras e as coisas*, 9.ª ed., São Paulo, Martins Fontes, 2007.]

4. M. Foucault, *Surveiller et Punir*, Paris, Gallimard, 1975 [trad. bras.: *Vigiar e punir*, 36.ª ed., Petrópolis, Vozes, 2009]; sobre a governamentalidade, cf. M. Foucault, *Sécurité, Territoire, Population*, ed. M. Senellart, Paris, Gallimard-Le Seuil, 2004. [Trad. bras.: *Segurança, território, população*, Martins Fontes, São Paulo, 2008.]

5. Cf. os tomos II e III da *Histoire de la sexualité* (*L'Usage des plaisirs, Le Souci de soi*), Paris, Gallimard, 1984. [Trad. bras.: *História da sexualidade – O uso dos prazeres*, 12.ª ed., Rio de Janeiro, Graal, 2007; *O cuidado de si*, 9.ª ed., Graal, 2007.]

6. *Sécurité, Territoire, Population*, ed. cit.

7. *In* Kant, *La philosophie de l'histoire*, trad. S. Piobetta, Paris, Gonthier, 1947, pp. 26-45. [Texto publicado isoladamente, no Brasil, sob o título *Ideia de uma história universal do ponto de vista cosmopolita*, Martins Fontes, São Paulo, 2004.]

8. *Id.*, pp. 88-109 (publicado em novembro de 1785).

9. *Id.*, pp. 110-27 (publicado em janeiro de 1786).

10. Kant, "Compte rendu de l'ouvrage de Herder: 'Idées en vue d'une philosophie de l'histoire de l'humanité'", *id.*, pp. 56-88 (publicado em janeiro de 1785 no *Jenaische allgemeine Literaturzeitung*).

---

* A propósito de Kant e do seu opúsculo, o manuscrito fala de um "ponto de arraigamento de certa forma de reflexão à que se vinculam as análises que eu gostaria de fazer".

11. *Id.*, pp. 128-62 (publicado em janeiro-fevereiro de 1788).
12. Sobre esse movimento, cf. M. Pelli, *The Age of Haskala: Studies in Hebrew Literature of the Enlightenment in Germany*, Leiden, Brill, 1979; G. Scholem, *Fidélité et Utopie. Essais sur le judaïsme contemporain*, trad. fr. B. Dupuy, Paris, Calmann-Lévy (col. "Diaspora"), 1978; A. Altmann, *Moses Mendelssohn: A Biographical Study*, Londres, Routledge & Kegan Paul, 1973; D. Bourel, "Les réserves de Mendelssohn. Rousseau, Voltaire et le juif de Berlin", *Revue internationale de philosophie*, Bruxelas, 1978, vol. 24-125, pp. 309-26.
13. Moses Mendelssohn, *Philosophische Gespräche*, Berlim, C. F. Voss, 1755.
14. Moses Mendelssohn, *Jérusalem ou Pouvoir religieux et Judaïsme*, trad. fr., apresent. e notas D. Bourel, pref. E. Levinas, Paris, Presses d'Aujourd'hui, 1982.
15. Trata-se de uma carta dirigida a Johann Peter Uz, em 12 de fevereiro de 1756. Eis uma versão mais completa: "O autor dos diálogos filosóficos e da pequena obra sobre as sensações não é um judeu imaginário mas um judeu bem real, ainda muito moço e de um gênio notável, que, sem professores, avançou muito longe nas ciências, fez álgebra em seus momentos de vagar, como nós fazemos poesia, e que, desde a juventude, ganhou seu pão numa empresa judaica. Pelo menos, é o que diz o senhor Lessing. Seu nome é Moses. Maupertuis pilheriou sobre ele dizendo que não lhe falta nada para ser um grande homem, salvo um pouco de prepúcio" (citado *in* D. Bourel, *Moses Mendelssohn. La naissance du judaïsme moderne*, Paris, Gallimard, 2004, p. 109).
16. Kant, Carta de 16 de agosto de 1783, XIII, 129, trad. fr. J. L. Bruch, Paris, 1969, citado *in Jérusalem...*, ed. cit., p. 48.
17. Cf. *supra*, nota 9.
18. Cf. *supra*, nota 8.
19. Cf. *supra*, nota 7.
20. Cf. *supra*, nota 11.
21. J. G. Fichte, *Considérations destinées à rectifier le jugement du public sur la Révolution française*, trad. fr. J. Barni, Paris, Payot-Rivages, 1989.
22. Foucault utiliza aqui a trad. fr. de S. Piobetta (*in* Kant, *La Philosophie de l'histoire*, ed. cit., pp. 163-79). [Trad. bras. *Ideia de uma história do ponto de vista cosmopolita*, Martins Fontes, São Paulo, 2004.]
23. "É preciso portanto procurar um acontecimento que indique a existência de tal causa" (*id.*, p. 169).
24. *Id.*, p. 170.
25. *Ibid.*
26. *Id.*, p. 171.
27. *Ibid.*
28. *Ibid.*
29. *Id.*, p. 173.
30. *Id.*, pp. 173-4.

AULA DE 5 DE JANEIRO DE 1983
Segunda hora

A ideia de menoridade: nem impotência natural, nem privação autoritária de direitos. – Saída do estado de menoridade e exercício da atividade crítica. – A sombra das três Críticas. *– Dificuldade de emancipação: preguiça e covardia; o fracasso anunciado dos libertadores. – As molas propulsoras do estado de menoridade: superposição obediência/ausência de raciocínio; confusão entre uso privado/uso público da razão. – As inflexões problemáticas do fim do texto de Kant.*

Depois de algumas considerações gerais sobre esse texto [acerca da] *Aufklärung*, gostaria que iniciássemos a análise, um pouco mais precisa, pelo menos de certos momentos importantes do texto. Há toda uma parte do texto que se refere muito especificamente a problemas de legislação, e de legislação religiosa, que se colocavam na Prússia naquele momento, em 1784, que vou deixar de lado. Não que não sejam interessantes nem mesmo significativos, mas seria necessário entrar num domínio de detalhes e de precisões históricas de que, devo lhes confessar logo, não sou capaz. Portanto, vamos deixar isso de lado. Em contrapartida, vou me aferrar a alguns outros pontos teóricos.

Se vocês quiserem, vamos ler o texto, pelo menos seu primeiro parágrafo: "O que é o Iluminismo [*Was ist Aufklärung?* era portanto a questão, e a resposta é: o Iluminismo é – M.F.] *A saída do homem da sua menoridade, pela qual ele próprio é responsável.*"[1] E Kant nesse momento especifica os dois elementos da sua definição. Primeiro, menoridade quer dizer: "incapacidade de se servir do seu entendimento sem a direção de outrem". Menoridade de que [o homem] é ele próprio responsável, já que "a causa dela reside, não numa falha do esquecimento, mas numa falta de decisão e de coragem para se servir [do seu entendimento; M.F.] sem a direção de outrem. *Sapere aude!* Tem a coragem de te servir de teu próprio entendimento. Eis o mote do Iluminismo"[2]. É esse portanto o primeiro parágrafo.

Gostaria de me deter inicialmente na primeira palavra que encontramos na definição do Iluminismo. Essa primeira palavra é "saída" (*Ausgang*). E sobre ela gostaria de fazer algumas observações. Digamos, de forma bem esquemática, que nas especulações filosóficas sobre a história, e Deus sabe como eram numerosas no século XVIII, a designação do momento presente se fazia em geral de três maneiras possíveis. Seja indicando qual é a era do mundo em que nos encontramos atualmente: determinada era do mundo seria distinta das outras por alguma característica própria ou seria separada delas por determinado acontecimento dramático. Por exemplo, pertencemos ou não a uma era de decadência?* Em segundo lugar, a designação do momento presente podia se fazer por referência a um acontecimento mais ou menos iminente, cujos sinais anunciadores podiam se ver: um estado de paz perpétua, como outrora o Império em seus últimos dias ou a terceira era do mundo. Ou ainda, era possível definir o momento presente como um momento de transição, mas um momento de transição pelo qual se entra num estado estável, permanente e acabado. Em resumo, é esse momento que por exemplo Vico descrevia no último capítulo de *Scienza nuova* [*Ciência nova*], capítulo que se intitula "Olhar sobre o mundo político antigo e moderno considerado relativamente aos fins da ciência moderna"[3]. Ele lembra, nesse último capítulo, o que definiu como a marcha geral de toda sociedade: aristocracia, depois liberdade popular, depois monarquia. Ele lembra, no início desse capítulo, como Cartago, Cápua, Numâncio não foram capazes de percorrer até o fim esse caminho. Que só Roma conseguiu, primeiro por um Estado no qual dominava a aristocracia, depois a liberdade republicana até Augusto e, enfim, uma monarquia que subsistiu enquanto foi possível resistir às causas internas e externas que destroem tal Estado. Pois bem, da mesma maneira, diz Vico, estamos hoje no limiar desse sistema de uma monarquia estável que se manterá enquanto as causas internas e externas não a destruírem. "Hoje, a mais completa civilização parece se difundir nos povos, a maioria deles submetidos a um pequeno número de grandes monarcas."[4] E descreve a Europa como uma espécie de figura compósita na qual há governos aristocráticos no Norte, governos populares nos cantões suíços e nas Províncias unidas, e depois algumas grandes monarquias que fornecem o modelo do Estado para o qual rumamos. "Nossa Europa brilha com uma incomparável civilização; ela abunda em todos os bens que compõem a felicidade da vida humana; encontramos nela todas as fruições intelec-

---

* No manuscrito, Foucault cita aqui como ilustração dessa perspectiva o *Político* de Platão.

tuais e morais."⁵ Ora, deve-se ver que o que Kant designa como o momento da *Aufklärung* não é nem um pertencimento, nem uma iminência, nem uma consumação, não é nem sequer exatamente uma passagem, uma transição de um estado a outro, o que aliás, analisando bem, sempre equivaleria mais ou menos a definir seja um pertencimento, seja uma iminência, seja uma consumação. Ele define simplesmente o momento presente como "*Ausgang*", como saída, movimento pelo qual nos desprendemos de alguma coisa, sem que nada seja dito sobre para onde vamos.

Segunda observação: essa *Ausgang*, essa saída, é a saída, diz ele, do homem de seu estado de menoridade. Ora, aqui também se coloca um problema que é o de saber: o que é esse homem, o que é esse agente da saída que é o homem? Mas, muito exatamente, trata-se mesmo de um agente da saída? Em outras palavras, trata-se de um processo ativo ou passivo? Quando o texto diz "*der Ausgang des Menschen*", pode querer dizer que, efetivamente, o homem, por um ato decisório, se arranque do estado em que estava. Pode querer dizer também que ele está preso no interior de um processo que o desloca e que faz que ele passe do interior para o exterior, de um estado a outro. E, além disso, não se pode evidentemente deixar de colocar a questão de saber o que é esse homem que sai assim. Devemos entender a espécie humana como espécie? Devemos compreender a sociedade humana como elemento universal no interior do qual se encontram as diferentes razões individuais? Trata-se de certas sociedades humanas portadoras desses valores? Trata-se de indivíduos, de que indivíduos, etc.? "Saída do homem", diz simplesmente o texto.

Enfim, a terceira observação e terceira interrogação vai se referir ao fim do parágrafo. Porque, por um lado, se observamos o início do parágrafo, o início da definição, o Iluminismo é portanto "*a saída do homem da sua menoridade, pela qual ele próprio é responsável*". E, lendo esse início de parágrafo, temos a impressão de que Kant designa um movimento, um movimento de saída, um desprendimento que está se realizando e que constitui precisamente o elemento significativo da nossa atualidade. Ora, eis que, no fim do parágrafo, é um tipo de discurso totalmente diferente que aparece. Não mais um discurso de descrição, mas um discurso de prescrição. Kant já não descreve o que acontece, ele diz: "*Sapere aude!* Tem a coragem de te servir de teu próprio entendimento. Eis o mote do Iluminismo." Bem, quando digo que é uma prescrição, é um pouco mais complicado. Ele emprega a palavra "*Wahlspruch*", que é mote, lema. O *Wahlspruch* é de fato uma máxima, um preceito, uma ordem que é dada, que é dada aos outros, que é dada a si mesmo, mas é ao mesmo tempo – e é nisso que o preceito do *Wahlspruch* é mote e lema – algo pelo que nos identificamos e que nos possibilita nos distinguir dos outros. A utilização de uma máxima como preceito é, pois, ao mesmo tempo, uma ordem e uma marca distintiva. Tudo isso, como vocês veem, não torna muito fácil nem claro o que Kant pode querer dizer quando fala do Iluminismo como "saída do homem da sua menoridade".

Eis algumas questões de conjunto. Procuremos agora entrar um pouco mais no texto, e ver: como essa descrição pode ser ao mesmo tempo uma prescrição; o que é esse homem que deve sair; e em que consiste a saída, pois eram essas as três questões encontradas imediatamente.

Primeiro ponto que convém elucidar: o que Kant entende por esse estado de menoridade de que ele fala e de que diz que o homem está saindo, e de que também diz que o homem tem de sair, já que dá ao homem a ordem de sair? Primeiro, esse estado de menoridade não deve de forma alguma ser confundido com um estado de impotência natural. Não é algo como a infância da humanidade. Um pouco mais abaixo no texto ele emprega uma expressão que os tradutores franceses (há duas traduções francesas[6]) não traduziram muito bem. É a palavra alemã *"Gängelwagen"*, que designa aqueles carrinhos utilizados no século XVIII – sabem, para controlar as crianças, punham-nas numa espécie de trapézio com rodas, para elas andarem. Ele diz que os homens estão atualmente numa espécie de *Gängelwagen* (não é de maneira nenhuma o "varal" ou o "cercado"[7] de que falam as traduções), [o que] sugere bem que o homem está em estado de infância. Mas Kant diz, no início do segundo parágrafo, que na verdade esse estado de menoridade em que o homem se encontra não é em absoluto uma impotência natural, na medida em que os homens são, na verdade, perfeitamente capazes de se guiar por si sós. São perfeitamente capazes, e é simplesmente uma coisa – que vai ser preciso determinar: um defeito, uma falta, ou uma vontade, ou certa forma de vontade – que faz que eles não sejam capazes. Logo, não confundamos esse estado de menoridade com o que certos filósofos podiam designar como o estado de infância natural de uma humanidade que ainda não adquiriu os meios e as possibilidades da sua autonomia.

Em segundo lugar, se não se trata nessa noção de menoridade de uma impotência natural, porventura se trata de uma noção jurídica ou político-jurídica que se refere ao fato de que os homens se encontram atualmente privados do exercício legítimo dos seus direitos, em função de alguma circunstância, seja porque de fato renunciaram voluntariamente a seus direitos num ato fundador e inicial, seja ainda porque teriam sido privados deles por alguma artimanha ou violência? Mas aí também há que ressaltar que não é disso que Kant fala. Aliás, ele próprio diz: se os homens estão nesse estado de menoridade, se eles se colocam sob a direção dos outros, não é que os outros se apossaram do poder, nem tampouco que lhes tenham confiado o poder, num ato essencial, fundador e instaurador. É, diz ele, porque os homens não são capazes ou não querem dirigir a si mesmos e que outros se apresentaram obsequiosamente para tomá-los sob a sua direção[8]. Ele se refere a um ato, ou antes, a uma atitude, a um modo de comportamento, a uma forma de vontade que é geral, permanente e que não cria em absoluto um direito, mas simplesmente uma espécie de estado de fato em que, por complacência e de certo modo por um obséquio levemente matizado de artimanha e de astúcia, pois bem, alguns assumiram a direção dos outros. Mas o que mostra de maneira mais clara ainda que não se trata da privação de um direito, que não se trata em absoluto de um estado de menoridade jurídica no qual os homens não seriam capazes, se encontrariam privados da faculdade de usar os seus poderes, são os próprios exemplos que Kant dá desse estado de menoridade: "Se tenho um livro que me faz as vezes de entendimento", "se tenho um diretor de consciência" (ele emprega a palavra *Seelsorger*) que me faz as vezes de *Gewissen* (de consciência moral), "se tenho um médico que decide por mim sobre o meu regime", então "não preciso me preocupar"[9]. E é isso que exemplifica para ele o estado de menoridade. Adotar um livro que faça as vezes de entendimento (*Verstand*), adotar um diretor que faça as vezes de consciência (*Gewissen*), adotar um médico que dite a dieta – eis o que caracteriza, o que exemplifica, o que manifesta concretamente o que é estar num estado de menoridade. Vocês estão vendo que não se trata em absoluto de um estado de dependência natural, vocês estão vendo que não se trata de modo algum de uma situação na qual o indivíduo se veria privado dos seus direitos por uma destituição qualquer (jurídica ou política), vocês veem também que não se trata nem mesmo de uma forma de autoridade que Kant considerava ilegítima. Ele nunca considerou ilegítimo ter livros ou ler livros. Ele sem dúvida nem mesmo considerava que ter um diretor de consciência (um *Seelsorger*) fosse ilegítimo, nem tampouco, é claro, recorrer a um médico. Mas onde se situa o estado de dependência? Na maneira como o indivíduo faz estas três autoridades agirem em relação a ele: a do livro, a do diretor de consciência, a do médico; [na] maneira como o indivíduo substitui seu entendimento pelo livro que ele faz funcionar no lugar do seu próprio entendimento. É a maneira como, fazendo sua própria consciência moral funcionar, ele a substitui pela consciência moral de um diretor de consciência que lhe diz o que deve fazer. E é enfim uma certa maneira de se servir de seu saber próprio acerca da sua própria vida, uma maneira tal que ele substitui o que pode saber, decidir ou prever da sua vida pelo saber que um médico dela possa ter.

Ora, creio que não é superinterpretar muito esse texto ver que, [sob] esses três exemplos em aparência extraordinariamente corriqueiros e familiares (o livro, o diretor de consciência, o médico), nós encontramos, é claro, as três *Críticas*. Por um lado, é de fato a questão do *Verstand* que é colocada; no segundo exemplo, o do *Seelsorger*, é o problema da consciência moral; e com o problema do médico vocês têm pelo menos um dos núcleos que vão constituir mais tarde o domínio próprio da *Crítica da faculdade do juízo*. Três exemplos concretos, três exemplos habitualmente sem estatuto filosófico, jurídico ou político que salte aos olhos, esses exemplos do livro, do diretor de consciência e do médico, mas são as três *Críticas*. E me parece que é preciso portanto ler essa análise do que é a menoridade em função das três *Críticas* que estão subjacentes e implícitas no texto.

E então vocês veem como a empreitada crítica e o processo da *Aufklärung* vão se completar, se convocar e se tornar necessários ambos. De fato, o que é a *Crítica da razão pura* senão o que nos ensina a fazer de nosso *Verstand* (de nosso entendimento) o uso que é legítimo, isto é, dentro do que são os limites da nossa razão. Mas, se é preciso fazer uso do nosso *Verstand* nos próprios limites que são mostrados pela analítica da razão, pois bem também é necessário que, do nosso entendimento, façamos concretamente, pessoalmente, individualmente um uso autônomo sem nos referir à autoridade de um livro. Ora, essas duas vertentes – a vertente crítica e a vertente *Aufklärung*, vamos dizer, da questão do *Verstand* (só utilizar nosso *Verstand* no interior dos limites legítimos, mas fazer uso autônomo do nosso *Verstand*) –, essas duas necessidades, essas duas obrigações, esses dois princípios correspondem um ao outro, não apenas na forma da complementaridade (não ultrapasse os limites, mas use-os de forma autônoma), como também na medida em que é porque extravasamos os limites legítimos da razão que somos levados a apelar para uma autoridade que vai, precisamente, nos pôr num estado de menoridade. Extravasar os limites críticos e se colocar sob a autoridade de outro são as duas vertentes daquilo contra o que Kant se ergue na *Crítica*, aquilo do que o próprio processo da *Aufklärung* deve nos libertar. A reflexão crítica e a análise da *Aufklärung*, ou antes, a inserção da crítica no processo histórico da *Aufklärung* se encontra, creio eu, designada com isso, pelo menos em pontilhado.

Poderíamos dizer a mesma coisa acerca do segundo exemplo, o do *Seelsorger*, o do *Gewissen*. A *Crítica da razão prática* nos ensinará que não devemos fazer nosso dever depender do nosso destino ulterior, e é preciso compreender, ao mesmo tempo, que devemos fazer uso da nossa consciência para determinar nossa conduta. E aí também a complementaridade se assinala muito facilmente, na medida em que é quando procuramos fazer nosso dever depender não da forma pura do imperativo, mas do que pensamos ser nosso destino ulterior, é nesse momento que confiamos a determinação da nossa conduta, não a nós mesmos, o que seria ser maior de idade, mas a um *Seelsorger*, um *Seelsorger* que pode ser bastante útil em alguns casos, mas que não deve ser o próprio princípio da nossa vontade. E ele se tornará o princípio da nossa vontade se, precisamente, procurarmos fundar nossa conduta moral no que deve ser nosso destino ulterior. Vemos portanto se esboçar de maneira que me parece bastante nítida, ainda que discreta, a relação entre a limitação que devemos efetuar na reflexão crítica e a autonomização pelo processo da *Aufklärung*. Sair da menoridade e exercer a atividade crítica são, creio, duas operações vinculadas, cuja vinculação aparece através desses três exemplos, ou em todo caso dos dois primeiros desses três exemplos.

Esse vínculo de pertencimento entre a crítica e a *Aufklärung* – vínculo implícito portanto – não é formulado, mas tenho a impressão de que é possível encontrar seus efeitos e como que seus ecos por todo o texto. [Na] insistência, por exemplo, de Kant em mostrar que o estado de menoridade não se deve a ninguém mais que ao próprio homem, temos, me parece, algo que faz eco e responde como que em termos empíricos ao que a crítica procurava analisar, quando a crítica se atribuía como objeto – não, de modo algum, refutar os erros transmitidos e inculcados e acreditados –, mas se atribuía como projeto mostrar como e por que razões podem nascer necessariamente as ilusões que temos. Da mesma maneira, quando Kant em seu texto sobre a *Aufklärung* diz que os homens são responsáveis por seu próprio estado de menoridade – a tal ponto que, se estivessem libertos, e quando são libertados de certo modo autoritariamente do seu *Gängelwagen* (do carrinho que os guia como crianças), pois bem, nesse caso eles teriam medo de cair, não seriam capazes de andar e de atravessar nem mesmo as valas mais fáceis, eles cairiam –, me parece que temos aí como que a imagem simétrica e inversa do célebre voo da razão que, indo além dos seus limites, não sabe nem mesmo que nenhuma atmosfera poderá continuar a sustentá-la. Em todo caso, o sistema de ecos entre a *Crítica* e essa análise da atualidade da *Aufklärung* é bastante nítida no texto. Discreta mas nítida.

Em todo caso, sejam como forem essas relações entre crítica e *Aufklärung*, creio que podemos reter, de modo geral, de todo esse início de texto, primeiro que a menoridade de que a *Aufklärung* deve nos fazer sair se define por uma relação entre o uso que fazemos da nossa razão, ou que poderíamos fazer, e a direção (a *Leitung*) dos outros. Governo de si, governo dos outros: é nessa relação, nessa relação viciada que se caracteriza o estado de menoridade. Segundo, essa superimposição da direção dos outros ao uso que poderíamos e deveríamos fazer do nosso próprio *Verstand* ou *Gewissen*, etc., se deve a quê? Não se deve à violência de uma autoridade, deve-se simplesmente a nós mesmos, a uma certa relação com nós mesmos. E essa relação com nós mesmos, ele caracteriza com palavras que são emprestadas do registro da moral. Ele diz "preguiça", diz "covardia" (*Faulheit, Feigheit*)[10]. E creio que com isso – seria bom voltar um pouco mais a esse ponto – não são os defeitos morais que ele visa, mas na verdade uma espécie de déficit na relação de autonomia consigo mesmo. A preguiça e a covardia é aquilo pelo que não damos a nós mesmos a decisão, a força e a coragem de ter com nós mesmos a relação de autonomia que nos permite nos servir da nossa razão e da nossa moral. E por conseguinte o que a *Aufklärung* deverá fazer, o que ela está fazendo, pois bem, vai ser justamente redistribuir as relações entre governo de si e governo dos outros. Como, segundo Kant, está se fazendo essa redistribuição do governo de si e do governo dos outros? Como ela está se fazendo e como tem de se fazer – já que estamos ao mesmo tempo na ordem da descrição e na ordem da prescrição?

Pois bem, é aí que o texto faz uma inflexão bastante curiosa. Primeiro, Kant estabelece que os indivíduos são incapazes por si mesmos de sair do seu estado de menoridade. E por que são incapazes de sair do seu estado de menoridade? Exatamente pelas mesmas razões que são dadas e que explicam por que estamos em estado de menoridade e por que os homens são responsáveis, eles próprios, por seu estado de menoridade. É que eles são covardes, é que eles são preguiçosos, é seu próprio pavor. Mais uma vez, mesmo libertados das suas amarras, mesmo libertados do que os retém, mesmo libertados dessa autoridade, pois bem, eles não tomariam a seu encargo a decisão de caminhar com as próprias pernas e cairiam, não que os obstáculos sejam impeditivos, mas porque teriam medo. Estamos em estado de menoridade porque somos covardes e preguiçosos, e não podemos sair desse estado de menoridade, precisamente porque somos covardes e preguiçosos.

Então, segunda hipótese evocada por Kant: se os homens não são capazes de sair por si mesmos do seu estado de menoridade, haverá indivíduos capazes, por sua autoridade, por sua ação própria sobre os outros, de libertá-los desse estado de menoridade? E Kant evoca indivíduos que seriam pensantes por si mesmos, isto é, que teriam efetivamente escapado, a título individual, dessa preguiça e dessa covardia e que, pensando por si mesmos, adquiririam sobre os outros a autoridade que estes precisamente reclamam. E são portanto essas pessoas que, obsequiosamente – como Kant dizia ironicamente um pouco mais acima –, se apossam da direção dos outros[11]. Mas, ao se apossar da direção dos outros apoiando-se na própria autonomia destes, algumas dessas pessoas, tomando consciência do seu valor, tomando consciência também "da vocação (*Beruf*) de cada homem de pensar por si mesmo"[12], decidem desempenhar o papel de libertadores em relação aos outros. Logo, eles pensam por si mesmos, eles se apoiam nessa autonomia para adquirir autoridade sobre os outros. Mas eles se servem dessa autoridade sobre os outros de tal maneira que a consciência do seu próprio valor difunde, de certo modo, e se torna a constatação e a afirmação da vontade de cada homem fazer como eles, isto é, pensar por [si] mesmo. Ora, diz ele, esses indivíduos não são capazes na realidade de fazer a humanidade sair da sua menoridade. E por que não são capazes? Pois bem, precisamente porque eles começaram pondo os outros sob a sua própria autoridade, de tal sorte que esses outros, habituados assim ao jugo, não suportam a liberdade e a emancipação que lhes é concedida. Eles forçam, eles constrangem aqueles mesmos que querem libertá-los porque eles próprios se libertaram para entrar nesse jugo, sob esse jugo, que eles aceitam por covardia, preguiça, esse jugo que eles aceitaram vindo do outro e ao qual querem reconduzi-lo agora. E, por conseguinte, diz ele, é essa a lei de todas as revoluções – foi escrito em 1784 – que os que as fazem caem necessariamente sob o jugo dos que quiseram libertá-los.

Então já que não são os próprios homens, já que não são alguns dos homens que vão efetuar esse processo de transformação, de saída do estado de menoridade para um estado de maioridade, pois bem, diz Kant, para ver como a *Aufklärung*, a libertação, a saída do estado de menoridade deve ser feita, é preciso ver exatamente como funciona esse estado de menoridade. E ele diz que o estado de menoridade se caracteriza pela constituição, de certo modo, de dois pares indevidos e ilegítimos: [primeiro,] o par obediência e ausência de raciocínio; segundo, o par, ou pelo menos a confusão entre duas coisas que devem ser distinguidas: o privado e o público.

Primeiramente, primeiro par, pois bem, é este. Nas sociedades que conhecemos, admite-se – é o que querem fazer crer os que governam, mas é o que creem também a covardia e a preguiça dos que são governados – que só pode haver obediência onde há ausência de raciocínio. E Kant dá três exemplos[13]: o exemplo dos oficiais que dizem a seus soldados: não raciocinem, obedeçam; o exemplo do padre que diz aos fiéis: não raciocinem, creiam; o exemplo do funcionário do fisco que diz: não raciocinem, paguem. A palavra, o termo empregado, é *Räsonnieren*, que tem nas *Críticas*, como vocês sabem, principalmente na *Crítica da razão pura*, um sentido bem particular de "raciocinação"[14], mas que é preciso entender aqui no sentido de "utilizar sua faculdade de raciocinar". Logo, nessa estrutura do estado de menoridade, temos esse pertencimento da obediência e da ausência do *Räsonnieren* – do uso da faculdade de raciocinar. E, diz Kant, na verdade só há um ser no mundo – ele não diz qual –, um "senhor no mundo"[15] capaz de dizer: raciocinem quanto quiserem, mas obedeçam. E, claro, coloca-se a questão de saber quem é esse senhor, esse único senhor que, no mundo, diz: raciocinem quanto quiserem, mas obedeçam. Será Deus, será a própria razão, será o rei da Prússia? Vocês vão ver que não é certamente o primeiro, é um pouco o segundo e principalmente o terceiro.

Segundo par que caracteriza o estado de menoridade: é o par constituído pelas duas esferas, do privado e do público, *Privat* e *Publikum* (o célebre público de que falávamos há pouco). Mas aqui é preciso prestar muita atenção. Quando Kant distingue o que é privado do que é público, ele não visa em absoluto, ou, em todo caso, não visa principalmente duas esferas de atividade, uma que seria pública por certo número de razões, a outra que seria privada pelas razões inversas. A esfera a que se aplica a caracterização de "privada" não é uma esfera de coisas, é certo uso, um uso, justamente, das faculdades que são as nossas. E o que ele chama de "público" é menos uma esfera precisa de coisas ou de atividades do que certa maneira de fazer funcionar e de fazer uso das faculdades que são as nossas.

O que é esse uso privado das faculdades? O que ele chama de uso privado das faculdades é esse uso que nós fazemos delas em quê? Pois bem, em nossa atividade profissional, em nossa atividade pública, quando somos funcionários, quando somos os elementos de uma sociedade ou de um governo cujos princípios e objetivos são os do bem coletivo. Em outras palavras – e é aí que, vamos dizer, há uma pequena astúcia, enfim uma pequena defasagem em relação aos usos que fazemos dessas mesmas palavras –, o que ele chama de privado é, em suma, o que chamaríamos de público, em todo caso de profissional. E por que ele chama de privado? Pela seguinte razão, simplesmente. Em todas essas formas de atividade, nesse uso que fazemos das nossas faculdades quando somos funcionários, quando pertencemos a uma instituição, a um corpo político, o que somos? Somos simplesmente, diz ele, "as peças de uma máquina"[16]. Somos as peças de uma máquina, situadas num lugar dado, [com] certo papel preciso a desempenhar, enquanto há outras peças da máquina que têm outros papéis a desempenhar. E, nessa medida, não é como sujeito universal que funcionamos, funcionamos como indivíduos. E devemos fazer um uso particular e preciso da nossa faculdade dentro de um conjunto que, por sua vez, é encarregado de uma função global e coletiva. É isso o uso privado.

Quanto ao uso público, o que é? É precisamente o uso que fazemos do nosso entendimento e das nossas faculdades na medida em que nos situamos num elemento universal, em que podemos figurar como sujeito universal. Ora, é evidente que nenhuma atividade política, nenhuma função administrativa, nenhuma forma de prática econômica nos coloca nessa situação de sujeito universal. Em que momento nós nos constituímos como sujeito universal? Pois bem, quando, como sujeito racional, nós nos dirigimos ao conjunto dos seres racionais. E é simplesmente aí, nessa atividade que é precisamente e por excelência a do escritor dirigindo-se ao leitor, é nesse momento que encontramos uma dimensão do público que é, ao mesmo tempo, a dimensão do universal. Ou antes, encontramos uma dimensão do universal, e o uso que fazemos nesse momento do nosso entendimento pode e deve ser um uso público.

Por conseguinte, podemos ver agora em que consiste a menoridade e em que vai consistir a saída da menoridade. Há menoridade cada vez que se faz coincidir, cada vez que se superpõe o princípio da obediência – confundido com o não raciocinar – e não apenas, claro, o uso privado, mas também o uso público do nosso entendimento. Quando obedecer é confundido com não raciocinar e quando, nessa confusão do obedecer com o não raciocinar, oprime-se o que deve ser o uso público e universal do nosso entendimento, nesse momento há menoridade. Em compensação, haverá maioridade quando se houver de certo modo restabelecido a justa articulação entre esses dois pares: quando a obediência bem separada do *Räsonnieren* (utilizar sua razão) valer totalmente, absolutamente e sem condição alguma no uso privado (isto é, quando, como cidadão, como funcionário, como soldado, como membro de uma cerimônia religiosa, etc., nós obedecermos) e quando, por outro lado, o *Räsonnieren* (o uso da razão) se fizer na dimensão do universal, isto é, na abertura a um público em relação ao qual não haverá nenhuma obrigação, ou antes, nenhuma relação de obediência e nenhuma relação de autoridade. Na menoridade, se obedece em qualquer circunstância, seja no uso privado, seja no uso público, e por conseguinte não se raciocina. Na maioridade, desconectam-se raciocínio e obediência. Faz-se valer a obediência no uso privado e faz-se valer a liberdade total e absoluta de raciocínio no uso público. E vocês veem que temos aí a definição do que é a *Aufklärung*. E veem que a *Aufklärung* é exatamente, diz Kant, o contrário da *"tolerância"*[17]. De fato, o que é a tolerância? A tolerância, pois bem, é precisamente o que exclui o raciocínio, a discussão, a liberdade de pensar sob a sua forma pública, e só a aceita – e a tolera – no que concerne ao uso pessoal, privado e oculto. A *Aufklärung*, ao contrário, é que vai dar à liberdade a dimensão da maior publicidade na forma do universal e que manterá a obediência apenas nesse papel privado, digamos nesse papel particular que é definido no interior do corpo social.

Eis portanto em que deve consistir o processo da *Aufklärung*, a nova repartição, a nova distribuição do governo de si e do governo dos outros. Ora, como vai ser feita essa operação, qual vai ser esse agente? É aí que, vamos dizer, esse texto dá uma viravolta, dá uma viravolta de tal modo que, até certo ponto, a maioria dos princípios nos quais apoiou sua análise vai se ver questionada, o que até certo ponto chama, o que vai designar o lugar possível do texto sobre a Revolução. De fato, diz Kant, como se dá a *Ausgang*? Essa *Ausgang*, essa saída, está se consumando; em que pé estamos? Qual é, no processo da saída, o ponto atual? E ele dá a essa questão uma resposta absolutamente tautológica, e não diz nada além da questão, ele diz: estamos *"a caminho do Iluminismo"*[18]. O texto alemão diz muito exatamente: estamos no período, no *Zeitalter*, na era da *Aufklärung*. À questão: "O que é a *Aufklärung* e em que ponto estamos nesse processo da *Aufklärung*?", ele se contenta em dar como resposta: estamos na era da *Aufklärung*.

Mas, na verdade, para dar a essa questão semelhante conteúdo, Kant faz intervir certo número de elementos, elementos que são heterogêneos entre si e que, mais uma vez, questionam o próprio jogo da sua análise. Primeiro ele diz: atualmente há sinais que anunciam esse processo de libertação e esses sinais mostram que se erguem "obstáculos"[19] que até então se opunham a que o homem fizesse uso da sua razão. Ora, sabemos que não há obstáculos ao fato de o homem fazer uso da sua razão, já que é o próprio homem que, por sua covardia e sua preguiça, não faz uso da sua razão. Eis portanto que Kant faz valer a existência desses obstáculos. Segundo, depois de ter dito e mostrado demoradamente que não pode haver um agente individual ou agentes individuais dessa libertação, ele faz intervir precisamente o rei da Prússia. Faz intervir Frederico da Prússia, do qual diz que – e é nisso que ele é, ele, Frederico da Prússia, um agente, que é o próprio agente da *Aufklärung* – não prescreveu nada em matéria de religião. Nesse domínio – como também no domínio das ciências e das artes[20], mas, diz Kant, que tem um problema preciso a ajustar com a legislação religiosa, no domínio das ciências e das artes isso coloca muito poucos problemas e é relativamente simples –, no domínio da religião onde há muito mais perigos, Frederico da Prússia, ao contrário do seu sucessor, não prescreveu nada. Mas, por outro lado, ele assegurou a "tranquilidade pública" do seu Estado graças a um exército forte e "bem disciplinado"[21]. E nessa liberdade total de conduzir a discussão religiosa, acompanhada da constituição de um exército forte que garante a tranquilidade pública, temos exatamente, pela própria decisão de Frederico da Prússia e sua maneira de governar, esse ajuste entre um governo de si que se fará na forma do universal (como discussão pública, raciocínio público e uso público do entendimento) e, de outro lado, o que vai ser a obediência, obediência à qual serão constrangidos todos os que fazem parte de uma sociedade dada, de um Estado dado, de uma administração dada. Frederico da Prússia é a própria figura da *Aufklärung*, é o agente essencial da *Aufklärung*, é aquele agente da *Aufklärung* que redistribui como convém o jogo entre obediência e uso privado, universalidade e uso público. Enfim – e é aí que o texto de Kant termina –, ele evoca, após esse papel de Frederico da Prússia como agente da *Aufklärung*, uma espécie de pacto que é uma terceira maneira de questionar o que ele acaba de dizer. Ele questionou portanto tudo isso dizendo que se erguem obstáculos. Questionou sua própria análise fazendo Frederico da Prússia desempenhar um papel individual. E agora, na conclusão, questiona a divisão exata que fazia entre o que é discussão pública e uso autônomo do entendimento, de um lado, e obediência e uso privado, do outro. Ele evoca o que considera, o que chama de efeitos benéficos dessa abertura de uma dimensão pública para o uso da razão. E diz – num texto, por sinal, bastante obscuro, mas que, a meu ver, pode ser interpretado assim – que é precisamente deixando crescer o mais possível essa liberdade de pensar pública, é por conseguinte abrindo essa dimensão livre e autônoma do universal para o uso do entendimento que esse entendimento vai mostrar, de maneira cada vez mais clara e evidente, que a necessidade de obedecer se impõe na ordem da sociedade civil[22]. Quanto mais liberdade para o pensamento vocês deixarem, mais vocês terão certeza de que o espírito do povo será formado para a obediência. E é assim que se vê desenhar uma transferência de benefício político do uso livre da razão para a esfera da obediência privada.

Essas três soluções, essas três definições, melhor dizendo, do processo da *Aufklärung*, como vocês veem, evidentemente, se deslocam e até certo ponto contradizem, questionam o conjunto da análise. O incômodo manifestamente sentido por Kant em fazer o rei da Prússia atuar como esse agente da *Aufklärung* explica, sem dúvida em parte, o fato de que o agente da *Aufklärung*, o próprio processo da *Aufklärung* será, no texto de que eu lhes falava na hora precedente – o texto de 1798 –, transferido para a Revolução. Ou, mais exatamente, não propriamente para a Revolução, mas para o fenômeno geral que se produz em torno da Revolução e que vai ser o entusiasmo revolucionário. O entusiasmo revolucionário como agente da *Aufklärung* é no texto de 1798 o substituto ou o sucessor do que foi o rei da Prússia no texto de 1784.

Pois bem, vamos parar aqui hoje. E, a partir da próxima vez, vou retomar, mas em escala totalmente diferente, com referenciais históricos totalmente diferentes, documentos totalmente diferentes, esse problema do governo de si e dos outros. Aqui, eu queria apenas indicar para vocês como, na história da filosofia moderna, esse tipo de problemática concernente à análise da atualidade pôde ser introduzido por Kant.

*

NOTAS

1. "Qu'est-ce que les Lumières?", *in* Kant, *La Philosophie de l'histoire*, trad. fr. S. Piobetta, ed. cit., p. 46.
2. *Ibid.*
3. G. Vico, *Principes de la philosophie de l'histoire*, trad. fr. J. Michelet, Paris, Armand Colin, 1963.
4. *Id.*, p. 358 (Vico escreve "difundida" em vez de "difundir-se").
5. *Id.*, p. 360.
6. Além da tradução de S. Piobetta, que utiliza neste curso, Foucault podia consultar a de J. Barni (*in Éléments de métaphysique de la doctrine du droit*, Paris, A. Durand, 1855).
7. Trad. fr. de S. Piobetta de Kant, "Qu'est-ce que les Lumières?", *in op. cit.*, p. 47.
8. *Id.*, p. 46.
9. *Ibid.*
10. *Ibid.*
11. "Que a grande maioria dos homens (inclusive todo o sexo frágil) também considere perigosíssimo esse passo adiante em direção à sua maioridade, além de ser uma coisa penosa, é uma coisa a que se consagram com grande eficácia os tutores que, muito amavelmente, tomaram a seu encargo exercer uma alta direção sobre a humanidade" (*id.*, p. 46).
12. *Id.*, p. 47.
13. *Id.*, p. 48.
14. Não há ocorrência de *Räsonnieren* na *Crítica da razão pura*. Em compensação, esse termo tem sim o sentido de "raciocinação" em Hegel, particularmente na *Fenomenolo-*

gia do espírito: "a raciocinação (*das Räsonnieren*) é a liberdade destacada do conteúdo, a vanidade errando sobre esse conteúdo" (trad. fr. J. Hyppolite, t. I, Paris, Aubier, 1941, p. 51).
15. Kant, "Qu'est-ce que les Lumières?", *in op. cit.*, p. 48.
16. *Id.*, p. 49.
17. *Id.*, pp. 53-4.
18. *Id.*, p. 53.
19. *Ibid.*
20. *Id.*, p. 54.
21. *Ibid.*
22. "Raciocinem tanto quanto quiserem e sobre os temas que lhes agradarem, mas obedeçam!" (*id.*, p. 53).

AULA DE 12 DE JANEIRO DE 1983
Primeira hora

Recapitulações de método. – Determinação do tema de estudo do ano. – Parresía e cultura de si. – O Tratado das paixões *de Galeno. – A* parresía*: dificuldade de precisar a noção; referências bibliográficas. – Uma noção duradoura, plural, ambígua. – Platão diante do tirano de Siracusa: uma cena exemplar de parresía. – O eco de* Édipo. Parresía versus *demonstração/ensino/discussão. – O elemento do risco.*

Da última vez eu lembrei brevemente a vocês qual era o projeto geral, a saber: procurar analisar o que podemos chamar de focos ou matrizes de experiência, como a loucura, a criminalidade, a sexualidade, e analisá-las segundo a correlação dos três eixos que constituem essas experiências, isto é: o eixo da formação dos saberes, o eixo da normatividade dos comportamentos e, enfim, o eixo da constituição dos modos de ser do sujeito. Também procurei indicar a vocês quais os deslocamentos teóricos que esse gênero de análise implicava, uma vez que se tratava de estudar a formação dos saberes, a normatividade dos comportamentos e os modos de ser do sujeito em sua correlação. De fato, parece-me que a análise da formação dos saberes, uma vez que procuramos desenhá-la nessa perspectiva, deve ser feita não tanto como a história do desenvolvimento dos conhecimentos, mas a partir e do ponto de vista da análise das práticas discursivas e da história das formas de veridicção. Essa passagem, esse deslocamento do desenvolvimento dos conhecimentos para a análise das formas de veridicção constituiu um primeiro deslocamento teórico que era necessário operar. O segundo deslocamento teórico a operar é o que consiste, quando se trata de analisar a normatividade dos comportamentos, em se desprender do que seria uma Teoria Geral do Poder (com todas as maiúsculas) ou das explicações pela Dominação em geral, e em tentar fazer valer a história e a análise dos procedimentos e das tecnologias de governamentalidade. Enfim, o terceiro deslocamento que se trata, creio eu, de realizar é o que consiste em passar de uma teoria do sujeito a partir da qual se procuraria destacar, em sua historicidade, os diferentes modos de ser da subjetividade, à análise das modalidades e técnicas da relação consigo, ou ainda à história dessa pragmática do sujeito em suas diferentes formas, de que procurei, no ano passado, dar a vocês alguns exemplos. Logo: análise das formas de veridicção; análise dos procedimentos de governamentalidade; análise da pragmática do sujeito e das técnicas do si. Eis pois os três deslocamentos que esbocei.

E indiquei a vocês que este ano eu queria retomar algumas das questões que haviam sido deixadas em suspenso nesse percurso, insistindo precisamente em alguns aspectos, algumas questões que marcam melhor a correlação desses três eixos. Eu tinha me consagrado, vamos dizer, principalmente a estudar sucessivamente cada um destes três eixos: o da formação dos saberes e das práticas de veridicção; o da normatividade dos comportamentos e da tecnologia do poder; enfim, o da constituição dos modos de ser do sujeito a partir das práticas de si. Gostaria agora de tentar ver como se pode estabelecer, como se estabelece efetivamente, a correlação deles e tentar apreender alguns pontos, alguns elementos, algumas noções e algumas práticas que assinalam essa correlação e mostram como efetivamente ela pode ser levada a cabo. E, [...] ao colocar a questão do governo de si e dos outros, gostaria de procurar ver como o dizer-a-verdade*, a obrigação e a possibilidade de dizer a verdade nos procedimentos de governo podem mostrar de que modo o indivíduo se constitui como sujeito na relação consigo e na relação com os outros. O dizer-a-verdade, nos procedimentos de governo e na constituição de [um] indivíduo como sujeito para si mesmo e para os outros: é um pouco disso que eu gostaria de lhes falar este ano. E portanto o curso deste ano será sem dúvida um pouco descontínuo. Enfim, gostaria de tentar estudar alguns aspectos desse problema geral, tomando algumas noções e algumas práticas particulares.

Então, o primeiro domínio, o primeiro dossiê que eu gostaria de estudar é o que havíamos encontrado ano passado, a propósito da direção de consciência e das práticas de si na Antiguidade dos séculos I e II da nossa era. E, como vocês se lembram, havíamos encontrado essa noção interessantíssima que é a noção de *parresía*[1] [...**]. Um dos significados originais da palavra grega *parresía* é o "dizer tudo", mas na verdade ela é traduzida, com muito mais frequência, por fala franca, liberdade de palavra, etc. Essa noção de *parresía*, que era importante nas práticas da

---

* O dizer-a-verdade é a tradução aqui adotada para o que Foucault chama de *le dire-vrai*. [N. do T.]

** M.F.: vocês preferem que eu escreva na lousa? [*ouvem-se rangidos de giz*].

direção de consciência, era, como vocês se lembram, uma noção rica, ambígua, difícil, na medida em que, em particular, designava uma virtude, uma qualidade (há pessoas que têm a *parresía* e outras que não têm a *parresía*); é um dever também (é preciso, efetivamente, sobretudo em alguns casos e situações, poder dar prova de *parresía*); e enfim é uma técnica, é um procedimento: há pessoas que sabem se servir da *parresía* e outras que não sabem se servir da *parresía*. E essa virtude, esse dever, essa técnica devem caracterizar, entre outras coisas e antes de mais nada, o homem que tem o encargo de quê? Pois bem, de dirigir os outros, em particular de dirigir os outros em seu esforço, em sua tentativa de constituir uma relação consigo mesmos que seja uma relação adequada. Em outras palavras, a *parresía* é uma virtude, dever e técnica que devemos encontrar naquele que dirige a consciência dos outros e os ajuda a constituir sua relação consigo. Vocês se lembram que ano passado vimos como, na Antiguidade, desde a época clássica até a Antiguidade tardia, em particular nos dois primeiros séculos da nossa era, houve um desenvolvimento de uma certa cultura de si que adquirira naquele momento tais dimensões que se podia falar de uma verdadeira era dourada da cultura de si[2]. E nessa cultura de si, nessa relação consigo, viu-se desenvolver toda uma técnica e toda uma arte que se aprendem e se exercem. Viu-se que essa arte de si necessita de uma relação com o outro. Em outras palavras: não se pode cuidar de si mesmo, se preocupar consigo mesmo sem ter relação com outro. E o papel desse outro é precisamente dizer a verdade, dizer toda a verdade, ou em todo caso dizer toda a verdade necessária, e dizê-la de uma certa forma que é precisamente a *parresía*, que mais uma vez é traduzida pela fala franca.

Talvez vocês se lembrem mais particularmente, nessa temática geral, de um texto em que nos detivemos um pouco: o texto de Galeno no *Tratado das paixões*[3], que é muito interessante e no qual vimos primeiro a velha, a antiga, a tradicional temática, ou antes, a dupla temática do cuidado de si e do conhecimento de si: a obrigação para todo indivíduo de se preocupar consigo mesmo, imediatamente ligada, como sua condição, ao conhecimento de si. Ninguém pode cuidar de si sem se conhecer. O que nos tinha posto na pista de uma coisa interessante, que era que o tal princípio, para nós tão fundamental, do *gnôthi seautón* (do conhecimento de si) repousa em e é um elemento do que é fundamentalmente o princípio mais geral, a saber: cuidar de si mesmo[4]. Nesse texto de Galeno, havíamos encontrado também a ideia de que, quando se cuida de si, só é possível fazê-lo de maneira contínua e permanente. Não, como no *Alcibíades* de Platão, no momento em que o adolescente vai entrar na vida pública e se encarregar da cidade, mas é ao longo da sua existência, desde a juventude à consumação da velhice, que o homem deve cuidar de si mesmo[5]. Nesse mesmo texto de Galeno, vimos portanto que esse cuidado de si, que deve ser desenvolvido e exercido penosamente, continuamente ao longo da vida inteira, não pode prescindir do trabalho do juízo dos outros. Os que querem prescindir do juízo dos outros na opinião que se formam de si mesmos, esses, diz Galeno, frequentemente caem. Frase que será, num contexto totalmente diferente, retomada tantas vezes na espiritualidade cristã: os que prescindem da direção dos outros caem como folhas no outono[6], dirá a espiritualidade cristã. Pois bem, Galeno já dizia: quando prescindimos do juízo dos outros pela opinião que temos de nós mesmos, caímos frequentemente. Em compensação, diz Galeno, raramente se enganam os que se remetem a outros no que concerne à constatação do seu próprio valor.

E, a partir desse princípio, Galeno dizia que era necessário, evidentemente, se dirigir a alguém para ajudar a si mesmo nessa constituição da opinião que se tem de si mesmo e no estabelecimento de uma relação adequada a si. Necessidade de se dirigir a outro. E qual seria esse outro? Havia aí um dos elementos de surpresa do texto: que esse alguém a quem se deve recorrer, Galeno, como vocês se lembram, não apresentava como um técnico – seja um técnico da medicina do corpo ou um técnico da medicina das almas, seja um médico ou um filósofo. Não, tratava-se segundo o texto de Galeno de se dirigir a um homem, contanto que com idade suficiente, com reputação suficientemente boa e, além disso, dotado de certa qualidade. Essa qualidade era a *parresía*, isto é, a fala franca. Um homem de idade, um homem de boa reputação e um homem de *parresía*: esses eram os três critérios, necessários e suficientes, para constituir e caracterizar aquele de que necessitamos para se relacionar conosco. Temos portanto, vamos dizer, toda uma estrutura, todo um pacote de noções e de temas importantes: cuidado de si, conhecimento de si, arte e exercício de si, relação com o outro, governo pelo outro e dizer-a-verdade, obrigação desse outro de dizer a verdade. Com a noção de *parresía*, temos, como vocês veem, uma noção que está na encruzilhada da obrigação de dizer a verdade, dos procedimentos e técnicas de governamentalidade e da constituição da relação consigo. O dizer-a-verdade do outro, como elemento essencial do governo que ele exerce sobre nós, é uma das condições essenciais para que possamos formar a relação adequada conosco mesmos, que nos proporcionará a virtude e a felicidade.

Eis o que era, podemos dizer, essa temática geral que encontrávamos em Galeno, no século II da nossa era. Então é isso que eu gostaria de utilizar como ponto de partida, observando desde já que essa noção de *parresía*, que encontramos aí portanto, nesse texto e nos textos análogos consagrados à direção individual de consciência, extravasa largamente o uso e o sentido que foram identificados assim. Digamos que essa noção é um pouco uma noção aranha*, uma noção aranha que foi muito pouco estudada, devemos dizer. Primeiro porque, [muito embora os] próprios antigos se refiram com frequência a ela (veremos toda a série de textos em que é tratada essa *parresía*, e a série que utilizarei está longe de ser exaustiva, claro), não há no entanto, ou só muito pouco, reflexão direta sobre essa noção de *parresía*. É uma noção utilizada, é uma noção mencionada, não é uma noção diretamente refletida e tematizada como tal. Praticamente, entre os textos que chegaram até nós, só há um texto – e ainda assim em estado fragmentário – que é efetivamente um tratado consagrado à *parresía*. E esse tratado é o mais importante dos epicuristas nos primeiros séculos da nossa era. É o tratado de Filodemo, de que temos restos publicados e que vocês podem encontrar, sem tradução por sinal, no texto grego apenas, na coleção Teubner[7]. Fora disso, não possuímos reflexão direta dos próprios antigos sobre essa noção de *parresía*. E, por outro lado, é uma noção que, podemos dizer, não se integra de maneira facilmente identificável e localizável dentro deste ou daquele sistema conceitual ou doutrina filosófica. É um tema que corre de um sistema a outro, de uma doutrina a outra, de tal sorte que é muito difícil definir com exatidão seu sentido e identificar sua economia exata.

Questão bibliográfica sobre essa noção de *parresía*. Fora, é claro, o texto de Filodemo, não há grande coisa, em todo caso só conheço: primeiro, na *Real Encyclopädie* (a Pauly/Wissowa)[8], um verbete consagrado à *parresía*, que foi escrito há bastante tempo (em 1938-39), justo antes da guerra, creio, por Philippson[9]. Segundo, um livro importante escrito na Itália por Scarpat, que data de 1964[10], em que vocês encontram um desenrolar interessante, cuidadoso, dessa noção de *parresía*, com uma elisão curiosíssima de todos os significados, valores e usos dessa noção precisamente para a direção individual. Tudo o que diz respeito ao uso político da noção, tudo o que diz respeito também a seu uso religioso é bem feito; em compensação, [a obra é] totalmente lacunar quanto à direção de consciência individual. Enfim, vocês encontram nas atas do VIII Congresso da Associação Guillaume Budé, datado de 1968, um artigo em francês consagrado precisamente a Filodemo e a seu tratado sobre a *parresía*, escrito por Marcello Gigante[11].

* A noção que estende seus fios em todos os sentidos, que abrange vários domínios. [N. do T.]

O que, do meu ponto de vista, merece reter a atenção nessa noção de *parresía* é, em primeiro lugar – vou dizer coisas muito elementares –, a longuíssima duração dessa noção, seu longuíssimo uso no decorrer de toda a Antiguidade, pois dessa noção de *parresía* – voltaremos evidentemente em mais detalhes a ela, hoje e da próxima vez – vocês encontrarão o uso já bem instaurado, bem definido, em grandes textos clássicos, seja de Platão, seja de Eurípides, e depois através de toda uma série de outros textos (Isócrates, Demóstenes, Políbio, Filodemo, Plutarco, Marco Aurélio, Máximo de Tiro, Luciano, etc.); depois vocês vão encontrar novamente essa noção no finzinho da Antiguidade, na espiritualidade cristã, por exemplo, em são João Crisóstomo, em suas *Cartas a Olímpia*[12], na *Carta do exílio*[13] ou em *Da providência de Deus*[14]; em Doroteu de Gaza[15] também, vocês encontram um uso muito importante, muito rico e, até certo ponto, muito novo dessa noção de *parresía*. E nos textos latinos, se bem que a própria tradução do termo *parresía* seja um tanto incerta, não totalmente definida, vocês também encontram o tema, claro. Encontram-no em Sêneca[16], encontram nos historiadores, claro, encontram também nos teóricos da retórica, como Quintiliano[17]. E então várias traduções, com uma série de palavras como *licentia*, *libertas*, *oratio libera*, etc. Logo, duração muito grande da noção.

Em segundo lugar, pluralidade dos registros nos quais vocês encontram essa noção, já que, mais uma vez, foi possível identificá-la bem claramente, muito bem definida na prática da direção individual, mas é utilizada também no campo político. E ela tem, aí também, toda uma pluralidade de significações interessantes e que evoluirão consideravelmente desde a democracia ateniense até o Império romano. E – vai ser uma das coisas que vou procurar estudar nas próximas aulas –, ela é utilizada nos confins do que poderíamos chamar de direção individual com o campo político, mais precisamente em torno do problema da alma do Príncipe: como se deve dirigir a alma do Príncipe e qual a forma de discurso necessária, ao mesmo tempo, para que o Príncipe, como indivíduo, constitua consigo mesmo uma relação adequada que garanta sua virtude e, também, de maneira que, com isso e com esse ensinamento, se faça do Príncipe um indivíduo moralmente válido, um governante que se encarregue e cuide não só de si próprio mas também dos outros? Qual é portanto o tipo de discurso tal que faça o Príncipe poder se encarregar de si mesmo, cuidar de si mesmo e se encarregar também daqueles a quem governa? Como governar o Príncipe de maneira que ele possa governar a si mesmo e aos outros? Esse vai ser um dos pontos sobre os quais eu gostaria de insistir. E, depois, vocês encontram também essa noção no campo da experiência e na temática religiosas, onde temos uma curiosíssima e interessantíssima mudança, deslizamento, enfim inversão quase que de um polo a outro dessa noção de *parresía*, já que no ponto de partida nós a encontramos com o sentido de obrigação, para o mestre, de dizer toda a verdade que tem de ser dita ao discípulo; e, depois, vocês vão encontrar a noção da possibilidade, para o discípulo, de dizer tudo por conta própria ao mestre. Ou seja, vai se passar de um sentido da noção de *parresía*, que a situa como obrigação do mestre de dizer o que é verdade para o discípulo, ao de obrigação para o discípulo de dizer por conta própria o que é real ao mestre.

Uma terceira razão, enfim, que faz a riqueza dessa noção é que, qualquer que seja [a sua] valorização geral e constante (eu disse a vocês: é uma virtude, é uma qualidade), na realidade há muita ambiguidade girando em torno dessa noção, e sua valorização não era nem totalmente constante nem totalmente homogênea. Veremos, por exemplo, que a *parresía* cínica, a fala franca cínica está longe de ser uma noção, um valor absolutamente unívocos. E, na própria espiritualidade cristã, veremos que a *parresía* também pode perfeitamente ter o sentido de indiscrição, indiscrição com a qual se fala de tudo a propósito de si mesmo.

Tudo isso deve parecer ao mesmo tempo abstrato, impreciso, confuso e incerto para vocês. Vamos tentar então, se vocês quiserem, avançar um pouco e ser mais precisos. Não gostaria de refazer agora passo a passo a história dessa noção. Vou usar, vamos dizer, um texto mediano, um caso mediano, um exemplo mediano de *parresía*, que se situa, na história, precisamente quase a meio caminho entre a idade clássica e a grande espiritualidade cristã dos séculos IV-V, onde, no interior de um campo de filosofia ao mesmo tempo tradicional mas não muito bem definida, vamos ver em ação essa noção de *parresía*. Vale dizer que, evidentemente, é num texto de Plutarco, autor mediano em todos os sentidos do termo, que vou pegar esse exemplo da *parresía*. Bem, há um grande número de textos de Plutarco, voltaremos a isso daqui a pouco, dedicados, [ou antes] que fazem uso dessa noção de *parresía*, já que também nesse caso ela é muito raramente meditada em si mesma. Esse texto de Plutarco vocês vão encontrar nas *Vidas paralelas*, na "Vida de Dion", no parágrafo V, paginação 960a. Bom, vocês sabem mais ou menos quem é Dion: Dion é irmão de Aristomaca. Mas vocês sem dúvida não sabem quem era Aristomaca. Aristomaca era uma das duas esposas oficiais de Dionísio, tirano de Siracusa. Dionísio tinha duas esposas. Uma era Aristomaca, e o irmão mais moço de Aristomaca se chamava Dion. E Dion – que vai ter uma importância considerável na vida de Siracusa, em relação a Dionísio, o Velho, e sobretudo em relação a Dionísio, o Moço –, é esse Dion que vai ser discípulo, correspondente, avalista, fiador, anfitrião de Platão, quando Platão for para a Sicília. E é através dele que se dá a relação real, efetiva de Platão com a vida política de Siracusa e com a tirania de Dionísio.

Então, nesse texto consagrado a Dion, Plutarco lembra que Dion, jovem irmão de Aristomaca, era um rapaz dotado de belíssimas qualidades: a grandeza de alma, a coragem e a capacidade de aprender[18]. No entanto, cheio de vida, jovem que era da corte de um tirano como Dionísio, pois bem, ele havia sido habituado pouco a pouco ao temor, à "servidão" e aos prazeres. E, por causa disso, era "cheio de preconceitos", quer dizer que – isso em referência evidente a temas estoicos ou estoicizantes – a própria qualidade da sua natureza não havia sido comprometida, mas algumas opiniões falsas tinham se depositado na sua alma, até o dia em que o acaso – um "gênio" benevolente, diz Plutarco[19] – fez Platão aportar na costa da Sicília. É aí que Dion conhece Platão, segue seu ensino e aproveita as lições que o mestre lhe dá. Nesse momento sua verdadeira e boa natureza reaparece e, diz ele – é aí que se abordam as coisas –, "na candura juvenil da sua alma", Dion esperava que Dionísio (seu tio, o tirano), "sob a influência das mesmas lições" que ele havia recebido, experimentasse "os mesmos sentimentos" que ele e "se deixasse ganhar facilmente para o bem. Em seu entusiasmo, portanto, ele fez tudo para que Dionísio entrasse em relação com Platão e escutasse suas lições"[20]. Agora estão em cena Platão, Dion e Dionísio. "Tendo a conversa se entabulado entre eles, o fundo da discussão centrou-se na virtude, mas principalmente na coragem. Platão mostrou que os tiranos eram no mínimo corajosos; depois, afastando-se desse tema, estendeu-se sobre a justiça e fez ver que a vida dos justos era feliz e a dos injustos, infeliz [portanto, lição sobre a virtude e os diferentes elementos, os diferentes componentes da virtude, as diferentes formas de virtude: coragem, justiça; M.F.]. O tirano não pôde suportar essas palavras [sobre o fato de que a vida dos justos era feliz e a dos injustos, infeliz; M.F.] que julgou dirigidas contra ele e não escondeu seu descontentamento de ver os presentes acolherem com admiração o discurso do grande homem, que os encantava. Afinal, no auge da cólera e da exasperação, Dionísio perguntou a Platão: "O que você veio fazer na Sicília?" Platão respondeu: "Procurar um homem de bem." O tirano repetiu: "Pelos deuses, é evidente que você ainda não o encontrou!" Dion pensou que a cólera de Dionísio parasse aí; e mandou Platão, que estava com pressa de ir embora, numa triera que levava Pólis de Esparta de volta para a Grécia. Mas Dionísio pediu em segredo a Pólis que matasse Platão, se possível durante a travessia; senão, que pelo menos o vendesse. "Isso não fará mal a ele", dizia, "como justo, ele será igualmente feliz, mesmo sendo escravo." Pólis então, conta-se, tratou de ir vender Platão em Egina, porque havia uma guerra entre Egina e Atenas, e um decreto dos eginenses dizia que todo ateniense pego no território deles seria vendido. Esses incidentes não diminuíram a consideração e a confiança de que Dion gozava junto a Dionísio. Ele foi encarregado das mais altas missões. Enviado a Cartago, conquistou aí uma admiração extraordinária. Ele era praticamente o único cuja *parresía* o tirano suportava e a quem deixava dizer ousadamente o que lhe vinha à mente. Atesta isso a discussão que tiveram a propósito de Gelon [Gelon era um siracusano que havia exercido o poder antes de Dionísio; M.F.]. Um dia, parece, Dionísio criticava o governo de Gelon, que chamava de riso da Sicília [na verdade, é um jogo de palavras: em grego, rir é *gelan*, por conseguinte Gelon: *Gelôn/gelan*; então Dionísio fazia brincadeiras bestas com o nome de Gelon e dizia que ele era motivo de risadas da Sicília; M.F.]; e, como os cortesãos fingiam admirar esse jogo de palavras, Dion foi o único a mostrar sua desaprovação. "Apesar de tudo", diz ele, "você é tirano graças a Gelon, que inspirava uma confiança de que você tirou proveito; mas, depois de ver você em ação, ninguém terá mais confiança em ninguém" [e Plutarco comenta essa declaração parresiástica de Dion a Dionísio; M.F.]. "Porque, de fato, é evidente que Gelon fez de uma cidade governada por um monarca o mais belo dos espetáculos e Dionísio, o mais horroroso."[21] Pois bem, a meu ver temos aí uma cena de certo modo exemplar do que é a *parresía*. Um homem se ergue diante de um tirano e lhe diz a verdade.

Enfim, é preciso examinar as coisas mais de perto. Vocês estão vendo, primeiro, que a cena é de certo modo duplicada. Há dois indivíduos que, sucessivamente, dão prova de *parresía*. Primeiro, Platão. Platão, dando a sua grande lição clássica e famosa sobre o que é a virtude, sobre o que é a coragem, sobre o que é a justiça, a relação entre justiça e felicidade, fala a verdade. Diz a verdade. Ele a diz em sua lição e também nessa réplica viva que dirige a Dionísio quando Dionísio, irritado com suas lições, lhe pergunta o que veio fazer na Sicília: vim procurar um homem de bem (dando portanto a entender que Dionísio não é esse homem de bem). Vocês estão vendo que a palavra *parresía* não é empregada a propósito de Platão, embora estejamos numa espécie de cena matricial da *parresía*. E, segundo elemento, segundo momento da cena – ou antes, prolongamento dessa cena –, Dion, discípulo de Platão, aparece depois da partida de Platão e da punição de Platão como aquele que, a despeito dessa punição e desse castigo tão visível e espetacular, continua a dizer a verdade. Ele diz a verdade e está, em relação a Dionísio, numa situação um pouco diferente da de Platão. Ele não é o professor que ensina. Ele é aquele que, ao lado de Dionísio, como seu cortesão, como seu próximo, como seu cunhado, se encarrega de lhe dizer a verdade, de lhe dar opiniões e, eventualmente, replicar quando o tirano diz coisas que são falsas ou despropositadas. É a propósito de Dionísio que a palavra *parresía* é efetivamente pronunciada: Dion é, ao lado de Dionísio e depois da grande lição de Platão, aquele que utiliza a *parresía*. Ele é o parresiasta, ele é o verídico. Dion, o verídico.*

Eu gostaria – porque a ideia acabou me ocorrendo tarde (mais exatamente, cedo: esta manhã) – de aproximar essa cena de outra em que os personagens são bem semelhantes, pois se trata de um tirano (*týrannos*), do irmão da sua mulher e daquele que diz a verdade. Não sei até que ponto não seria o caso de analisar um pouco mais de perto a analogia de estrutura entre essas duas cenas. Vocês conhecem bem essa cena em que o cunhado do tirano vem lhe dizer a verdade, em que o tirano não quer ouvir a verdade, em que o tirano diz ao cunhado: na realidade, se você quer me dizer a verdade não é, de forma alguma, por uma boa razão, é porque você quer tomar o meu lugar. A que o cunhado responde: nada disso, apenas entenda meu caso, pense primeiro nisto: "Crês que alguém preferiria reinar entre temores a dormir tranquilo tendo o mesmo poder? No que me diz respeito, não nasci com o desejo de ser rei, mas sim com o de viver como um rei. E o mesmo se dá com qualquer outra pessoa capaz de raciocinar. Hoje obtenho tudo de ti sem nenhum temor: se fosse eu a reinar, quantas coisas teria de fazer contra a minha vontade! Como então eu poderia achar o trono preferível a um poder, a uma autoridade que não me causa nenhuma preocupação? Eu não engano a mim mesmo a ponto de desejar outra coisa além das honrarias acompanhadas de proveito. Hoje todos me cumprimentam e me acolhem com carinho. Hoje quem necessita de ti vem me ver em casa, pois com isso acredita obter tudo. E eu trocaria isto por aquilo? Não, uma mente sensata não se tornaria tão insensata. Não sou portanto amigo dessa ideia, nem jamais suportaria a companhia de quem o fosse."[22] Portanto ele diz: não se preocupe, você me acusa de querer tomar o seu lugar dizendo que vá procurar a verdade. Não quero de modo algum seu lugar, estou bem onde

---

* O manuscrito prolonga assim a análise dessa cena: "cena com dois componentes: o componente filosófico que instrui as almas e lhes diz a verdade; o componente político com o soberano no meio da corte; esses dois componentes se juntam na discussão tradicional: sobre tirania/felicidade/justiça".

estou, nessa situação de privilegiado, de um dos primeiros da cidade, a seu lado. Não exerço o poder, mas simplesmente a autoridade, a autoridade tradicional. Quanto a você, vá primeiro a Pito e pergunte se eu relatei exatamente o oráculo. Vá buscar a verdade você mesmo. Eu a disse a você, quando vim de Pito. Se você não acredita em mim, vá você mesmo. É Creonte se dirigindo a Édipo, claro. Pois bem, aí, até certo ponto e do mesmo modo, temos uma situação de certa maneira típica, exemplar do tirano que exerce o poder, que o exercício do poder cega e a quem um outro, por acaso seu cunhado (o irmão da sua mulher), vem dizer a verdade. Ele vem dizer a verdade e o tirano, justamente, não a ouve. Pois bem, encontramos no texto de Plutarco essa cena edipiana com os papéis distribuídos mais ou menos da mesma maneira.

Agora tentemos ver um pouco o que é essa *parresía* que age nesse texto de Plutarco. Como vamos caracterizar a *parresía*? Bom, talvez me demore um pouco, mas vocês vão me perdoar porque eu gostaria que as coisas ficassem bem claras. Quando se trata de definir o que é a *parresía*, é preciso ser prudente e andar passo a passo. O que faz que Plutarco possa dizer que Dion pratica a *parresía*? Ele pratica a *parresía*, como Platão, aliás, ainda que isso não seja dito a propósito de Platão. Pois bem, a *parresía* é primeiro o fato de dizer a verdade. O que distingue Dion dos cortesãos que rodeiam Dionísio é justamente que os cortesãos riem quando Dionísio faz uma piadinha boba e fingem que a consideram uma espirituosidade, não porque seja verdade, mas porque são lisonjeadores. O parresiasta será aquele que diz a verdade e que, por conseguinte, se distanciará de tudo o que pode ser mentira e bajulação. *Parresiázesthai* é dizer a verdade. É evidente por exemplo que, quando Platão dizia num de seus diálogos que a vida dos justos é feliz e a dos injustos, infeliz, e Deus sabe que ele disse isso com frequência, não dava em cada caso prova de *parresía*. É somente nessa situação e nesse contexto preciso que ele dá prova de *parresía*. Ou ainda quando Dion diz a Dionísio: Gelon inspirava confiança à cidade, e naquele momento a cidade era feliz; mas você já não inspira confiança à cidade e, por conseguinte, a cidade é infeliz, ele dá prova de *parresía*. Mas, quando o próprio Plutarco retoma, na frase seguinte, essa ideia e diz: de fato, a cidade governada por Gelon representava o espetáculo mais belo e a cidade governada por Dionísio o espetáculo mais horroroso, não faz nada mais que repetir o que dizia Dion. Ele repete, mas não dá prova de *parresía*. Então, por conseguinte, podemos dizer que a *parresía* é mesmo uma maneira de dizer a verdade, mas o que define a *parresía* não é esse conteúdo da verdade. A *parresía* é uma certa maneira de dizer a verdade. Mas o que é uma "maneira de dizer a verdade"? E como podemos analisar as diferentes maneiras possíveis de dizer a verdade? Onde situar essa maneira de dizer a verdade que caracteriza a *parresía*?

Comecemos por eliminar rapidamente algumas hipóteses. Digamos esquematicamente que de ordinário analisamos as maneiras de dizer a verdade, seja pela própria estrutura do discurso, seja pela finalidade do discurso, seja, vamos dizer, pelos efeitos que a finalidade do discurso tem sobre a estrutura, e nesse momento você analisa os discursos de acordo com a estratégia destes. As diferentes maneiras de dizer a verdade podem aparecer como formas, seja de uma estratégia da demonstração, seja de uma estratégia da persuasão, seja de uma estratégia do ensino, seja de uma estratégia da discussão. Faz a *parresía* parte de uma dessas estratégias, é a *parresía* uma maneira de demonstrar, é uma maneira de persuadir, é uma maneira de ensinar, é uma maneira de discutir? Rapidamente, essas quatro questões.

É evidente que a *parresía* não pertence a uma estratégia da demonstração, não é uma maneira de demonstrar. Vocês veem isso muito bem no texto de Plutarco, no qual há toda uma série de exemplos de *parresía*. Platão, é claro, quando faz sua grande teoria sobre o que é a virtude, demonstra o que é a justiça e a coragem, etc. Mas não dá prova de *parresía* somente nessa demonstração, ele dá prova de *parresía* também na sua réplica a Dionísio. E, quanto a Dion, ele não faz nenhuma sustentação, ele se contenta em dar opiniões, ele se contenta em proferir aforismos, sem nenhum desenvolvimento demonstrativo. Logo a *parresía* pode de fato utilizar elementos de demonstração. Pode haver *parresía* em fazer certas demonstrações. E afinal, quando Galileu escrever seus *Diálogos*, ele dará prova de *parresía* num texto demonstrativo. Mas não é a demonstração nem a estrutura racional do discurso que vão definir a *parresía*.

Em segundo lugar, é a *parresía* uma estratégia da persuasão? Pertence ela a uma arte, que seria a arte da retórica? Aí, evidentemente, as coisas são um pouco mais complicadas, porque, como veremos, de um lado, a *parresía* como técnica, como procedimento, como maneira de dizer as coisas, pode e muitas vezes deve efetivamente utilizar os recursos da retórica; de outro lado, em certos tratados de retórica a *parresía* (a fala franca, a veridicidade) vai encontrar lugar, e encontrar lugar como uma figura de estilo, figura de estilo por sinal bastante paradoxal, bastante curiosa. Mas [quando] Quintiliano abre espaço, entre o que chama de figuras do pensamento (voltaremos a tudo isso), à *parresía* (à veridicidade, à fala franca) – no segundo capítulo do livro IX, parágrafo 27 –, ele apresenta essa figura de pensamento como a mais despojada de todas as figuras. O que há de mais despojado, diz ele, que a verdadeira *libertas*[23]? A *parresía*, do ponto de vista de Quintiliano, é uma figura de pensamento, mas como o grau zero da retórica, em que a figura de pensamento consiste em não utilizar figura alguma. Apesar disso, como vocês veem, há entre *parresía* e retórica todo um foco de discussões, toda uma rede de interferências, proximidades, intricações, etc., que será preciso destrinchar. Mas podemos dizer de modo geral que a *parresía* não pode simplesmente se definir, no interior do campo da retórica, como um elemento pertencente à retórica. Por um lado porque, como vocês viram, a *parresía* se define fundamentalmente, essencialmente e primeiramente como o dizer-a-verdade, enquanto a retórica é uma maneira, uma arte ou uma técnica de dispor os elementos do discurso a fim de persuadir. Mas que esse discurso diga a verdade ou não, não é essencial à retórica. E, por outro lado, a *parresía*, como vocês veem, é capaz de adquirir formas totalmente diferentes, já que haverá *parresía* tanto no discurso longo de Platão como nos aforismos ou nas réplicas breves de Dion. Não há forma retórica específica da *parresía*. E, principalmente, na *parresía* não se trata tanto de persuadir, ou não se trata necessariamente de persuadir. Claro, quando dá uma lição em Dionísio, Platão tenta persuadi-lo. Quando Dion dá conselhos a Dionísio, é para que este os siga, e nessa medida a *parresía* [corresponde] de fato, assim como a retórica, [à] vontade de persuadir. Ela poderia, ela deve apelar para procedimentos da retórica. Mas não é necessariamente o objetivo e a finalidade da *parresía*. É claro que, quando Platão responde a Dionísio: vim procurar um homem de bem na Sicília, deixando implícito que não o encontra, temos aí algo que é da ordem do desafio, da ordem da ironia, da ordem do insulto, da crítica. Não é para persuadi-lo. Do mesmo modo, quando Dion salienta a Dionísio que seu governo é ruim enquanto o de Gelon era bom, aí também é um juízo, é uma opinião, não é uma tentativa de persuadir. Logo a *parresía* não deve, a meu ver, ser classificada ou compreendida do ponto de vista da retórica.

Ela também não é uma maneira de ensinar, não é uma pedagogia. Porque, se é verdade que a *parresía* sempre se dirige a alguém a quem se quer dizer a verdade, não se trata necessariamente de ensinar a este. Pode-se ensinar a alguém, era o que Platão queria fazer, mas há nas cenas de que acabo de falar toda uma brutalidade, toda uma violência, todo um lado abrupto da *parresía*, totalmente diferente do que pode ser um procedimento pedagógico. O parresiasta, aquele que diz a verdade dessa forma, pois bem, ele lança a verdade na cara daquele com quem dialoga ou a quem se dirige, sem que se possa encontrar esse percurso próprio da pedagogia que vai do conhecido ao desconhecido, do simples ao complexo, do elemento ao conjunto. Pode-se também dizer, até certo ponto, que há na *parresía* algo totalmente contrário a pelo menos certos procedimentos da pedagogia. Em particular, nada mais distante – é um ponto importante ao qual será preciso voltar – do que a *parresía* daquilo que é a célebre ironia socrática ou socrático-platônica. Nessa ironia socrática, de que se trata? Pois bem, trata-se de um jogo no qual o mestre finge não saber e conduz o discípulo a formular o que este não sabia saber. Na *parresía*, ao contrário, como se fosse uma verdadeira anti-ironia, quem diz a verdade lança a verdade na cara desse interlocutor, uma verdade tão violenta, tão abrupta, dita de maneira tão cortante e tão definitiva, que o outro em frente não pode fazer mais que calar-se, ou sufocar de furor, ou ainda passar a um registro totalmente diferente, que é, no caso de Dionísio ante Platão, a tentativa de assassinato. Em vez de ser aquele a quem o mestre se dirige que descobre por si mesmo, pela ironia, a verdade que ele não sabia saber, nesse caso ele está em presença de uma verdade que ele não pode aceitar e que o leva à injustiça, ao excesso, à loucura, à cegueira... Temos nesse caso um efeito que é muito exatamente, não apenas anti-irônico, mas até antipedagógico.

Quarta questão: quer dizer então que a *parresía* não é uma certa maneira de discutir? Ela não pertence à demonstração, não pertence à retórica, não pertence à pedagogia. Poderíamos dizer que ela pertence à erística[24]? Não seria ela, na realidade, uma certa maneira de enfrentar um adversário? Não haveria na *parresía* uma estrutura agonística entre dois personagens que se defrontam e que entram em luta em torno, ambos, da verdade? Em certo sentido, creio que já nos aproximamos muito mais do valor da *parresía* quando fazemos valer sua estrutura agonística. Mas não creio que a *parresía* faça parte de uma arte da discussão, na medida em que a arte da discussão permite fazer triunfar o que acreditamos ser verdadeiro. De fato, nas duas figuras que vemos aqui – no caso de Platão ante Dionísio e no caso de Dion ante esse mesmo Dionísio –, não se trata tanto de uma discussão em que um dos discursos procuraria prevalecer sobre o outro. Há, de um lado, um dos interlocutores que diz a verdade, e que se preocupa, no fundo, com dizer a verdade o mais depressa, o mais alto, o mais claro possível; e depois, em face, o outro que não responde, ou que responde por outra coisa que não são discursos. E, se retomarmos esse episódio importante de Dionísio e Platão, vocês verão como isso funciona: de um lado, Platão ensina. Dionísio não está nem persuadido, nem ensinado, nem vencido numa discussão. No ponto de conclusão do ensino, Dionísio substitui o que é a linguagem (a formulação da verdade pela linguagem) por uma vitória que não é a vitória do logos, que não é a vitória do discurso, que é a vitória da violência, da violência pura, já que Dionísio manda vender Platão como escravo em Egina.

Resumamos (foi um pouco lento, mas acho que era preciso pôr um pouco de lado isso tudo). Digamos que a *parresía* é, pois, uma certa maneira de dizer a verdade, e é preciso saber o que é essa maneira. Mas essa maneira não pertence nem à erística e a uma arte de discutir, nem à pedagogia e a uma arte de ensinar, nem à retórica e a uma arte de persuadir, nem tampouco a uma arte da demonstração. Ou ainda, não encontramos, creio, o que é a *parresía*, não podemos isolá-la, não podemos apreender o que a constitui nem na análise das formas internas do discurso nem nos efeitos que esse discurso se propõe obter. Não a encontramos no que poderíamos chamar de estratégias discursivas. Então em que é que ela consiste, se não é no próprio discurso e em suas estruturas? Se não é na finalidade do discurso que podemos situar a *parresía*, onde podemos situá-la?

Pois bem, retomemos a cena, ou essas duas cenas da *parresía*, procurando destacar os elementos que contribuem para constituí-la. Platão e Dion são pessoas dotadas de *parresía*, pessoas que utilizam a *parresía*, que se servem de *parresía*, sob formas muito diferentes – ora lições, aforismos, réplicas, opiniões, juízos. Mas, quaisquer que sejam as formas em que essa verdade é dita, quaisquer que sejam as formas utilizadas por essa *parresía* quando se recorre a ela, sempre há *parresía* quando o dizer-a-verdade se diz em condições tais que o fato de dizer a verdade, e o fato de tê-la dito, vai ou pode ou deve acarretar consequências custosas para os que disseram a verdade. Em outras palavras, creio que, se queremos analisar o que é a *parresía*, não é nem do lado da estrutura interna do discurso, nem do lado da finalidade que o discurso verdadeiro procura atingir o interlocutor, mas do lado do locutor, ou antes, do lado do risco que o dizer-a-verdade abre para o próprio interlocutor. A *parresía* deve ser procurada do lado do efeito que seu próprio dizer-a-verdade pode produzir no locutor, do efeito de retorno que o dizer-a-verdade pode produzir no locutor a partir do efeito que ele produz no interlocutor. Em outras palavras, dizer a verdade em presença de Dionísio, o tirano que fica furioso, é abrir para quem diz a verdade um certo espaço de risco, é abrir um perigo, é abrir um perigo em que a própria existência do locutor vai estar em jogo, e é isso que constitui a *parresía*. A *parresía* deve ser situada portanto no que liga o locutor ao fato de que o que ele diz é a verdade, e às consequências que decorrem do fato de que ele disse a verdade. Platão e Dion são, nessas cenas, pessoas que praticam a *parresiázesthai*, que praticam a *parresía*, na medida em que dizem de fato atualmente a verdade, e em que, dizendo-a, se expõem, eles que a disseram, a pagar o preço, ou certo preço, por tê-la dito. E, no caso, não é um preço qualquer que estão dispostos a pagar e que afirmam no dizer-a--verdade estar dispostos a pagar: esse preço é a morte. Temos aí, podemos dizer – e é por isso que utilizo essa cena como uma cena matricial, exemplar para a *parresía* –, o ponto em que os sujeitos empreendem voluntariamente dizer-a-verdade, aceitando voluntária e explicitamente que esse dizer a verdade poderia lhes custar sua própria existência. Os parresiastas são os que, no limite, aceitam morrer por ter dito a verdade. Ou, mais exatamente, os parresiastas são os que empreendem dizer a verdade a um preço não determinado, que pode ir até sua própria morte. Pois bem, está aí, me parece, o nó do que é a *parresía*. Eu não gostaria, evidentemente, que parássemos nessa formulação um tanto patética da relação entre o dizer-a-verdade e o risco da morte, mas, enfim, é isso que temos agora de destrinchar um pouco.

Bom, estou embaraçado. Temos aqui afinal de contas – sem fazer como Pierre Bellemare e chamar a propaganda[25] – uma pausa bem natural no que quero dizer. Então, se vocês quiserem, vamos descansar cinco minutos e depois continuamos. Porque senão corro o risco de me embalar por mais meia hora, mais quarenta e cinco minutos, e seria talvez meio cansativo. Nós nos encontramos daqui a cinco minutos.

*

NOTAS

1. Cf. aula de 10 de março de 1982, in *L'Herméneutique du sujet. Cours au Collège de France, 1981-1982*, ed. F. Gros, Paris, Gallimard-Le Seuil (col. "Hautes Études"), 2001, pp. 355-94. [Trad. bras.: *A hermenêutica do sujeito*, 2.ª ed., São Paulo, Martins Fontes, 2006.]

2. Cf. aula de 3 de fevereiro de 1982, *id.*, pp. 172-4.

3. Galien, *Traité des passions de l'âme et de ses erreurs*, trad. fr. R. Van der Elst, Paris, Delagrave, 1914. Para a análise de Foucault desse texto, cf. *L'Herméneutique du sujet*, ed. cit., pp. 378-82 [trad. bras. *Hermenêutica do sujeito*, pp. 479-84].

4. Sobre a relação entre "cuidado de si" e "conhecimento de si", cf. as aulas do mês de janeiro de 1982 (*in L'Herméneutique du sujet*).

5. Sobre esse movimento de extensão do cuidado de si à totalidade da existência, cf. a aula de 20 de janeiro de 1982 (*ibid.*).

6. A metáfora das folhas mortas provém de Isaías (64): "Todos nós murchamos como folhas mortas, e nossas faltas nos levam como o vento."

7. Filodemo, *Perì parresía*, ed. A. Olivieri, Leipzig, Teubner, 1914. Para uma análise desse texto, cf. *L'Herméneutique du sujet*.

8. A *Paulys Realencyclopädie der classischen Altertumswissenschaft* (Sttutgart, 1894-1980) é um dicionário enciclopédico alemão fundamental. Às vezes é abreviada PW, isto é, Pauly-Wissowa, do nome dos primeiros editores. Podem ser encontradas duas novas edições mais fáceis de manejar: *Der Kleine Pauly. Lexikon der Antike*, Sttutgart, 5 vols., 1964-1975; *Der Neue Pauly. Enzyklopädie der Antike*, Sttutgart, 1996-2002.

9. Não se encontra nada parecido na bibliografia completa dos escritos de Robert Philippson (*in* R. Philippson, *Studien zu Epikur und den Epikureern*, Hildesheim, Olms, 1983, pp. 339-52). Mas é provável que Foucault faça referência aqui ao verbete "Philodemos" (*RE* 19, 2, 1938, 2444-2482), em que fala do tratado de Filodemo sobre a *parresía*.

10. G. Scarpat, *Parrhesia. Storia del termine e delle sue traduzioni in latino*, Brescia, Paideia Editrice, 1964.

11. M. Gigante, "Philodème et la liberté de parole", *in Association Guillaume Budé, actes du VIIIe congrès, Paris 5-10 avril 1968*, Paris, Les Belles Lettres, 1970. Cf. a análise desse texto in *L'Herméneutique du sujet*, pp. 371-4.

12. Jean Chrysostome, *Lettres à Olympias*, intr., trad. fr. e notas de A.-M. Malingrey, Paris, Éditions du Cerf (col. "Sources chrétiennes" 13), 1947.

13. Jean Chrysostome, *Lettre d'exil*, intr., trad. fr. e notas de A.-M. Malingrey, Paris, Éditions du Cerf (col. "Sources chrétiennes" 103), 1964 (no sentido, aqui, de confiança: 3-55 p. 72, 16-51 p. 138, 17-9 p. 140).

14. Jean Chrysostome, *Sur la Providence de Dieu*, intr., trad. fr. e notas de A.-M. Malingrey, Paris, Éditions du Cerf (col. "Sources chrétiennes" 79), 1961. Segundo A.-M. Malingrey (n. 2, pp. 66-7) no triplo sentido de uma segurança confiante (XI-12 p. 67), de uma liberdade de palavra de quem transmite a palavra de Deus (XIV-6 p. 205) ou de uma segurança corajosa ante as perseguições (XIX-11 p. 241, XXIV-1 p. 272).

15. *Oeuvres spirituelles par Dorothée de Gaza*, intr., texto grego, trad. fr. e notas de L. Regnault & J. de Préville, Paris, Éditions du Cerf (col. "Sources chrétiennes" 72), 1963. A *parresía* tem o sentido, seja de segurança confiante (1613 B, p. 112, ou 1661 C, p. 226), seja de impudência culpada (1665 A-D, pp. 235-6).

16. Para uma análise da "*libertas*" em Sêneca, cf. *L'Herméneutique du sujet*, ed. cit., pp. 385-8 [trad. bras. *A hermenêutica do sujeito*, pp. 487-92].

17. Para a definição da *parresía* (*libertas*) por Quintiliano, cf. *infra*, nota 23.

18. Plutarco, *Vies parallèles*, t. III, "Dion", 959d, cap. IV, trad. fr. B. Latzarus, Paris, Classiques Garnier, p. 110.

19. "Foi um gênio (*daimon tis*), parece, que lançando de longe as bases da liberdade dos siracusanos e preparando a queda da tirania, trouxe Platão da Itália a Siracusa" (*id.*).

20. *Ibid.*

21. *Id.*, pp. 110-1.

22. Sófocles, *Oedipe-roi*, versos 584-602, *in Tragédies*, t. I, trad. fr. P. Mazon, Paris, Les Belles Lettres, 1958, p. 230.

23. Quintiliano, *Institution oratoire*, livros VIII-IX, trad. fr. J. Cousin, Paris, Les Belles Lettres, 1978: "Poderíamos dizer a mesma coisa dessa linguagem livre, que Cornificio chama de licença e os gregos de *parresía*. O que é menos despojado de qualquer figura do que uma verdadeira liberdade (*quid enim minus figuratum quam vera libertas*)?" (p. 177).

24. Entende-se por esse termo uma arte da controvérsia e do debate (do grego *eris*: disputa, querela; a deusa Eris é a deusa da Discórdia), desenvolvido principalmente pela Escola de Mégara (séculos V-IV). Num texto célebre (cap. II das *Refutações sofísticas*), Aristóteles

distingue os argumentos didáticos, dialéticos, críticos e erísticos (definidos como argumentos que concluem a partir de premissas prováveis somente em aparência).

25. Alusão a um programa de TV famoso na época ("C'est arrivé un jour" [Aconteceu um dia]), em que P. Bellemare, da TF1, mantinha o público em suspense contando histórias de cortar o fôlego e chamava a propaganda bem no momento mais crítico do relato.

AULA DE 12 DE JANEIRO DE 1983
Segunda hora

Pontos de irredutibilidade do enunciado parresiástico ao enunciado performativo: abertura de um risco indeterminado/expressão pública de uma convicção pessoal/emprego de uma livre coragem. – Pragmática e dramática do discurso. – Uso clássico da noção de parresía*: democracia (Políbio) e cidadania (Eurípides).*

Então, para tentar destrinchar um pouco a fórmula geral e meio trêmula que eu lhes propunha há pouco – [tomando como] situação limite [a] do parresiasta que se levanta, toma a palavra, diz a verdade diante do tirano e arrisca a vida – vou, a título de referência, tomar como contra-exemplo (tornou-se batido, mas afinal talvez seja cômodo), como uma forma de enunciação exatamente inversa da *parresía*, o que é chamado, já faz anos e anos, de enunciados performativos[1]. Vocês sabem muito bem que, para haver um enunciado performativo, é preciso que haja certo contexto, mais ou menos estritamente institucionalizado, um indivíduo que tenha o estatuto requerido ou que se encontre numa situação bem definida. Dado isso tudo como condição para que um enunciado seja performativo, pois bem, [um indivíduo] formula esse enunciado. E o enunciado é performativo na medida em que a própria enunciação efetua a coisa enunciada.* Vocês conhecem o exemplo arquibanal: o presidente da sessão senta e diz: "Está aberta a sessão." O enunciado "está aberta a sessão", apesar da sua aparência, não é uma afirmação. Não é nem verdadeiro nem falso. O caso simplesmente, o que é essencial, é que a formulação "está aberta a sessão" faz que a sessão esteja, por isso, aberta. Ou ainda, num contexto muito mais fracamente institucionalizado mas que implica apesar disso um conjunto de ritos e uma certa situação bem definida, quando alguém diz: "desculpe", pois bem, efetiva-

---

* O manuscrito precisa: "O performativo se consuma num mundo que garante que o dizer efetua a coisa dita."

mente ele pediu desculpas, e a própria enunciação "desculpe" efetua a coisa enunciada, a saber, que fulano pediu desculpas a beltrano. Pois bem, agora, a partir desse exemplo, retomemos os diferentes elementos da *parresía*, desse enunciado de verdade e sobretudo da cena no interior da qual se efetua a *parresía*. Com esse texto de Plutarco – e nesse caso temos até certo ponto um elemento comum aos enunciados performativos – estamos numa situação bem típica, bem conhecida, bem institucionalizada: o soberano. O texto mostra bem: o soberano está ali, rodeado por seus cortesãos. O filósofo vem dar sua lição, os cortesãos aplaudem a lição. A outra cena, também presente nesse texto, é muito semelhante e muito pouco diferente: é ainda o tirano Dionísio no meio da sua corte. Os cortesãos estão lá, riem das graçolas de Dionísio, e alguém, Dion, se levanta e toma a palavra. O soberano, os cortesãos, aquele que diz a verdade: cena clássica (era também a cena, como vocês se lembram, de *Édipo*).

No entanto, há uma diferença, que é maior e capital. É que num enunciado performativo os elementos dados na situação são tais que, pronunciado o enunciado, pois bem, segue-se um efeito, efeito conhecido de antemão, regulado de antemão, efeito codificado que é precisamente aquilo em que consiste o caráter performativo do enunciado. Ao passo que, ao contrário, na *parresía*, qualquer que seja o caráter habitual, familiar, quase institucionalizado da situação em que ela se efetua, o que faz a *parresía* é que a introdução, a irrupção do discurso verdadeiro determina uma situação aberta, ou antes, abre a situação e torna possível vários efeitos que, precisamente, não são conhecidos. A *parresía* não produz um efeito codificado, ela abre um risco indeterminado. E esse risco indeterminado é evidentemente função dos elementos da situação. Quando nos encontramos numa situação como essa, o risco é de certo modo exatamente aberto, pois o caráter, a forma ilimitada do poder tirânico, o temperamento excessivo de Dionísio, as paixões que o animam, tudo isso pode levar aos piores efeitos, no caso efetivamente à vontade de mandar matar quem diz a verdade. Mas, como vocês veem, ainda que não se trate de uma situação tão extrema quanto essa, mesmo quando não se trata de um tirano que tem poder de vida e morte sobre quem fala, o que vai definir o enunciado da *parresía*, o que vai precisamente fazer do enunciado da sua verdade na forma da *parresía* algo absolutamente singular, entre as outras formas de enunciados e entre as outras formulações da verdade, é que na *parresía* há abertura de um risco. No desenrolar de uma demonstração que se faz em condições neutras não há *parresía*, muito embora haja enunciado da verdade, porque quem enuncia assim a verdade não assume nenhum risco. O enunciado da verdade não abre nenhum risco se vocês não o encaram como um elemento num procedimento demonstrativo. Mas a partir do momento em que o enunciado da verdade, esteja ele dentro – pensem em Galileu – ou fora de um procedimento demonstrativo, constitui um acontecimento irruptivo, abrindo para o sujeito que fala um risco não definido ou mal definido, nesse momento pode-se dizer que há *parresía*. É portanto, em certo sentido, o contrário do performativo, em que a enunciação de algo provoca e suscita, em função do código geral e do campo institucional em que o enunciado performativo é pronunciado, um acontecimento plenamente determinado. Aí, ao contrário, é um dizer-a-verdade, um dizer-a-verdade irruptivo, um dizer-a-verdade que fratura e que abre o risco: possibilidade, campo de perigos, ou em todo caso eventualidade não determinada. É a primeira coisa, a primeira característica.

Em segundo lugar – sempre comparando com o enunciado performativo –, vocês sabem muito bem que, num enunciado performativo, o estatuto do sujeito da enunciação é importante. Quem abre a sessão pelo simples fato de dizer "está aberta a sessão" tem de ter autoridade para tanto e ser presidente da sessão. Quem diz "desculpe" só pronunciará um enunciado performativo a partir do momento em que, efetivamente, se encontrar numa situação tal que, tendo ofendido seu interlocutor ou se encontrando nesta ou naquela situação com respeito a ele, poderá ou deverá pedir desculpas. Quem diz "eu te batizo" tem de ter o estatuto que lhe permita batizar, ou seja, pelo menos ser cristão, etc. Mas se esse estatuto é indispensável para a efetivação de um enunciado performativo, em compensação, para que ele tenha um enunciado performativo pouco importa que haja uma relação de certo modo pessoal entre quem enuncia e o próprio enunciado. Em outras palavras, de maneira totalmente empírica, o cristão que diz "eu te batizo" fazendo os gestos que faz, pouco importa que acredite em Deus e no Diabo. A partir do momento em que ele terá efetivamente feito esse gesto e pronunciado essas palavras nas condições requeridas, ele terá batizado e o enunciado será performativo. O presidente que diz "abro a sessão", pouco importa se a sessão lhe encha a paciência ou se ele cochile. Ele terá dito "está aberta a sessão". Do mesmo modo no caso da desculpa: o que faz que o "desculpe" seja performativo não é, de modo algum, que o sujeito seja sincero quando diz "desculpe". É simplesmente o fato de que ele pronunciou a frase, ainda que diga consigo mesmo: vou dar o troco, você vai ver. Em compensação, na *parresía*, e o que faz a *parresía* é que não só essa indiferença não é possível, como a *parresía* é uma espécie de formulação da verdade em dois níveis: um primeiro nível que é o do enunciado da própria verdade (nesse momento como no performativo, diz-se a coisa, e ponto final); e um segundo nível do ato parresiástico, da enunciação parresiástica, que é a afirmação de que essa verdade que nomeamos, nós a pensamos, nós a estimamos, nós a consideramos efetivamente, nós mesmos autenticamente, como autenticamente verdadeira. Eu digo a verdade e penso verdadeiramente que é verdade, e penso verdadeiramente que digo a verdade no momento em que a digo. Esse desdobramento, ou esse redobramento do enunciado da verdade pelo enunciado da verdade, devido ao fato de que eu penso essa verdade e que, pensando-a, eu a digo, é isso que é indispensável ao ato parresiástico. No texto de Plutarco que escolhi, é claro que esses dois níveis, como aliás acontece na maioria das vezes, não são explicitamente distintos, e esse segundo nível (esse nível da afirmação sobre a afirmação) muitas vezes é implícito. Apesar disso, se vocês considerarem os próprios elementos da cena que constitui a *parresía*, verão muito bem que há nesses elementos algo que indica essa afirmação sobre a afirmação. É essencialmente o caráter público dessa afirmação, não apenas o caráter público, mas o fato de que essa *parresía* – nem sempre é o caso – se dá sob a forma de uma cena em que você tem: o tirano; diante dele o homem que fala, que se levantou ou que dá a sua lição e que diz a verdade; e, depois, em torno, há os cortesãos cuja atitude varia de acordo com os momentos, a situação, quem fala, etc. E esse ritual solene do dizer-a-verdade em que o sujeito compromete o que ele pensa no que ele diz, em que atesta a verdade do que pensa na enunciação do que diz, é isso que é manifestado por essa cena, essa espécie de liça, esse desafio. Em outras palavras, creio que há, no interior do enunciado parresiástico, algo que poderíamos chamar de pacto: o pacto do sujeito que fala consigo mesmo. Pacto que, por sua vez, tem dois níveis: o nível do ato de enunciação e [o nível], implícito ou explícito, pelo qual o sujeito se liga ao enunciado que acaba de dizer, mas se liga também à enunciação. E é nisso que o pacto é duplo. Por um lado, o sujeito diz na *parresía*: eis a verdade. Ele diz que pensa efetivamente essa verdade, e nisso se liga ao enunciado e ao conteúdo do enunciado. Mas ele pactua também na medida em que diz: sou aquele que disse essa verdade; eu me ligo portanto à enunciação e assumo o risco por todas as suas consequências. A *parresía* [compreende] portanto o enunciado da verdade; depois, acima desse enunciado, um elemento implícito que poderíamos chamar de pacto parresiástico do sujeito consigo mesmo, pelo qual ele se liga ao conteúdo do enunciado e ao próprio ato do enunciado: sou aquele que disse isso. E [através] da liça, do desafio, da grande cena do homem se levantando diante do tirano e, aos olhos de toda a corte, ao ouvido de toda a corte, dizendo a verdade, pois bem, foi esse pacto que se manifestou.

Terceira diferença entre o enunciado performativo e o enunciado parresiástico: um enunciado performativo supõe que aquele que fala tenha um estatuto que lhe permita, ao pronunciar seu enunciado, realizar o que é enunciado; ele tem de ser presidente para abrir efetivamente a sessão, ele tem de ter sofrido uma ofensa para dizer "eu te perdoo" e para que o "eu te perdoo" seja um enunciado performativo. Já o que caracteriza um enunciado parresiástico não é o fato de que o sujeito que fala tenha este ou aquele estatuto. Ele pode ser um filósofo, pode ser o cunhado do tirano, pode ser um cortesão, pode ser qualquer um. Logo, não é o estatuto que é importante e que é necessário. O que caracteriza o enunciado parresiástico é que, justamente, fora do estatuto e de tudo o que poderia codificar e determinar a situação, o parresiasta é aquele que faz valer sua própria liberdade de indivíduo que fala. Afinal se, por seu estatuto, Platão devia de fato ensinar sua filosofia – é o que lhe pediam –, ele era perfeitamente livre, quando Dionísio lhe fez a pergunta, para não responder: eu vim à Sicília procurar um homem de bem (e – subentendido – não o encontrei). Isso era de certo modo como que um suplemento em relação à função estatutária de Platão como mestre. Do mesmo modo, Dion, como cortesão, cunhado do tirano, etc., devia – era sua função – dar boas opiniões e bons conselhos a Dionísio para que ele pudesse governar bem. Afinal, ele era livre para dizer ou não dizer: quando Gelon governava era bom; e, agora que você governa, a cidade está num estado desastroso. Enquanto o enunciado performativo define um jogo determinado no qual o estatuto de quem fala e a situação na qual se encontra determinam exatamente o que ele pode e o que ele deve dizer, só há *parresía* quando há liberdade na enunciação da verdade, liberdade do ato pelo qual o sujeito diz a verdade, e liberdade também desse pacto pelo qual o sujeito que fala se liga ao enunciado e à enunciação da verdade. E, nessa medida, não encontramos no cerne da *parresía* o estatuto social, institucional do sujeito, encontramos sua coragem.

A *parresía* – e aqui eu sintetizo, pedindo que me perdoem por ter sido tão arrastado e ter me detido tanto – é portanto uma certa maneira de falar. Mais precisamente, é uma maneira de dizer a verdade. Em terceiro lugar, é uma maneira de dizer a verdade tal que abrimos para nós mesmos um risco pelo próprio fato de dizer a verdade. Em quarto lugar, a *parresía* é uma maneira de abrir esse risco vinculado ao dizer-a-verdade constituindo-nos de certo modo como parceiro de nós mesmos quando falamos, vinculando-nos ao enunciado da verdade e vinculando-nos à enunciação da verdade. Enfim, a *parresía* é uma maneira de se vincular a si mesmo no enunciado da verdade, de vincular livremente a si mesmo e na forma de um ato corajoso. A *parresía* é a livre coragem pela qual você se vincula a si mesmo no ato de dizer a verdade. Ou ainda, a *parresía* é a ética do dizer-a-verdade, em seu ato arriscado e livre. Nessa medida, para essa palavra *parresía*, que era, em seu uso restrito à direção de consciência, traduzida por "fala franca", poderemos, creio eu, se [dela] dermos essa definição um tanto ampla e geral, propor [como tradução] o termo de "veridicidade". O parresiasta, aquele que utiliza a *parresía*, é o homem verídico, isto é, aquele que tem a coragem de arriscar o dizer-a-verdade e que arrisca esse dizer-a-verdade num pacto consigo mesmo, precisamente na medida em que é o enunciador da verdade. Ele é o verídico. E (poderemos talvez voltar a isso, não sei se vou ter tempo) me parece que a veridicidade nietzschiana é uma certa maneira de fazer agir essa noção cuja origem remota se encontra na noção de *parresía* (de dizer-a-verdade) como risco para quem a enuncia, como risco aceito por quem a enuncia.

Desculpem-me todas essas demoras, tratava-se de situar a questão da *parresía* no tríplice contexto a partir do qual eu queria abordá-la. Em primeiro lugar, vamos dizer, se adotamos essa definição da *parresía*, vocês veem que, primeiro, surge é claro uma questão filosófica fundamental. Vê-se em todo caso que a *parresía* introduz uma questão filosófica fundamental que é nada mais nada menos que o vínculo estabelecido entre a liberdade e a verdade. Não [a questão], que conhecemos bem, de saber até que ponto a verdade bitola, limita ou constrange o exercício da liberdade, mas de certo modo a questão inversa: como e em que medida a obrigação de verdade – o "obrigar-se à verdade", o "obrigar-se pela verdade e pelo dizer-a-verdade" –, em que medida essa obrigação é ao mesmo tempo o exercício da liberdade, e o exercício perigoso da liberdade? Como [o fato de] se obrigar à verdade (se obrigar à verdade, se obrigar pela verdade, pelo conteúdo do que se diz e pelo fato de que se diz) é efetivamente o exercício, e o exercício mais elevado, da liberdade? É sobre o fundo dessa questão que, creio eu, se deve desenvolver toda a análise da *parresía*.

Em segundo lugar, um contexto metodológico mais estrito, mais próximo da análise, e que eu gostaria de condensar ou resumir muito esquematicamente assim. Se adotarmos essa definição geral da *parresía* a partir do exemplo de Plutarco, veremos que a *parresía* é portanto uma maneira de dizer em que o enunciado e o ato de enunciação vão ter como que "efeitos de retorno" sobre o próprio sujeito, efeitos de retorno não, é claro, sob a forma da consequência. Talvez eu não tenha sido suficientemente claro a esse respeito, mas, vamos dizer, não é porque de fato [Dionísio] quis matar Platão por ter dito o que ele disse que houve *parresía*. Há *parresía* a partir do momento em que Platão aceita de fato o risco de ser exilado, morto, vendido, etc., por dizer a verdade. Logo a *parresía* é aquilo por que o sujeito se liga ao enunciado, [à] enunciação e às consequências desse enunciado e dessa enunciação. Pois bem, se é isso a *parresía*, vocês veem que temos talvez aí toda uma camada de análises possíveis acerca do efeito do discurso. Vocês sabem perfeitamente os problemas e a distinção que podem existir entre a análise da língua e dos fatos de língua e a análise dos discursos. O que chamamos, o que poderíamos chamar em todo caso de pragmática do discurso, o que é? Pois bem, é a análise do que, na situação real de quem fala, afeta e modifica o sentido e o valor do enunciado. Nessa medida, vocês estão vendo que a análise ou a identificação de algo como um enunciado performativo pertence mais exatamente a uma pragmática do discurso. Vocês têm uma situação que é tal, um estatuto do sujeito falante que é tal, que o enunciado "a sessão está aberta" vai ter certo valor e certo sentido que não serão os mesmos se a situação for diferente e se o sujeito falante for diferente. Se um jornalista no canto de uma sala diz "a sessão está aberta", ele constata que a sessão acaba de ser aberta. Se é o presidente da sessão que diz "a sessão está aberta", vocês sabem muito bem que o enunciado não tem o mesmo valor nem o mesmo sentido. Tudo isso é conhecido. Vocês veem que a análise da pragmática do discurso é a análise dos elementos e dos mecanismos pelos quais a situação na qual se encontra o enunciador vai modificar o que pode ser o valor ou o sentido do discurso. O discurso muda de sentido em função dessa situação, e a pragmática do discurso é isto: em que a situação ou o estatuto do sujeito falante modificam ou afetam o sentido e o valor do enunciado?

Com a *parresía*, vemos aparecer toda uma família de fatos de discurso, digamos, que são totalmente diferentes, que são quase o inverso, a projeção em espelho do que é chamado pragmática do discurso. Trata-se, de fato, com a *parresía*, de toda uma série de fatos de discurso em que não é a situação real de quem fala que vai afetar ou modificar o valor do enunciado. Na *parresía*, o enunciado e o ato de enunciação vão, ao mesmo tempo, afetar de uma maneira ou de outra o modo de ser do sujeito e fazer, pura e simplesmente – considerando as coisas sob a sua forma mais geral e mais neutra –, que aquele que disse a coisa a tenha dito efetivamente e se vincula, por um ato mais ou menos explícito, ao fato de tê-la dito. Essa retroação, que faz que o acontecimento do enunciado afete o modo de ser do sujeito ou que, ao produzir o acontecimento do enunciado, o sujeito modifique ou afirme, ou em todo caso determine e precise, qual é seu modo de ser na medida em que fala, pois bem, é isso, a meu ver, que caracteriza um outro tipo de fatos de discurso totalmente diferentes dos da pragmática. E o que poderíamos chamar, vamos dizer – eliminando tudo o que pode haver de patético na palavra –, de "dramática" do discurso é a análise desses fatos de discurso que mostra como o próprio acontecimento da enunciação pode afetar o ser do enunciador. No caso, me parece que a *parresía* é exatamente o que poderíamos chamar de um dos aspectos e uma das formas da dramática do discurso verdadeiro. Trata-se, na *parresía*, da maneira como, afirmando o verdadeiro, e no próprio ato dessa afirmação, você se constitui como aquele que diz a verdade, que disse a verdade, que se reconhece naquele e como aquele que disse a verdade. A análise da *parresía* é a análise dessa dramática do discurso verdadeiro que revela o contrato do sujeito falante consigo mesmo no ato do dizer-a-verdade. E creio que poderíamos, dessa maneira, fazer toda uma análise da dramática e das diferentes formas dramáticas do discurso verdadeiro: o profeta, o adivinho, o filósofo, o cientista. Todos eles, quaisquer que sejam efetivamente as determinações sociais que podem definir [seu] estatuto, todos eles de fato empregam uma certa dramática do discurso verdadeiro, isto é, têm uma certa maneira de se vincular, como sujeitos, à verdade do que dizem. E é claro que eles não se ligam da mesma maneira à verdade do que dizem, conforme falem como adivinhos, conforme falem como profetas, conforme falem como filósofos ou conforme falem como cientistas dentro de uma instituição científica. Esse modo muito diferente de vinculação do sujeito à própria enunciação da verdade é o que, a meu ver, abriria o campo para estudos possíveis sobre a dramática do discurso verdadeiro.

E chego então ao que gostaria de tratar um pouco este ano. Considerando portanto como pano de fundo geral a questão filosófica da relação entre a obrigação da verdade e o exercício da verdade, considerando como ponto de vista metodológico o que poderíamos chamar de dramática geral do discurso verdadeiro, gostaria de ver se não podemos, desse duplo ponto de vista (filosófico e metodológico), fazer a história, a genealogia, etc., do que poderíamos chamar de discurso político. Existirá uma dramática política do discurso verdadeiro e quais podem ser as diferentes formas, as diferentes estruturas da dramática do discurso político? Em outras palavras, quando alguém se ergue, na cidade ou ante o tirano, ou quando o cortesão se aproxima de quem exerce o poder, ou quando o político sobe à tribuna e diz: "Eu lhes digo a verdade", qual o tipo de dramática do discurso verdadeiro que ele emprega? O que eu gostaria de fazer este ano é, portanto, uma história do discurso da governamentalidade que tomaria como fio condutor essa dramática do discurso verdadeiro, que procuraria identificar algumas dessas grandes formas da dramática do discurso verdadeiro.

Gostaria de tomar como ponto de partida precisamente a maneira como vemos se formar aqui essa noção de *parresía*: como podemos identificar, na Antiguidade, a formação de certa dramática do discurso verdadeiro na ordem da política, que é o discurso do conselheiro? Como, de uma *parresía* que, como vocês vão ver daqui a pouco ou da próxima vez, vai caracterizar o orador público, se passou a uma concepção da *parresía* que caracteriza a dramática do conselheiro que, ao lado do Príncipe, toma a palavra e lhe diz o que é preciso fazer? Serão as primeiras figuras que eu gostaria de estudar. Em segundo lugar, gostaria de estudar a figura do que chamarei assim, um pouco esquematicamente – todas essas palavras são evidentemente bastante arbitrárias –, de dramática do ministro, isto é, essa nova dramática do discurso verdadeiro na ordem da política que aparece por volta do século XVI, quando a arte de governar começa a adquirir sua estatura e sua autonomia e [a] definir sua técnica própria em função do que é o Estado. O que é esse discurso verdadeiro que será dirigido ao monarca por seu "ministro"*, em nome de uma coisa que se chama razão de Estado e em função de certa forma de saber que é o saber do Estado? Em terceiro lugar, poderíamos, mas não sei se vou ter tempo, ver surgir uma terceira figura da dramática do discurso verdadeiro na ordem da política, que é a figura, digamos, do "crítico": o que é o discurso crítico na ordem da política que vemos se formar, se desenvolver, em todo caso adquirir certo estatuto no século XVIII e prosseguir ao longo do século XIX e do século XX? E enfim, claro, poderíamos identificar uma quarta figura na dramática do discurso verdadeiro na ordem da política, que é a figura do revolucionário. O que é aquele que se levanta, no meio de uma sociedade, e que diz: digo a verdade, e digo a verdade em nome de uma coisa que é a revolução que vou fazer e que vamos fazer juntos?

---

* Foucault precisa: entre aspas.

Eis um pouco, vamos dizer, o quadro geral dos estudos deste ano. Então estou ao mesmo tempo atrasado e adiantado. Atrasado em relação ao que queria fazer e adiantado se tivesse desejado terminar aí. [...*] Então primeira série de estudos, ou primeiras considerações sobre a maneira como se formou esse personagem, enfim esse gênero de dramática do discurso que Dion exemplifica no texto de Plutarco. A cena de que lhes falo data do século IV (mas foi escrita por Plutarco no início do século II a.C.). Nela vemos a figura desse conselheiro do Príncipe, que, ao lado dele, perto dele, e até ligado a ele por laços de parentesco, se levanta e lhe diz a verdade. E diz a verdade num modo de discurso que Plutarco chama precisamente de *parresía*. Procurei dar a vocês uma espécie de panorama geral da noção e dos tipos de problema que ela podia colocar. Mas, enfim, não se deve esquecer que, quando se retoma então a história diacrônica da noção de *parresía*, ela não tem, nos textos clássicos, nos textos do século IV, o sentido que Plutarco lhe dá, o sentido em que ele a utiliza a propósito de Dion. O uso da palavra *parresía* nos textos clássicos é um pouco mais complexo e bastante diferente. Eu gostaria, aqui, hoje, e da próxima vez, lhes indicar alguns desses usos.

Primeiro, enquanto no texto de Plutarco – e aliás até mesmo em função do que eu lhes disse quando procurei elucidar essa noção – a *parresía* parece ligada a uma virtude, a uma qualidade pessoal, a uma coragem (é a coragem na liberdade do dizer-a-verdade), a palavra *parresía*, tal como vocês a veem empregada na época clássica, não comporta, pelo menos não comporta primeiramente, fundamentalmente e essencialmente, essa dimensão da coragem pessoal, mas é antes um conceito que se refere a duas coisas: de um lado, uma certa estrutura política que caracteriza a cidade; em segundo lugar, o estatuto social e político de certos indivíduos no interior dessa cidade. Primeiro, a *parresía* como estrutura política. Só uma referência, que não é aliás do século IV, pois é de Políbio, mas que situa um pouco o problema. No texto de Políbio (livro II, capítulo 38, parágrafo 6), o regime dos aqueus [é definido] por três grandes características. Ele diz que, entre os aqueus, há cidades nas quais

---

* M.F. acrescenta: Antes de começar um pouco essa história da *parresía* e dessa primeira figura, a do conselheiro, gostaria de retomar, não uma questão, mas enfim uma coisa que eu havia abordado da última vez; seria a possibilidade, se vocês desejarem, de um encontro com aqueles dentre vocês que estudam. Mais uma vez, não é para excluir os outros, mas podemos efetivamente ter questões, relações de trabalho um pouco diferentes das relações puramente espetaculares que podemos ter no interior do curso. Não sei, será que, eventualmente, aqueles de vocês que estudam, que desejariam que pudéssemos conversar sobre seu trabalho, ou que gostariam de me fazer perguntas sobre o que digo, mas em função do seu próprio trabalho, será que quarta-feira que vem, por volta de quinze para meio-dia? Tiraríamos uma meia hora para o café, e tento reservar a sala ao lado desta, quer dizer a sala 3, acho. Nós nos encontraríamos assim, em vinte, trinta, enfim um pequeno número... Concordam, querem fazer isso?

existe: *demokratía* (democracia); segundo, *isegoría*; terceiro, *parresía*[2]. *Demokratía*, isto é, participação, não de todos, mas de todo o *dêmos*, isto é, de todos os que podem ser qualificados como cidadãos e, por conseguinte, como membros do *dêmos*, participantes do poder. *Isegoría* se relaciona à estrutura de igualdade que faz que direito e dever, liberdade e obrigação sejam os mesmos, sejam iguais, aqui também para todos os que fazem parte do *dêmos*, e por conseguinte têm o estatuto de cidadão. E, enfim, terceira característica desses Estados, o fato de que neles encontramos a *parresía*. Encontramos a *parresía*, isto é, a liberdade para os cidadãos de tomar a palavra, e tomar a palavra, claro, no campo da política, entendendo-se campo da política tanto do ponto de vista abstrato (a atividade política) como de forma bem concreta: o direito na assembleia, e na assembleia reunida, inclusive para quem não exerce um cargo específico, inclusive para quem não é um magistrado, de se levantar, falar, dizer a verdade, ou pretender dizer a verdade e afirmar que a diz. É isso a *parresía*: uma estrutura política.

Agora, vocês têm toda uma série de outros usos da palavra *parresía*, que se referem menos a essa estrutura geral da cidade do que ao estatuto dos indivíduos, [como] aparece com bastante clareza em vários textos de Eurípides. Primeiro, vocês encontram na tragédia chamada *Íon*, versos 668-675, o seguinte texto: "Se não encontro a que me gerou, a vida será impossível para mim; e, se me fosse permitido fazer um voto, gostaria que essa mulher fosse ateniense [essa mulher que me gerou e que eu busco; M.F.] para que eu herde de minha mãe o direito de falar livremente [*hós moi génetai metróthen parresía*: para que herde a *parresía* do lado materno; M.F.]. Se um estrangeiro entra numa cidade em que a raça não tem mácula, ainda que a lei dele faça um cidadão, sua língua continuará sendo serva; ele não tem o direito de dizer tudo [*ouk ékhei parresían*: ele não tem a *parresía*; M.F.]."[3] Então, o que é esse texto e o que vemos nele? Trata-se de alguém que está em busca do seu nascimento, que não sabe quem é sua mãe e que quer, por conseguinte, saber em que cidade e a que comunidade social pertence. E por que quer saber? Quer saber precisamente para saber se tem o direito de falar. E, como está em Atenas procurando essa mulher, espera que a mãe que ele vai enfim descobrir seja ateniense, pertença portanto a essa comunidade, a esse *dêmos*, etc., e que, em consequência desse nascimento, ele tenha o direito de falar livremente, de ter a *parresía*. Porque, diz ele, numa cidade "sem mácula", isto é, precisamente, numa cidade em que se conservaram as tradições, numa cidade em que a *politeía* (a constituição) não foi alterada por uma tirania ou por um despotismo, nem tampouco pela integração abusiva de pessoas que não são verdadeiramente cidadãos, pois bem, numa cidade que permaneceu sem mácula e em que a *politeía* continuou sendo o que devia ser, somente os que são cidadãos têm a *parresía*. Como vocês estão vendo, fora desse tema geral que esteia a busca de maternidade desse único personagem e que vincula o direito de falar ao pertencimento ao *dêmos*, duas coisas merecem ser retidas. Primeiro, é que esse direito de falar, essa *parresía* é transmitida, no caso, pela mãe. Segundo, vocês estão vendo também que, diante dos cidadãos que têm o direito de falar, se define e aparece o estatuto do estrangeiro cuja língua é serva, sendo a cidade sem mácula. Mais exatamente: *tó ge stóma doûlon* (sua boca é escrava). Quer dizer que o direito de falar, a restrição sobre a liberdade do discurso político é total. Ele não tem essa liberdade do discurso político, não tem a *parresía*. Logo: pertencimento a um *dêmos*; *parresía* como direito à palavra, direito à palavra herdado em linha materna; e, enfim, exclusão dos não cidadãos, cuja língua é serva. É isso que aparece.

Escutem, eu gostaria que parássemos aqui, apesar de não ter acabado completamente, mas sinto que se eu me lançar na comparação entre esses dois textos e os outros textos de Eurípides... Então da próxima vez continuamos a partir daqui, obrigado.

*

NOTAS

1. Cf. as duas referências essenciais: J. L. Austin, *Quand dire, c'est faire* (orig.: *How To Do Things with Words*, 1962), intr. e trad. fr. G. Lane, Paris, Le Seuil, 1970; J. Searle, *Les Actes de langage* (orig.: *Speech Acts: An Essay in the Philosophy of Language*, 1969), trad. fr. H. Pauchard, Paris, Hermann, 1977.

2. "Não seria possível encontrar um regime ideal de igualdade, de liberdade, numa palavra, de democracia, mais perfeito do que entre os aqueus (*isegorías kaì parresías kaì kathólou demokratías alethinês sýstema kaì proaíresin eilikrinestéran ouk àn heúroi tis tês parà toîs Akaioîs hyparkhoúses*)" (Políbio, *Histoires*, livro II, 38, 6, trad. P. Pédech, Paris, Les Belles Lettres, 1976, p. 211).

3. *Ion*, versos 671-675, *in* Eurípides, *Tragédies*, t. III, trad. fr. H. Grégoire, Paris, Les Belles Lettres, 1976, p. 211.

AULA DE 19 DE JANEIRO DE 1983
Primeira hora

O personagem de Íon na mitologia e na história de Atenas. – Contexto político da tragédia de Eurípides: a paz de Nícias. – História do nascimento de Íon. – Esquema aletúrgico da tragédia. – A implicação dos três dizer-a-verdade: o oráculo/a confissão/o discurso político. – Comparação estrutural entre Íon *e* Édipo rei. *– As aventuras do dizer-a-verdade em* Íon*: a dupla meia mentira.*

Hoje eu gostaria de continuar um pouco o estudo dessa noção de *parresía*, noção que, numa primeira aproximação, parece cobrir um domínio bem amplo, já que o próprio termo se refere por um lado ao "dizer tudo", por outro ao "dizer-a-verdade", e em terceiro lugar à "fala franca". Dizer tudo, dizer-a-verdade, fala franca. São os três eixos da noção. E essa noção, como vocês se lembram, eu havia evocado no contexto particular da direção de consciência. Este ano eu gostaria de estudá-la no contexto mais amplo do governo de si e dos outros.

Durante a última aula, procurei definir um pouco alguns aspectos dessa noção de *parresía*, tal como pode aparecer num texto de certo modo mediano, o texto de Plutarco em que ele põe em cena o enfrentamento parresiástico de Platão primeiro e de Dion depois com Dionísio, o tirano. Então, a partir desse primeiro esboço, gostaria agora de voltar um pouco atrás e procurar acompanhar com mais detalhe a história ou, em todo caso, diferentes estratificações na história dessa noção de *parresía*, essencialmente na perspectiva das suas significações políticas. Entre os textos clássicos mais importantes acerca dessa noção de *parresía*, pareceu-me que havia alguns em Eurípides, em particular em quatro textos de Eurípides: *Íon, As fenícias, Hipólito* e *As bacantes*. Da última vez, eu lhes falei rapidamente do texto encontrado em *Íon*, aquele texto em que vemos o personagem principal, Íon, explicar que, por não conhecer a mãe, tem grande necessidade de saber quem é ela. Não só tem necessidade de saber quem é ela, mas gostaria que ela fosse ateniense, para herdar do lado da mãe (*metróthen*) o direito de falar livremente, para herdar dela a *parresía*. Porque, diz ele: "Se um estrangeiro entra numa cidade em que a raça não tem mácula, ainda que a lei faça dele um cidadão, sua língua continuará sendo serva [sua boca continuará sendo escrava: *stóma doûlon*; M.F.], ele não tem direito de dizer tudo [ele não tem *parresía*; M.F.]."[1] Era esse o texto que eu tinha assinalado para vocês da última vez.

Então, a propósito desse texto, podemos dizer evidentemente algumas coisas. Na edição Budé de Eurípides, Grégoire, autor da nota – por sinal, ela é interessantíssima, e a meu ver não só muito conveniente historicamente como muito bem documentada, já que, apesar de a edição ser antiga (data de 1925 ou 30), pude ver que os historiadores da literatura não mudam grande coisa do que está [estabelecido aí] do ponto de vista histórico –, diz: pois bem, Íon é um rapaz afinal de contas muito bom e louvável, honrado, dá prova de uma "piedade exata", de uma "afeição terna", tem uma "inteligência espontânea", tem a "alegre atividade da sua juventude" e "ele tem apreço por sua fala franca"[2]. Pois bem, parece-me que esse problema da fala franca é um pouco diferente e tem outras dimensões além das psicológicas indicadas por Grégoire em sua nota. Se me interesso por esse texto, *Íon*, é porque ele está precisamente inserido no meio ou, digamos, no fim do primeiro terço de uma tragédia, que podemos dizer, acho eu, inteiramente consagrada à *parresía*, em todo caso é percorrida de cabo a rabo por esse tema da *parresía* (do dizer tudo, do dizer-a-verdade e da fala franca).

Recapitulemos um pouco, se vocês quiserem, a história que serve de pano de fundo da tragédia. Íon é um personagem que não pertence a nenhum dos grandes conjuntos míticos da herança grega, que não tem lugar em nenhuma das práticas cultuais conhecidas. É um personagem tardio, é um personagem artificial que parece ter surgido, primeiro com uma existência bem discreta, nas genealogias eruditas de que se faz uso a partir do século VII e que foram reavivadas com frequência no século V. Tratava-se, por meio dessas genealogias eruditas, como vocês sabem, de assentar e justificar a autoridade política e moral de alguns grandes grupos familiares. Ou ainda, tratava-se de dar ancestrais a uma cidade, reivindicar os direitos dessa cidade, justificar uma política, etc. Nessas genealogias políticas, artificiais e tardias, Íon aparece (eu ia dizendo: como seu nome indica) como o ancestral dos iônios*. Ou seja, criou-se até mesmo o nome de Íon para dar aos iônios, que desde havia muito tempo foram chamados por esse nome, um ancestral. Assim é que Heródoto explica

* Ou Jônios [N. do T.]

que os iônios, quando habitavam no Peloponeso – isto é, na parte do Peloponeso chamada Acaia –, não se chamavam iônios, chamavam-se pelasgos. Mas na época de Íon, filho de Xuto, tomaram o nome de iônios[3]. Portanto, Íon é o herói epônimo dos iônios, é seu ancestral comum. É esse, vamos dizer, o tema geral das genealogias que falam de Íon.

Passo sobre as diferentes versões e desenvolvimentos sucessivos dessa genealogia. Gostaria simplesmente de indicar o seguinte: Íon, ancestral dos iônios, se localizava inicialmente na Acaia. Mas Atenas, à medida que crescia [seu] poderio, à medida que ficava mais marcada a oposição entre Esparta e Atenas, à medida também que Atenas reivindicava e, aliás, exercia a liderança sobre a Jônia, pois bem, Atenas tendia, cada vez mais, a querer se apresentar como a cidade dos iônios e a reivindicar Íon como ateniense, ou em todo caso como um dos atores principais da história de Atenas. E via-se Íon de certo modo emigrar pouco a pouco da Acaia para Atenas, onde chega, em certas versões da lenda, como imigrante, mas imigrante importante, imigrante decisivo, pois é a ele que se atribui a primeira grande revolução ou reforma da constituição ateniense. É a ele que se atribui a seguinte mudança: depois da primeira fundação de Atenas teria havido uma espécie de nova fundação, em todo caso uma reorganização interna de Atenas, que teria repartido o povo ateniense em quatro tribos. Essas quatro tribos primitivas estariam na origem de Atenas e da organização política de Atenas. É a versão, aliás, que vocês encontram em Aristóteles na *Constituição de Atenas*, [onde] ele enumera as onze revoluções, ou as onze grandes reformas da cidade ateniense. A primeira delas é Íon fundando as quatro tribos[4]. Mas Íon é em Aristóteles alguém que vem da Acaia, que emigra para Atenas e reorganiza Atenas. Mas dá para ver que tipo de problemas e de embaraços podia suscitar esse tipo de lenda, numa época em que Atenas reivindicava para si a autoctonia, isto é, o fato de que os habitantes de Atenas não teriam sido, ao contrário de tantos outros gregos, gente vinda de outras partes, mas teriam nascido em seu próprio solo. Portanto, na época em que os atenienses querem se diferenciar de tantos outros gregos, afirmando essa autoctonia originária, no momento em que pretendem exercer a dominação política sobre o mundo iônico, como se pode admitir que foi um imigrante iônio que reformou Atenas? Donde, vamos dizer, uma tendência, uma propensão perpétua de toda essa lenda no sentido de integrar, de inserir da maneira mais estrita possível Íon na história ateniense. É no âmbito desse movimento, dessa tendência na elaboração da lenda, que se situa a tragédia de Eurípides, e [também] uma tragédia escrita por Sófocles e hoje perdida que se chamava *Creusa* e que parece ter sido escrita pouco tempo antes do *Íon* de Eurípides[5]. Verossimilmente na tragédia de Sófocles, em todo caso certamente no *Íon* de Eurípides, a elaboração da lenda vai tentar lhe dar uma significação aceitável. Quer dizer que o desafio dessa elaboração trágica da lenda será: como conservar a função ancestral e fundadora de Íon em relação a todos os iônios, mas inscrevendo e arraigando a história de Íon na própria Atenas e fazendo de Íon, contrariamente à forma originária da lenda, uma pessoa originária de Atenas? É preciso reintegrar Íon em Atenas, conservando sua função de ancestral de todos os iônios. É essa reviravolta, situando o nascimento de Íon em Atenas e fazendo dele o ancestral de todos os iônios, que é realizada por Eurípides de maneira completa até seus extremos limites, já que Eurípides vai adotar um enredo no qual Íon será ateniense, completamente ateniense ou, mais exatamente, de sangue ateniense e divino. E vai nascer de Creusa, do lado materno, e de Apolo, do lado paterno. Portanto vai ser ateniense. Íon estará na origem das quatro tribos atenienses primitivas por meio de seus quatro filhos. Através de seus quatro filhos, ele vai ser o ancestral de todos os iônios. E, por outro lado, vão dar a ele como meios-irmãos Acaio e Dório, nascidos de Creusa, sua mãe, e de Xuto. Acaio que, como seu nome indica, claro, é o ancestral dos aqueus, e Dório que, como seu nome também indica, é o ancestral dos dórios. De sorte que iônios, aqueus e dórios desse modo serão parentes, graças ao laço de parentesco entre Íon, Creusa, Xuto, etc., todos eles personagens encontrados na própria Atenas.*

Essa elaboração da trama legendária de Íon, essa transformação de um imigrante num autóctone, essa espécie de imperialismo genealógico que vai fazer que, finalmente, todos os gregos (aqueus, dórios, iônios) provenham do mesmo tronco, tudo isso – assim como alguns outros ensinamentos internos ao texto e nele disseminados – permitiu que os historiadores, em particular Grégoire, datassem com precisão a peça. E a data proposta por Grégoire foi mantida até agora. Admite-se que [a peça] date de 418, muito provavelmente da segunda metade de 418, certamente durante o breve período chamado paz de Nícias, no fim da primeira parte da guerra do Peloponeso, na qual espartanos e atenienses se opuseram. E, depois de diversas peripécias, vocês sabem que, em suma, a vitória coube mais a Atenas. Em todo caso a paz de Nícias foi firmada em condições tais que o poderio ateniense ainda não estava comprometido (o desastre da Sicília só ocorrerá após a ruptura da paz de Nícias). O poderio ateniense não está comprometido, seu império precisamente

---

* O manuscrito conclui assim: "Em suma, tudo o que povoa a Grécia tem uma raiz em Atenas."

não está comprometido, e Atenas procura tirar proveito dessa trégua para reforçar suas alianças, para afirmar sua supremacia e sobretudo para constituir uma espécie de aliança dos iônios, agrupar os iônios sob a direção ateniense. Esse agrupamento dos iônios é uma das peças essenciais da estratégia de Atenas desde havia um certo tempo. Ela passa a sê-lo de maneira mais intensa do que nunca durante essa paz de Nícias, em que o choque com Esparta ainda não terminou, está apenas em sua primeira fase. É preciso levar em conta também, e isso vai ter um papel importante na peça, o fato de que Delfos – os anfictiões de Delfos, todo o movimento de pan-helenismo que pode ter girado em torno de Delfos durante a primeira parte da guerra do Peloponeso, antes da paz de Nícias – havia pendido muito mais para o lado de Esparta do que para o lado de Atenas. E houve, durante toda essa primeira parte da guerra do Peloponeso, uma hostilidade violentíssima do centro délfico contra Atenas. A paz de Nícias representava uma espécie de compromisso, de apaziguamento entre Delfos e Atenas. Delfos havia laconizado* [e] a paz de Nícias constitui – é um dos seus elementos – uma espécie de reconciliação Atenas/Delfos. É a partir dessa trama legendária, por um lado, e dessa estratégia política precisa que Eurípides vai construir sua peça, e ele adota como enredo o seguinte esquema, que aliás é explicado no início da peça por Hermes, conforme um procedimento que encontramos em muitas peças de Eurípides, aliás em muitas tragédias: um personagem, às vezes um deus – no caso, Hermes –, vem em cena e explica qual o enredo, lembra o fundo legendário que vai ser utilizado na peça.

Eis então o que Eurípides explica pela boca de Hermes[6]. Ele diz o seguinte: Erecteu – ateniense de pura cepa, claro, nascido no solo de Atenas, por conseguinte avalista dessa autoctonia que os atenienses tanto prezam – teve uma filha, chamada Creusa, que é portanto ateniense de pura cepa, ligada diretamente por seu pai a esse solo de Atenas em que ele nasceu. A jovem Creusa é seduzida por Apolo. É seduzida por Apolo e possuída por ele nas próprias grutas da Acrópole, por conseguinte o mais perto do templo e do lugar sagrado reservado ao culto de Atena. Ela é seduzida, possuída por Apolo nas entranhas da Acrópole, e concebe um filho que, por vergonha e para ocultar sua desonra, vai enjeitar, abandonando-o. Esse filho desaparece sem deixar vestígios. Na verdade, Hermes raptou o filho nascido dos amores de seu irmão Apolo e de Creusa. Hermes o rapta por ordem do próprio Apolo, transporta a criança em seu berço para Delfos, onde é deixado, sempre por Hermes, no templo. A sacerdotisa de Apolo, a Pítia, vendo aquela criança mas não

---

* Laconizar: tomar o partido dos lacônios, outro nome dos espartanos. [N. do T.]

sabendo, por mais Pítia que fosse, que se trata do filho de Apolo, acha que se trata de uma criança abandonada, recolhe-a e faz dela um servidor do templo. O filho de Apolo e de Creusa torna-se portanto um humilde servidor, que vai varrer a entrada do templo. Esse filho, claro, é Íon. Enquanto isso, Creusa, que ninguém à sua volta sabe que foi seduzida por Apolo e teve um filho dele, é dada por seu pai como esposa a Xuto. Ora, Xuto é um estrangeiro. Não nasceu em Atenas. Ele vem da Acaia, isto é, de uma parte do Peloponeso, mas foi casado com Creusa por Erecteu. Porque durante uma guerra de conquista da Eubeia, Xuto ajudou o exército ateniense, ajudou Erecteu. E, em recompensa por essa ajuda, Xuto recebe Creusa e seu dote. Essa é a situação que Eurípides apresenta ou faz Hermes apresentar no início da peça.

Então, antes de entrar na análise dos diferentes elementos da peça e de seu mecanismo, gostaria de me deter um instante. A peça, vocês logo veem em que vai consistir: na descoberta de uma verdade, a verdade do nascimento de Íon. A peça vai consistir em que o servidor anônimo do templo de Apolo vai se revelar não uma criança anônima encontrada em Delfos, mas alguém que, concebido em Atenas, nascido em Atenas, vai poder voltar a Atenas e consumar a missão histórica e política de reorganização da cidade, melhor ainda: de fundação dessa longa dinastia humana que são os iônios. Essa revelação da verdade do nascimento de Íon é uma trama dramática que encontramos em muitas outras peças gregas. Teria sido possível encontrá-la, por exemplo, se o texto houvesse sido conservado, numa outra peça de Eurípides, *Alexandros*[7], que conta como Hécuba e Príamo, soberanos de Troia, tendo sabido por uma profecia que o filho deles, Páris ou Alexandros, podia desencadear o desastre sobre Troia, decidem abandoná-lo, enjeitam-no, acreditam que desapareceu. E eis que um dia eles o encontram. E a identidade e o nascimento de Alexandros-Páris se revelam. A partir disso, pois bem, os desastres de Troia poderão ocorrer. Logo é um esquema conhecido, mas o que se deve notar é que essa revelação da verdade, essa vinda à luz da verdade do nascimento, primeiramente, vai se efetuar num lugar preciso. Ela não se efetua, de fato, em Atenas, ela se efetua em Delfos, pois é em Delfos que se encontra Íon, oculto sob as aparências de um servidor do templo. A [manifestação] da verdade se produz nesse lugar de Delfos em que, como todos sabem, a verdade é dita. A verdade é dita sob uma forma oracular, sob essa forma oracular de um dizer-a-verdade, a qual vocês sabem que é sempre reticente, enigmática, difícil de compreender e, no entanto, inelutavelmente diz o que é e o que será. O deus oblíquo, o deus que, como dizia Heráclito, fala somente por sinais[8], esse deus reside precisamente em Delfos, e é em Delfos, ou melhor, é pertinho do templo, melhor ainda, é no próprio adro do templo que essa verdade vai ser dita. Pelo poder do oráculo? Vocês vão ver que não. Mas bem próximo do oráculo, perto do oráculo, diante do oráculo e até certo ponto contra o oráculo. Em todo caso, estamos no lugar essencial do dizer-a-verdade oracular na cultura grega. Em segundo lugar, vocês estão vendo que essa aleturgia, essa descoberta da verdade, essa produção da verdade só poderá ser feita se os dois parceiros dessa união que permaneceu secreta e oculta – Creusa, a mulher, Apolo, o pai e o deus – disserem a verdade sobre sua união secreta. Eles têm de dizer o que fizeram, e eles têm de dizê-lo à sua progenitura. Conjunção da mulher e do deus, concepção-nascimento do filho, abandono pela mãe, rapto por Apolo, tudo isso não é sabido pelos personagens, e é o que deverá ser dito. Em terceiro lugar, será necessário também que esse desvendamento da verdade conduza Íon a reintegrar-se àquela Atenas em que foi concebido e onde nasceu e lhe permita, em Atenas, exercer um direito político fundamental: o direito de falar, de falar à cidade, de dirigir à cidade uma linguagem de verdade e uma linguagem de razão, que será precisamente uma das armaduras essenciais da *politeía*, da estrutura política, da constituição de Atenas. Por conseguinte a peça, vamos dizer, irá do lugar em que o deus diz a verdade pela palavra oracular e enigmática – é Delfos – à cena política em que o chefe, de pleno direito, usa sua fala franca através de uma constituição que é a própria constituição do *lógos* – é Atenas. Essa passagem, do lugar em que se diz oracularmente a verdade à cena política em que se fala racionalmente do governo, só poderá se dar se o deus e a mulher, o homem e a mulher, o pai e a mãe disserem, ao confessar o que fizeram, a verdade sobre o nascimento do filho.

Essa série dos três dizer-a-verdade – o do oráculo, o da confissão e o do discurso político –, é isso que é contado ao longo da peça. Trata-se da fundação do discurso verdadeiro na cidade por uma dupla operação, ou numa dupla referência à palavra oracular – que terá, vocês vão ver, um papel a desempenhar, porém muito enigmático e ambíguo –, e depois [a] essa palavra da confissão do pai e da mãe, do deus e da mulher. É essa série que constitui, a meu ver, o fio condutor da peça. E na medida em que se trata de fato de uma tragédia do dizer-a-verdade, de um drama do dizer-a-verdade, essa dramática do discurso verdadeiro, do dizer-a-verdade – de que eu falava da última vez e que me parece ser o âmbito no qual podemos compreender o que é a *parresía* –, a peça *Íon* é, me parece, sua representação, seu desenvolvimento mais notável. Essa peça *Íon* é verdadeiramente a representação dramática do fundamento do dizer-a-verdade político no campo da constituição ateniense e do exercício do poder em Atenas. É o primeiro aspecto.

Segundo ponto em que gostaria de me deter, antes de começar essa leitura de *Íon*, é o seguinte. Essa peça, como vocês veem, comporta um certo número de analogias, é claro, com muitas outras peças de Eurípides. Ela comporta, me parece também, algumas analogias bastante precisas com outra peça, que não é de Eurípides mas de Sófocles. E me parece que podemos nos servir dessa proximidade para analisar mais de perto como as coisas acontecem e como a verdade é dita em *Íon*. [...*].

A peça de Sófocles que eu gostaria de aproximar da peça de Eurípides é uma peça em que também se trata, é claro, do deus de Delfos, que diz e que oculta a verdade. É uma peça em que se trata também de pais que enjeitam seus filhos, uma peça em que se trata de uma criança que desaparece, é dada por morta e reaparece. Nem é preciso dizer que a peça em que inevitavelmente, acredito, *Íon* faz pensar é *Édipo*. *Édipo* que também é uma peça do dizer-a-verdade, do desvendamento da verdade, da dramaturgia do dizer-a-verdade ou, se vocês preferirem, da aleturgia. E creio que seria fácil revelar muitos elementos comuns entre *Édipo* e *Íon*.

Elementos de simetria direta. Há uma pequena cena bem discreta... Não gostaria de superinterpretar, mas logo se vê em *Íon*, quase no início, o primeiro encontro de Íon com aquele que, de boa-fé, crê ser seu pai, Xuto. Eles se encontram, e aí há uma cena muito ambígua. Mais uma vez, não se deve superinterpretá-la, mas um certo número de elementos faz supor que Xuto, que acredita de boa-fé cumprimentar seu filho na pessoa de Íon, corre para ele, beija-o, enche-o de carinhos paternos. E Íon se defende, se defende manifestamente com o pudor de um rapaz que se vê como que atacado por um senhor barbudo, e lhe diz: fique calmo (*eû phroneîs*)[9], seja sensato. E, como Xuto, em seu elã paterno, continua a manifestar seu afeto, Íon se zanga e ameaça matá-lo. Podemos, creio eu, reconhecer aí uma espécie de eco da famosa cena de Laio e de Édipo, que vocês sabem que, em muitas versões (não na de Sófocles, mas em outras), era uma cena de sedução[10]. Tendo Laio querido seduzir o jovem Édipo que passava pelo caminho, Édipo respondeu matando Laio. Temos esse elemento.

Mas outros elementos parecem muito mais convincentes, em particular elementos de simetria invertida. De fato, Íon vive sem saber quem

---

* M.F.: Tenho a impressão de que há um barulho no microfone, não? Um assobio?
– Deve ser um destes aparelhos que não está funcionando direito.
– Meu caro, como vamos saber qual é... Está atrapalhando muito? Bom, parou.

ele é no templo de Apolo. Quer dizer, ele vive na casa de seu pai sem saber que vive na casa de seu pai, assim como Édipo vivia na casa de uma mulher que era sua esposa, mas que não sabia que era sua mãe. Íon mora na casa de Apolo como Édipo vive na casa da mãe. Em segundo lugar, vê-se uma cena absolutamente explícita na qual, por algumas razões, através das peripécias que lhes contarei ou que resumirei para vocês, Íon, a certa altura, quer matar a mãe, claro que sem saber que ela é sua mãe. E temos aí, creio eu, muito exatamente, a reprodução, mas reportada desta vez à mãe, do assassinato de Laio por Édipo.

Creio também que podemos apontar analogias entre essas duas peças pelo próprio mecanismo da busca da verdade, [que] se faz de certo modo metades por metades. Em *Édipo*[11], como vocês se lembram, na primeira parte da peça há a descoberta da verdade sobre o assassinato de Laio. E, depois, segunda parte, a descoberta da verdade sobre o nascimento de Édipo. E a descoberta do assassinato de Laio pode, por sua vez, se dividir em dois, na medida em que temos, de um lado, o relato de Édipo contando como matou um desconhecido na estrada e, depois, o relato que vai nos fazer saber que esse desconhecido só pode ser Laio. Do mesmo modo, no caso do nascimento, é por metades que a verdade avança. E vocês vão ver que, aí também, é por metades que a verdade vai avançar e que teremos a metade paterna e a metade materna, até que o conjunto desses elementos reconstitua o conjunto da verdade.

Só que, se temos muitos elementos comuns e analogias tanto nos episódios como na própria estrutura da peça, parece-me que há uma diferença, diria até uma oposição entre a dramaturgia do dizer-a-verdade em *Édipo* e a dramaturgia do dizer-a-verdade em *Íon*. Em *Édipo*, de fato, primeiro o dizer-a-verdade é efetuado pelo próprio [Édipo]. É Édipo que quer saber a verdade. Ele necessita, como soberano, e para trazer a paz e a felicidade de volta à sua cidade, saber a verdade. E essa verdade vai se revelar ser o quê? Pois bem, revela-se primeiro que ele eliminou o próprio pai, que abriu de certo modo portanto uma lacuna na soberania que se exercia na cidade e no próprio palácio de Laio. E ele se precipitou nesse lugar vazio, casando-se com sua mãe, tomando o poder. É a descoberta disso que, finalmente, o leva a ser excluído e a excluir a si mesmo da cidade. Ele próprio diz isso no fim da peça: "Enquanto eu viver, que nunca esta cidade, a cidade de meus pais, me seja dada como residência."[12] Ele vai ser obrigado a partir, portanto, pela própria descoberta dessa verdade cujo processo de descoberta desencadeou. E daí em diante só lhe restará errar através do mundo, errar na noite da sua cegueira, pois furou os olhos. E nessa terra que ele percorrerá, sem abrigo e sem pátria, [o que lhe restará] para se guiar? Ele também diz isso muito claramente no fim da peça: só terá a voz das suas filhas para guiá-lo, sua própria voz que ouve flutuar nos ares sem poder situá-la, sem saber onde ele está, sem saber onde está essa voz. E é por essa errância, guiada somente pela troca de vozes entre pai e filhas, que Édipo vai vagar pela terra grega até o momento em que encontrará, em Atenas precisamente, o lugar final do seu descanso[13].

Ao contrário, com *Íon*, temos um processo de descoberta da verdade em que, por um lado e em primeiro lugar, vamos ver que não é o próprio Íon que busca a verdade, mas seus pais. Em segundo lugar, essa verdade que Íon vai descobrir, ou antes, que vai ser descoberta a propósito de Íon, não é, claro, a de que matou o pai. Ele vai descobrir que tem de certo modo dois pais, e vai se encontrar no fim da peça com dois pais: uma espécie de pai legal que continuará até o fim acreditando que é o pai real, Xuto; e um segundo pai. Esse segundo pai é Apolo, Apolo que garante, pela paternidade real de Íon, que foi inteiramente em Atenas que ele foi concebido. E é graças a essa dupla paternidade, de Xuto e de Apolo, que Íon poderá, ao contrário de Édipo, voltar para a sua pátria, se instalar, recuperar todos os seus direitos. E, graças a esse vínculo fundamental assim reencontrado, graças a essa reinserção na própria terra de Atenas, ele poderá exercer o direito legítimo da palavra, isto é, exercer o poder em Atenas. E, portanto, nesses dois processos da aleturgia do nascimento, da descoberta da verdade do nascimento, vocês veem que há na realidade dois processos diferentes e que levam exatamente ao resultado inverso. Um tinha um pai a menos, e finalmente foi obrigado a deixar sua pátria e errar, guiado por uma voz, sem terra. O outro, ao contrário, descobre que tem dois pais e, graças a essa dupla paternidade, poderá inserir sua palavra, sua palavra de homem que comanda, na terra à qual tem direito. Eis o contexto da peça.

Eu gostaria agora de mostrar um pouco como se desenrola esse processo do dizer-a-verdade, e esse desvendamento da verdade pelos diferentes procedimentos do dizer-a-verdade, sobre o fundo de acontecimentos que relembrei e que Hermes indica bem no início da peça, a saber portanto: esse nascimento secreto de Íon, o casamento posterior de Creusa com Xuto, o fato de que Íon vive oculto, sem que ninguém saiba da sua identidade, como servidor do deus em Delfos, e depois o fato de que Creusa e Xuto, no momento em que a peça começa, ainda não têm os dois filhos que nascerão depois da peça e de que apenas se trata nos últimos versos: Acaio e Dório[14]. Logo eles não têm posteridade, e é precisamente por isso que eles, que vivem em Atenas – Xuto, chefe que emigrou mas que se casou com Creusa, e Creusa, descendente de Erecteu –, vão de Atenas a Delfos consultar o deus e lhe perguntar se não vão ter uma descendência, descendência que poderá assegurar a continuidade ao mesmo tempo histórica e territorial, fundada por Erecteu quando, nascido da terra ática, fundou a cidade ateniense. É este pois o primeiro ponto: Creusa e Xuto vão consultar o deus. Vão consultar o deus porque não têm filhos e querem estabelecer essa continuidade.

Na verdade, vocês estão vendo que a consulta não é exatamente a mesma para os dois consulentes. De um lado, Xuto acaba de consultar Apolo. Ele acaba de consultar Apolo conforme as regras ordinárias para saber se não terá mesmo descendência. É a pergunta ao oráculo. Creusa também vem aparentemente para fazer a mesma pergunta: eu não terei descendência? Mas na verdade ela faz outra ao mesmo tempo. Porque ela sabe muito bem que teve um filho. E sabe que teve esse filho com Apolo. E vem fazer a pergunta: que fim levou o filho, o filho que tu me deste, que tu me fizeste e que eu enjeitei? Ele ainda vive ou morreu? Mas, enquanto a primeira consulta, a de Xuto, é ao mesmo tempo uma pergunta, vamos dizer, ordinária – é a consulta do consulente ordinário – [e] pública, a pergunta de Creusa (que fizeste do filho que me deste?) é uma pergunta privada da mulher ao homem, ou antes, da mulher ao deus.

E é indo a Delfos para essa dupla pergunta – a pergunta oficial e a pergunta secreta –, é indo fazer essa dupla pergunta que Creusa e Xuto, apresentando-se diante do templo de Apolo, encontram esse rapaz que está ali, tendo nas mãos uns galhos de louro com os quais varre a entrada do templo, e a água lustral que derrama – que derrama porque, diz ele, tem o direito de derramá-la por ter conservado a castidade. É claro que Íon não conhece sua identidade e, por conseguinte, não pode reconhecer os pais, como tampouco os pais podem reconhecê-lo. Temos portanto três ignorantes, três ignorantes que têm, cada qual, diante de si a resposta à sua pergunta: Xuto busca um herdeiro, e o tem diante de si, sem saber; Creusa procura um filho, o filho que ela teve e que também está diante dela; quanto a Íon, ele se queixa, aliás sem muita insistência, [de] ser um filho abandonado, que não tem pátria, que não tem mãe e que não tem pai. Ora, sua mãe está diante dele, e pai, ele tem dois: tem o que vai se tornar seu pai legal, Xuto; e tem, ao lado dele, atrás dele, seu pai real, o deus. Temos portanto o seguinte: de um lado, no fundo da cena, o templo do deus que sabe tudo e que deve dizer a verdade, em resposta às perguntas que lhe fazem; e depois, diante da cena, o público, o anfiteatro que foi informado por Hermes no início da peça de toda a verdade da coisa. E, entre essas duas instâncias que sabem – o público que foi informado por Hermes e Apolo que, claro, sabe –, entre essas duas instâncias da verdade, os três personagens ignoram. Eles não se reconhecem uns aos outros, e toda a peça vai ser precisamente o desvendamento da verdade, para esses três personagens e no espaço da cena. Aleturgia da verdade, portanto.

E o que vai constituir a mola propulsora do drama? Pois bem, vai ser a própria dificuldade [de] dizer a verdade, é uma reticência essencial. Uma reticência essencial devida a quê? Pois bem, ela se deve a duas coisas, e é nisso que essa peça, *Íon*, é a meu ver importante e interessante. Por um lado, há a razão, eu ia dizendo estrutural, essencial, fundamental, permanente, que faz que, quando os homens ignoram os deuses, nada force os deuses, se eles responderem, a responder de tal modo que a resposta seja clara. Ao contrário, faz parte do dizer-a-verdade oracular que a resposta seja tal que os homens possam compreendê-la ou possam não compreendê-la. De todo modo, o deus nunca é forçado pelos homens a dizer a verdade. Sua resposta é ambígua, e ele é sempre livre para dá-la se quiser. Reticência portanto, na própria clareza da enunciação. Reticência também na liberdade preservada do deus para falar ou para não falar. Isso faz parte, vamos dizer, do fundo comum. É o traço comum, o traço permanente de todo jogo oracular de perguntas e respostas. A essa reticência, própria da estrutura oracular de todo dizer-a-verdade pelos deuses, e pelo deus de Delfos em particular, a essa reticência essencial, o texto faz frequentemente referência e alusão. Por exemplo, vemos, nos versos 374 e seguintes, Íon dizer a Creusa: "Como arrancar do Deus o oráculo que ele quer calar?", "contra a vontade dos deuses, não se pode consultar"[15]. É a referência ao fato de que o deus é sempre livre para se calar, se quiser. E, depois, em outra parte, ele diz a Xuto que lhe relata uma resposta do deus: você se enganou, ao meditar o enigma[16]. A resposta é um enigma e, por conseguinte, sempre é possível se enganar. Portanto isso tudo é uma referência a elementos conhecidos.

Mas há, na peça, uma razão, específica e própria do próprio enredo, que faz que a reticência do deus seja de certo modo selada por uma outra cláusula. Porque, no caso, se o deus se cala não é simplesmente porque é livre para não falar, não é simplesmente porque faz parte da resposta oracular ser enigma e só falar por sinais, como dizia Heráclito[17]. É simplesmente porque Apolo, possuindo Creusa à força e abandonando-a nas entranhas da Acrópole, cometeu uma falta. Ele é culpado. E a culpa do deus é um tema que vamos encontrar ao longo de absolutamente toda a peça, do começo ao fim. [Quando] Íon toma conhecimento – vou passar por cima dos detalhes da intriga – de que Apolo seduziu uma mulher e abandonou-a, ainda não sabe que ela é sua mãe, não sabe que é Creusa. Ele simplesmente ouve falar dessa sedução e ele, Íon, que no entanto é um servidor fiel do deus, o servidor também casto do deus, se indigna e diz: "O deus é culpado e a mãe merece compaixão."[18] E nesse mesmo diálogo, em que fala com Creusa, ouve-se isto. Íon pergunta: "Como arrancar do deus o oráculo que ele quer calar?"[19] Creusa responde: "Neste tripé, ele deve resposta a todos os gregos."[20] Íon replica: "Ele se envergonha de seu ato, ah!, não o pressione... – Creusa: Se ele se envergonha, ela geme, pobre mulher."[21] Íon conclui: "Não haverá ninguém para te comunicar um oráculo assim: réu convicto de uma falta em sua própria morada, Apolo, justamente, investiria contra aquele que a anunciasse a ti."[22] Vocês veem o choque dessas duas palavras, e por conseguinte o problema que é posto. Apolo foi injusto (*ádikos*), cometeu uma falta. E é *"díkaios"* ("justamente")[23] que ele se recusará a falar e a se apontar como culpado. Por conseguinte, a resposta não pode vir do deus, não por causa da estrutura do dizer-a-verdade oracular, mas porque o deus, que fez mal, teria de confessar que fez mal e superar a vergonha da sua má ação. Essa vergonha sentida pelo deus por sua má ação é um dos fios condutores da peça. E bem no fim, quando finalmente a aleturgia se completar e se acabar, porventura ela vai ser dita por Apolo, por aquele que no entanto, [segundo] o texto, deve a verdade a todos os gregos? Não. A divindade que diz a verdade no fim é alguém que vai aparecer acima do templo de Apolo, encimando-o e dominando-o – por razões políticas, claro, mas também por razões ligadas ao que estou explicando a vocês –, vai ser Atena. É Atena, a deusa de Atenas, que vai fundar em verdade toda a história, que vai fundar, por seu próprio discurso de verdade, a estrutura política de Atenas. Ela vai intervir e dizer a verdade que o deus Apolo não consegue dizer, e aliás ela explica por que ela é que vem dizê-la, e não o deus. Ela diz: Apolo não quer se apresentar a vossa vista em pessoa, porque teme as repreensões públicas pelo passado e me envia para vos declarar que...[24] E toda a função, ao mesmo tempo fundadora e profética, do dizer-a-verdade vai ser assegurada por Atena, pois é necessário, mais uma vez por razões políticas, que seja Atena, mas também porque o deus não pode dizer pessoalmente a verdade.

Parece-me que temos aí um dos traços essenciais, característicos dessa tragédia de *Íon*: o dizer-a-verdade de um deus que fala aos homens e lhes revela, segundo a própria função do oráculo, o que é e o que será, esse dizer-a-verdade, no caso de *Íon*, também deve ser o dizer-a-verdade do deus sobre si mesmo e suas faltas. A reticência do oráculo também é a hesitação em confessar. E essa superposição do enigma oracular à dificuldade de confessar, do dizer-a-verdade do oráculo ao dizer-a-verdade da confissão, superposição que se efetua no deus e na própria palavra do deus, é, a meu ver, uma das molas propulsoras essenciais da peça. Por conseguinte, já que temos aí uma situação na qual aquele que deve dizer a verdade, aquele cuja função é dizer a verdade, aquele que se vem consultar para dizer a verdade, ele não pode dizer a verdade, porque essa verdade seria uma confissão sobre ele próprio, como é que a verdade vai abrir caminho, como é que o dizer-a-verdade vai se instaurar e instaurar ao mesmo tempo a possibilidade de uma estrutura política no interior da qual será possível dizer a verdade na *parresía*? Pois bem, tem de ser [pelos] homens. Tem de ser homens que consigam desencavar essa verdade e praticar o dizer-a-verdade. E é de fato nessa deficiência do deus em dizer a verdade, nessa dupla reticência do oráculo e da confissão, que os humanos vão tentar se arranjar com a verdade. Como farão eles para quebrar o duplo lacre do enigma oracular e da vergonha da confissão? Creio que podemos resumir a peça, quer dizer, agrupar seus elementos, dizendo que há dois grandes momentos.

Primeiro momento, que poderíamos chamar de momento da dupla meia mentira. Porque precisamente um dos pontos essenciais dessa peça – é preciso voltar a isso – também é que, ao contrário do que ocorre em *Édipo*, a verdade não é dita sem trazer com ela uma dimensão, eu diria um duplo de ilusão que é ao mesmo tempo seu acompanhamento necessário, sua condição e sua sombra projetada. Não há dizer-a-verdade sem ilusões. Vejamos em todo caso como isso acontece. Primeira parte, portanto, as duas meias mentiras. São as seguintes: primeiro, a meia mentira do lado da mãe; depois, a meia mentira do lado do pai, pois é por metades, como no *Édipo*, que as coisas vão se encadear. Primeiro, do lado de Creusa. Eis pois Creusa, a mulher, e Xuto, o homem, que chegam a Delfos. Xuto quer perguntar se vai ter um filho. Creusa quer na realidade perguntar que fim levou seu filho. É Creusa a primeira a aparecer em cena e que primeiro encontra esse rapaz que, com galhos de louro, varre a entrada do templo. Ela encontra esse rapaz e lhe diz que gostaria de consultar o deus. Íon lhe pergunta qual é essa consulta, mas ela, é claro, não ousa dizer a Íon a verdade da sua pergunta. Ela não ousa lhe dizer: cometi uma falta com o deus e venho lhe perguntar o que ele fez do meu filho. Então ela vai dizer uma meia verdade ou uma meia mentira. Ela vai dizer o que qualquer um diria nesse caso: bem, é o seguinte, tenho uma irmã, uma irmã que cometeu um erro com um deus[25]. Ela teve um filho com esse deus e gostaria de saber que fim levou seu filho. E é aí que – acreditando aliás ser de boa-fé o que Creusa lhe conta (mas, no caso, não tem importância que seja Creusa ou sua irmã, de qualquer modo para Íon a resposta é clara, ou antes, a não resposta do deus é necessária) – Íon lhe diz: já que o deus cometeu uma falta, uma falta com tua irmã, não temas, o deus não falará. Os humanos não podem forçar o deus a falar contra a sua vontade. E como ele cometeu uma falta, já que foi *ádikos*, ele se calará *díkaios* (justamente)[26]. Ter cometido uma injustiça torna justo que ele não fale. Logo ele não falará.

Mas, durante, ou pouco depois desse diálogo entre Íon e Creusa, Xuto faz sua pergunta, muito mais direta, muito mais simples, muito mais clara: será que vou ter um filho? E de certo modo, enquanto Creusa só diz uma metade de verdade a Íon, que ela consulta, a Xuto, que faz uma pergunta sincera e clara ao deus, o deus vai responder por uma meia verdade. Quer dizer, o pai e a mãe, Creusa e Apolo, não vão nem um nem outro ousar dizer a verdade, e vão dizer somente meias verdades ou meias mentiras. [...] A Xuto, que vem lhe perguntar: vou ter um filho?, Apolo responde: é simples, assim que você sair do templo, o primeiro que vier (*íon*: jogo de palavras, claro[27]) será seu filho. Reconheça-o como seu filho. E ao sair do templo Xuto encontra o rapaz que está ali para servir ao deus e que gravita em torno do templo do qual tem de cuidar. E esse rapaz é Íon. E é aí que se passa a cena em que Xuto corre para Íon e o abraça, dizendo a ele: você é meu filho. E Íon, um tanto inquieto, diz: ei, comporte-se, senão mato você. Na realidade, a não verdade ou a meia mentira pronunciada pelo deus não era simplesmente da ordem da reticência em confiar. Ou antes, a reticência em confessar se traduzia aí na ambiguidade oracular normal, ordinária, se ouso dizer; o deus disse a [Xuto]: eu lhe dou "*dôron*"[28], eu dou de presente para você o rapaz que você vai encontrar ao sair do templo. Dar de presente não quer dizer exatamente: será seu filho, mas ele compreende que, como veio buscar um filho, aquele que vão lhe dar de presente será seu filho real.

Por essa indicação do deus dizendo a Xuto "o primeiro que você encontrar será seu filho", Íon se vê agora dotado de um pai. Porque, se reluta um pouco a se deixar abraçar por aquele senhor barbudo, quando Xuto lhe diz: olhe, foi o deus que me deu essa resposta, que me disse que eu teria como *dôron* o rapaz que encontraria ao sair do templo, Íon fica evidentemente obrigado a se inclinar e reconhecer, com um pouco de hesitação: sim, ele é meu pai. Ei-lo portanto, esse Íon, graças a essa meia verdade ou a essa meia mentira do deus, dotado de uma família, em todo caso de um pai. Mas essa família que ele recebe assim, ele recebe em sentido inverso, eu diria quase em genitor inverso, pois na realidade ele crê – e Xuto também crê – que eles são pai e filho, quando na realidade a verdade é que entre Xuto e Íon não há nenhuma relação. A verdadeira relação de parentesco é entre Creusa e Íon; ora, essa relação não aparece. À pergunta enviesada da mãe verdadeira, que fingia não ser a mãe mas a irmã da mãe, o deus respondeu portanto enviesando a resposta que dá ao homem: ele lhe dá um falso filho. Mas, afinal, as coisas bem poderiam ter ficado aí, já que, graças a isso, Íon poderá voltar a Atenas. Não é exatamente seu pai, mas enfim pode lhe servir de pai. E ele poderá viver com Creusa, que ele não sabe direito que é sua mãe, mas afinal as coisas poderiam se arranjar. *Grosso modo*, estão bem perto da verdade para que tudo possa funcionar assim. Aliás, é dessa maneira que Xuto entende a coisa. Ele se contenta perfeitamente com essa solução, que, de qualquer modo, sinceramente, acha boa. Ele diz a Íon: agora as coisas estão claras, você já não é a criança abandonada que acreditava ser, e eu que procurava ter um filho, tenho. "Deixa este templo e tua miserável existência. Parte para Atenas, de pleno acordo com teu pai [*koinóphron patrí*[29] – e aí, claro, como no *Édipo*, como em todas essas tragédias, vocês têm a frase anfibológica: de pleno acordo com teu pai. Xuto acredita que ele é que é o pai, mas na verdade é com Apolo que o acordo se faz, deveria se fazer; M.F.]. Lá te aguardam o cetro ilustre de teu pai e sua riqueza imensa; assim, escapando deste duplo opróbrio, a pobreza somada à origem baixa, serás nobre e opulento ao mesmo tempo."[30]

Logo, o problema parece resolvido, Íon encontrou os pais – enfim, o pai. Xuto encontrou um filho, e lhe propõe retornar a Atenas e exercer o poder que vai permitir assegurar certa continuidade em relação à dinastia fundadora de Atenas – certa continuidade, claro, porque, como vocês veem, a situação é apenas aproximada e para aceitá-la era preciso não ser muito exigente. Era preciso não ser muito exigente... é, de fato, esse mesmo o caso de Xuto, que não é muito exigente em relação a essa verdade, enfim a essa meia mentira que, de boa-fé, ele recebeu do deus e que toma por uma verdade completa. Ele não é mesmo muito exigente, porque, quando diz a Íon: sou seu pai, você é meu filho; Íon lhe diz: mas, afinal, de que união sua eu pude nascer?[31] De Creusa? Não, não, diz Xuto, não foi de Creusa. Mas de quem então eu nasci, já que você não me fez sozinho? E Xuto nesse ponto responde: escute, não se preocupe muito. Primeiro não tema um nascimento ignóbil, porque eu, Xuto, sou filho, enfim sou descendente de Zeus, e desse lado você tem nobreza. Quanto à sua mãe... Sabe, eu cometi umas faltas na minha juventude antes de me casar, loucuras de juventude. E como Íon, por razões que vocês vão compreender logo, quer ainda assim saber exatamente quem é sua mãe, de quem ela nasceu, qual a ascendência dela, qual a sua nobreza, qual a sua terra de origem, Íon insiste e diz: mas, afinal, como é que pude, se você me concebeu em sua loucura juvenil, como é que pude vir parar aqui em Delfos? E nesse ponto Xuto evoca uma temporada que ele próprio teria passado em Delfos durante as festas de Baco, quando teria se unido às mênades do deus, numa espécie de hierogamia que corresponde, mas no modo da ilusão e da mentira, à verdadeira hierogamia que se produziu entre Apolo e Creusa. E a solução que Xuto propõe é: pois bem, eu fiz um filho numa das mênades do deus, durante uma cerimônia, uma festa e uma embriaguez rituais. Ora, essa explicação, muito aproximativa do ponto de vista da verdade, é desastrosa do ponto de vista do direito. Ela é desastrosa do ponto de vista do direito por quê? Pois bem, simplesmente porque Xuto vem da Acaia, é estrangeiro em Atenas, foi acolhido em Atenas como aliado somente, e foi em reconhecimento à sua aliança e à ajuda que proporcionou a Erecteu que este lhe deu Creusa. Então, se ele volta com um filho, mas um filho que teria sido concebido com uma mulher qualquer, ainda que mênade do deus, o filho nascido de um pai não ateniense e de uma mãe não ateniense não pode em hipótese alguma exercer essa função fundadora na cidade, o que é precisamente a função, a vocação de Íon. Ele não pode exercer essa função, e a verdade aproximativa de Xuto se traduz de fato por uma espécie de interdito jurídico, ou de impossibilidade jurídica. O próprio Íon se dá conta de que aquilo não pode funcionar e que ter nascido de Xuto e de uma mulher estrangeira não lhe permitirá fundar seu poder, e é precisamente nesse momento que ele faz a célebre declaração de que lhes falei, na qual diz: mas eu não posso voltar a Atenas se não sei de que mãe nasci. Não posso receber de você o poder que você me propõe, não posso me sentar no trono e receber o cetro. Não posso tomar a palavra e exercer essa palavra que comanda, se não sei quem é minha mãe[32]. Então é esse texto, e essa declaração de Xuto que eu gostaria de retomar em mais detalhes daqui a pouco. [...*]

---

* M.F.: Se vocês quiserem, vamos fazer uma pausa de cinco minutos. Gostaria de lhes dizer uma coisa. Ano passado, quando dos acontecimentos da Polônia, o Collège de France teve a boa ideia de convidar alguns professores poloneses a vir dar conferências aqui, uns estando numa situação de não liberdade, outros numa situação meio marginal. A esses convites foram dadas várias não respostas, e houve uma resposta positiva. Um desses professores pôde vir aqui e, para dizer a verdade, começou o curso segunda-feira passada. Seu curso, sua série de conferências versa sobre a história do nacionalismo polonês do século XIX ao século XX. Infelizmente – houve culpa minha, houve também questões de organização que não vêm em absoluto da administração do Collège, mas de circunstâncias diversas que vocês podem imagi-

*

NOTAS

1. Eurípides, *Ion*, versos 671-675, *in Tragédies*, t. III, trad. fr. H. Grégoire, ed. cit., p. 211.

2. "O jovem hierodulo tem a piedade exata da sua profissão, uma afeição terna e ciumenta pelo deus que o nutre, a inteligência espontânea, a alegre atividade da sua juventude [...]. Ateniense sem saber, ele tem especial apreço por sua fala franca" ("Notice" de *Ion* por H. Grégoire, *id.*, pp. 177-8).

3. "Os iônios, quando viviam no Peloponeso, na região hoje chamada de Acaia, antes da chegada de Dânaos e Xuto, se chamavam pelasgos egialeus; mas na época de Íon, filho de Xuto, tomaram o nome de iônios" (Heródoto, *História*, VII, 92, citado por H. Grégoire em sua "Notice", *id.*, p. 56).

4. "Era a décima primeira reforma da constituição ateniense. Em primeiro lugar foi a imigração de Íon e dos que se estabeleceram com ele; então, pela primeira vez, eles se repartiram nas quatro tribos e estabeleceram os reis das tribos" (Aristóteles, *Constitution d'Athénes*, XLI, 2, trad. fr. G. Mathieu & B. Haussolier, Paris, Les Belles Lettres, 1967, p. 43).

5. Cf. sobre esse ponto a "Notice" de *Ion* por H. Grégoire, ed. cit., pp. 161-3.

6. Eurípides, *Ion*, versos 1-81, ed. cit., pp. 183-6.

7. Cf. sobre essa tragédia, de que só foram encontrados fragmentos, a nota completa de F. Jouan & H. Van Looy, *in* Eurípides, *Oeuvres*, t. VIII: *Fragments 1ère partie*, Paris, Les Belles Lettres, 1998, pp. 39-58.

8. "O príncipe cujo oráculo fica em Delfos não fala, não oculta, mas comunica" (*in Les Écoles présocratiques*, B XCII, ed. J.-P. Dumont, Paris, Gallimard, 1991, p. 87).

9. "*Eû phroneîs mén* (guarda o sangue-frio)" (Eurípides, *Ion*, verso 520, ed. cit., p. 204).

10. Sobre as diferentes versões do mais famoso parricida e, mais geralmente, sobre o personagem de Laio, cf. T. Gantz, *Mythes de la Grèce archaïque* (orig.: *Early Greek Myth: A Guide to Literature and Artistic Sources*, 1993), trad. fr. D. Auger & B. Leclercq-Neveu, Paris, Belin, col. "L'Antiquité au présent", 2004, pp. 862-74.

11. Foucault já havia proposto numerosas vezes uma análise de Édipo: em 1971 (curso inédito no Collège de France, "La Volonté de savoir"), em 1972 (conferência inédita em Buffalo sobre "Le Savoir d'Oedipe"), em 1973 (conferências no Brasil sobre "Les Formes juridiques de la vérité", *in Dits et Écrits*, t. III, n.º 139, pp. 553-70), em janeiro de 1980 (curso inédito no Collège de France, "Le Gouvernement des vivants") e maio de 1981 (série inédita de cursos em Louvain intitulada "Mal faire, dire vrai. Fonctions de l'aveu"). Ele se mostra bem cedo sensível a essa estrutura de "encaixe por metades".

12. Sófocles, *Oedipe-roi*, verso 1450, *in Tragédies*, t. I, trad. fr. P. Mazon, ed. cit., p. 269.

13. Sófocles, *Oedipe à Colone*, versos 84-93, trad. fr. P. Masqueray, Paris, Les Belles Lettres, 1924, pp. 157-8.

14. "Xuto e tu tereis posteridade comum, Dório graças ao qual a Dórida, na região de Pélops, se ilustrará; e um segundo filho, Acaio, futuro rei do país marítimo perto de Rhion; um povo terá dele seu nome" (Eurípides, *Ion*, versos 1590-1593, ed. cit., p. 246).

---

nar – a coisa se precipitou um pouco. Ele começou suas aulas. Mas acho que não tem muita importância vocês terem faltado à primeira. Se quiserem, se esse tema lhes interessar, ele se chama Kieniewicz e dá seu curso sobre o nacionalismo polonês às segundas-feiras às dez da manhã. É isso. Então daqui a cinco minutos eu volto e continuamos.

15. *Id.*, versos 365 e 375, p. 198.
16. "Seu obscuro teor te enganou" (*id.*, verso 533, p. 205).
17. Cf. *supra*, nota 8.
18. Eurípides, *Ion*, verso 365, ed. cit., p. 197.
19. *Id.*, verso 365, p. 198.
20. *Id.*, verso 366.
21. *Id.*, verso 368.
22. *Id.*, verso 369.
23. *Id.*, verso 370. Na verdade, Íon utiliza para designar a injustiça de Apolo o adjetivo *kakós* ("Réu convicto de uma falta *(kakòs phaneìs)* em sua própria morada, Apolo, justamente *(díkaios)*, investiria contra aquele que a anunciasse a ti", *id.*, versos 370-371).
24. *Id.*, versos 1557-1559, p. 245.
25. *Id.*, verso 338, p. 197 (Creusa fala simplesmente de uma amiga: "Tenho uma amiga que diz ter se unido a Febo").
26. Cf. *supra*, nota 23.
27. "*Dómon tônd'exiónti toû theoû* (ao sair deste templo divino)" (Eurípides, *Ion*, verso 535, ed. cit., p. 205). Jogo de palavras explícito no verso 802 (o filho de Xuto, diz o Coro, se chama "Íon porque foi o primeiro a encontrar o pai", *id.*, p. 216) e no verso 831 ("e esse nome, tão novo, foi forjado posteriormente: a pretexto de que Íon encontrou-se em seu caminho *(Íon, iónti dêthen hóti synénteto)*", *id.*, p. 217).
28. *Id.*, versos 536-537, p. 205.
29. *Id.*, verso 577, p. 207.
30. *Id.*, versos 578-80.
31. Toda a discussão se desenrola ao longo dos versos 540-560 da peça (*id.*, pp. 205-7).
32. *Id.*, versos 669-676, p. 211.

AULA DE 19 DE JANEIRO DE 1983
Segunda hora

Íon: Nada, filho de Nada. – Três categorias de cidadãos. – Consequências de uma intrusão política de Íon: ódios privados e tirania pública. – Em busca de uma mãe. – A parresía, *irredutível ao exercício efetivo do poder e à condição estatutária do cidadão. – O jogo agonístico do dizer-a-verdade: livre e arriscado. – Contexto histórico: o debate Cléon/Nícias. – A cólera de Creusa.*

Retomemos a leitura desse texto. [...*]
Em torno de Íon, do nascimento de Íon, tivemos Creusa, que efetuou um ligeiro deslocamento de verdade, ao pretender que sua irmã é que foi seduzida por Apolo; o deus, que por vergonha não quis dar a resposta verdadeira e indicou a Xuto um filho que na realidade não é o dele; e Xuto, que de certo modo por negligência, se contenta com verdades que são, a bem dizer, verossímeis mas que não são realmente estabelecidas. E então é esse jogo de meias mentiras, meias verdades, aproximações, é esse jogo que Íon recusa. Íon recusa, quer a verdade. E – como mostra toda a tirada sobre a qual vamos nos deter um pouco agora – ele quer a verdade porque quer fundar o direito. Ele quer fundar seu direito, fundar seu direito político em Atenas. Ele quer ter o direito de falar, de dizer tudo, de falar a verdade e de usar sua fala franca. Para fundar sua *parresía*, precisa que a verdade seja enfim dita, uma verdade capaz de fundar esse direito. Eis portanto por que, depois que Xuto abraçou-o calorosamente e mais ou menos convencido de que é, em

---

* M.F.: Lembro o que eu lhes disse da última vez: os que fossem estudantes, isto é, os que estivessem fazendo estudos e um trabalho universitário, seja preparação de licenciatura, tese, etc., e que, por uma razão ou outra, quisessem conversar um pouco seja sobre o trabalho que estão fazendo, seja sobre o curso, e fazer perguntas, então poderemos nos reunir daqui a pouco, se quiserem, por volta de quinze para o meio-dia, na sala 5, que estará aberta. Aí então procuraremos fazer uma pequena reunião para entrar em contato e trocar um pouco perguntas e respostas, além do ritual da aleturgia do curso, tentar desteatralizar um pouco isso tudo. Voltemos portanto ao teatro e a Íon.

suma, como que seu filho, Íon diz: sim, mas não bate. "As coisas, meu pai, têm um aspecto diferente conforme as vemos à distância ou de perto ["de perto": creio que devemos considerar no sentido bem local: em Atenas; em Delfos pode-se dizer que sou seu filho, e que vou voltar para lá a fim de exercer o poder, mas em Atenas [é diferente]; M.F.]; eu bendigo, é claro, a aventura que me fez encontrar em tua pessoa um pai; mas escuta o pensamento que me vem ao espírito."[1] Então vai se falar justamente desse lugar em que o poder deve ser exercido: Atenas. "Afirma-se que o povo autóctone e glorioso de Atenas é puro de toda mistura estrangeira. Ora, é aí que eu caio, afligido por uma dupla desgraça, por ser filho de um intruso e, ademais, bastardo. Estigmatizado por essa fama, se não tiver poder, serei o *Nada, filho de Nada* do ditado. Se, ao contrário, procurar alcançar a posição suprema, se aspirar a ser alguém, serei execrado pela multidão incapaz; superioridade, sempre, é odiosa. Quanto aos que, bons e capazes ao mesmo tempo, se calam por sabedoria e fogem da política, esses me acharão bem tolo, bem ridículo, por não ficar quieto na cidade inquieta. Enfim, os que casam política com razão votarão mais ainda contra mim, se eu alcançar as honras; porque assim, meu pai, caminham as coisas. Aqueles que têm poder e posição são os mais encarniçados contra seus concorrentes. Chegando como intruso à casa de outro, ao pé de uma mulher sem filho que por tanto tempo compartilhou teu sofrimento e que, desenganada e solitária, enfrentará seu destino não sem amargor, serei, com razão, vítima do seu ódio."[2]

Voltarei a essa passagem. Gostaria de reler essa primeira parte do texto e da réplica. O que vemos nas objeções que Íon faz a seu quase pai, pseudopai Xuto? Primeiro, diz ele, Atenas é autóctone. É a velha reivindicação de Atenas: ao contrário dos outros povos gregos, os atenienses sempre viveram na Ática, nasceram de seu próprio solo, e Erecteu, nascido do solo de Atenas, cauciona isso. Segundo, não só Atenas é autóctone, mas Atenas é pura de toda mistura estrangeira. Isso se refere também a um tema importante, que encontramos em Eurípides – por exemplo, num fragmento de outra peça perdida que se chama *Erecteu*. Nas outras cidades, diz Eurípides, as pessoas vão morar como peças que são mexidas como no jogo de pega-varetas, no gamão; novos elementos são perpetuamente introduzidos como uma cavilha mal fixada numa peça de madeira[3]. Na realidade, isso se refere a uma legislação bem precisa. Desde meados do século V, desde 450-451, uma legislação própria de Atenas, que não se encontra na maioria das outras cidades gregas, não reconhecia o direito de cidadania aos filhos nascidos de um pai ateniense, mas de mãe não ateniense[4]. Em outras palavras, a dupla ascendência ateniense era requerida desde meados do século V. Essa legislação extremamente severa, típica mais uma vez de Atenas, tinha por objetivo evitar a inflação do número de cidadãos. Aliás, ela teve por efeito, é claro, rareá-los também. E justamente, na segunda parte da guerra do Peloponeso, quando Atenas, debilitada pela peste, pela guerra, pelas derrotas, necessitar de cidadãos, vai voltar atrás sobre essa legislação. Mas na época em que Eurípides escreve *Íon*, em 418, ainda não se estava nesse ponto, e continuava-se sob o signo dessa lei. E, segundo um procedimento habitual nessas reelaborações lendárias, valoriza-se essa lei como extremamente antiga, quando é bem recente. E aqui Íon se referiria a uma tradição absolutamente originária de Atenas ao dizer: Atenas é pura de toda mistura estrangeira, quer dizer, todo cidadão tem de ter nascido de pai e mãe cidadãos. Ele diz então: "É aí que eu caio, afligido por uma dupla desgraça, por ser filho de um intruso e, ademais, bastardo."[5] Quer dizer que ele não é nem sequer filho de um ateniense e de uma mulher estrangeira. Ele é filho de um não ateniense, Xuto, e de uma mulher encontrada sabe lá onde. Logo: "Estigmatizado por essa fama, se não tiver poder, serei o *Nada, filho de Nada*."[6] Nada, filho de ninguém: ele não será coisa nenhuma.

E então é aí que começa um segundo desenvolvimento. A tradução, a meu ver, não faz jus e não reproduz claramente um texto cuja discursividade é no entanto bastante legível. Ele diz: se eu quiser alcançar a primeira fileira (*eis tò prôton zugòn*: para a primeira fileira[7]) – atenção, não [se trata de] exercer o poder tirânico, o poder monárquico, o poder de um só; ocupar a primeira fileira é fazer parte daqueles que ocupam uma posição principal na cidade –, então, diz ele, vou me encontrar (estou esquematizando, mas é assim que o texto está construído) diante de três categorias de cidadãos. O texto diz: "serei execrado pela multidão incapaz; superioridade, sempre, é odiosa. Quanto aos que, bons e capazes ao mesmo tempo, se calam por sabedoria e fogem da política, esses me acharão bem tolo, bem ridículo, por não ficar quieto na cidade inquieta. Enfim, os que casam política com razão..."[8] Na realidade são evocadas três categorias de cidadãos. Num outro texto de Eurípides, *As suplicantes*, também se trata de três categorias de cidadãos: os ricos, os pobres e os médios[9]. Há também uma distinção de três termos, mas ela é aqui totalmente diferente. Porque se trata de três categorias de cidadãos repartidos, não em relação à riqueza, mas em relação ao que é definido por Íon como seu objetivo, ou seu objetivo hipotético: ocupar a primeira fileira da cidade. [Em relação à] distribuição do poder, da autoridade, da influência efetiva na cidade, há três categorias de cidadãos.

É preciso entender bem: não se trata de três categorias, vamos dizer, legais de cidadãos que não teriam o mesmo estatuto censitário. Estamos na democracia ateniense. Mas se trata da repartição efetiva da autoridade política, do exercício do poder entre e no interior dessa massa ou desse conjunto constituído pelos cidadãos de direito. Nem se trata dos que não teriam direitos, seja por serem escravos, claro, seja por serem metecos, seja por serem estrangeiros. Não, estamos entre cidadãos, e entre esses cidadãos há três categorias.

Tôn mèn adynáton[10]: do lado dos que são *adýnaton* ("impotentes"). Creio que é preciso esclarecer esse texto mediante outro texto que também está nas *Suplicantes*, no qual se trata dos cidadãos que são capazes, que são poderosos, que, por si mesmos e por suas riquezas, podem fazer algo para a cidade[11]. A primeira categoria que Íon evoca aí é os que não têm nem sequer essa capacidade, esse poder de fazer algo, por si mesmos ou por suas riquezas, para a cidade. Quer dizer: por si mesmos eles não têm nem com que comprar um armamento, uma armadura para participar da guerra, e não são dos que fazem as riquezas ingressar na cidade ou que a tornam próspera. Essa multidão incapaz, essa massa de cidadãos que são cidadãos juridicamente de pleno direito, mas que não têm essa espécie de "adicional" que caracteriza a autoridade política, pois bem, esses, diante de alguém como Íon, que, vindo como intruso e marcado por sua bastardia, queria tomar o poder, esse conjunto não poderá manifestar senão inveja e cólera. De qualquer modo, essas pessoas sempre execram os mais fortes, quaisquer que sejam. Logo, [diz Íon,] eu me verei às voltas com uma hostilidade geral dos impotentes, ou dos que não têm autoridade política em nosso país. Eu me chocarei contra a hostilidade deles por causa do meu nascimento, uma hostilidade ainda mais forte por causa do meu nascimento.

Segunda categoria de cidadãos, e isto é interessantíssimo: são as pessoas *khrestoí* e *dynámenoi*. *Dynámenoi*[12], isto é, os que podem alguma coisa, aqueles a quem o nascimento, o estatuto, a riqueza proporcionam os meios de exercer o poder. *Khrestoí* quer dizer que são "pessoas de bem", pessoas moralmente estimáveis. Em suma, é a elite, e é esse termo *khrestoí* que Xenofonte, por exemplo, ou antes o pseudo-Xenofonte, na *Constituição de Atenas* emprega para designar a elite[13]. Pois bem, essas pessoas, esses *dynámenoi* e *khrestoí*, entre eles há os que são também *sophoí* (que são sábios). E esses "*sigôsin kai où speúdosin eis tà prágmata*"[14], esses se calam e não se ocupam [de] *tà prágmata* (dos negócios da cidade). Temos portanto essa segunda categoria de cidadãos que pertencem às pessoas de bem, aos poderosos, aos que têm riqueza, nascimento, estatuto, mas sua sabedoria faz que não se ocupem de política. Não se ocupar de política, não se ocupar dos negócios, também é calar-se. Como esses vão reagir quando virem um intruso bastardo tentar alcançar a primeira fileira? Pois bem, vão achar isso simplesmente ridículo. Vão achar ridículo que esse intruso bastardo não fique quietinho na cidade (*hesykházein*)[15]. Temos aí, então, manifestamente um tema filosófico relativo a essa forma de pertencer a uma cidade, que consiste, sendo rico, poderoso, bem-nascido, etc., em ser um *sophós*[16], em ser um sábio que não se dedica aos negócios e que se mantém na *hesykhía*, na quietude, na ociosidade, no que os latinos chamarão de *otium*.

Terceira categoria de cidadãos: são também cidadãos ricos e poderosos, pessoas de bem. Mas, ao contrário dos que são *sophoí* (sábios), que se calam e cuidam dos seus assuntos, esses "*logíon te khroménon te têi pólei*"[17], esses manejam a política e a razão (*khroménon*, [do] verbo *khrêstai*: servir-se de, praticar, ocupar-se de; ao mesmo tempo *lógos* e *pólis*: eles manejam tanto o *lógos* como a *pólis*; e são eles, claro, que representam a autoridade política). Vocês estão vendo que essa terceira categoria de cidadãos se opõe absolutamente termo a termo à categoria precedente, [ao mesmo tempo que pertencem] também à categoria das pessoas de bem. Há a categoria das pessoas de bem que se calam e não se ocupam das *prágmata*, [e] há a categoria das pessoas que se servem, se ocupam, manipulam, lidam, praticam tanto o logos (isto é, não se calam, falam) como a pólis (eles se ocupam dos negócios da cidade). A oposição é, a meu ver, termo a termo. Estes, diz o texto, aliás, têm a cidade, possuem a cidade, controlam a cidade e têm suas honrarias. Então é contra esses que [se] corre o risco de se chocar na forma da rivalidade: esses, diz ele, não suportam que lhes façam concorrência, e pelo voto tentam condenar ou excluir os que lhes fazem sombra.

Logo, na cidade e em relação a essas três categorias de personagens que são, mais uma vez, três categorias de cidadãos legais – os pobres sem poder; e, entre os poderosos, os que se calam e não se ocupam dos negócios da cidade; e os que se servem tanto do logos como da pólis –, [Íon], de todo modo como intruso, como estrangeiro e como bastardo, vai ser um excedente, vai ser de mais. Com [que] consequências? [A resposta está] naquele texto que eu havia começado a ler para vocês[18]. No próprio lar em que vai estar (ou seja, no lar de Xuto e de Creusa), ele vai estar de mais, por ser o filho bastardo de um pai estrangeiro. Creusa que, por um lado, é ateniense de nascimento, filha de Erecteu, e por outro, é a esposa legítima, não vai suportá-lo. Vai portanto haver ódio no lar dos soberanos, no lar do rei, do monarca e de sua esposa, em todo caso nesse lar cuja harmonia, cuja concórdia é absolutamente indispensável à própria harmonia da cidade. Ou Xuto vai tomar partido de seu filho ilegítimo contra sua mulher, e será a destruição da paz entre o casal; ou então vai tomar o partido da mulher contra o filho e, por conseguinte, trairá Íon. De qualquer modo, Íon será de mais em relação a essa estrutura da casa do chefe, cuja harmonia é indispensável ao bem público e à paz de toda a cidade. Por outro lado, na cena pública, pois bem, ele vai ser de mais. Porque vindo assim do exterior, forçosamente impossibilitado por seu nascimento ilegítimo, só poderá exercer – é o que aparece no fim do texto – um poder, o da tirania. Ele será como aqueles tiranos que se impunham de fora às cidades gregas, que vinham sob a proteção de Zeus. Ora, ocorre justamente que Xuto é descendente de Zeus, logo as referências ao poder tirânico são bem claras. [Íon] só poderá vir, estar ali, como tirano. Ora, a existência do tirano, diz ele, é uma existência execrável e ele não quer de maneira nenhuma levar essa vida[19]. Ele prefere ficar junto do deus, onde levará uma existência calma e tranquila. Eis por que, depois de ter aceitado a paternidade que Xuto lhe indicava, Íon acaba dizendo: não, afinal não quero ir para Atenas, por esses motivos.

É nesse momento que Xuto insiste e sustenta que ainda é possível fazer um arranjo (com Xuto estamos sempre na ordem do arranjo), e diz: é simples, não vamos dizer logo que você é meu filho, nem meu herdeiro, nem que vou lhe conceder o poder, vamos fazer a coisa devagarinho, progressivamente. E escolheremos a oportunidade, o momento de contar a Creusa, de tal modo que ela possa aceitar você sem mágoa nem problema. E Íon aceita esse arranjo[20]. Tanto aceita que consente em participar com Xuto de um banquete para agradecer ao deus a revelação (na realidade, a revelação mentirosa) que este fez. E depois partirão para Atenas e imporão pouco a pouco a presença de Íon no lar de Creusa e Xuto. Íon aceita, mas não sem acrescentar o seguinte, que é o texto que eu queria lhes explicar: eu vou, mas o destino (*týkhe*) ainda não me deu tudo[21]. Ele aceita ir para Atenas, mas "se não encontro a que me gerou, a vida será impossível para mim [*abíoton emîn*: ser-nos-á impossível viver; M.F.]; e, se me fosse permitido fazer um voto, gostaria que essa mulher fosse ateniense [essa mulher que me gerou e que eu busco; M.F.] para que eu herde de minha mãe o direito de falar livremente [*hós moi génetai metróthen parresía*: para que herde a *parresía* do lado de minha mãe; M.F.]. Se um estrangeiro entra numa cidade em que a raça não tem mácula, ainda que a lei faça dele um cidadão, sua língua continuará sendo serva"[22]. Não haverá a *parresía*: *ouk ékhei parresían*[23]. Por que ele quer tanto a *parresía*? Por que essa ausência de *parresía* faz fracassar a combinação progressiva arquitetada por Xuto, por que em todo caso, mesmo no momento em que ele aceita essa combinação aproximativa, Íon não fica satisfeito e quer saber quem é sua mãe, para obter a *parresía*? Parece-me que nessa falta de *parresía* assim manifestada e que tanto incomoda Íon podemos ver um [...*].

Vocês estão vendo que a *parresía* não se confunde com o exercício do poder. Porque o próprio poder, a soberania – uma soberania de tipo monárquico ou tirânico –, é Xuto que possui, e ele está disposto a transmiti-la a seu filho. A ascendência magnífica que remonta a Zeus, o poder real que ele exerce em Atenas, as riquezas que acumulou, tudo isso não basta e não bastaria para dar a Íon a *parresía*. Não é portanto o exercício do próprio poder.** Mas vocês estão vendo também que não é tampouco o simples estatuto de cidadão. Por certo, com a legislação ateniense – a de 451, mas que se supõe já valer então –, como não tem mãe ateniense, ele não pode ser cidadão. Mas o interessante no texto é que ele diz precisamente: embora a lei faça de alguém um cidadão, embora ele seja legalmente cidadão, nem por isso ele terá a *parresía*. Em outras palavras, a *parresía* ele não pode ter nem pelo pai que lhe dá o poder, nem pela lei, se existisse, que lhe desse o estatuto de cidadão. Ele pede essa *parresía* à mãe. Quer isso dizer que estamos diante, aqui, do vestígio ou da expressão de algum direito matrilinear? Não acredito. De fato, é necessário limitar qual é a situação particular de Íon. Ele tem um pai, um pai que foi recebido em solo ateniense mas que não é grego de origem. Segundo, ele não sabe quem é sua mãe. E, terceiro, ele quer exercer um poder, ele quer ocupar a primeira fileira da cidade. Ele poderia receber o poder tirânico do pai, mas esse poder tirânico não lhe basta para o que ele quer fazer. O que ele quer fazer, portanto, é ocupar a primeira fileira da cidade. E para ocupar a primeira fileira na cidade – ou antes: implicado por essa primeira fileira, ligado a essa primeira fileira na cidade – ele necessita da *parresía*. Essa *parresía* é portanto algo além do puro e simples estatuto de cidadão, não é tampouco uma coisa dada pelo poder tirânico. O que é então?

Pois bem, creio que a *parresía* é de certo modo uma espécie de palavra mais alta, mais alta que o estatuto de cidadão, diferente do exercício puro e simples do poder. É uma palavra que exercerá o poder no âmbito da cidade, mas, é claro, em condições não tirânicas, quer dizer, de-

---

* Inaudível.
** O manuscrito precisa: "A *parresía* não é a palavra de comando; não é a palavra que põe os outros sob seu jugo."

clarando a liberdade das outras palavras, a liberdade dos que também querem ocupar a primeira fileira nessa espécie de jogo agonístico característico da vida política, na Grécia e sobretudo em Atenas. É portanto uma palavra mais alta, porém uma palavra que dá liberdade a outras palavras, e que dá liberdade aos que têm de obedecer, que lhes dá liberdade, pelo menos na medida em que só obedecerão se puderem ser persuadidos.

O exercício de uma palavra que persuada os que são comandados e que num jogo agonístico dê liberdade aos outros que também querem comandar é, a meu ver, o que constitui a *parresía*. Com, é claro, todos os efeitos que são associados a tal luta e a tal situação. Primeiro: que a palavra que você pronuncia não persuada e que a multidão se volte contra você. Ou ainda, que a palavra dos outros, à qual você cede lugar ao lado da sua, não prevaleça sobre a sua. É esse risco político da palavra que dá liberdade a outras palavras e se atribui como tarefa, não dobrar os outros à sua vontade, mas persuadi-los, é isso que constitui o campo próprio da *parresía*. Fazer essa *parresía* agir no âmbito da cidade, o que é, senão precisamente, e de acordo com o que foi dito há pouco, manipular, tratar ao mesmo tempo, lidar ao mesmo tempo com o logos e com a pólis? Fazer o logos agir na pólis – logos no sentido de palavra verdadeira, palavra sensata, palavra que persuade, palavra que pode se confrontar com as outras palavras e que só vencerá graças ao peso da sua verdade e da eficiência da sua persuasão –, fazer agir essa palavra verdadeira, sensata, agonística, essa palavra de discussão no campo da pólis, é nisso que consiste a *parresía*. E essa *parresía*, mais uma vez, nem o exercício efetivo de um poder tirânico nem o simples estatuto de cidadão podem proporcionar.

Quem pode então proporcionar essa *parresía*? É aí que Eurípides faz valer, se não sua solução, pelo menos sua sugestão. Diz ele: ela deve vir da mãe. No entanto, mais uma vez, não é de modo algum uma referência a um direito matrilinear, é em função da própria situação de Íon, Íon que até aqui, embora tenha um pai formidável, pois descende de Zeus, embora tenha um pai todo-poderoso, pois exerce o poder em Atenas, não nasceu em Atenas. É simplesmente o pertencimento à terra, é a autoctonia, é o arraigamento no solo, é essa continuidade histórica a partir de um território, é somente isso que pode proporcionar a *parresía*. Em outras palavras, a questão da *parresía* corresponde a um problema histórico, a um problema político extremamente preciso na época em que Eurípides escreve *Íon*. Estamos na Atenas democrática, a Atenas na qual Péricles desapareceu uma década antes, essa Atenas democrática onde ao mesmo tempo o povo inteiro, claro, tinha o direito de voto e os melhores e o melhor (Péricles) exercia(m) de fato a autoridade e o poder políticos. Nessa Atenas pós-Péricles, coloca-se o problema de saber quem, no âmbito da cidadania legal, vai exercer efetivamente o poder. Dado que a lei é igual para todos (princípio da isonomia), dado que cada um tem o direito de voto e de externar sua opinião (isegoria), quem vai ter a possibilidade e o direito da *parresía*, isto é, de se levantar, de tomar a palavra, de tentar persuadir o povo, de tentar prevalecer sobre os rivais – com risco, quanto ao mais, de perder com isso o direito de viver em Atenas, como ocorre quando há o exílio, o ostracismo de um líder político –, ou eventualmente arriscar sua própria vida? Em todo caso, esse risco da palavra política, com a autoridade que está ligada a ele, quem deve exercer? Foi esse todo o debate na Atenas daquela época, entre Cléon, o democrata, demagogo, etc., que pretendia que cada um devia poder ter essa *parresía*, e, digamos, o movimento de tendência aristocrática em torno de Nícias, que achava que a *parresía* devia ser reservada na verdade a certa elite. Serão ensaiadas diversas soluções na grande crise que a segunda parte da guerra do Peloponeso abrirá em Atenas. Na época em que Eurípides escreve, a crise ainda não está manifestamente aberta, mas o problema se coloca, e é nessa época, ou mais ou menos nela, que vemos certo número de novos projetos constitucionais serem formulados em Atenas. Eurípides não quer de forma alguma propor em *Íon* uma solução constitucional para dizer quem deve exercer a *parresía*, mas vê-se muito bem em que contexto ele formula essa questão da *parresía*: quando, como o texto mostra muito bem, a *parresía* não pode ser herdada como um poder violento e tirânico, quando ela não está tampouco simplesmente implicada pelo puro estatuto do cidadão, quando ela deve ser algo reservado a alguns, quando não pode ser obtida sem mais nem menos. O que Eurípides sugere é que o pertencimento à terra, a autoctonia, esse arraigamento histórico num território vai assegurar ao indivíduo o exercício dessa *parresía*.

O que digo aqui sobre o contexto imediato, político desse problema e desse tema da *parresía* em *Íon*, não digo como dedução do que lhes dizia há pouco, quando evocava o caráter fundamental dessa tragédia como tragédia, drama, do dizer-a-verdade e como uma espécie de representação fundadora do dizer-a-verdade. Com efeito, creio que essa peça respondia imediatamente a um problema político preciso [e] que ela é ao mesmo tempo o drama grego sobre a história política do dizer-a-verdade, sobre a fundação, lendária e verdadeira ao mesmo tempo, do dizer-a-verdade na ordem da política. Que o essencial, que o fundamental da história passa pelo fio miúdo e tênue dos acontecimentos, é uma coisa, creio eu, [em relação à qual] é preciso ou se resolver, ou então [que é preciso] enfrentar corajosamente. A história, e o essencial da história, passa pelo buraco de uma agulha. Portanto foi nesse pequeno conflito constitucional do exercício do poder em Atenas que se formulou esse grande drama de *Íon* como drama da formulação do verdadeiro e da fundação do dizer-a-verdade político em função do dizer-a-verdade oracular. Como se pode passar desse dizer-a-verdade oracular ao dizer-a-verdade político?

É o que vai aparecer na segunda parte da peça de maneira mais clara ainda. Está ali o deus que deveria dizer a verdade. Mostrei a vocês por que e de que modo ele se recusava a dizer a verdade. Como superar essa verdade aproximativa que Xuto propôs a Íon e diante da qual Íon se mostra tão hesitante, como vencer o segredo que o deus mantém, por causa da sua ambiguidade oracular, mas também por causa da vergonha de confessar sua falta? Pois bem, é precisamente para os humanos que é necessário se voltar, porque o deus vai continuar mudo, o deus vai continuar ambíguo, o deus vai continuar envergonhado. Os homens é que vão fazer o trajeto rumo ao dizer-a-verdade, esse dizer-a-verdade do nascimento de Íon que poderá enfim fundar seu direito de dizer a verdade na cidade.

Como as coisas se desenrolam? Vou tentar me apressar um pouco, vou pelo menos iniciar a análise dessa segunda parte. Assim como, no *Édipo*, a verdade se revelava por metades, vamos ter um jogo de metades, ou antes, dois jogos de metades. Tivemos um primeiro jogo de metades, vimos Creusa fazer sua pergunta enviesada, Xuto fazer sua pergunta ingênua e o deus dar uma resposta enviesada. É o primeiro ponto. Agora, Íon praticamente aceitou jogar esse jogo da verdade enviesada ou da meia mentira. Ele aceitou pela metade, mas não está totalmente satisfeito. Resta-lhe ainda esse resto, essa necessidade de fundar a *parresía* que ele não conseguiu estabelecer. O derradeiro trajeto vai ser percorrido, também nesse caso, em duas partes. De uma parte o lado da mulher, da outra o dizer-a-verdade – dizer-a-verdade que vocês vão ver quão reticente e alusivo – do deus.

Primeiro, do lado da mulher. Para que o nascimento de Íon se revele em sua verdade, é preciso que os dois parceiros que deram nascimento a ele, isto é, Creusa e Apolo, digam a verdade. Então, do lado de Creusa, eis o que acontece: Íon, tendo aceitado mais ou menos bem a solução de Xuto, decide participar com ele do tal banquete de agradecimento. Ele sai de cena, portanto, mas não sem ter recomendado ao coro para guardar silêncio, já que, segundo a convenção, fica acertado que Íon voltará para Atenas assim, mas vai se dizer a verdade pouco a pouco, tudo isso para não magoar Creusa, pois se dirá que Íon é de fato herdeiro de Xuto. Portanto é preciso que todo o mundo se cale acerca do que se crê ser a verdade, e recomenda-se portanto ao coro que se cale. Ora, quem compõe o coro? Pois bem, as aias de Creusa, aquelas que acompanharam Creusa de Atenas a Delfos para a sua consulta. O coro, evidentemente favorável a Creusa, não tem uma preocupação mais premente a não ser lhe dizer, quando ela entrar em cena: escute, olhe o que aconteceu, não queríamos mas Xuto encontrou um filho. E esse filho evidentemente não é o seu, Creusa, é um filho que Xuto fez e que vai introduzir na sua casa e vai procurar impor a você. Aí, obviamente, Creusa faz uma cena. Fica furiosa, uma fúria na qual é acompanhada por seu pedagogo, o ancião com quem ela foi a Delfos e que, diz o texto[24], é o pedagogo dos filhos de Erecteu. Ela fica furiosa por quê? Bem – é preciso frisar, apesar de ser um detalhe um pouco marginal em relação ao nosso interesse, mas isso tem a ver com coisas que tínhamos dito –, a fúria não é de maneira nenhuma, vamos dizer, de ordem sentimental ou sexual: meu marido me enganou. É a fúria de uma mulher que, como herdeira de uma linhagem e casada com alguém, vê chegar um filho de seu marido, filho que vai ser instalado em sua casa e, na qualidade de herdeiro, vai, por um lado, é claro, exercer um poder na casa mas sobretudo destituí-la do seu papel de dona de casa e de mãe, do seu papel de tronco da linhagem. E, por conseguinte, destituída dos seus direitos, ela vai levar uma vida solitária, miserável e abandonada. É isso que provoca nela a fúria, e nessa fúria ela vai dizer o seguinte, que é, creio eu, essencial: já que meu marido quer me impor contra a minha vontade, sem me dizer, um filho que não é meu e me humilha, sou vítima da sua injustiça; e sou vítima da sua injustiça por quê? Porque o deus, porque Apolo lhe apontou esse filho – pois Creusa, nessa altura, acredita, como Xuto, que Íon assim designado é filho natural de Xuto. Meu marido me impõe um filho que não é meu, por indicação do deus, do deus que é aquele que me fez um filho que não posso encontrar. E agora eu me vejo colhida entre duas injustiças: a injustiça do marido que, embora estrangeiro, leva para Atenas um filho que nem sequer é ateniense mas que vai exercer o poder e me destituir do meu estatuto de filha, de herdeira, de filha epiclera* de Erecteu; e, por outro lado, tudo isso por causa de um deus de que fui vítima, já que, depois de ter feito um filho em mim, me abandonou.

---

* Na Grécia antiga, filha que, na falta de filho homem, o pai deixava como depositária da herança. [N. do T.]

E é com essa cólera que Creusa vai falar, e falar numa cena que é exatamente uma cena dupla, uma cena de confissão que se faz em dois registros: a confissão blasfematória, a confissão acusadora pronunciada contra Apolo; e, por outro lado, a confissão de certo modo humana, a confissão penosamente arrancada palavra por palavra, num diálogo com o pedagogo. E é essa dupla confissão que vai constituir um dos elementos essenciais da peça. Isso quer dizer que, para passar da reticência do deus oracular que se recusa a falar ao discurso que vai fundar para Íon a possibilidade de usar da *parresía* em Atenas, a necessária descoberta da verdade vai passar por um momento singular, muito diferente em sua estrutura, em sua função, em sua organização, em sua prática discursiva, do oráculo ao discurso político. Esse elemento mediano, esse elemento necessário, esse elemento, de dupla face aliás, da confissão é essa cena na qual Creusa diz ao deus, ou antes, diz publicamente, lembra publicamente ao deus a falta que eles cometeram juntos: confissão pública. E virando-se para o pedagogo ela lhe diz a meia-voz a falta que cometeu. Essa dupla confissão em partes vai ser o pivô da peça, e é disso que infelizmente vou falar da próxima vez, porque não tive tempo de acabar desta vez. [...*]

*

NOTAS

1. Eurípides, *Ion*, versos 585-588, *in Tragédies*, t. III, trad. fr. H. Grégoire, ed. cit., pp. 207-8.

2. *Id.*, versos 586-611, p. 208.

3. "As outras cidades são formadas por elementos importados de todo tipo de origem, à maneira de peças dispostas num tabuleiro. Quem vem de uma cidade estrangeira se instalar numa outra cidade é como uma cavilha ruim fixada numa viga; de nome, é cidadão, de fato não é" (*in* Eurípides, *Oeuvres*, t. VIII-2, *Fragments*, trad. fr. F. Jouan & H. Van Looy, Paris, Les Belles Lettres, 2000, "Érechtée", 14, versos 9-14, fr. 360, 5, p. 119). Foucault se baseia aqui na tradução do fragmento proposta por H. Grégoire, *in Ion*, ed. cit., n. 1, p. 208.

4. Em 451, por proposta de Péricles, a Assembleia vota um decreto que restringe as condições de acesso à cidadania ateniense (Aristóteles, *Constitution d'Athènes*, 46). Antes, bastava ter pai ateniense. Agora, segundo os termos da lei, é preciso ter pai e mãe atenienses livres para ser cidadão de pleno direito. Em 411, após as graves derrotas militares, um primeiro golpe de Estado (dito dos Quatrocentos, *hoi tetrakósioi*) derruba o regime democrático e restringirá a categoria de cidadãos aos mais ricos.

5. Eurípides, *Ion*, verso 592, ed. cit., p. 208.

---

* M.F.: Vou mostrar como tudo isso se encadeia. Então, para os que quiserem, encontro daqui a pouco, por volta de quinze para meio-dia.

6. *Id.*, verso 594.

7. "Se, ao contrário, procuro alcançar a posição suprema (*èn d'es tò prôton póleos hormeteìs zugòn*)" (*id.*, verso 595).

8. *Id.*, versos 597-602.

9. Trata-se dos versos 238 a 245: "Existem, de fato, três classes no Estado. Os ricos, primeiro, cidadãos inúteis e incessantemente dedicados a aumentar sua fortuna. Os pobres, privados até do necessário. Estes são perigosos, porque, propensos à inveja, seduzidos pelos discursos de demagogos perversos, atacam com crueldade os que têm posses. Das três classes, enfim, é a classe média que salva as cidades, é ela que mantém as instituições de que o Estado se dotou" (Eurípides, *Les Suppliantes*, *in Tragédies*, t. III, trad. fr. H. Grégoire, ed. cit., p. 112. Segundo os críticos, esses versos seriam uma interpolação).

10. Eurípides, *Ion*, verso 596, ed. cit., p. 208 ("a multidão incapaz").

11. Na longa tirada política de Teseu, é de maneira negativa que a importância dos melhores (*áristoi*) aparece, quando ele ressalta que o tirano os odeia, enquanto uma cidade em que o povo governa os favorece (*Les Suppliantes*, versos 442-446, ed. cit., p. 119).

12. "*Hósoi dé khrestoì dynámenoí te* (ao mesmo tempo bons e capazes)" (Eurípides, *Ion*, verso 598, ed. cit., p. 208).

13. "Quanto ao governo dos atenienses, não os elogio por terem escolhido esse sistema político, porque, escolhendo-o, quiseram favorecer os maus em detrimento dos bons (*khrestoús*) [...]. Há pessoas que se espantam com que, em toda ocasião, os atenienses favoreçam mais os maus, os pobres e os homens do povo do que os bons (*khrestoîs*) [...] Se de fato a palavra e a deliberação fossem privilégio das pessoas de bem (*khrestoí*), elas as usariam em benefício dos da sua classe e em prejuízo do povo" ([Pseudo-]Xenofonte, *La République des Athéniens*, cap. 1, §§ 1, 4 e 5, trad. fr. P. Chambry, t. II, Paris, Garnier, 1967, pp. 473-4).

14. Eurípides, *Ion*, verso 599, ed. cit., p. 208.

15. *Id.* ("*oukh hesukházon en pólei phóbou pléai*": não ficar quieto numa cidade inquieta, verso 601).

16. *Id.*, verso 598 ("*óntes sophoí*").

17. *Id.*, verso 602.

18. *Id.*, versos 607-647, pp. 208-10.

19. "E, além disso, a realeza (*tyrannídos*), louvada em vão, é uma triste coisa sob uma aparência agradável" (*id.*, versos 621-622, p. 209).

20. *Id.*, versos 650-667, pp. 210-1.

21. *Id.*, verso 678, p. 211.

22. *Id.*, versos 669-675.

23. *Id.*, verso 675.

24. *Id.*, versos 725-726, p. 213.

AULA DE 26 DE JANEIRO DE 1983
Primeira hora

Continuação e fim da comparação Íon/Édipo: a verdade não nasce de uma investigação mas do choque das paixões. – Reino das ilusões e da paixão. – O grito de confissão e de acusação. – As análises de G. Dumézil sobre Apolo. – Retomada das categorias dumezilianas aplicadas a Íon. – Modulação trágica do tema da voz. – Modulação trágica do tema do ouro.

Vamos continuar então essa leitura de *Íon* que eu gostaria de fazer no seguinte sentido: ler essa tragédia como uma tragédia do dizer-a-verdade, da *parresía*, da fundação da fala franca. Essa tragédia, vocês sabem, conta a história do filho secreto que nasceu dos amores secretos de Creusa com Apolo, filho abandonado, enjeitado, desaparecido, dado como morto, e que sua mãe, acompanhada agora por seu esposo legítimo, Xuto, vem pedir de volta ao Apolo de Delfos. E, no momento em que vem, acompanhada por Xuto, pedir seu filho de volta a Apolo, ou se informar com Apolo de que fim terá levado esse filho desaparecido, pois bem, esse filho está precisamente diante dela. Está diante dela na pessoa de um servidor do templo, mas ela não sabe que é seu filho. E ele mesmo, ignorando sua própria identidade, não sabe que tem diante de si sua mãe. É essa portanto a história, história, como vocês estão vendo, bastante edipiana, essa do filho enjeitado, perdido e que se encontra diante dos seus genitores, ou da sua genitora, sem saber quem ela é. História edipiana com uma diferença, porém – eu havia procurado salientar, como vocês se lembram –, que Édipo, à medida que descobria quem era, era expulso da sua terra, ao passo que no caso de Íon a situação é exatamente inversa, já que é para poder voltar para a sua terra como senhor e nela exercer os direitos fundamentais da palavra, que ele precisa saber quem é. E é a partir do dia ou do instante em que descobrir quem ele é que poderá voltar para a sua terra. Assim, vamos dizer, uma matriz edipiana com, no entanto, um significado, uma polaridade, uma orientação exatamente inversa.

Percebo muito bem que, contando para vocês essa história do rapaz que não pode ter acesso à verdade e ao dizer-a-verdade, a não ser que consiga arrancar o segredo do seu nascimento, podemos considerar, como lembrava da última vez, que estamos diante de uma invariante: o acesso à verdade passa, para o filho, pelo segredo do seu nascimento. Mas é evidente que não é para apontar essa invariante (sempre precisamos de uma mãe para falar) que me interesso por essa peça, *Íon*. Ao contrário, é para tentar ver quais são as determinações muito particulares que aparecem nessa peça de Eurípides, e podemos dizer na Atenas clássica, por um certo princípio que é um princípio de ordem jurídica, política, religiosa, a saber, que o direito e o dever de dizer a verdade – direito e dever intrínsecos ao exercício do poder – só podem ser fundados sob duas condições: por um lado, que seja identificada e dita em verdade uma genealogia, no duplo sentido da sua continuidade histórica e do seu pertencimento territorial; e, por outro lado, que esse dizer-a-verdade da genealogia, essa manifestação em verdade da genealogia esteja em certa relação com a verdade dita pelo deus, mesmo que essa verdade lhe seja arrancada pela violência.

É esse arrancamento da verdade e da genealogia que a peça conta, e eu gostaria de voltar ao ponto da intriga a que havíamos chegado da última vez. Vocês se lembram do que aconteceu. Xuto e Creusa foram consultar Apolo. Creusa dissera que o que ela tinha ido procurar não era exatamente a mesma coisa que Xuto. E ela havia inventado essa meia mentira – a saber, que ela vinha de parte da irmã perguntar que fim levara aquele filho ilegítimo dessa irmã. Meia mentira para obter a verdade. Enquanto isso, Xuto, fazendo pessoalmente sua consulta, havia perguntado ao deus se um dia ele não teria descendência. E o deus havia respondido com esta meia mentira, que é como que simétrica à pergunta meio falsa de Creusa, dizendo a Xuto: vou lhe dar o primeiro que você encontrar. E o primeiro que Xuto encontra ao sair do templo é Íon, claro. O deus havia portanto dado uma resposta que só era verdadeira parcialmente. De fato, ele tinha dado a Xuto e a Creusa alguém que podia lhes servir de filho, mas o dizer-a-verdade do deus era no mínimo inexato. Digamos que, no sentido estrito do termo, o deus havia proposto uma solução bastarda. Ora, essa solução bastarda – esse Íon, filho de Creusa e de Apolo, que Apolo representa falsamente como o bastardo de Xuto – é evidentemente capenga, porque, se Íon fosse efetivamente filho de Xuto, como Xuto é na realidade um estrangeiro em Atenas e só foi integrado à cidade ateniense graças a uma vitória que ele ajudou os atenienses a alcançar e, depois, ao casamento com Creusa, que lhe foi dada em recompensa, pois bem, seu filho não poderá desfrutar dos direitos ancestrais do exercício do poder político. E Íon entende isso perfeitamente. Quando Xuto o reconhece, ou crê reconhecê-lo como seu filho, Íon, como vocês se lembram, se mostra muito reticente, muito hesitante, e diz: mas se eu voltar como bastardo de Xuto a Atenas, ou [não] serei nada ("*Nada, filho de ninguém*"), ou serei um tirano. Em todo caso, ele não poderá, nessas condições, desfrutar daquele "adicional" que permite elevar-se à primeira fileira ("*prôton zugòn*") e que faz que se exerça o poder sobre a cidade utilizando uma linguagem sensata e verdadeira. Esse uso comum do logos e da pólis, esse governo da pólis pelo logos não lhe poderá ser dado legitimamente. Para que essa *parresía*, para que esse uso da cidade e da linguagem sensata e verdadeira lhe seja dado é necessário portanto um passo à frente, é necessário ir além dessa solução bastarda e ilusória que o oráculo propôs num primeiro momento, é necessário dar um novo passo e ir até o fundo da verdade.

É essa segunda parte que eu gostaria de analisar hoje, segunda parte da peça que é tão complexa, agitada ("cheia de som e de fúria"), tão perpassada por paixões e peripécias, enquanto a primeira parte, ao contrário, era calma, hierática, simples e um tanto sofocliana. Aí também, se vocês quiserem, comparemos um pouco *Íon* e *Édipo rei*. Em *Édipo rei*, o segredo do nascimento, vocês sabem, não é o oráculo que diz. O oráculo simplesmente pegou Édipo de certo modo numa tenaz: por um lado, as antiquíssimas palavras proféticas que o deus havia pronunciado e das quais Édipo, bem como seus pais, quiseram escapar; e depois os sinais atuais, que são enviados pelo deus: no caso, primeiro a peste, em seguida a resposta dada à Creonte. Entre esses dois conjuntos de fórmulas, de sentenças, de decretos e de sinais enviados pelo deus, Édipo só pode ser interrogado e se interrogar. E é aguilhoado por esses diferentes sinais, que o deus emitiu outrora e que emite ainda agora, que Édipo toma a decisão de investigar por si próprio. Todo o texto de Sófocles, como vocês se lembram, mostra com que obstinação foi o próprio Édipo que decidiu ir até o fundo da verdade, qualquer que fosse o preço que tivesse de pagar, e ele diz isso desde o início. Em *Íon*, ao contrário, e apesar das analogias de situação de que falei, o processo de desvendamento da verdade, o procedimento da aleturgia não terá um agente principal, não terá um ator central, como no caso de *Édipo*. Na realidade, a verdade vai se revelar, de certo modo, independentemente de todo o mundo. Independentemente do deus, independentemente dos personagens. Ou, em todo caso, não é tanto que os personagens vão tentar descobrir a verdade – não há mestre de obras nesse trabalho da verdade –, é o choque das paixões dos diferentes personagens uns em relação aos outros, e essencialmente o choque das paixões de Creusa e de Íon, defrontados um com o outro na medida em que não se reconheceram e se creem inimigos um do outro, é esse choque de paixões que vai fazer a certa altura a verdade eclodir, sem mestre de obras, sem vontade de procurar essa verdade, sem ninguém se encarregando da investigação e levando-a até o fim. Uma das grandes diferenças entre *Íon* e *Édipo rei* é a relação que há entre *alétheia* e *páthos* (entre verdade e paixão). No caso de *Édipo*, o próprio Édipo se encarrega, com suas próprias mãos e com seu próprio poder, de ir em busca da verdade. E quando finalmente encontra a verdade é que cai sob o golpe do destino e, por conseguinte, que sua existência inteira aparece como *páthos* (sofrimento, paixão). No caso de *Íon*, ao contrário, temos uma pluralidade de personagens que se defrontam uns com os outros a partir das suas paixões. E é do choque, da centelha dessas paixões que vai nascer entre eles de certo modo, sem que queiram muito, a verdade, uma verdade que vai justamente trazer o pleno aplacamento das paixões.

Pois bem, vejamos agora como se faz essa aleturgia. Acho que podemos reconhecer dois grandes momentos. Pensemos mais uma vez em *Édipo*. Vocês sabem que em *Édipo*, quando não se tratava da descoberta do crime mas da descoberta do nascimento de Édipo, foi preciso, por um lado, que o criado de Corinto viesse dizer que na verdade Édipo não nascera em Corinto, mas que ele o recebera de outra pessoa, outra pessoa que era de Tebas, precisamente. E é numa segunda parte, uma segunda parte dessa segunda parte, que vemos o velho criado do Citéron, o velho tebano dizer: pois é, eu recebi Édipo das mãos de Jocasta, portanto ele é mesmo Édipo. Logo, vocês têm duas metades. Do mesmo modo, vamos ter em *Íon* duas metades. Uma metade de nascimento vai ser dita por Creusa, que vai dizer: sim, eu tive um filho antes de me casar com Xuto, eu tive com Apolo, que me seduziu, um filho nascido nas entranhas da Acrópole. E vai ser necessária em seguida uma segunda metade para completar a verdade, a saber, que esse filho, nascido nas entranhas da Acrópole, pois bem, Apolo o raptou, ou mandou Hermes raptá-lo, levou-o para Delfos e em Delfos fez dele seu servidor. E nesse momento será efetivamente Íon. E as duas metades da verdade se encaixarão uma na outra e teremos as célebres duas metades de téssera que formam o *sýmbolon* de que se fala em *Édipo rei*[1].

Então, primeira metade, vamos dizer, a metade Creusa: como é que Creusa vai ser levada a dizer essa verdade que ela não havia ousado dizer no começo da peça quando, driblando a verdade, ela disse: venho de parte da minha irmã, que teve um pequeno caso e um filho que eu gostaria de encontrar para ela? Como ela vai ser levada a dizer: sim, eu tive um filho? Acho que tínhamos chegado mais ou menos aí da última vez. O mecanismo que vai levar Creusa a reconhecer seu filho é o seguinte. Vocês se lembram que Xuto, tendo reconhecido ou acreditado reconhecer seu filho Íon, havia combinado com ele que voltaria a Atenas sem dizer toda a verdade. E, para não magoar Creusa, tinham decidido que a deixariam crer que Íon voltava "por voltar", a título de servidor, de companheiro de Xuto, e que pouco a pouco se revelaria: olhem, Íon é na verdade filho de Xuto. E essa mentira imaginada pelas melhores razões do mundo, essa mentira havia sido tramada diante do coro que, portanto, ouviu toda a conversa e ao qual Xuto recomenda: não digam nada a Creusa, nosso segredo tem de ser bem guardado. Ora, o coro é composto das aias de Creusa, quer dizer, de mulheres de Atenas, mulheres do gineceu, mulheres que portanto têm uma função e um estatuto a conservar. Como guardiãs do lugar das mulheres, como guardiãs dos nascimentos, como guardiãs de seus costumes também, essas mulheres estão, por estatuto, do lado de Creusa e do lado dessa linhagem que deve remontar a Erecteu, essa linhagem ateniense, essa linhagem autóctone. Por conseguinte, é evidente que as aias de Creusa não vão ter preocupação mais urgente senão a de dizer a verdade e prevenir Creusa: cuidado, o rapaz que vamos levar para Atenas, vão querer impô-lo a você como filho de Xuto, e você vai se encontrar portanto em sua casa com um enteado estrangeiro, imposto por seu marido. E é efetivamente o que acontece: assim que Creusa entra em cena, da qual Xuto acaba de sair, o coro, quebrando a promessa feita a Xuto, avisa Creusa e lhe revela o que Xuto de fato obteve como oráculo do deus, isto é, a pseudoverdade de que Xuto encontrou um filho e que esse filho é o jovem servidor do templo que foi visto no início da peça. Creusa, é claro, acredita piamente nessa revelação do coro e fica furiosa. Fica furiosa, fica desesperada por quê? Pois bem, porque, não tendo descendência, ela vai viver numa residência isolada, como solitária. Ela vai ser vítima da queda que marca, em toda família grega, a mulher estéril, queda forçada pelo fato de que não somente ela, Creusa, é estéril, mas além disso seu marido vai trazer alguém que imporá a ela como filho dele. Creusa fica ainda mais furiosa porque o velho pedagogo que a acompanha e que, ele também, na medida em que criou os filhos de Erecteu, preserva a linhagem e zela por ela, o velho pedagogo acrescenta a essa notícia, que o coro acaba de dar, sua própria interpretação, uma interpretação perversa e maldosa. Porque o ancião não perde a oportunidade de dizer: tudo isso é muito bonito, Xuto vai levar um filho, Xuto pretende que foi o oráculo que lhe designou esse filho, dá inclusive a entender que esse filho ele deve ter tido outrora – vocês se lembram das mênades do templo que ele havia visitado quando jovem –, mas na realidade tudo isso deve ser conversa. Por acaso você sabe, pergunta o velho pedagogo a Creusa, o que de fato aconteceu? Pois bem, Xuto fez simplesmente um filho numa escrava qualquer. Envergonhado, mandou o menino para Delfos, depois levou você a Delfos a pretexto de consultar o oráculo[2]. Mas não era para consultar o oráculo coisa nenhuma, era para reaver seu filho e fazer você acreditar que o oráculo é que o havia designado, quando ele simplesmente voltou para buscar o bastardinho que tinha feito numa criada num canto da casa. Tudo isso, diz o ancião, não é nada bonito, e você não pode aceitar!

Portanto é nesse ponto que vamos encontrar o discurso de verdade de Creusa, a confissão de Creusa. Mas, como vocês veem, primeiro estamos no ápice – ou no fundo – da paixão. Creusa se vê na pior das situações que pode se apresentar a uma grega nobre, de alta estirpe e que tem de continuar a linhagem dos seus ancestrais: ela não tem progenitura, e seu marido lhe impõe o descendente de uma escrava. É a humilhação absoluta. Mas, por outro lado, é preciso entender que, se estamos no fundo da paixão, também estamos no fundo de todas as ilusões e de todas as mentiras, todas as ilusões e todas as mentiras que se adensam em torno de Creusa e se adensam em torno daquele que vai ser, enfim, o discurso de verdade de Creusa. É do fundo dessas ilusões e, de certo modo, na própria agitação dessas ilusões e das paixões que elas fazem nascer que o discurso de verdade vai eclodir. Ilusões por quê? Pois bem, por diversos motivos. Primeiro, o coro havia prometido a Xuto mentir a Creusa e ocultar a suposta paternidade em que Xuto acreditava, já que o deus, pensava ele, a tinha revelado. O coro viola sua promessa, viola sua promessa ao revelar o que Xuto disse, ao revelar o que o deus, assim se acreditava, disse ao revelar uma paternidade que, de boa-fé, o coro acredita verdadeira. Só há uma dificuldade, ou só há um problema: o que o coro, violando sua promessa, diz como verdade a Creusa na realidade é uma mentira, mas o coro não sabe. Segundo, Creusa, por sua vez, recebe a notícia de que o filho de Xuto vai ser imposto em seu lar. Ela acredita que esse filho é portanto o filho do seu marido, e não o dela. E, decidindo rejeitar esse filho imposto, ela rejeita, como se fosse uma humilhação para si e uma submissão ao estrangeiro, aquele filho que deveria, ao contrário, ser sua alegria e seu orgulho de mãe, já que é filho de um deus, e ela se engana inteiramente sobre o que está acontecendo. Cólera aparentemente fundada, humilhação que ela deve de fato sentir, mas todos esses sentimentos e todas essas paixões têm por fundamento o erro que ela comete. Quanto ao pedagogo – que conta sua história dizendo: sabe, na verdade Xuto fez um filho numa criada etc. –, ele acredita dizer a verdade, uma espécie de verdade verossímil, em todo caso, a verdade cética que se pode opor a todos os que ingenuamente creem nos oráculos. Muitas vezes, diz ele – em todo caso é o que corre sob a sua declaração –, o que chamamos de oráculo nada mais é que uma combinação vergonhosa entre homens, que, querendo fazer crer nesta ou naquela verdade, fazem [os] deuses lhes dizer o que eles têm interesse de fazer os outros acreditarem. Falando isso, opondo esse argumento cético de bom-senso ao suposto oráculo do deus em que Xuto acreditou, vocês veem que o pedagogo ao mesmo tempo se engana redondamente, já que não é em absoluto essa a verdade da história, e no entanto está bem próximo da verdade da história, porque há de fato alguém que quis enganar os outros e forjar uma história que é tal e tal, quando ela é exatamente o inverso. Quem fez essa operação foi o próprio deus. E essa mentira vergonhosa que o pedagogo atribui a Xuto, essa mentira vergonhosa quem pregou? Apolo, ora! Apolo é que, por vergonha e não querendo revelar o filho que fez em Creusa, imaginou atribuí-lo a um outro. Portanto vocês estão vendo que, em certo sentido, o pedagogo se engana redondamente e que, ao se enganar, está bem perto da verdade. Em todo caso, tanto o coro como Creusa e como o pedagogo estão num mundo de meias verdades e ilusões.

Pois bem, é nesse momento, no ápice da ilusão e da humilhação, que Creusa vai fazer a verdade eclodir. Mas ela faz a verdade eclodir, é preciso entender, não para fazer triunfar seu próprio direito, para revelar enfim o nascimento de um filho glorioso. Ela faz isso com vergonha, humilhação e cólera. Não é de modo algum para virar a situação em seu benefício que Creusa vai dizer uma verdade, porque, no estado em que ela está e no ponto em que está a intriga, ela não pode saber que [esta] vai se voltar a seu favor. Mas, já completamente humilhada por todo o acontecido, [Creusa] vai acrescentar à sua humilhação uma humilhação a mais. Não só, diz ela, sou estéril, não só não tive um filho de Xuto, não só Xuto me impõe um filho que não é meu, mas ainda por cima cometi, antes de me casar com Xuto, uma falta, e essa falta eu vou contar. Essa confissão de Creusa, em todo caso essa primeira parte da confissão de Creusa – porque vocês vão ver que há duas –, essa primeira forma de confissão é anunciada pelas seguintes linhas: "Mortas estão minhas esperanças, que, ai, não pude ver se realizarem, guardando em segredo minha falta, meu parto banhado em pranto? – Não, pelo palácio estrelado de Zeus, pela deusa que reina sobre meus rochedos, pela sagrada margem do lago Tritônio, não esconderei mais a minha falta: quero me aliviar dela e respirar mais livre. Das pupilas de meus olhos jorram lágrimas. Minha alma sofre. Todos a machucaram: os humanos e os imortais. Ah! Eu os denunciarei por ingrata traição para com as pobres mulheres!"³ Logo, discurso de humilhação, discurso de pranto, discurso em lágrimas, discurso da falta, em que vai ser preciso (voltaremos a isso daqui a pouco) dizer com justiça a injustiça dos outros. Porém, mais uma vez, se se diz a injustiça dos outros não é, de modo algum, para virar a situação em seu benefício. É de certo modo para atrair sobre si, para recordar à sua volta todas as desgraças e todas as injustiças de que foi vítima.

É aí então que começa a confissão de Creusa. [...*] Ela fala a Apolo e diz a ele o seguinte: "Ó tu, que fazes cantar a voz da lira de sete cordas, tu, que fazes vibrar nos cornos sem vida dos animais rústicos os hinos sonoros das Musas, ó filho de Leto, eu te acuso diante deste dia que me ilumina! Vieste a mim, no fulgor da tua cabeleira dourada, enquanto nas dobras do meu vestido eu recolhia flores de açafrão, flores com reflexos dourados para trançar guirlandas. Apertando meus pulsos brancos enquanto eu gritava 'Mãe!', para teu leito, no fundo de um antro, deus sedutor, tu me arrastaste e fizeste sem pudor o que Cípris queria! E eu te dou, ó infeliz que sou, um filho que, com medo de minha mãe, abandonei em teu leito, no lugar em que possuíste – ó miserável abraço – a miserável que sou! Ai de mim! Ele se perdeu, foi presa das aves, teu filho e meu, infeliz que sou! E tu não fazes mais que tocar tua lira e cantar teus cantos! Olá! É a ti que chamo, filho de Leto, que em teu trono de ouro te sentas no centro da terra e proferes os oráculos. Que este grito que dou chegue ao teu ouvido! Vai, pois, covarde corruptor, tu que, sem nada dever a meu esposo, tu instalas um filho em seu lar, enquanto meu filho, meu e teu, pai indigno, desapareceu, raptado pelas aves de rapina, para bem longe dos cueiros maternos... Delos te odeia, e te odeia o loureiro que, vizinho da palmeira de cabelos delicados, abriga o berço em que, por obra de Zeus, augusto parto, Leto te deu à luz."⁴ Gostaria de explicar um pouco esse texto. Gostaria primeiro que nos de-

---

* M.F.: É o que eu pedi para fotocopiarem e distribuírem para vocês, então, bem, se vocês pudessem não guardar individualmente muitas folhas... não vamos fazer como na escola primária, onde os bons alunos da primeira fila é que têm direito à verdade, então façam circular um pouco por favor. Então, se vocês quiserem, vamos ler juntos esse texto em que Creusa fala.

tivéssemos um pouco na maneira como Creusa se dirige a Apolo, pois essa confissão que faz Creusa, ela faz àquele que sabe, que sabe melhor do que ninguém, pois foi Apolo mesmo, Apolo que a seduziu, Apolo que é o pai da criança. Ela devolve portanto a Apolo uma verdade que Apolo conhece muito bem. Como e por que a devolve? Ou antes, se queremos saber por que ela a devolve, precisamos saber como ela a devolve – como ela se dirige a ele, como ela o evoca, o interpela, o nomeia. Há duas passagens no texto que são interpelações ao próprio Apolo. Logo no início: "Ó tu, que fazes cantar a voz da lira de sete cordas, tu, que fazes vibrar nos cornos sem vida dos animais rústicos os hinos sonoros das Musas, ó filho de Leto, eu te acuso diante deste dia que me ilumina! Vieste a mim, no fulgor da tua cabeleira dourada." E no verso 906, no começo do terceiro terço dessa interpelação, ela lhe diz: "E tu não fazes mais que tocar tua lira e cantar teus cantos! Olá! É a ti que chamo, filho de Leto, que em teu trono de ouro te sentas no centro da terra e proferes os oráculos." Vocês estão vendo que Apolo é interpelado, nessas duas passagens, do mesmo modo: por um lado, ele é o deus que canta, o deus da lira; depois, ele é o deus dourado, o deus fulgurante, o deus de cabeleira dourada; e é enfim – isso só aparece na segunda interpelação – aquele que, no centro da terra, dá os oráculos aos homens e deve dizer a verdade. Deus cantor, deus dourado, deus de verdade.

Bem, aqui eu gostaria de me referir aos estudos que Georges Dumézil fez a propósito de Apolo, em particular no livro chamado *Apollon sonore*[5] [Apolo sonoro]. No segundo desses estudos, Dumézil estuda um hino a Apolo, um hino antigo, muito mais antigo do que Eurípides, um hino homérico a Apolo cuja primeira parte é consagrada, não ao Apolo de Delfos, mas ao Apolo de Delos. Ora, nesse hino ao Apolo de Delos, eis como Apolo se apresenta no momento do seu nascimento. Ele acaba de nascer e, apesar de bebezinho, já fala e diz: "'Dai-me minha lira e meu arco curvo. Revelarei também em meus oráculos os desígnios infalíveis de Zeus.' A essas palavras, ele saía andando pela terra de longas estradas, arqueiro de Febo de cabeleira virgem. Todas as Imortais o admiravam e Delos inteira [Delos: a ilha onde ele nasceu, a terra onde ele nasceu; M.F.] se cobriu de ouro enquanto contemplava a raça de Zeus e de Leto, [...], ela floresceu como o cimo de um monte sob a floração da sua floresta."[6] Em seu comentário a esse hino apolínico, Dumézil observa que o deus e o estatuto do deus se caracterizam por três coisas. Primeiro, o deus reclama sua lira e seu arco. Segundo, ele é marcado como aquele que revela as vontades de Zeus pelo oráculo: ele diz a verdade. E, terceiro, mal começa a andar pela terra de Delos, essa terra se cobre de um manto de ouro e a floresta floresce. Essas três características do deus se relacionam, sempre segundo Dumézil, às três funções indo-europeias da mitologia que ele estuda. Primeiro, o ouro deve ser vinculado à função de fecundação, à riqueza. O arco do deus é a função guerreira. Quanto aos outros dois elementos (a lira e o oráculo), associados um ao outro, representam, decorrem da função mágico-política, ou, como diz Dumézil, da administração do sagrado. Riqueza e fecundidade, é o ouro; função guerreira, é o arco; administração do sagrado, é ao mesmo tempo o oráculo e a lira. E aí, então, Dumézil explica que no que concerne a dizer a verdade e cantar (o acoplamento oráculo e lira), são duas funções complementares, no sentido de que o oráculo é a forma da voz que diz a verdade e pela qual o deus se dirige aos homens, sendo o canto, ao contrário, aquilo por meio de que os homens, para cantar louvores aos deuses, se dirigem aos deuses. O oráculo e o canto são portanto complementares como dois sentidos, duas direções na comunicação entre os homens e os deuses. Nessa administração do sagrado, nesse jogo do sagrado que se desenrola entre os homens e os deuses, o deus diz a verdade pelo oráculo e o homem agradece aos deuses pelo canto. Donde o acoplamento canto e oráculo. É o primeiro elemento que encontramos na análise de Dumézil.

Segundo, no estudo que precede esse – o primeiro estudo da coletânea[7] –, Dumézil faz essa genealogia de Apolo, ou em todo caso das funções apolíneas, remontar a um tema que encontramos na literatura védica, em particular a certo hino do décimo livro do Veda – não fui ler esse texto – no qual são cantados os poderes da voz. Na realidade, o que Dumézil quer mostrar é que Apolo é, de certo modo, a versão conforme às normas, aos cânones da mitologia grega, de uma velha entidade ao mesmo tempo divina e abstrata que encontramos no Veda, e que é a própria Voz. Apolo é o deus da voz, e nesse hino védico, vemos, ou antes ouvimos, a Voz que se proclama em suas três funções: é por mim, diz a voz no hino védico, que o homem come a comida; segundo, diz ainda a voz, quem eu amo, este, quem quer que seja, eu torno forte (função mágico-política); terceiro, sou eu que reteso o arco para que a flecha mate o inimigo do brâmane, sou eu que, para os homens, travo o combate (função guerreira)[8].

Enfim, o terceiro elemento, que também tomo emprestado das análises de Dumézil, é este: dessas três funções que a velha estrutura indo-europeia, de certo modo modulada na mitologia apolínea, na mitologia de Febo, trazia em si, a terceira função, a função de fecundidade é a mais frágil, por algumas razões que Dumézil explica (talvez não valha a pena nos deter nelas por ora). E essa terceira função do deus que faz prosperar a terra, do deus por causa do qual a floresta floresce, Dumézil mostra que ela vai desaparecer rapidamente. O lado, o aspecto, a função de fecundidade já não aparecerá, em Apolo e em torno dele, salvo nos ritos da doação, da doação *in natura* ou da doação em metal, em ouro, que é levada ao deus, ao deus de Delos ou ao deus de Delfos. E, em vez de uma fecundação natural da terra, é no intercâmbio de ouro ou na oferta de ouro que vai se manifestar essa função apolínea. Dumézil observa que, no que concerne à fecundação natural, Apolo não é um deus particularmente em boas condições para falar, porque na realidade, e isso é constante em todos os mitos apolíneos, ele é muito mais o deus do amor pelos rapazes do que o deus do amor pelas mulheres. E é fato que, no dossiê mitológico de Apolo, há muito poucos filhos. Íon é uma rara exceção, o que pode, até certo ponto, explicar as precauções, ou antes, as reticências que manifesta em se mostrar como pai de Íon. Aliás, quando Creusa vem evocar, logo no início da peça, o filho que sua irmã teria tido com Apolo, Íon diz: com uma mulher? Muito me espanta![9] Apolo não é portanto o deus da fecundação, da fecundidade, e é precisamente em torno desse problema do nascimento e da fecundidade que toda a estrutura vai se desenrolar.

É evidente que a estrutura apolínea de que fala Dumézil em *Apollon sonore*, essa estrutura está presente. Ela está presente primeiro na forma da função número 1 – a função mágico-política, a função da administração do sagrado –, já que é efetivamente ao deus do oráculo, ao deus que diz a verdade que Creusa e Xuto se dirigem. Segundo, encontramos igualmente a terceira função, pois é uma questão de fecundidade, uma questão de nascimento que leva os dois consulentes diante do oráculo. É, vamos dizer, o confronto dessa função oracular do dizer-a--verdade e da função de fecundação, é esse defrontamento que encontramos e que constitui o cerne da peça. A segunda função, a função guerreira, aparece muito pouco na peça, de maneira bastante discreta, por um certo número de razões. Por razões políticas na época, na medida em que, nesse período de paz, de trégua na guerra do Peloponeso, Delfos desempenha uma função de pacificação, e por outro lado porque, na própria intriga, são duas funções, 1 e 3 (dizer-a-verdade e fecundação), as principais. A função guerreira aparece através de alguns termos, algumas palavras, algumas situações (Íon no início da peça aparece empunhando um arco, esse arco que é justamente um símbolo da função guerreira de Apolo; e depois haverá os episódios de que falaremos daqui a pouco, quando Íon persegue aquela que ele não sabe que é sua mãe, querendo matá-la). Mas o que constitui, o que arma a peça são essencialmente as funções 1 e 3: o dizer-a-verdade e a fecundação. Segundo, sempre na linha do que disse Dumézil, a terceira função, a função de fecundidade é a mais problemática. É, no sentido estrito, a que levanta um problema. É de certo modo o mal-estar de Apolo em relação à sua própria fecundidade e à sua própria paternidade que constitui a mola propulsora da peça. Enfim, terceiro, é evidente que encontramos ao longo de toda a peça o problema da voz. Esse tema da voz, que segundo Dumézil constitui o pano de fundo da mitologia apolínica, esse tema é absolutamente fundamental ao longo de toda a peça. Essa voz, a respeito da qual o hino védico dizia que podemos confiar nela, pois bem, essa voz que é a voz do deus, Eurípides [pergunta se] podemos ter confiança nela, ou [se] os homens, os humanos, os mortais – neste caso, a mulher não deve erguer sua voz contra a voz silenciosa do deus que não reconhece sua paternidade? Sobre esse tema, sobre essa estrutura, que é fácil reconhecer mais uma vez e que se integra perfeitamente na mitologia apolínica, é certo que a tragédia traz suas modulações. Tudo o que acabo de dizer aqui é, de certo modo, a trama mítica. Trata-se agora de ver qual é a economia do processo trágico, a economia do desenvolvimento trágico. E aí percebe-se que há modulação desses diferentes temas que evoquei há pouco, através da grade que Dumézil propõe: modulação trágica dos temas míticos.

Primeiro, modulação trágica do tema do canto e do oráculo. Eu dizia há pouco, como vocês se lembram, que nas estruturas antigas evocadas por Dumézil o oráculo é o que os deuses dizem aos homens, é o discurso verdadeiro que os deuses endereçam aos homens por intermédio de Apolo. Quanto ao canto, à lira, é a maneira como os homens se dirigem aos deuses, sendo Apolo o deus da lira e do canto, já que foi ele que os ensinou a tocar a lira. Aqui, como vocês veem, as coisas não são exatamente assim, e essa distribuição entre o dizer-a-verdade do deus e o canto de reconhecimento dos homens, essa distribuição não se dá. Ao contrário, é evidente que em toda a peça o canto e o oráculo estão do mesmo lado. O deus é o deus do oráculo, mas de um oráculo razoavelmente reticente. Ele também é o deus do canto, e esse canto também é de certa maneira modulado, seu valor, seu significado são modificados: não é o canto de reconhecimento dos homens para com os deuses. Nesse canto, não são os homens que cantam o deus, é o deus que canta, que canta para si mesmo, na indiferença aos homens, na indiferença às desgraças dos homens que ele próprio provocou. É o canto da desenvoltura do deus, muito mais que o canto do reconhecimento dos humanos. Logo canto e oráculo serão agrupados juntos, e compreende-se sua vinculação, pois que o oráculo, consciente da sua própria injustiça, não ousa dizer as coisas até o fim, ele se envolve, se veste de certa forma com esse canto, com esse canto da indiferença para com a aflição dos humanos. [No] texto que eu lia há pouco para vocês, se já não é o canto que vai vir dos homens diante desse canto-oráculo, desse canto indiferente e desse oráculo reticente, pois o canto passou para o lado dos deuses e da indiferença, o que vai se elevar vindo dos homens? Não é o canto, vai ser o grito: o grito contra o oráculo que se recusa a dizer a verdade, contra o canto do deus que é indiferença, arrogância, uma voz se eleva, mais uma voz. Vocês estão vendo, é sempre da voz que se trata, mas é a voz da mulher que, contra o canto alegre, vai soltar o grito da dor e da recriminação, e que, contra a reticência do oráculo, vai proceder ao enunciado brutal e público da verdade. Contra o canto, o pranto; contra o oráculo reticente, a formulação da própria verdade, da verdade bruta. E esse enfrentamento, esse deslocamento que faz que o canto já não seja da ordem humana e sim da ordem divina e que, do lado da ordem humana, seja o grito que vai se elevar, e que vai se elevar contra o canto e o oráculo do deus, pois bem, isso aparece facilmente no próprio texto. Infelizmente, aparece mais facilmente no texto grego do que no texto francês, mas, se vocês quiserem, vamos reler o texto francês e vocês vão ver o que acontece. "Ó tu, que fazes cantar a voz da lira de sete cordas, tu, que fazes vibrar nos cornos sem vida dos animais rústicos os hinos sonoros das Musas." O deus é o deus do canto. "Eu te acuso diante deste dia que me ilumina!" Bem, aqui precisamos nos reportar ao texto grego. Temos portanto o deus do canto que é interpelado, e que é interpelado pela mulher que grita. Não se trata do deus do oráculo. Não se trata dele, aparentemente. Porque, se vocês derem uma olhada no texto grego, o texto é: "*soì momphán, ô Lathoûs paî, pròs tánd' augàn audáso*"[10]. *Audáso*: eu clamarei. *Pròs tánd' augàn*: contra, diante desta luz, deste brilho. É brilho do deus, o brilho do deus que é o deus do sol, do dia, etc. Contra e diante de: *tánd' augàn*, este brilho que é o teu e que aqui está, que está presente, que é a luz do dia, que é também a luz do deus que está presente no templo. *Audáso*: eu clamarei. Eu clamarei o quê? O complemento está no verso precedente. É *momphán*: a recriminação. Ora, tirando uma letra, *momphán* é *omphán*, que seria o oráculo. "*Soì momphán, ô Lathoûs paî*": a ti, ó filho de Leto, *momphán* – a recriminação, mas que podemos entender quase como o oráculo –, é isso que vou te opor, que vou clamar diante da tua luz. Temos aí uma espécie de jogo-aliteração entre recriminação e oráculo que [indica] que contra o deus do canto e contra o oráculo que se esquiva e que não quer falar, precisamente onde o oráculo não diz nada, onde o oráculo se cala, onde o oráculo se retira, a mulher precipita sua recriminação. Onde não há *omphé*, a mulher grita sua *momphé*[11]. É isso, a meu ver, que é claramente sugerido por esse texto e por esse trecho.

E isso, esse enfrentamento/substituição do oráculo que se cala pelo grito da mulher, nós encontramos na segunda parte da interpelação de que eu falava há pouco, a terceira estrofe, a terceira parte podemos dizer, sabem, é quando ela diz: "E tu não fazes mais que tocar tua lira e cantar teus cantos! Olá! É a ti que chamo, filho de Leto, que em teu trono de ouro te sentas no centro da terra e difundes os oráculos. Que este grito que dou chegue ao teu ouvido!" Existe aí uma coisa que não estou em condição de explicar para vocês, porque não consegui encontrar alguém suficientemente competente para me dar uma informação. Trata-se do verbo grego que é traduzido em francês por *distribues les oracles* ["difundes os oráculos"][12]. Vocês estão vendo que temos "*omphán*" (a palavra "oráculo") que não era pronunciada na primeira interpelação e que faz como uma espécie de eco ao *momphán* que era dito antes. Ora, esse oráculo é "difundido". Logo, o verbo grego empregado é "*kleróo*", que significa "sortear". Bem, não sei se o verbo, aqui, deve ser tomado no sentido estrito e com um sentido preciso, um significado preciso de: seus oráculos, na realidade você profere de qualquer jeito, como se fossem sorteados, eles não dizem a verdade, eles são, como nós diríamos, aleatórios; ou se é uma palavra técnica para dizer: os oráculos saem da boca do deus, sem que saibamos exatamente como vêm, o que não os impede de dizer a verdade. Continuarei procurando me informar com pessoas competentes, e se tiver uma resposta eu direi. Gostaria, é claro, que fosse a primeira solução, isto é, que o oráculo fosse de certo modo desqualificado, anulado pelo caráter aleatório da sua enunciação: ele não diz o que é verdade, ele é tirado ao acaso. Em todo caso, ainda que dermos a *kleroîs* o sentido de: você profere os oráculos, você os fornece, como quer que seja a esse oráculo a mulher vai opor o quê? Seu próprio grito. E essa reviravolta, que faz que, em vez de o deus falar aos humanos, sejam os humanos que se dirigem à divindade, ao deus, é marcada no verso 910. "*Eis oûs audàn karýxo*": eu clamarei, eu proclamarei, eu me dirigirei a ti e proclamarei minha queixa a teus ouvidos. E eis que o deus, que deveria ser o deus que fala, o deus que deveria ser o deus-boca, se torna o deus-ouvido, deus-ouvido ao qual alguém se dirige. Verbo "*karýxo*", *kêrux* é o arauto, é a proclamação solene e ritual pela qual se interpela juridicamente alguém. E eis que, pelo grito de uma mulher, o deus do oráculo é juridicamente interpelado. Tínhamos o oráculo e os cantos, o oráculo pelo qual o deus fala aos humanos, o canto pelo qual os homens falam aos deuses. Eis que tudo se inverte. Em todo caso, o canto passa para o lado do deus, se torna o canto da indiferença; e, do lado dos homens, a palavra [se torna] palavra pela qual se agita o oráculo. E, no exato momento em que ele se cala, em que não fala, dirigem-lhe um grito, um grito organizado, um grito ritual: o grito da queixa, o grito da recriminação. Eis como, a meu ver, se modula esse primeiro tema geral da voz nesse texto.

Segunda modulação, a modulação do tema do ouro. Apolo é portanto o deus do ouro, e essa presença do ouro é obsedante no texto. Ela se repete, em todo caso, ela é recorrente: "Vieste a mim, no fulgor da tua cabeleira dourada"; e, um pouco depois, no fim do texto: "É a ti que chamo, filho de Leto, que em teu trono de ouro te sentas no centro da terra e proferes os oráculos." Na primeira interpelação, encontramos portanto bem explicitamente manifestado, expresso, o tema do ouro, mas, vocês estão vendo, também com modulação. O deus aparece como o deus de ouro: o deus fulgurante, o deus da cabeleira dourada que ilumina o mundo e que, nessa luz e nesse fulgor, por essa luz e por esse fulgor, vai seduzir a moça. Ora, vejam e leiam o que é dito a propósito da moça e como Creusa se descreve no momento em que era seduzida: "Vieste a mim [diz ela ao deus; M.F.], no fulgor da tua cabeleira dourada enquanto nas dobras do meu vestido eu recolhia flores de açafrão, flores com reflexos dourados para trançar guirlandas."[13] A moça também é afetada pelo signo do ouro, está em posição simétrica em relação ao deus, ou antes, está na continuidade da troca com o deus. O deus a ilumina, mas ela também é portadora do signo do ouro. Ela tem flores em suas mãos, flores douradas que ela deve, que ela quer ofertar ao deus. O ouro é, de fato, aí, o veículo da oferenda de que lhes falava e que Dumézil havia analisado. Mas vocês estão vendo que a esse tema da oferenda pelo ouro – que é o tema da comunicação entre os humanos e os deuses e, ao mesmo tempo, generosidade do deus que ilumina o mundo e oferenda dos humanos na forma da flor – se superpõe outro sentido da oferenda e da troca: é a troca entre o deus que seduz e a moça, a moça que aceita oferecer seu corpo e que, diz ela, estende seus "pulsos brancos"[14] ao deus que a chama. Nesta luz, neste brilho, nesta brancura, neste ouro do deus das flores e na brancura do corpo das mulheres, se faz uma troca, diferente da que era simplesmente indicada pelo tema do ouro. Essa troca, a do amor e da união sexual, na realidade – isso aparece na estrofe seguinte – vai se consumar não na luz do dia e nesse fulgor da luz e do sol, vai se fazer na sombra da caverna. É numa caverna, diz ela, que eles vão: "para teu leito, no fundo de um antro, deus sedutor, tu me arrastate". A sombra, a sombra com a qual se mascara o despudor do ato: "Fizeste sem pudor o que Cipris queria! E eu te dou, ó infeliz que sou, um filho que, com medo de minha mãe, abandonei em teu leito, no lugar em que possuíste – ó miserável abraço – a miserável que sou! Ai de mim! Ele se perdeu, foi presa das aves, teu filho e meu, infeliz que sou!"[15] Logo, fica bem especificado – pouco importam, evidentemente, a cronologia e as peripécias – que a sedução se deu num antro; que é exatamente nesse antro que se produz também, um tempo xis depois, o nascimento de Íon. E é lá, naquele antro e naquela caverna, naquela noite e naquela sombra que a criança é enjeitada, e que vai ser raptada e que vai desaparecer e, por conseguinte, como Creusa acredita, morrer, e portanto não vai desfrutar dessa luz do dia, desse fulgor do sol de que ela desfrutara, ou em todo caso por [que] ela havia sido seduzida. E então, a partir daí, a partir dessa passagem à noite, à união injusta e a esse nascimento seguido de desaparecimento e de morte, pois bem, o tema do ouro vai de certo modo se fraturar. Efetivamente, na terceira estrofe, quando o tema do ouro reaparece ("É a ti que chamo, filho de Leto, que em teu trono de ouro te sentas no centro da terra e proferes os oráculos"), desta vez o ouro já não é esse elemento de comunicação que vai do divino ao humano, que vai do deus de cabeleira fulgurante à mocinha que lhe oferece flores douradas. O ouro não é mais que o indicador do deus. É o trono no qual ele se senta e de onde faz reinar sua onipotência, enquanto tem diante de si – ele, o deus do sol; ele, o deus que trona acima da terra; ele, o deus que trona em Delfos e que sempre, em toda parte está sentado no trono dourado –, tem diante de si uma mulher, uma mulher negra, uma mulher maldita, uma mulher estéril, uma mulher que perdeu o filho e que grita contra ele. O ouro, desta vez, é o ouro do deus, e, diante dele, só está essa pequena silhueta negra. O tema do ouro é modulado assim.

Terceiro tema, o tema da fecundidade... Se vocês quiserem, vamos parar um instante, depois continuamos.

*

NOTAS

1. "Falo como homem alheio ao relato que acaba de ouvir, alheio ao próprio crime, cuja investigação não iria longe, se ele pretendesse realizá-la sozinho, sem possuir o menor indício (*ouk ékhon ti sýmbolon*)" (Sófocles, *Oedipe-roi*, versos 219-221, *in Tragédies*, t. I, trad. fr. P. Mazon, ed. cit., pp. 211-2). Duas metades juntadas de uma cerâmica quebrada serviam como sinal de reconhecimento (*symbâllein*: juntar). Toda a análise que Foucault faz em sua aula

de 16 de janeiro de 1980 no Collège de France consiste em compreender a estrutura dramatúrgica da tragédia de Sófocles como um ajuste regrado de veridicções. Cf. *infra*, nota 11.

2. Eurípides, *Ion*, versos 815-821, in *Tragédies*, t. III, trad. fr. H. Grégoire, ed. cit., p. 217.

3. *Id.*, versos 866-880, pp. 218-9.

4. *Id.*, versos 881-906, pp. 219-20.

5. G. Dumézil, *Apollon sonore et autres essais. Vingt-cinq esquisses de mythologie*, Paris, Gallimard, 1982.

6. *Id.*, pp. 26-7.

7. "Vāc", *id.*, pp. 13-24.

8. *Id.*, pp. 15-6.

9. Eurípides, *Ion*, versos 339 e 341, ed. cit., p. 197.

10. *Id.*, versos 885-886, p. 219.

11. *Ompha* e *mompha* são as formas dórias de *omphé* e *momphé*.

12. "*Omphàn kleroîs*" (Eurípides, *Ion*, verso 908, ed. cit., p. 220).

13. *Id.*, versos 887-890, p. 219.

14. *Id.*, verso 891.

15. *Id.*, versos 895-900.

AULA DE 26 DE JANEIRO DE 1983
Segunda hora

Modulação trágica do tema da fecundidade. – A parresía *como imprecação: a denúncia pública pelo fraco da injustiça do poderoso. – A segunda confidência de Creusa: a voz da confissão. – Últimas peripécias: do projeto de assassinato à aparição de Atena.*

Bem, se vocês quiserem, vamos continuar a estudar a transformação, a modulação trágica do tema da fecundidade. Creio que é preciso notar que, ao longo de todo o texto que líamos há pouco, vocês puderam ver que Apolo é sempre interpelado como filho de Leto. Isso não tem nada de extraordinário e é a invocação absolutamente ritual. Mas essa invocação, aqui neste texto, serve de certo modo de traçado para um fio condutor que vai levar às últimas linhas do texto, aos últimos versos, quando, sempre voltada contra Apolo, Creusa diz a ele: "Delos te odeia, e te odeia o loureiro que, vizinho da palmeira de cabelos delicados, abriga o berço em que, por obra de Zeus, augusta concepção, Leto te deu à luz."[1] É que há nessa história da fecundação e na reticência de Apolo em reconhecer seu filho Íon uma coisa que Creusa não pode deixar de achar injusta. De fato, vocês sabem que, na lenda de Apolo, Apolo é filho de Leto. Leto é uma mulher que foi seduzida por Zeus e que se refugiou na ilha de Delos para dar à luz, para dar à luz sozinha. E foi nessa ilha de Delos que nasceram seus dois filhos ilegítimos, Apolo e Ártemis. Portanto Apolo também é exatamente como Íon, filho ilegítimo dos amores entre uma mortal e um deus. E, exatamente como Íon, Apolo nasceu sozinho e abandonado. E exatamente como a mãe de Apolo, como Leto, Creusa pariu sozinha e abandonada por todos. É esse tema que aparece através das diferentes invocações ao filho de Leto e que explode no fim, nessa maldição em que se aproximam o loureiro de Delfos e a palmeira de Delos, e em que Creusa evoca o nascimento de Apolo como um "augusto parto" que ela pode opor facilmente ao parto vergonhoso que foi o de Íon. De modo que esse discurso que Creusa volta contra o deus, esse discurso que ela lança no ouvido do deus que deveria ter falado, essa recriminação que ela faz solenemente, como um arauto, e que ela vem de certo modo registrar, essa recriminação (*momphé*) porque o oráculo (*omphé*) não falou, pois bem, esse discurso gritante, esse discurso voltado contra o deus, lançado em seu ouvido, é a proclamação solene – donde a referência ao arauto (*kêrux*) – de uma injustiça feita, e uma injustiça no sentido estrito do termo, no sentido jurídico e filosófico do termo "injustiça", porque é uma proporção que não é conservada, que não é observada. A homologia dos dois nascimentos, o de Apolo e o de Íon, faz que, no fundo, Creusa esteja em posição simétrica em relação a Leto. E Apolo, que é o pai de Íon, está igualmente em posição simétrica em relação a esse mesmo Íon. Apolo e Íon são, ambos, de nascimento bastardo. E Creusa, que é de certo modo nora de Leto, enfim que é a amante de seu filho, se encontra na mesma posição da própria Leto. Então como vocês veem: analogia Leto-Creusa (Creusa tem com Apolo uma relação semelhante à que Leto teve com Zeus; e Íon nasce da união deles tal como Apolo nasceu). Essa homologia, essa proporção ressaltada no texto, pois bem, foi justamente essa que Apolo não quis respeitar. Porque ele, nascido do amor entre uma mortal e um deus, que nasceu bastardo desse amor e se tornou o deus da luz, sempre teve um brilho que lhe é de certo modo consubstancial. Ele é aquele que preside a vida dos mortais, aquele que fecunda a terra com seu calor e aquele que deve dizer a verdade a todos. Em compensação, Íon, nascido exatamente da mesma maneira, em posição absolutamente simétrica em relação a Apolo, pois bem, ele foi fadado ao infortúnio, à obscuridade, à morte, pois foi presa das aves (o tema das aves intervém aqui, vamos encontrá-lo mais tarde; as aves são aves de Apolo). Apolo o abandonou, pois, Apolo deixou-o perecer, Apolo talvez tenha até enviado suas aves para matá-lo. E, pior que isso, eis que – está indicado no fim do texto quando ela diz: "sem nada dever a meu esposo, tu instalas um filho em seu lar, enquanto meu filho, meu e teu..."[2] – ainda por cima impõe agora à infeliz Creusa, por um oráculo que acaba de proferir, um filho que não é dela. Toda a ordem das proporções é, com isso, afetada. E é essa injustiça, essa injustiça mais uma vez perfeitamente definida, identificada pelo texto nessa comparação entre os dois nascimentos, essa injustiça definida como o não respeito da simetria e como a proporção abalada e desconhecida pelo deus, pois bem, é nessa reivindicação, nessa proclamação de injustiça que consiste a confissão de Creusa.

Ora, esse ato de palavra, pelo qual se proclama a injustiça diante de um poderoso que cometeu essa injustiça, enquanto quem assim faz é fraco, abandonado, sem poder, essa recriminação de injustiça lançada contra o poderoso pelo que é fraco, pois bem, é um ato de palavra, é um tipo de intervenção falada repertoriado, ou em todo caso perfeitamente ritualizado na sociedade grega, mas também em certo número de sociedades. O pobre, o infeliz, o fraco, aquele que só tem lágrimas – e vocês se lembram com que insistência Creusa, no momento em que vai começar sua confissão, diz que só tem de seu as lágrimas –, pois bem, o pobre, o infeliz, o fraco, quando é vítima da injustiça, o impotente, o que pode fazer? Só tem uma coisa a fazer: voltar-se contra o poderoso. E publicamente, diante de todos, diante do dia, diante daquela luz que os ilumina, ele se dirige ao poderoso e lhe diz qual foi a injustiça que este cometeu. E, nesse discurso da injustiça proclamada pelo fraco contra o poderoso, há ao mesmo tempo uma certa maneira de ressaltar seu próprio direito, uma maneira também de desafiar o onipotente e, de certo modo, colocá-lo em duelo com a verdade da sua injustiça. Esse ato ritual, esse ato de palavra ritual do fraco que diz a verdade sobre a injustiça do forte, esse ato ritual do fraco que recrimina em nome da sua própria justiça o forte que cometeu essa injustiça, pois bem, é um ato que deve ser aproximado de certo número de outros rituais que não são necessariamente rituais verbais. Por exemplo, vocês sabem que na Índia existe o ritual da greve de fome. A greve de fome é o ato ritual pelo qual aquele que não pode nada diante daquele que pode tudo ressalta que ele, que não pode nada, foi vítima de uma injustiça de parte de quem pode tudo. Certas formas de suicídio japonês têm igualmente esse valor e esse significado. Trata-se de uma espécie de discurso agonístico. O único recurso de combate para quem é ao mesmo tempo vítima de uma injustiça e totalmente fraco é um discurso agonístico mas estruturado em torno dessa estrutura inigualitária.

Ora, esse discurso da injustiça, esse discurso que ressalta a injustiça do forte na boca do fraco – pois bem, ele tem um nome. Ou antes, terá um nome que vai ser encontrado em textos um pouco mais tardios. Em nenhum dos textos clássicos, em nenhum dos textos desse período (Eurípides, Platão, etc.) encontramos essa palavra [com esse sentido], mas vamos encontrá-la mais tarde, nos tratados de retórica do período helenístico e romano. O discurso pelo qual o fraco, a despeito da sua fraqueza, assume o risco de criticar o forte pela injustiça que ele cometeu, esse discurso se chama precisamente *parresía*. Num texto citado por Schlier – não fui eu, é claro, que fui atrás dele; na bibliografia que dei a vocês outro dia, esqueci de dizer que há um verbete consagrado à *parresía* no *Theologisches Wörterbuch* [Dicionário teológico] de Kittel, verbete que tem essencialmente por objeto, como todos os verbetes do *Theologisches Wörterbuch*, a Bíblia, o Antigo e sobretudo o Novo Testamento –, vocês têm algumas indicações sobre os usos gregos clássicos ou os usos helenísticos[3]. Nesse verbete sobre a *parresía*, Schlier cita um papiro de Oxirrinco (que fornece testemunhos de como seria a sociedade, a prática, o direito gregos no Egito)[4], onde está dito que, em caso de opressão pelos chefes, deve-se ir ver o prefeito e falar com ele *metà parresías*[5]. O fraco, vítima da opressão do forte, deve falar com *parresía*. No texto chamado *Retórica a Herênio*, a *licentia*, tradução latina de *parresía*, é definida como algo que consiste em alguém se dirigir a pessoas que deve temer e respeitar[6]. E, falando graças a seu direito, ele recrimina essas pessoas que deveria temer e respeitar por uma falta que [essas] pessoas poderosas cometeram. Portanto a *parresía* consiste no seguinte: há um poderoso que cometeu uma falta; essa falta constitui uma injustiça para alguém que é fraco, que não tem nenhum poder, que não tem nenhum meio de retorção, que não pode realmente combater, que não pode se vingar, que está numa situação profundamente igualitária. Então que [lhe] resta fazer? Uma [só] coisa: tomar a palavra e, por sua conta e risco, erguer-se diante daquele que cometeu a injustiça e falar. Nesse momento, sua palavra é o que se chama *parresía*. Outros retóricos, teóricos da retórica, dão uma definição bem parecida.

Mais uma vez, não é nos textos clássicos que encontramos esse gênero de discurso definido como *parresía*. Em todo caso, é muito difícil não reconhecer nesse texto, nessa imprecação de Creusa a Apolo, algo exatamente da ordem da *parresía*, tanto mais que no verso 252 de *Íon*, bem no início, quando Creusa aparece pela primeira vez, ela diz o seguinte (ela acaba de dizer a Íon, que ela ainda não reconheceu, que quer consultar Apolo): "Ó infelizes que somos! Ó crimes dos deuses! [frase que se refere evidentemente, para ela, ao que lhe aconteceu e que Íon não pode compreender porque ainda não sabe nada do sucedido; e Creusa diz – o que é de certo modo o signo, o exergo da peça, aquilo que vai marcar todos os discursos que ela vai proferir em seguida, em particular a grande imprecação a Apolo: (M.F.)]. Para onde nos dirigir para reclamar justiça, se é a iniquidade dos poderosos que nos mata"[7] Pois bem, quando a iniquidade dos poderosos nos mata e temos de reclamar justiça, o que se pode fazer? Pode-se fazer precisamente o que Creusa faz, faz ao longo de toda a peça e faz precisamente na passagem que explicamos: a *parresía*. É esse tipo de discurso, que ainda não é chamado de *parresía*, mas que o será mais tarde, que responde com precisão à pergunta que Creusa formula no exato momento em que entra em cena: "Para onde nos dirigir para reclamar justiça, se é a iniquidade dos poderosos que nos mata?"

A meu ver, temos aí, nesse discurso de imprecação, um exemplo do que vai ser chamado de *parresía*. Insisti nisso por várias razões. A primeira, claro, é que, como vocês estão vendo, para que seja formulada essa verdade buscada desde o começo da peça, essa verdade que vai permitir enfim que Íon detenha o direito de falar, a *parresía* – a *parresía* no sentido, vamos dizer, político do termo, *parresía* entendida como o direito de o mais forte falar e guiar sensatamente por seu discurso a cidade –, para que esse direito seja obtido por Íon, esse direito que no texto é chamado de *parresía*, é necessária toda uma aleturgia, toda uma série de processos e procedimentos que vai desnudar a verdade. E, entre esses procedimentos, o que vai aparecer em primeiro lugar e vai constituir o próprio cerne da peça é o discurso da impotente vítima da injustiça que se volta para o poderoso e fala com o que se chamará de *parresía*. O "adicional" de poder necessário a Íon para que ele possa dirigir convenientemente a cidade, esse "adicional" de poder não é o deus, não é a autoridade do deus, não é a verdade oracular que vai fundá-lo. O que vai possibilitar, pelo choque das paixões, que ele apareça vai ser esse discurso de verdade, esse discurso de *parresía* num outro sentido que é o discurso quase inverso: [o discurso] do mais fraco dirigido ao mais forte. Para que o mais forte possa governar sensatamente, será necessário – em todo caso, é por esse fio que a peça passa – que o mais fraco fale ao mais forte e o desafie com seus discursos de verdade.

Era por essa razão que eu gostaria de insistir, porque temos aí uma ambiguidade fundamental. Não, mais uma vez, na palavra *parresía*, que não é empregada aí, mas se trata de duas formas de discurso que se defrontam, [ou antes] que são ligadas profundamente uma à outra: o discurso sensato que permite governar os homens e o discurso do fraco recriminando o forte por sua injustiça. Esse acoplamento é muito importante, porque vamos encontrá-lo novamente, na medida em que constitui toda uma matriz do discurso político*. No fundo, quando se colocar, na época imperial, o problema do governo, não somente da cidade mas de todo o império, quando esse governo estiver nas mãos de um soberano cuja sabedoria for um elemento absolutamente fundamental da ação política, ele precisará, ele, que é todo poderoso, ter à sua disposição um lo-

---

* O manuscrito acrescenta: "é toda uma matriz do discurso filosófico: o homem despojado de todo poder diante do tirano clama o que é a injustiça; o cínico".

gos, uma razão, uma maneira de dizer e de pensar as coisas, que seja sensato. Mas, para sustentar e fundar seu discurso, ele precisará, como guia e como avalista, do discurso de outro, outro que será necessariamente mais fraco, em todo caso mais fraco que ele, e que deverá assumir o risco de se voltar para ele e lhe dizer, se necessário, que injustiça ele cometeu. O discurso do fraco dizendo a injustiça do forte é uma condição indispensável para que o forte possa governar os homens de acordo com o discurso da razão humana. Esse acoplamento – que só se tornará estruturador do discurso político bem mais tarde, no Império –, é [ele] que vemos se esboçar e se desenhar nessa passagem, no jogo [da] confissão de Creusa, que aparece sob a forma da imprecação, da recriminação, [condição] indispensável para a fundação do direito de Íon.

Aí está, quanto à primeira confissão de Creusa. Mas na realidade – eu havia começado a lhes dizer da última vez, mas estava um pouco atropelado e esquemático – Creusa não se contenta com essa declaração recriminatória ao deus. Ela vai uma segunda vez contar a mesma história logo depois dessa imprecação. Porque, sem que haja razão aparente devida à própria organização dramática da cena e das peripécias, depois de ter dito assim aos deuses uma verdade, verdade que todo o mundo pode perfeitamente compreender, pois ela lhe diz: você me fez um filho; em tal lugar você nos abandonou; enjeitei meu filho, ele morreu, desapareceu, e você continua a cantar e a propagar o brilho do seu ouro, da sua glória e da sua luz. Todo o mundo pode compreender, não há outra explicação a dar. Ora, logo depois de dizer isso Creusa se volta para o pedagogo que está a seu lado e recomeça. Ela recomeça de forma totalmente diferente, que já não é o canto imprecatório mas o sistema da interrogação. Não mais a confissão do fraco ao forte sob a forma da proclamação da injustiça do forte, mas um jogo de perguntas e respostas que vou ler rapidamente para vocês. "Creusa: Tenho vergonha, ancião, mas falarei [ela acaba de falar; mas nova confissão, que também recomeça como a confissão precedente, como a confissão recriminatória ao deus, sob a forma do "tenho vergonha"; essa fala tem portanto de vencer a barreira da vergonha; M.F.]. – O ancião: Fala, para meus amigos, tenho lágrimas generosas. Creusa: Escuta. Conheces ao norte da colina de Cécrope as cavernas chamadas Rochas Altas? – O ancião: Eu sei. Perto do santuário e dos altares de Pã. – Creusa: Ali travei outrora um terrível combate. – O ancião: Fala, minhas lágrimas já se antecipam às tuas palavras. – Creusa: A Febo, contra a minha vontade, ó infeliz, unida... – O ancião: Minha filha, será o que eu havia entendido? – Creusa: Não sei, não negarei se disseres a verdade. – O ancião: Quando de um mal secreto gemias baixinho... – Creusa: Sim, era a desgraça que agora te confesso. – O ancião: Como escondeste os amores de Apolo? – Creusa: Eu pari. Força-te, ancião, a me ouvir. – O ancião: Mas onde? Quem te assistiu? Sozinha, em tuas dores...? – Creusa: Sim, só, naquele antro em que o deus me possuíra... – O ancião: Onde está a criança? Que pelo menos não já sejas estéril! – Creusa: Ó ancião, ele morreu; foi presa das aves!"[8]

Qualquer que seja seu destino histórico – que será longo, vocês hão de convir –, eu me deterei muito menos tempo nessa forma de confissão do que na precedente. Gostaria simplesmente de observar o seguinte. É que aí, vocês estão vendo, essa confissão ao ancião se acompanha das lágrimas do ancião que são sem cessar invocadas e evocadas. Enquanto o deus ao qual ela se dirigiu para a grande recriminação permanece mudo, continua a cantar, o ancião a que ela faz a confidência não vai parar de gemer e de chorar ("ver-te me enche de piedade"; "Fala, para meus amigos, tenho lágrimas generosas", "Fala, minhas lágrimas já se antecipam às tuas palavras"[9]; e Creusa se dirigindo ao ancião: "Por que, cobrindo a cabeça, tu choras, ancião? – O ancião: Ai! teu pai e tu, quão infelizes vos vejo!"[10]). Em segundo lugar, essa confissão, como vocês veem, é muito diferente, na forma, do que foi a grande recriminação ao mutismo de Apolo. É um jogo de perguntas e respostas, verso por verso. Pergunta do ancião, resposta de Creusa – com um momento-flexão –, que é ao mesmo tempo importante, interessante, bela e que tem, vocês sabem muito bem, seu equivalente nas confissões de Fedra. É o momento em que Creusa, tendo começado a falar e a responder às perguntas do ancião: "Ali travei outrora um terrível combate. – O ancião: Fala, minhas lágrimas já se antecipam às tuas palavras. – Creusa: A Febo, contra a minha vontade, ó infeliz, unida... – O ancião: Minha filha, será o que eu havia entendido?" Chegamos ao nó da confissão. O ancião não entendeu, ou fingiu não entender o que ela dizia: "a Febo". Ela recomeça portanto: eu me vi unida a Febo. "O ancião: Minha filha, será o que eu havia entendido? – Creusa: Não sei, não negarei se disseres a verdade."[11] Quer dizer que no momento da confissão ela pede àquele que a interroga e a quem ela deve responder que lhe dê respostas. E é ela que, com um sinal de cabeça, ou uma palavra, dirá: sim, é isso, "tu é que disseste"[12]. Esse jogo de cena, essa flexão no sistema da confissão, em que é aquele a quem se deve fazer a confissão que deve dizer o próprio conteúdo, o conteúdo central da confissão, isso está em *Hipólito*[13], está em *Íon*. Terceira observação. É a seguinte. Ao longo do diálogo entre o ancião e Creusa, o que está em questão não é, em absoluto, como na grande imprecação contra Apolo, a injustiça do deus. Não se trata, em absoluto, da injustiça do deus, mas, ao contrário, da própria falta de Creusa. Ela não para de dizer: cometi uma falta, tenho vergonha, travei um terrível combate, "era a desgraça que agora te confesso"[14]. Portanto, a confissão da falta é feita diretamente como a própria falta de quem fala, e não como a injustiça daquele a quem ela se dirige. Mas essa confissão da falta está ao mesmo tempo ligada à afirmação da desgraça. A falta cometida é afirmada como desgraça. E acusação contra Apolo não haverá nenhuma em toda a sequência dessas falas de Creusa. O ancião é que dirá de quando em quando que Apolo é injusto. É o confidente, e não quem faz a confidência, que o chamará de "*Apóllon ho kakós*" (Apolo, o mau, o perverso, o malvado)[15]. É também o ancião que diz, dirigindo-se a Creusa: foste culpada, sem dúvida, mas o deus é ainda mais[16]. Gostaria de poder ler para vocês as confissões de Fedra no *Hipólito* de Eurípides, para mostrar a analogia das duas formas – esqueci o texto, não tem importância, enfim, leiam-no[17]. Aliás, o texto de Racine é uma tradução quase linear do texto de Eurípides[18].

Em todo caso, vocês estão vendo que são duas maneiras de confessar a mesma verdade, uma das quais não tem em absoluto como papel completar a outra, pois dizem exatamente a mesma coisa, e o que foi dito como imprecação aos deuses é literalmente repetido. Está claro que o que está em jogo nessa dupla confissão é a necessidade de fazer aparecer, após um certo modo de dizer-a-verdade que é o da injustiça – da injustiça de que se é vítima e que se objeta a quem a impôs –, um outro tipo de confissão, que é aquele pelo qual, ao contrário, a pessoa toma sobre si, sobre seus ombros, tanto sua própria falta como a desgraça dessa falta. E faz a confidência dessa falta, não àquele que é mais poderoso e a quem poderia fazer recriminações, mas àquele a quem se confessa, àquele que a guia, àquele que a ajuda. Discurso de imprecação e discurso de confissão: essas duas formas de *parresía* se dissociarão posteriormente na história, e vemos de certo modo as matrizes disso aqui.

Como temos de nos apressar e sair desse *Íon*, gostaria agora de passar rapidamente, para terminar, ao fim da peça. Temos, com a dupla confissão de Creusa – a confissão-imprecação e a confissão-confidência, a confissão-canto de cólera e a confissão-diálogo com o pedagogo –, uma metade de verdade. Nada mais que uma metade de verdade, a saber, que efetivamente sabemos agora que Creusa teve um filho, um filho ilegítimo de Apolo, e que ele desapareceu. Mas ainda não sabemos que ele é Íon. O fim da peça vai ser consagrado a, de certo modo, acomodar essa meia verdade que acaba de ser dita por Creusa à realidade que temos diante de nós, que Creusa tem diante dela e que não reconhece, a saber, aquele rapaz que se chama Íon e que é seu filho. Creusa disse toda a sua verdade, mas a outra metade de verdade, a saber, que seu filho não morreu, que foi levado para Delfos e que está lá, em Delfos, servidor do deus, quem vai poder dizer? Não pode ser Creusa, ela não sabe. E não há em *Íon* o que há em *Édipo*, a saber, o servidor do Citéron, que no fundo sabia tudo e que, por tudo saber, ficou com tanto medo que se refugiou nas florestas e se escondeu. Mas no dia em que o trazem à cena ele vai poder falar. Aqui não há ninguém que seja detentor da totalidade da verdade. Ou antes, há um, sim, é Apolo. É Apolo, que está em posição simétrica, vamos dizer, ao pastor do Citéron em *Édipo*. Ele é que sabe tudo e é dele portanto que será preciso arrancar o derradeiro naco de verdade. É por ele, e somente por ele, que deveriam poder se ajustar uma à outra a verdade que Creusa acaba de dizer duas vezes e, também, a própria presença de Íon, e por conseguinte sua entronização, não mais como suposto filho de Xuto mas como filho real de Creusa e Apolo.

Ora, muito embora Apolo, e somente Apolo, possa fazer essa conexão – já que nenhum humano é detentor dessa verdade –, vocês vão ver que não dá para contar muito com os deuses nem com a função de dizer a verdade que é própria pelo menos de um deles, precisamente de Apolo. Aqui também são os humanos, é a paixão dos humanos que será o princípio, o motor, a força que vai vencer essa dificuldade de dizer a verdade, vencer a vergonha dos humanos de dizer a verdade e a reticência do deus a pronunciar um oráculo claro. O motor desse novo progresso, desse derradeiro progresso na verdade, pois bem, vai ser novamente a paixão, vai ser mais uma vez a cólera, cólera de Creusa à qual vai corresponder a cólera de Íon. De fato, depois de ter dito essa verdade, ou pelo menos essa metade de verdade que é tudo o que ela conhece da verdade, o que vai fazer Creusa? A situação dessa meia verdade não pode se articular com nenhuma outra peripécia por si mesma. É uma verdade de certa forma bloqueada: pois bem, sim, ela teve um filho, ele desapareceu totalmente. Como seria possível saber que é Íon?

É aí que se produz uma peripécia, também em tudo assemelhada à que encontramos em *Fedra*, a saber, que o confidente (o equivalente da nossa detestável Enona), o tal pedagogo meio mau-caráter – que havia propagado boatos maldosos sobre Xuto pouco antes, a quem Creusa faz a confidência que acabamos de ver – diz a Creusa: já que você foi de fato enganada desse modo pelo deus que abusou de você, fez um filho em você e deixou-o perecer, você tem de se vingar. E enumera de um só fôlego: vá pôr fogo no templo de Apolo (vingança)[19]. Ao que Creusa retorque com um só verso: Oh, já tive bastante aborrecimento, não quero mais um. Segundo conselho: vá matar seu marido[20]. E ela responde: sabe, nós nos amamos outrora. E por causa desse bem-querer, desse afeto que tivemos, não quero, ele era bom. Terceiro conselho do pedagogo: simplesmente, vá matar Íon, você pode muito bem degolá-lo[21]. Ao que ela rebate: o ferro é um instrumento que não me agrada. – Vá envenená-lo, então (assassinato feminino)[22]. Ela aceita e propõe aguardar que estejam em Atenas para perpetrar esse assassinato. E o pedagogo diz: é inútil esperar [estarmos] em Atenas, porque então todo o mundo saberia que foi você que fez isso em sua própria casa[23]. É melhor envenená-lo logo. E ela diz: de fato, tem razão, seria melhor. E então ela encontra na sua bolsa duas gotinhas de veneno [*risos na plateia*]. Bom, estou brincando, não é de muito bom gosto, eu reconheço... Mas temos de esquematizar porque intervêm elementos míticos muito interessantes, muito importantes: o veneno que ela tira da bolsa é um veneno feito com o sangue da górgona, daquela górgona pela qual Minerva defendeu Atenas. Pronto, estamos em plena mitologia ateniense que seria importante analisar, mas não é o meu problema. Em todo caso, o pedagogo, carregando o veneno, sai de cena e vai para o banquete que Xuto, como vocês se lembram, oferece para celebrar o que ele acredita ser o reencontro com o filho. O pedagogo vai e derrama na taça de Íon uma gota desse veneno que deve matá-lo. E aí ocorre algo: um dos criados que rodeiam os que festejam faz um gesto, gesto blasfemo, não é dito qual, em todo caso um gesto que é interpretado por Íon – justamente quando Íon está próximo de Apolo e conhece as regras e os ritos do templo – como um sinal de mau agouro. Por conseguinte, todo o vinho servido nas taças para a grande libação ritual deve ser derramado no chão, porque é de mau agouro: não se deve bebê-lo, não se deve fazer a libação depois desse mau agouro. Temos aí, portanto, vamos dizer, uma intervenção, mas uma intervenção mínima do deus: ele simplesmente faz de modo que certo gesto seja [feito], não ritual, contrário ao rito, que vai interromper o rito e faz que derramem o vinho. E o vinho é jogado no chão. Os pombos de Apolo – aqui também é um pequeno elemento que vem do deus – vêm beber e se embriagar com o vinho derramado. Todos os pombos se deleitam, menos, é claro, o que bebeu o vinho derramado da taça de Íon, que estava envenenada – e o pombo morre. O pombo morre e, com isso, percebem que a taça de Íon estava envenenada. Não é difícil saber que havia sido o ancião, atrás de Íon, a derramar o veneno. Portanto, o ancião é descoberto.

Peripécia tipicamente euripidiana, se vocês preferirem, interessante para nós na medida em que vocês veem como, de que forma, de acordo com que economia o deus intervém. Ele não intervém dizendo a verdade; não é nem mesmo seu oráculo, é esse simples jogo de sinais, esse jogo de sinais quase naturais (a morte de um pombo) que é interpretado pelos humanos e que, de fato, vai impedir que o assassinato seja cometido. Então Íon, que acaba de descobrir que queriam envená-lo, que acaba de descobrir que aquele que queria envená-lo era o pedagogo, e por conseguinte Creusa, se queixa aos notáveis de Delfos, que decidem lapidar Creusa[24]. E então nova cena (essa cena do envenenamento você não vê no teatro, é simplesmente contada por um mensageiro, não importa): Creusa é perseguida por Íon e os que querem se vingar dela. E é aí que se introduz o que vai ser [...] a série das últimas cenas. Creusa é perseguida por Íon [...] – a cena representa não apenas o templo como o próprio altar do deus – e ela só tem uma coisa a fazer para escapar da cólera de Íon: refugiar-se no altar do deus, abraçar o altar do deus e fazer o gesto ritual pelo qual até os criminosos se tornam inacessíveis a seus inimigos. E mais ninguém pode tocá-la. Esse abraço do altar do deus por Creusa tem evidentemente uma série de significados superpostos. É o gesto ritual pelo qual uma pessoa salva sua vida. Mas, ao abraçar o altar do deus, ela abraça o altar daquele que foi seu amante e reconstitui assim, repete assim, reata o velho abraço que havia dado nascimento a Íon. Mas, em torno desse altar, Íon furioso continua a girar, armado de uma espada, e quer matar Creusa. Mas, como é um servidor do deus, respeitador dos ritos e das leis, ele sabe que não pode tocá-la enquanto ela estiver no altar. E aí, de novo, situação bloqueada. Uma é intocável; o outro não quer tocá-la. E Íon de certa forma sitia o altar. Então, mais uma nova intervenção do deus, mas vocês estão vendo como aqui também ela é econômica, é mínima. Nesse momento, quando a situação está totalmente bloqueada, as portas do templo se abrem e vemos chegar a Pítia, aquela que deveria dizer a verdade, aquela cuja função é sempre dizer a verdade. E ela chega quase muda, tendo nas mãos apenas um cesto, cesto que é o do nascimento de Íon, e que ela traz. Ela diz: olhe, olhem. E não diz mais nada. E nesse momento Íon lhe diz: por que você não me mostrou antes o cesto em que fui trazido para Delfos? – Porque o deus me proibiu, responde a Pítia. E Creusa, inclinando-se para ver o cesto, reconhece facilmente [aquele] em que ela tinha posto Íon. E reconhece também, dentro dele, certo número de objetos rituais, entre os quais: o colar com imagens de serpentes que se punha no pescoço das crianças atenienses para protegê-las e que se referia às serpentes de

Erecteu, isto é, à tal dinastia de que ela própria, Creusa, nasceu – atestação portanto dessa continuidade; o ramo verde de Atena; e, terceiro, uma tapeçaria, trabalho que ela havia começado com suas próprias mãos e que ficara inacabado. É diante desse objeto que Creusa diz: isto vale como um oráculo[25]. Ora, aqui vocês percebem que a descoberta da verdade vai se dar sem que a Pítia tenha falado. A Pítia está muda, é um simples objeto, o objeto do nascimento. Há sinais divinos: são os sinais da tradição erecteia, é o sinal de Atena. E, além disso, um objeto propriamente humano. Apolo não deixou nenhum vestígio. E, de todos esses sinais, dois dos quais são dos deuses e o terceiro um simples trabalho de mulher, é desse objeto humano, desse trabalho feminino que Creusa diz: isto vale como um oráculo. No lugar do oráculo mudo do deus, é de novo o trabalho dos homens, a voz dos homens, a mão dos homens que se tem de convocar para que a verdade venha à luz. Então Íon tem finalmente uma mãe. Ele a reconhece, e pronto, tudo acabou.

Quer dizer, nem tudo acabou. Aí também temos um certo número de tramas paralelas, e a dificuldade de estabelecer a verdade de cabo a rabo, em sua cadeia ininterrupta é coisa infinitamente mais difícil ainda do que se imagina. E também há uma porção de pequenas dúvidas que aparecem, uma porção de pequenas lacunas será ser preciso preencher. Porque Íon agora tem uma mãe. Ele havia ganhado, ou acreditava ter ganhado, um pai na pessoa de Xuto. Tudo deveria se arranjar. Aliás, ele acredita que se arranjou e diz a Creusa: está bem, você é minha mãe. E, como Xuto é meu pai (vejam a primeira parte da peça), eu tenho pai e mãe, então vamos embora. Só que não foi isso que aconteceu, porque Íon não é filho de Xuto. Mas aí Creusa, que quer dizer a verdade, porque toda a verdade tem de ser conhecida, lhe diz: escute, não, não é assim. Na realidade, você não é filho [dele], você é filho de Apolo. E isso, diz ela, é muito melhor, porque fundará muito melhor seus direitos em Atenas do que [ter nascido] de um estrangeiro como Xuto. Mas Íon acha isso esquisito e diz: escute aqui, quando você me conta que foi um deus que fez um filho em você, será que na realidade você não se fez engravidar simplesmente por um escravo num dos cantos da casa[26] – suspeita simétrica à que ele lançara sobre Xuto – e o que me prova que sou mesmo filho de Apolo? Segue-se uma discussão, e Íon se deixa quase convencer, não sem [que ela lhe diga], o que é um elemento essencial na peça: "Ouve, meu filho, o pensamento que me ocorre. Por teu bem, Loxias te fez entrar assim numa casa nobre."[27] Eis o que aconteceu, diz Creusa: Febo achou mais simples fazer você entrar numa casa nobre passando por Xuto. E Íon responde: "Não me contento com tão pobre inquirição, vou a esse templo saber de Febo se sou filho de um mortal ou de Loxias."[28] Por conseguinte, as confissões de sua mãe, o que sua mãe lhe diz sobre seu nascimento divino, não lhe bastam. Ele não pode se contentar com "tão pobre inquirição", precisa da verdade definitiva que lhe assegure que nasceu mesmo de Apolo e Creusa, e não de Creusa e Xuto, ou de Creusa e um escravo qualquer. Precisa da verdade, e faz o movimento de entrar no templo para consultar enfim esse deus que não cessou de se calar desde o início da peça.

E, no momento em que ele, filho de Apolo, sacerdote ou, em todo caso, servidor do templo de Apolo, ele, que deve ser entronizado pelos deuses como senhor em Atenas, no momento em que ele faz esse movimento para enfim arrancar a verdade desse deus do qual se diz, no início da peça, que deve dizer a verdade a todos os gregos, pois bem, se produz uma peripécia. A *mekhané*[29] desce em cena e vê-se aparecer quem? Apolo? Nada disso. Vê-se aparecer Atena, Atena que vem, com seu carro, pousar no templo de Apolo, superpondo sua autoridade à do deus que não quis falar. É ela, é ela que vai fazer o discurso da verdade e do direito, o discurso da verdade sobre o nascimento de Íon e do direito que Íon tem de exercer agora o poder em Atenas. E então: grande discurso de Atena, discurso se vocês preferirem ateneu-apolínico, em todo caso discurso no qual a previsão apolínica vai atuar, vai ser dita[30]. Atena diz: vai acontecer o seguinte. Você vai voltar para Atenas, vai ser rei em Atenas, vai fundar as quatro tribos, e dessas quatro tribos nascerão todos os iônios. Você vai ter meios-irmãos de Xuto e Creusa, um dos quais, Dório, fundará os dórios, e outro, Acaio, fundará os aqueus. Discurso de profecia, mas discurso que, [na medida em que é] feito por Atena, deusa ao mesmo tempo da cidade e da razão, funda efetivamente o direito na cidade. O dizer-a-verdade do deus, que o próprio deus não pôde formular, é a deusa fundadora da cidade, é a deusa que pensa, é a deusa que reflete, é a deusa do logos e não mais do oráculo, que vai dizer essa verdade. Ela diz essa verdade, e com essa verdade todo o véu sobre o que havia acontecido vai se levantar. E o direito vai ser fundado? Pois bem, não vai, ainda tem outra coisa. É que, diante do problema do duplo pai que agora Íon tem – o pai real e divino, Apolo, e o pai aparente, Xuto –, o que se vai fazer? É aí que a deusa dá um conselho: não digamos nada a Xuto; que ele continue a acreditar que é pai deste filho. Você voltará para Atenas, com Xuto convencido de que você é filho dele. Ele vai dar a você o poder tirânico; tirânico, já que Xuto, como estrangeiro, oriundo de Zeus, tendo chegado à cidade, só pode exercer sobre essa cidade certo poder que é o do *týrannos*. Você voltará com ele e irá se sentar no trono tirânico, diz o texto[31]. E então você vai fundar nesse momento as tribos atenienses, o que quer dizer que a democracia, [ou antes,] a organização política de Atenas poderá se desenvolver a partir do seu nascimento erecteu e apolínico, mas sob a aparência desse nascimento como filho de Xuto, cuja ilusão deixaremos reinar por certo tempo. E é assim que toda a peça se desenrola: partindo do silêncio do dizer-a-verdade oracular por causa da falta cometida pelo deus; através do clamor do dizer-a-verdade humano (clamor da imprecação ou clamor da confissão, da confidência); [até] a enunciação – é o terceiro tempo, o terceiro momento –, não pelo deus oracular mas pelo deus sensato, de um dizer-a-verdade que, por um lado, deixa reinar sobre a verdade toda uma parte de ilusão, mas, graças a essa ilusão, instaura a ordem em que a palavra que comanda poderá ser uma palavra de verdade e de justiça, uma palavra livre, uma *parresía*. Pronto, terminamos *Íon*.

*

NOTAS

1. Eurípides, *Ion*, versos 918-921, *in Tragédies*, t. III, trad. fr. H. Grégoire, ed. cit., p. 220.
2. *Id.*, versos 913-915.
3. H. Schlier, "Parrêsia, parrêsiazomai", *in* G. Kittel (org.), *Theologisches Wörterbuch zum Neuen Testament*, Kohlhammer Verlag, Sttutgart, 1949-1979, pp. 869-84.
4. O chamado "papiro de Oxirrinco" abrange um conjunto de papiros gregos antigos, datando do período helenístico, encontrados no Egito na cidade de Oxirrinco, nas escavações feitas a partir de 1896. A Universidade de Oxford já publicou setenta volumes deles, mas cerca de quarenta ainda restam a editar.
5. Papiro de Oxirrinco VIII 1100, 15, citado por Schlier, "Parrêsia, parrêsiazomai", *in op. cit.*, p. 871.
6. "Há fala franca (*licentia*) quando, diante das pessoas que devemos respeitar ou temer, formulamos – valendo-nos do nosso direito de nos exprimir – uma crítica merecida a elas ou a uma das pessoas que elas amam, a propósito de algum erro" ([Anônimo], *Rhétorique à Herennius*, livro IV, § 48, trad. fr. G. Achard, Paris, Les Belles Lettres, p. 191).
7. Eurípides, *Ion*, versos 252-254, ed. cit., p. 193.
8. *Id.*, versos 934-948, pp. 220-1.
9. *Id.*, versos 925, 935 e 940.
10. *Id.*, versos 967-968, p. 222.
11. *Id.*, versos 941-943, p. 221.
12. Cf. *infra*, notas 17 e 18.
13. Cf. *infra*, nota 17.
14. Eurípides, *Ion*, verso 945, ed. cit., p. 221.
15. *Id.*, verso 952.
16. *Id.*, verso 960, *loc. cit.*

17. "A aia: O que amas, minha filha? Um homem, qual? – Fedra: Aquele, homem ou não, que gerou a amazona. – A aia: Hipólito? – Fedra: Tu é que disseste" (Eurípides, *Hippolyte*, versos 350-352, in *Tragédies*, t. II, trad. fr. L. Méridier, Paris, Les Belles Lettres, 1927, p. 43).

18. Trata-se da cena 3 do primeiro ato. "Fedra: Conheces o filho da amazona, aquele príncipe por tanto tempo por mim mesma oprimido? – Enona: Hipólito! Ó deuses! – Fedra: Tu é que disseste."

19. Eurípides, *Ion*, verso 974, ed. cit., p. 222.

20. *Id.*, verso 976.

21. *Id.*, verso 978.

22. Na verdade, foi Creusa que teve a ideia do envenenamento (*id.*, verso 985, p. 224).

23. *Id.*, verso 1024.

24. *Id.*, verso 112, p. 228 (note-se que no verso 1222 também se fala de atirá-la de um penhasco).

25. Na verdade, Íon é que pronuncia essas palavras ("Aqui está o tecido... É verdadeiro como um oráculo", *id.*, verso 1424, p. 239).

26. *Id.*, verso 1472, p. 241 (Íon é menos preciso que isso, evocando apenas sua bastardia).

27. *Id.*, versos 1539-1540, p. 244. – Loxias é outro nome de Apolo, assim como Febo. [N. do T.]

28. *Id.*, versos 1546-1548.

29. Uma "*mekhané*" designa em grego uma maquinaria de teatro utilizada quase sempre para a aparição dos deuses.

30. Eurípides, *Ion*, versos 1575-1588, ed. cit., pp. 245-6.

31. "Creusa, vai com teu filho ao país de Cécrope e senta-te no trono real (*thrónous tyrannikoùs*)" (*id.*, versos 1570-1571, p. 245).

AULA DE 2 DE FEVEREIRO DE 1983
Primeira hora

Recapitulação do texto de Políbio. – Volta a Íon*: veridicções divinas e humanas. – As três formas de* parresía*: político-estatutária; judiciária; moral. – A* parresía *política: seu vínculo com a democracia; seu arraigamento numa estrutura agonística. – Volta ao texto de Políbio: a relação isegoria/*parresía*. –* Politeía *e* dynasteía*: pensar a política como experiência. – A* parresía *em Eurípides:* As fenícias*;* Hipólito*;* As bacantes*;* Orestes*. – O processo de Orestes.*

Vou começar recapitulando algumas coisas que disse a vocês nas vezes anteriores a propósito de *Íon* e da noção de *parresía*, porque vários de vocês me fizeram perguntas ou observaram que, afinal, o que havia resultado dessa leitura de *Íon* talvez não estivesse totalmente claro quanto à estrutura e ao significado do termo *parresía*. De fato, se falei tão demoradamente desse texto de Eurípides, foi para responder a uma pergunta formulada por um texto de Políbio que citei para vocês, acho eu, bem no início do curso, texto conhecido, célebre, quase estatutário em relação à noção de *parresía*. É aquele texto de Políbio (no livro II, capítulo 38)[1] no qual, falando da natureza e da forma do governo dos aqueus, dizia que, entre os outros gregos, os aqueus se caracterizavam pelo fato de a sua constituição implicar a isegoria (digamos: igualdade de palavra, direito igual à palavra), *parresía* e, de modo geral, em suma, *alethinè demokratía*. Ou seja, o texto de Políbio, como vocês veem, põe em jogo duas noções sobre cujo sentido vamos ter de nos interrogar, e ele as referia à democracia em geral. Essa definição, essa caracterização do governo dos aqueus por Políbio é interessante. Primeiro porque, vocês estão vendo, a democracia em geral é caracterizada, especificada por ele unicamente por esses dois elementos, essas duas noções (isegoria e *parresía*); e, depois, vamos tentar saber, por um lado, qual [é a] relação entre essas duas noções e o próprio conjunto do funcionamento democrático, e por outro lado qual a diferença entre isegoria (igualdade de palavra, direito igual à palavra) e essa *parresía* que procuramos estudar.

É bem sabido que a definição, digamos, morfológica da democracia nos textos teóricos de Platão, de Aristóteles, etc., é relativamente fácil de obter, pelo menos em oposição e distinção à monarquia, à aristocracia ou à oligarquia. É o governo do *dêmos*, isto é, do conjunto dos cidadãos. Em compensação, vocês sabem que, se essa definição, digamos, morfológica, da democracia é relativamente simples, a caracterização daquilo em que consiste a democracia – suas características, os elementos indispensáveis para que ela funcione bem, suas qualidades –, tudo isso é muito mais instável nos textos gregos. E, de modo geral, faz-se intervir, para caracterizar esses elementos internos e funcionais da democracia, um certo número de noções, como a de eleutéria (de liberdade), que se refere à independência nacional, à independência de uma cidade em relação à dominação de outra. Eleutéria também se refere à liberdade interior, isto é, [ao] fato de que o poder não é detido de maneira despótica ou tirânica por um só chefe. Os cidadãos são livres. É uma caracterização. Vocês sabem que a democracia se caracteriza também pela existência de um *nómos*, isto é, pelo fato de que a regra do jogo político e do exercício do poder se realiza no âmbito de algo que é lei, que é tradição, que é constituição, princípio fundamental, etc. Também se relaciona a democracia à isonomia, ou antes, faz-se da isonomia uma característica da democracia. Em particular, a democracia ateniense se gaba, se declara capaz [de praticar a] isonomia, isto é, *grosso modo*, uma igualdade de todos perante a lei. Além disso, outra característica que se invoca é essa isegoria, isto é, no sentido etimológico do termo: a igualdade de palavra, isto é, a possibilidade para todo indivíduo – contanto, é claro, que faça parte do *dêmos*, que faça parte dos cidadãos – de ter acesso à palavra, devendo a palavra ser entendida em vários sentidos: pode ser tanto a palavra judiciária quando, seja para atacar, seja para se defender, pode falar nos tribunais; é também o direito de dar sua opinião, seja para uma decisão, seja também para a escolha dos chefes por meio do voto; a isegoria é, enfim, o direito de tomar a palavra, de dar sua opinião durante uma discussão, um debate.

Se a isegoria é isso, então o que é a *parresía*? O que é essa noção que se refere à tomada da palavra? E como é que Políbio, ao querer caracterizar da maneira mais breve possível o que é a democracia em geral, o que é a verdadeira democracia, só lhe atribui duas características, que, é claro, tocam ambas nesse problema da palavra (isegoria e *parresía*), e como é que ele utiliza essas duas noções tão próximas e que parecem tão difíceis de distinguir? Qual é a diferença entre o direito constitucional que cada um tem de falar e essa *parresía* que vem se somar a esse direito constitucional e que é, de acordo com Políbio, o segundo grande elemento pelo qual se pode caracterizar a democracia? [Como ficam] essas duas noções em relação à democracia, [como as] distinguir quanto ao uso político da palavra? É mais ou menos isso que eu gostaria de elucidar hoje. Será sem dúvida um pouco arrastado, mas creio que essas coisas são suficientemente importantes para que nos detenhamos um pouco nelas.

Creio justamente que esse texto de *Íon*, por mais literário, dramático, que seja, pode trazer certo número de elementos sobre o conteúdo histórico da noção de *parresía*. Em certo sentido, *Íon* diz mais sobre ela, em seu desenrolar dramático, do que a breve e enigmática fórmula de Políbio. Vou então, se vocês quiserem, fazer duas coisas ao mesmo tempo: por um lado, ressistematizar um pouco o caminho que percorremos ao ler *Íon*; e depois, ao mesmo tempo, assentar certo número de pedras para definir um pouco o campo dessa noção, para balizá-lo. Portanto, [nessa] peça, que podemos considerar a tragédia do dizer-a-verdade, pudemos isolar um núcleo central ou, se vocês preferirem, um fio condutor. O fio condutor é bem simples, volto rapidamente a ele. Íon, esse jovem descendente desconhecido da velha dinastia erecteia da Ática, de Atenas, descendente de Erecteu, nascido nas grutas da Acrópole, dessa raça de Erecteu em que já se misturam os deuses, a terra, os humanos, Íon, autóctone desconhecido e exilado, não poderá e, aliás, não quer voltar para Atenas a fim de exercer aí o poder que está ligado à sua raça, a não ser detendo certo estatuto que depende, por sua vez, do seu nascimento. E esse direito, esse poder e esse estatuto comportam, conduzem ou desembocam em certo elemento, perfeitamente importante e explicitamente designado, que é a *parresía*: a liberdade de tomar a palavra e, na palavra, de exercer a fala franca. É esse o fio condutor da peça.

Ora, procurei mostrar a vocês que – [sendo o seguinte] o motor dramático da peça: como Íon, autóctone exilado, vai poder voltar e obter em sua terra o direito de falar na forma da fala franca – essa *parresía* não será obtida porque o herói consumará alguma façanha, passará por esta ou aquela prova, alcançará uma vitória. Não será nem mesmo um julgamento que, aplacando as querelas e conferindo direitos, entronizará finalmente Íon. Não será isso que vai permitir que o herói obtenha sua *parresía*. Será, como vocês se lembram, uma série de manifestações de verdade, uma série de operações e de procedimentos pelos quais a verdade é dita. E, de maneira geral, esses procedimentos se caracterizam pelo seguinte: foi preciso que fosse o grito dos homens a arrancar do deus silencioso o discurso que vai fundar justamente o poder de falar.

Pois bem, o desenrolar dramático vai se organizar em torno desse núcleo geral da peça como a sucessão desses diferentes rituais de verdade, de veridicção, que são necessários finalmente para que Íon reencontre sua pátria e encontre seu direito de falar. Na realidade, como vocês se lembram, não se trata, nesses diferentes elementos de veridicção, de uma descoberta da verdade por busca e investigação, como no *Édipo rei*. São atos de palavra difíceis, custosos, penosamente arrancados a despeito da vergonha, através da vivacidade das paixões e em condições tais que esse dizer-a-verdade é sempre acompanhado de seu duplo de sombras: mentiras, cegueira, ilusões dos personagens. E é possível, de modo totalmente esquemático, reconhecer quatro grandes episódios, ou quatro grandes formas, digamos, dessas veridicções que vão pouco a pouco transferir Íon de seu exílio anônimo, em Delfos, à sua pátria falante, de certo modo, Atenas. Esses quatro elementos de veridicção são os seguintes.

Primeiramente, é a veridicção do deus, do deus de Delfos, do deus oracular. Veridicção que, vocês se lembram, é barrada, impedida pela falta cometida por Apolo, impedida pela injustiça que ele cometeu e até pela vergonha que sentiria se tivesse de confessá-la. O oráculo não pode ter vergonha. Ou antes, dado que o deus do oráculo tem vergonha, o oráculo não falará, o oráculo se calará, a não ser que, primeiro, dê uma resposta enviesada a Xuto e, depois, semeie o caminho de Íon e de Creusa, o caminho das paixões humanas e das suas agitações, de certo número de sinais que permitirão que a verdade venha à luz. Portanto veridicção barrada e impedida pelos deuses. Segundo, temos a primeira veridicção de Creusa, na forma da imprecação violenta, dirigida, voltada para o deus. É a imprecação do fraco que tem a seu favor a justiça e que recrimina o poderoso por sua injustiça. E essa primeira veridicção se dá no desespero, o desespero de Creusa que a impede de reconhecer que Íon é seu filho. É nessa cegueira que se dá a primeira veridicção de Creusa. Segunda veridicção de Creusa, não mais a veridicção imprecatória mas a veridicção da confissão. É a confissão ao confidente, numa relação que é uma relação de confiança, mas uma relação trabalhada, torcida, falseada pelo fato de que o confidente leva Creusa pouco a pouco do desespero à cólera, e da cólera à vontade de matar Íon, que ela não reconhece como seu filho. E é de seu monstruoso projeto de matar o próprio filho que, pouco a pouco, a verdade vai nascer. Enfim, quarta veridicção, é a veridicção final, triunfante e que realiza uma consagração. É a veridicção dos deuses, a veridicção ateneia-apolínica, em que o poder de predição, como vocês sabem, é transferido de Apolo a Atena, e em que o futuro de Atenas é dito pela boca de Atena e explicado como uma espécie de grande processo que vai do poder tirânico, recebido por Íon de seu pai, à organização de Atenas em quatro tribos e, finalmente, a uma espécie de privilégio de parentesco que ela poderá exercer, primeiro sobre os iônios, depois até mesmo sobre os aqueus e sobre os dórios, tudo isso, é claro, contra o fundo da ilusão que vai continuar a fazer Xuto e os outros acreditarem que Íon é filho, não de Apolo, mas do próprio Xuto.

Ora (acho que é aqui que o que eu disse a vocês da última vez não ficou totalmente claro), nenhuma dessas quatro veridicções – nem a dos deuses, de Apolo, claro, ou de Atena; nem as duas veridicções humanas de Creusa, a imprecação e a confissão –, nenhuma delas é chamada e designada no texto como *parresía*. Só é chamado de *parresía*, mais uma vez, aquilo a que Íon consagra sua busca, ou em todo caso o que é para ele uma condição para o seu retorno a Atenas. É somente isso, esse direito político de exercer em sua cidade a fala franca, que é chamado de *parresía*. Nenhuma das outras veridicções é chamada de *parresía*. Simplesmente, o que eu quis indicar a vocês da última vez é que as duas veridicções de Creusa (a veridicção-imprecação e a veridicção-confissão), que não são chamadas por Eurípides de *parresía*, adquirirão esse nome, serão designadas por esse termo mais tarde. A imprecação do fraco contra o forte, com o fraco reclamando justiça contra o forte que o oprime, será chamada mais tarde de *parresía*, assim como também será chamada de *parresía* essa abertura confiante do coração que faz que a pessoa confesse suas faltas àquele que é capaz de guiá-la. Mas nesse texto a palavra *parresía* é reservada apenas a esse direito que será finalmente obtido por Íon.

Então, para resumir, podemos dizer o seguinte, se vocês quiserem. Por um lado, nenhum dos deuses é titular da *parresía*. Nem o oráculo tão reticente de Apolo nem o dizer proclamatório de Atena no fim da peça são da ordem da *parresía*, e nunca na literatura grega os deuses serão dotados de *parresía*. A *parresía* é uma prática humana, é um direito humano, é um risco humano. Em segundo lugar, o texto de *Íon* nos põe em presença de três práticas do dizer-a-verdade. Uma que é chamada pelo próprio Eurípides, nesse texto, de *parresía*. Podemos chamá-la de *parresía*, digamos, política ou política-estatutária: é o célebre privilégio estatutário, ligado ao nascimento, que é um certo modo de exercer o poder pelo dizer, e pelo dizer-a-verdade. É isso a *parresía* política. Depois, vê-se uma segunda prática, ligada a uma situação de injustiça e que, longe de ser o direito exercido pelo poderoso sobre seus concidadãos para guiá-los, é ao contrário o grito do impotente contra aquele que abusa da própria força. Isso, que não é [designado como] *parresía* no texto, mas que o será mais tarde, é o que poderíamos chamar de *parresía* judiciária. E, enfim, vê-se no texto uma terceira prática, uma terceira maneira de dizer a verdade que também não está [designada como] *parresía* no texto, mas que o será mais tarde. É o que poderíamos chamar de *parresía* moral: a que consiste em confessar a falta que pesa na consciência, e confessá-la a quem pode nos guiar e nos ajudar a sair do desespero ou do sentimento que temos da nossa própria falta. É a *parresía* moral. Portanto, creio que vemos aparecer, nesse grande ritual dos dizer-a-verdade que organiza toda a peça, por um lado essa noção explicitamente denominada *parresía* política, e os dois esquemas, os dois traçados, digamos assim, de práticas de verdade que serão chamadas posteriormente de *parresía*: a *parresía* judiciária e a *parresía* moral. Eis pois, para destrinchar um pouco, de maneira sem dúvida muito esquemática, o que há nessa peça acerca da *parresía*. Mas eu gostaria também de voltar a essa *parresía* política, já que afinal de contas é ela que está no centro da peça – as duas outras (a judiciária e a moral) só estão lá a título de instrumento e nem sequer são denominadas *parresía*. Retornemos ao que é o alvo, o cerne da peça, essa *parresía* política de que Íon necessita para voltar a Atenas. De que se trata?

Primeiro, creio ser preciso ter presente ao espírito que essa *parresía* de que Íon sente ter tão grande necessidade, que é tão necessária para o retorno de Íon, é acima de tudo profundamente ligada à democracia. Podemos dizer que há uma espécie de circularidade entre democracia e *parresía*, já que, se Íon quer voltar para Atenas, ou antes, se o destino de Íon faz que ele tenha de voltar para Atenas, é para fazer o que lá? Pois bem, é para realizar lá a transformação a que seu nome será ligado, a saber, a organização de Atenas segundo as quatro tribos, segundo essa forma constitucional que vai dar aos diferentes habitantes de Atenas o direito de dar sua opinião sobre os problemas que concernem à cidade e de escolher os dirigentes. Para que Íon possa voltar para Atenas e fundar a democracia, ele necessita de *parresía*. Por conseguinte, a *parresía* é que vai ser, na pessoa de Íon, o próprio fundamento da democracia, em todo caso seu ponto de origem, seu ponto de ancoragem. Para que haja democracia, é preciso haver *parresía*. Mas, inversamente, como vocês sabem – e o texto de Políbio que citei agora mesmo também mostra isso –, a *parresía* é um dos traços característicos da democracia. É uma das dimensões internas da democracia. Isso quer dizer que é preciso haver democracia para que haja *parresía*. Para haver democracia, é preciso haver *parresía*; para haver *parresía*, é preciso haver democracia. Temos aí uma circularidade essencial, e é no âmbito dessa circularidade que gostaria de me colocar agora e tentar destrinchar as relações existentes entre a *parresía* e a democracia, digamos simplesmente: o problema do dizer-a--verdade na democracia.

O campo nocional – sempre nessa peça, *Íon*, não vou demorar a deixá-la de lado, fiquem sossegados – a que essa noção é associada precisa ser recordado um pouco. Vocês se lembram que, quando Íon proferiu sua grande fala, ela terminava precisamente com esta afirmação: como quer que seja, quero voltar para Atenas, mas não quero voltar sem saber quem é minha mãe. Preciso saber quem é minha mãe, porque se não sei quem é minha mãe não terei a *parresía* em Atenas. Nessa grande fala que explicamos há quinze dias, essa necessidade, essa precisão expressa por Íon de ter a *parresía* estava ligada a algumas coisas. Primeiro: a vontade de Íon de estar na primeira fileira entre os cidadãos. Ele emprega a expressão "*prôton zugòn*", que quer dizer a primeira fileira[2]. E por "primeira fileira", mais uma vez, deve-se entender muito precisamente, não exatamente ser o primeiro na frente de todos os outros, mas sim: estar no pequeno grupo de pessoas que constituem a primeira fileira dos cidadãos. Deve-se ter em mente, a meu ver, a imagem da linha de soldados, à frente dos outros. É um conjunto de indivíduos que estará lá, na primeira fileira. Ele quer ter a *parresía* para poder estar nessa "primeira fileira".

Segundo, essa vontade de ter a *parresía* estava ligada, nessa fala, a uma classificação interessantíssima dos cidadãos, que não se fazia, como numa outra peça de Eurípides[3], em função da riqueza, mas em função do problema da *dýnamis* (da força, do poder exercido, do exercício do poder). E distinguia três categorias de cidadãos: os *adýnatoi* (os que não têm força, os que não exercem o poder e que são, *grosso modo*, a gente do povo); em segundo lugar, os que são ricos e de suficientemente bom nascimento para se ocupar dos negócios, mas que não se ocupam; e, enfim, em terceiro lugar, os que efetivamente se ocupam da cidade[4]. Os primeiros, portanto, são os impotentes. Os segundos são os *sophoí* (os sábios). E os outros, bem, são os que são poderosos, por se ocuparem da cidade. É claro que a *parresía* concerne a essa terceira categoria, pois, por um lado, os que são incapazes, impotentes, não têm por que tomar a palavra; quanto aos que não se ocupam dos negócios da cidade, o texto diz claramente que se calam. E, se eles se calam, pois bem, por consequência não utilizam a *parresía*. A *parresía* diz respeito portanto aos que se ocupam da cidade.

Enfim, terceiro, nesse mesmo texto era evidente que esse uso da *parresía* supunha uma série de problemas, ou antes, expunha quem recorrera à *parresía* a certo número de riscos e perigos: o ódio da gente do povo, o ódio dos *adýnatoi* (dos impotentes); a zombaria dos *sophoí* (dos sábios); e, enfim, a rivalidade e a inveja dos que se ocupam da cidade. De modo que podemos dizer que a *parresía* caracteriza certa posição de certos indivíduos na cidade, posição que, vocês estão vendo, não é definida simplesmente pela cidadania nem pelo estatuto. Ela é caracterizada, muito mais, eu diria por uma dinâmica, por uma *dýnamis*, por certa superioridade que também é uma ambição e um esforço para se ver numa posição tal que se possa dirigir os outros. Essa superioridade não é, em absoluto, idêntica à de um tirano, tirano esse que exerce o poder de certo modo sem rivais, ainda que tenha inimigos. Essa superioridade ligada à *parresía* é uma superioridade que se compartilha com outros, mas que se compartilha com outros sob a forma da concorrência, da rivalidade, do conflito, da liça. É uma estrutura agonística. Para mim, a *parresía* está ligada, muito mais que a um estatuto, embora implique um estatuto, a uma dinâmica e a um combate, a um conflito. Estrutura dinâmica e estrutura agonística da *parresía*.

Ora, como vocês veem, nesse campo agonístico, nesse processo dinâmico pelo qual um indivíduo vai de certo modo se mudar para o interior da cidade a fim de nela ocupar a primeira fileira, nessa liça perpétua com seus iguais, nesse processo em que se afirma a preeminência dos primeiros cidadãos no interior do campo agonístico, a *parresía* é explicitamente, sempre nesse texto, associada a um tipo de atividade designado como *pólei kaì lógo khrestaì*[5]. *Pólei khrestaì* é se ocupar da cidade, encarregar-se dos seus negócios. *Lógo khrestaì* é se servir do discurso, mas do discurso sensato, do discurso de verdade. Creio por conseguinte que podemos resumir isso tudo dizendo que a *parresía* é algo que vai caracterizar muito menos um estatuto, uma posição estática, um caráter classificatório de certos indivíduos na cidade, do que uma dinâmica, um movimento que, para além do pertencimento puro e simples ao corpo dos cidadãos, coloca o indivíduo numa posição de superioridade, posição de superioridade em que ele vai poder se ocupar da cidade na forma e pelo exercício do discurso verdadeiro. Falar a verdade para dirigir a cidade, numa posição de superioridade em que se está em liça perpétua com os outros, é isso, a meu ver, que está associado ao jogo da *parresía*.

Pois bem, voltemos agora, se vocês quiserem, ao texto de Políbio, esse texto que caracterizava a democracia por isegoria e *parresía*. Parece-me que o que acabo de lhes lembrar tão longamente a propósito de *Íon* e que a peça diz explicitamente a propósito da *parresía* nos permite explicar a curiosíssima justaposição de isegoria e *parresía* como características fundamentais, para Políbio, da verdadeira democracia. O que é a isegoria? A isegoria é o direito de falar, o direito estatutário de falar. É o fato de que, em função do que é a constituição da cidade (sua *politeía*), cada um tem o direito de dar sua opinião, mais uma vez, seja para se defender nos tribunais, seja pelo voto, seja até, eventualmente, tomando a palavra. Esse direito de palavra é constitutivo da cidadania, ou também é um dos elementos da constituição da cidade. A *parresía*, por sua vez, está bem ligada tanto à *politeía* (à constituição da cidade) como à isegoria. É evidente que não pode haver *parresía* se não há esse direito de os cidadãos tomarem a palavra, darem sua opinião por meio do voto, testemunhar na justiça, etc. Portanto, para que haja *parresía*, é necessária essa *politeía* que dá a cada um o direito igual de falar (a isegoria). Mas a *parresía* é algo diferente. Não é simplesmente o direito constitucional de tomar a palavra. É um elemento que, no interior desse âmbito necessário da *politeía* democrática que dá a todos o direito de falar, permite que os indivíduos adquiram certa ascendência uns sobre os outros. Ela é o que permite a certos indivíduos estar dentre os primeiros e, dirigindo-se aos outros, lhes dizer o que pensam, o que pensam ser verdade, o que pensam verdadeiramente ser verdade – é isso *khrestaì lógo* – e, com isso, dizendo a verdade, persuadir o povo com bons conselhos e assim dirigir e se ocupar da cidade. A isegoria define simplesmente o marco constitucional e institucional em que a *parresía* vai atuar como sendo livre e, consequentemente, corajosa atividade de alguns que se adiantam, tomam a palavra, tentam persuadir, dirigem os outros, com todos os riscos que isso comporta.

Bem, se insisti tanto tempo sobre esse jogo da *parresía* e se li de forma tão arrastada esse texto de *Íon*, foi porque, acho, nele vemos com clareza a maneira como se separam, se distinguem e se amarram dois conjuntos de problemas. [Primeiro,] o conjunto dos problemas que podemos chamar de problemas de *politeía*: da constituição, do marco que define o estatuto dos cidadãos, seus direitos, a maneira como eles tomam suas decisões, a maneira como escolhem seu chefe, etc. E, em segundo lugar, o conjunto dos problemas que poderíamos chamar de problemas da *dynasteía*, para distingui-los do da *politeía*. A palavra grega *dynasteía* designa o poder, o exercício do poder – mais tardiamente adquirirá o sentido de oligarquia, vocês vão ver por quê. Mas vamos considerá-la em seu sentido mais geral: é, em suma, o exercício do poder, ou o jogo pelo qual o poder se exerce efetivamente numa democracia. Os problemas da *politeía* são os problemas da constituição. Eu diria que os problemas da *dynasteía* são os problemas do jogo político, isto é: da formação, do exercício, da limitação, da garantia também dada à ascendência exercida por certos cidadãos sobre alguns outros[6]. A *dynasteía* também é o conjunto dos problemas de procedimentos e técnicas pelos quais o poder se exerce (essencialmente, na democracia grega, na democracia ateniense: o discurso, o discurso verdadeiro, o discurso verdadeiro que persuade). Enfim, o problema da *dynasteía* é o problema do que é, em si, em seu personagem próprio, em suas qualidades, em sua relação consigo mesmo e com os outros, no que ele é moralmente, em seu *éthos*, o político. A *dynasteía* é o problema do jogo político, das suas regras, dos seus instrumentos, do indivíduo que o exerce. É o problema da política – eu ia dizer como experiência, isto é, da política entendida como certa prática, tendo de obedecer certas regras, indexadas de uma certa maneira à verdade, e que implica, de parte de quem joga esse jogo, certa forma de relação consigo mesmo e com os outros.

Parece-me que o que vemos nascer em torno dessa noção de *parresía* ou, se vocês preferirem, o que está associado a essa noção de *parresía* é todo um campo de problemas políticos distintos dos problemas da constituição, da lei, digamos, da própria organização da cidade. Esses problemas da constituição da cidade, esses problemas da *politeía* existem. Têm sua própria forma, implicam certo tipo de análise e produziram, estão no ponto de origem de toda uma forma de reflexão política sobre o que é a lei, sobre o que é a organização de uma sociedade, sobre o que deve ser o Estado. Em segundo lugar, os problemas da *dynasteía*, os problemas do poder são, no sentido estrito, problemas da política, e nada me parece mais perigoso do que esse célebre deslizamento da política ao político no masculino ("o" político), que em muitas análises contemporâneas[7] me parece servir para mascarar o problema e o conjunto dos problemas específicos que são os da política, da *dynasteía*, do exercício do jogo político e do jogo político como campo de experiência com suas regras e sua normatividade, como experiência na medida em que esse jogo político é indexado ao dizer-a-verdade e na medida em que implica da parte dos que o jogam certa relação com [si] mesmo e com os outros. É isso a política, e me parece que o problema da política (da sua racionalidade, da sua relação com a verdade, do personagem que a pratica), nós vemos nascer em torno dessa questão da *parresía*. Ou digamos ainda que a *parresía* é muito precisamente uma noção que serve de articulação entre o que é a *politeía* e o que é a *dynasteía*, o que pertence ao problema da lei e da constituição, e o que pertence ao problema do jogo político. A *parresía* é algo cujo lugar é definido e garantido pela *politeía*. Mas a *parresía*, o dizer-a-verdade do político é aquilo por que vai ser assegurado o jogo conveniente da política. É nesse ponto de articulação que se encontra, me parece, a importância da *parresía*. Em todo caso, me parece que encontramos aí o arraigamento de uma problemática que é a das relações de poder imanentes a uma sociedade e que, diferente do sistema jurídico-institucional dessa sociedade, faz que ela seja efetivamente governada. Os problemas da governamentalidade, nós vemos aparecer, nós vemos serem formulados – pela primeira vez em sua especificidade, em sua relação complexa, mas também em sua independência em relação à *politeía* – em torno dessa noção de *parresía* e do exercício do poder pelo discurso verdadeiro.

Dito isso, gostaria agora de me deslocar em relação a esse texto de *Íon* e passar à análise de alguns outros textos que vão nos permitir avançar um pouco no que poderíamos chamar, se vocês permitirem, de "genealogia da política como jogo e como experiência". Gostaria primeiro de aproximar o texto de *Íon* de alguns outros textos de Eurípides, sobre os quais passarei muito mais rapidamente, em que também se trata da *parresía* e em que o próprio uso da palavra *parresía* permite ao mesmo tempo confirmar certo número de coisas que disse a propósito de *Íon* e também fazer surgir outros temas ou outros problemas. Há nos textos de Eurípides que nos restam quatro outros usos da palavra *parresía*, quatro outros textos em que a palavra *parresía* é empregada.

Primeiro, numa peça chamada *As fenícias*, na qual Eurípides apresenta a célebre dinastia edipiana (a de Etéocles e de Polinices) e em que, segundo os dados ou a intriga que ele adota, Polinices representa *grosso modo* a democracia, a posição do democrata; Etéocles em contrapartida a posição do tirano. E, sempre de acordo com a intriga que ele adota, Jocasta continua viva. Depois da descoberta do drama edipiano, ela ainda está ali, viva. E está ali entre seus dois filhos, o da democracia e o da tirania. A intriga diz que Polinices, que está no exílio, que foi expulso de Tebas – enquanto Etéocles ficou e exerce o poder na cidade – encontra Jocasta. Jocasta encontra seu filho Polinices e o interroga sobre o que é ser exilado. "Ser privado da sua pátria é um grande mal?", pergunta Jocasta. E Polinices responde: "Muito grande. A palavra é inferior à coisa." Jocasta: "Em que consiste esse mal, o que o exílio tem de ruim?" Polinices: "O pior inconveniente": *oukh ékhei parresían* (ele não tem a *parresía*; "ele tira a fala franca", diz a tradução). Jocasta: "É próprio de um servo calar seu pensamento (*mè légein há tis phroneî*)." Polinices: "Do amo há que saber suportar as tolices" (portanto, quando se está no exílio não se tem a *parresía*). Jocasta acrescenta: "Outro sofrimento, ser louco com os loucos!", em todo caso não poder ser sábio quando se está sob o poder dos que não são sábios (*toîs mè sophoîs*)⁸. Mais uma vez, não quero insistir muito sobre essa passagem, gostaria simplesmente de indicar o seguinte: vocês estão vendo que temos aí – o que já estava perfeitamente claro no texto de *Íon* – a designação de um vínculo necessário entre a *parresía* e o estatuto de um indivíduo. Quando um indivíduo é expulso da sua cidade, quando não está mais em casa, quando por conseguinte está exilado, onde ele está exilado não pode evidentemente ter os direitos de um cidadão em sua pátria, não tem *parresía*. Outra coisa também, que não encontrávamos em *Íon*, é que a partir do momento em que você não tem a *parresía*, você é como que um escravo (*doûlos*)⁹. Mas há algo de novo em relação a *Íon*, que é o seguinte: é que, quando você não tem *parresía*, você, diz o texto, é obrigado a suportar a tolice dos amos. E nada mais duro do que ser louco com os loucos, ser tolo com os tolos. Essa menção ao fato de que sem *parresía* estamos de certo modo submetidos à loucura dos amos quer dizer o que e mostra o quê? Pois bem, mostra que a *parresía* tem por função justamente poder limitar o poder dos amos. Quando há *parresía* e o amo está presente – o amo que é louco e que quer impor sua loucura –, o que faz o parresiasta, o que faz quem pratica a *parresía*? Pois bem, justamente, ele se levanta, se endireita, toma a palavra, diz a verdade. E, contra a tolice, contra a loucura, contra a cegueira do amo, ele vai dizer a verdade e, por conseguinte, limitar com isso a loucura do amo. A partir do momento em que não há *parresía*, os homens, os cidadãos, todo o mundo está fadado a essa loucura do amo. E nesse momento nada é mais doloroso do que ser obrigado a ser louco com os loucos. A *parresía* vai ser portanto a limitação da loucura do amo pelo dizer-a--verdade daquele que deve obedecer, mas que, diante da loucura do amo, se encontra legitimado a lhe opor a verdade.

O segundo texto em que encontramos o termo *parresía* é um texto da tragédia *Hipólito*. É no fim das confissões de Fedra, no início da peça. Fedra confessa a falta, ou antes, o amor que tem por Hipólito. Ela confessa, vocês sabem, à sua criada, a que se tornará Enona na tragédia de Racine. Chega um momento em que, depois de ter confessado, ela reconhece, de certo modo sela a consciência da sua falta e lança a maldição contra todas as mulheres que desonram sua cama¹⁰. E justifica essa maldição de três maneiras. Primeiro argumento: porque as mulheres que desonram assim seu leito dão o mau exemplo; e, se as mulheres nobres não hesitarem em praticar essa vergonha, pois bem, com maior razão as outras também o farão¹¹. Segundo argumento: como olhar nos olhos o companheiro, o esposo que você engana? As próprias trevas poderiam falar. É preciso temer a desonra manifesta, pública, que você faz seu esposo sofrer[12]. E, enfim, terceiro: o problema dos filhos. Ela diz: "Ah, possam com a fala franca (*parresía*) do homem livre habitar a ilustre Atenas e se vangloriar de sua mãe! Porque, ainda que tenha um coração destemido, é escravo o homem quando tem consciência das faltas de uma mãe ou de um pai."[13] O que quer dizer que a *parresía*, num caso como esse, aparece como um direito que se pode exercer, mas também que só se pode exercer se os pais não cometeram nenhuma falta. Que tipo de falta? Não se trata em absoluto desse gênero de falta que poderia tirar o estatuto de cidadão de alguém, que poderia marcá-lo com uma infâmia legal, ele e seus descendentes. É uma falta moral. O simples fato de que alguém, um filho, possa ter consciência, diz o texto, das faltas de uma mãe ou de um pai o torna escravo. Quer dizer, mais uma vez, de acordo com o princípio de que, para um homem nobre, não poder falar é ser escravo, pois bem, a consciência da falta do pai ou da mãe basta para tornar um homem escravo e lhe tirar a fala franca. Aí está perfeitamente claro que a *parresía* não é simplesmente dada pelo estatuto. Se bem que seja de fato necessário o estatuto de cidadão para ter a *parresía*, existe algo mais: a qualidade moral dos ascendentes, as qualidades morais da família – e, por conseguinte, a dos descendentes também – se encontram implicadas. É uma qualificação pessoal que é necessária para poder desfrutar da *parresía*.

O terceiro texto está em *As bacantes*, [onde] encontramos um uso da palavra *parresía* mais marginal ainda do que nos textos precedentes, mas que mesmo assim é interessante. A palavra é empregada por um mensageiro, desta vez, quer dizer um servidor que vem trazer a Penteu notícias desagradáveis que tem para ele a propósito dos excessos que as bacantes cometem. E então o servidor chega diante de Penteu e diz o seguinte: gostaria de saber se devo com toda franqueza (*parresía*) te dar essas notícias (sobre os excessos das bacantes) ou se devo moderar minha língua[14]. Porque "temo a exaltação do teu ânimo, ó Príncipe, temo tua pronta cólera e o excesso do teu humor real!". Ao que Penteu responde: "Podes falar: não tens nada a temer de mim. Um não se deve voltar contra quem cumpre com seu dever."[15] E, de fato, as bacantes é que serão punidas. Vocês têm aí, então, um uso da palavra *parresía* que, desta vez, não se refere ao estatuto do governante, ou do homem que, entre os primeiros cidadãos, se adianta, toma a palavra, convence e dirige os outros. É a *parresía* do servidor, mas justamente do servidor que está numa situação um pouco análoga àquela [em que] se via Creusa. Ele é fraco, está diante de alguém mais poderoso que ele e, nessa medida, assume um risco. Ele assume o risco de provocar a cólera daquele a quem se dirige e não quer, esse servidor, dizer o que tem a dizer, se não estiver certo de que a franqueza com a qual dirá isso (sua *parresía*) não será punida. Ele quer a garantia de não ser punido, para poder fazer uso da sua *parresía*. E Penteu responde, como soberano sábio que é: o que me preocupa é saber a verdade, e você nunca será punido por ter me dito a verdade. Pode falar, não tem nada a temer de mim, "um não se deve voltar contra quem cumpre com seu dever". O servidor que diz a verdade cumpre com o seu dever. Penteu lhe garante que não será punido. É o que poderíamos chamar, vamos dizer, de pacto parresiástico: o poderoso, se quiser governar como deve, terá de aceitar que os mais fracos que ele lhe digam as verdades, mesmo que sejam desagradáveis.

Enfim, o quarto texto, mais importante sem dúvida que os três precedentes e em que a palavra *parresía* também é empregada, é a tragédia de *Orestes*, nos versos 866 e seguintes. Nessa peça, e nesse momento do seu desenrolar, de que se trata? Orestes matou Clitemnestra para vingar a morte de Agamêmnon. Depois do assassinato de sua mãe, Orestes foi capturado pelos argianos e pelos que tomavam partido de Clitemnestra. Orestes é levado ao tribunal, quer dizer, mais exatamente, à assembleia dos cidadãos de Argos. E os cidadãos de Argos têm de julgá-lo. Eles têm de julgá-lo, e eis como o processo é contado na peça por um mensageiro que traz a notícia a Electra: "Quando a multidão dos argianos se completou, um arauto levantou-se e disse: 'Quem pede a palavra, para dizer se Orestes merece ou não a morte como parricida?' [que é exatamente a fórmula empregada ante a *ekklesía* ateniense quando se tratava de julgar alguém por um crime tão grave quanto esse. Fórmula ritual, portanto de: quem quer tomar a palavra? Então, vão se levantar sucessivamente quatro personagens; M.F.] Dito isso, levanta-se Taltíbio, que havia ajudado teu pai [Agamêmnon; M.F.] no saque da Frígia [Taltíbio é, em Homero, o arauto de Agamêmnon, aquele que porta a voz dos poderosos, aquele que fala por eles; M.F.]. Sempre submisso aos poderosos, falou com duplicidade: extasiando-se sobre teu pai, e ao mesmo tempo desaprovando teu irmão – num discurso em que a recriminação se misturava ao elogio – por ter um comportamento odioso com os pais; e seu olho não cessava de sorrir para os amigos de Egisto. Porque essa corja [a dos arautos; M.F.] é assim: os arautos sempre correm para os favorecidos pela fortuna; é amigo deles quem quer que na cidade tenha poder e ocupe magistraturas. Depois dele falou o rei Diomedes [Diomedes que, em Homero, é ao mesmo tempo o herói da coragem e o herói do bom conselho; M.F.]. Ele rejeitou a pena de morte para ti [Electra; M.F.] e para teu irmão [Orestes; M.F.]; uma condenação ao exílio lhe pareceu satisfazer à piedade. Uns aplaudiram, gritando que ele tinha razão, outros o desaprovaram. Levantou-se então certo personagem, de língua desenfreada, poderoso por sua audácia, um argiano sem o ser, que entrara à força na cidade, confiando no brilho do seu verbo [vocês vão ver: creio que é um pequeno contrassenso que a tradução comete; M.F.] e na grosseria da sua *parresía*, suficientemente persuasivo para conduzir um dia os cidadãos a algum desastre. Ele aconselhou vos matar, a Orestes e a ti, a pedradas; e Tíndaro sugeriu aos que pediam vossa morte que fizessem sua essa proposta. Mas outro se levantou para combatê-lo [ao da língua desenfreada; M.F.]. Sua aparência não agradava à vista, mas era um valoroso [um homem corajoso: *andreîos*; M.F.], sem grande contato com a cidade e o círculo da praça pública, um lavrador (*autourgós*), dos que são, por si sós, a salvação do país, aliás de inteligência aguda, preparado para o corpo a corpo das lutas oratórias, homem íntegro, de conduta irrepreensível: 'Para Orestes, filho de Agamêmnon, eu peço uma coroa', diz ele, 'porque ele quis vingar seu pai, matando uma mulher culpada e ímpia, que tirava dos homens gloriosos o desejo de armar seu braço e fazer campanha longe de casa, se os da retaguarda desonram as guardiãs do lar, corrompendo as esposas dos bravos.' E as pessoas de bem lhe davam razão."[16] As pessoas de bem lhe davam razão, mas vocês vão ver que a coisa não fica nisso.

Temos aí portanto a imagem típica, a representação fiel de um processo com as fórmulas rituais, reconhecidas. Temos quatro oradores que vão, precisamente, tomar a palavra (*lógo khrestaì*: servir-se do logos)[17]. Primeiro, Taltíbio, o arauto portanto, isto é, o porta-voz oficial, aquele que transmite as mensagens, que fala em nome dos que exercem o poder. Embaixador no estrangeiro, porta-voz na cidade, etc. Por definição sua palavra não é livre, já que ele tem por função precisamente portar a voz dos que já exercem o poder. Por conseguinte, não é ele que pode, em seu próprio nome, por si próprio, se levantar e dizer: vou dar minha opinião, penso o seguinte. Sua palavra é serva, sua palavra é obediente, sua palavra é a do poder já constituído. É curioso que o texto não diga o que ele dá como opinião à assembleia. O texto diz simplesmente que suas palavras são *dikhómyta*[18]: são palavras dúplices, palavras que podem satisfazer a dinastia de Agamêmnon, Orestes e Electra, etc., porque ainda são poderosos; mas é necessário agradar também a Egisto. E, por conseguinte, essa opinião, cujo teor também não conhecemos, será uma *dikhómythos* (palavra dúplice).

Diante dele, temos Diomedes, que também é um herói da Ilíada, herói mítico que representa um modelo de coragem e um exemplo de eloquência arrebatador. Ele – aí a oposição é bem nítida, muito interessante, ao personagem precedente – vai dar uma opinião que é comedida. Enquanto um emprega uma linguagem dúplice, Diomedes vai dar de certo modo a via média, a via comedida entre os dois extremos. Enquanto [um] oferece de certo modo os dois extremos e superpõe as duas opiniões para satisfazer todo o mundo, Diomedes vai tomar a via média. Entre os partidários da absolvição e os partidários da condenação à morte, ele vai propor a decisão comedida, a decisão sábia, que é a do exílio. Enquanto as *dikhómytha* de Taltíbio são feitas para satisfazer todo o mundo, a palavra média e comedida de Diomedes vai, ao contrário, dividir o auditório em dois. E haverá, diz o texto, os que o aprovam e os que o criticam. Um quer ser aprovado por todo o mundo, é o lisonjeador, claro. Mas há os que, tomando a via média, dividem a assembleia [entre] os que aprovam e os que criticam.

São dois personagens homéricos, dois personagens saídos da lenda. Os dois personagens seguintes são, ao contrário, tirados diretamente da história de Atenas na época em que a peça foi escrita. E a peça, voltaremos a esse ponto daqui a pouco, foi escrita em 408, isto é, dez anos depois de *Íon*, dez anos [durante os quais] justamente o problema da *parresía*, o problema da *politeía* e da *dynasteía*, o problema do exercício do poder na constituição ateniense adquiriram uma dimensão, uma intensidade e uma dramaticidade novas. Em todo caso, eis-nos em presença de dois personagens que são como que a réplica e a repetição civil – eu ia dizendo: burguesa –, contemporânea, dos dois personagens homéricos (o herói e o arauto, Diomedes e Taltíbio). O que é a réplica deles?

O da linguagem desenfreada, o escoliasta – e a tradição grega dizia que esse personagem de linguagem desenfreada era a reprodução, a caricatura do célebre demagogo que se chamava Cleofonte[19] –, como esse personagem é caracterizado? Ele é caracterizado por sua violência e por sua audácia. É caracterizado pelo fato de que é um argiano/não argiano, e que foi imposto à força na cidade. Voltamos a encontrar o problema: o verdadeiro parresiasta, aquele que utiliza a boa *parresía* deve ser um cidadão pleno, deve ser um cidadão de cepa. Deve ser, como na dinastia de Erecteu, natural da cidade. Esses personagens que obtiveram um direito de cidadania tardiamente, que foram assimilados *a posteriori*, sem que sua família pertencesse ao corpo dos cidadãos, esses não podem exercer verdadeiramente, como manda o figurino, convenientemente, a *parresía*. Terceira característica, sua *parresía* é *amathés*, diz o texto, isto é: não instruída, grosseira, tosca[20]. É uma *parresía* que, se é *amathés*, não está indexada à verdade. Ela não é capaz de se formular num logos sensato e que diga a verdade. O que ela pode fazer simplesmente? Pois bem, diz o texto, ela é capaz de persuadir (*pithanós*)[21]. Ela pode agir sobre os ouvintes, pode arrebatá-los, pode vencer uma decisão. Mas não arrebata por dizer a verdade. Não sabendo dizer a verdade, ela arrebata por certo número de procedimentos que são os da lisonja, da retórica, da paixão, etc. É isso que vai levar ao desastre.

Quanto ao quarto personagem, também manifestamente contemporâneo, a quem não foi dado nome porque é um personagem típico, um personagem social, se vocês preferirem, sua característica é notável. Primeiro, é alguém que não tem uma aparência lisonjeira. Não é portanto para o seu físico, para o seu prestígio físico que ele vai poder apelar. Em compensação, tem a seu favor o quê? *Andreîos*: é corajoso. Coragem que se refere a duas coisas: por um lado, como mostra o texto, é a coragem física, aquela coragem do soldado, daquele que é capaz de defender sua terra (está dito no texto); também está pronto para participar das lutas oratórias. Quer dizer, é uma coragem militar contra os inimigos, é também uma coragem cívica diante dos rivais, diante dos inimigos internos da cidade, diante dos que estão sempre prontos para bajular o populacho. Segunda característica, ele é *akéraios*[22], ou seja, é puro, sem nódoa, é irrepreensível também. E isso se refere ao mesmo tempo à integridade dos seus costumes e à preocupação que tem com a justiça. Enfim, ele é *xynetós*, é prudente[23]. Temos aí, na prudência (qualidade intelectual), a qualidade moral e a qualidade da coragem, as três virtudes fundamentais tradicionalmente reconhecidas. Mas a essas três virtudes, que proporcionam a verdadeira *parresía*, se soma uma caracterização social e política interessante. O texto, vocês se lembram, diz desse homem, dotado assim de todas as virtudes, primeiro [que] vai muito pouco à cidade e muito pouco à ágora. Quer dizer, ele nem sempre está presente, sentado lá, querendo o tempo todo dar e impor sua opinião, perdendo-se e perdendo tempo em discussões indefinidas. Segundo, é um *autourgós*: alguém que trabalha com as próprias mãos. Não é de modo algum, se vocês preferirem, um operário agrícola, nem um serviçal, mas um pequeno lavrador que pega no arado, que tem uma terra, um lotezinho que ele cultiva e pelo qual luta. É o que o mensageiro menciona no texto quando diz: pertence a essa categoria de gente que salva sua terra (*gê*). Temos então oposição entre ágora e *gê*: ágora, o lugar da discussão política não raro estéril, com liças perigosas; e *gê*, a terra que se cultiva, que é a própria riqueza do solo e pela qual se está pronto para lutar. E que esse *autourgós*, esse pequeno camponês capaz de lutar por sua terra, é de fato a referência política positiva de Eurípides – referência, é claro, à guerra do Peloponeso e a todas as lutas que ocorreram –, [isso] é confirmado pelo argumento essencial que esse *autourgós* vai dar a favor de Orestes: matando Clitemnestra, Orestes vingou todos os soldados cujas mulheres os enganam quando eles partem para a guerra. Pode-se pensar que esse argumento, comparativamente ao que podia ser dito a propósito de Orestes na tradição da tragédia grega, e em particular em Ésquilo, talvez seja um pouco terra a terra. Apesar disso, é muito interessante, na medida em que, como vemos, é designada assim uma categoria de pequenos proprietários rurais que eram precisamente aqueles para os quais todo um movimento político, importantíssimo em Atenas naquele momento, queria reservar o exercício efetivo do poder. Que a *dynasteía* na cidade, que esse exercício real do poder não seja confiado aos que vagueiam o dia inteiro na ágora ou passeiam pela cidade, mas que essa *dynasteía* seja efetivamente reservada aos *autourgoí*, aos que trabalham com as próprias mãos sua terra e estão prontos para defender a cidade, é o que Eurípides mostra, indica claramente nesse trecho. Aliás, era em torno disso que giravam na época muitos projetos de reformas, que poderíamos chamar de reacionários, contra a democracia ou a demagogia atenienses. Era em particular o caso do projeto de reforma de Teramenes[24].

Ora, observem bem o seguinte – e vou fazer uma pausa aqui, depois dessa confrontação dos quatro personagens (os dois personagens míticos, por um lado, e os dois personagens, digamos, atuais: o demagogo e o pequeno proprietário) –, o que vai acontecer e como a assembleia vai decidir? Assim, o *autourgós* acaba de falar. "As pessoas de bem lhe davam razão. Ninguém mais pediu a palavra."[25] Então Orestes se adianta e faz ele mesmo a sua defesa. Eis agora o desfecho e o veredicto. Orestes "não persuadiu a multidão, apesar de lhe darem razão. A vitória foi para o outro, para o vil orador que, dirigindo-se ao populacho, pedia a morte de teu irmão e de ti"[26]. Assim, Orestes foi condenado à morte. Por quê? Pois bem, porque a vitória foi dada ao mau orador, ao que fazia uso de uma *parresía* não instruída, de uma *parresía* não indexada ao logos de razão e de verdade. E é essa vitória que ressalta, nessa peça que, repitamos, foi escrita e representada dez anos depois de *Íon*, a face ruim da *parresía*, seu perfil sombrio e negro. Essa *parresía*, Íon tinha por muito tempo buscado e sem ela não queria voltar a Atenas, pois ela devia fundar a democracia, democracia que devia por sua vez abrir espaço para a *parresía*. Pois bem, eis que agora esse círculo positivo, esse círculo constitutivo da boa democracia, entre a *parresía* e a constituição da cidade, esse círculo está agora se desfazendo. O vínculo *parresía*/democracia é um vínculo problemático, um vínculo difícil, um vínculo perigoso. Uma má *parresía* está invadindo a democracia. É esse problema da ambiguidade da *parresía*, que é posta assim nesse texto, que eu gostaria de abordar daqui a pouco.

*

NOTAS

1. "Não seria possível encontrar um regime e um ideal de igualdade, de liberdade, numa palavra, de democracia mais perfeito que entre os aqueus (*isegorías kaì parresías kaì kathólou demokratias alethinês sýstema kaì proairesin eilikrinestéran ouk àn heúroi tis tês parà toîs Akaioîs hyparkhoúses*)" (Políbio, *Histoires*, l. II, trad. fr. P. Pédech, Paris, Les Belles Lettres, 1970, 38, 6, p. 83). Cf. a primeira menção a essa passagem na aula de 12 de janeiro, *supra*, p. 68.

2. Eurípides *Ion*, verso 595, *in Tragédies*, t. III, trad. fr. H. Grégoire, ed. cit., p. 208.

3. Eurípides, *Les Suppliantes*, versos 238 a 245, *in Tragédies*, t. III, trad. fr. H. Grégoire, ed. cit., p. 112.

4. Eurípides, *Ion*, versos 597-602, ed. cit., p. 208.

5. *Id.*, versos 602-603.

6. Podemos lembrar aqui o projeto sugerido por Foucault em setembro de 1972 de uma "dinástica do saber" (estudo da "relação existente entre esses grandes tipos de discurso que podem ser observados numa cultura e as condições históricas, as condições econômicas, as condições políticas do seu aparecimento e da sua formação") ("De l'archéologie à la dynastique", *in Dits et Écrits*, II, n.º 119, p. 406).

7. Essa distinção é particularmente trabalhada por Claude Lefort, por exemplo em "Permanence du théologico-politique?" (1981) e "La Question de la démocratie" (1983). Esses textos serão publicados em *Essais sur le politique*, Paris, Le Seuil, 1986.

8. Eurípides, *Les Phéniciennes*, versos 388-394, *in Tragédies*, t. V, trad. fr. H. Grégoire & L. Méridier, Paris, Les Belles Lettres, 1950, p. 170.

9. "É próprio de um servo (*doúlou tód' eîpas*) calar seu pensamento" (*id.*, verso 392).

10. "Pereça tragicamente a primeira que ousar desonrar seu leito com estrangeiros!" (Eurípides, *Hippolyte*, versos 407-409, *in Tragédies*, t. II, trad. fr. L. Méridier, ed. cit., p. 45).

11. "Foi nas casas nobres que esse mal surgiu entre as mulheres. Quando a desonra é aprovada pelos grandes, uma coisa é certa: os plebeus a considerarão honrada" (*id.*, versos 409-412).

12. "Como elas podem, soberana Cipris, deusa do mar, encarar seu companheiro de cama, sem temer que as trevas cúmplices e o teto da morada não adquiram voz um dia?" (*id.*, versos 415-418).

13. *Id.*, versos 421-423.

14. Eurípides, *Les Bacchantes*, verso 668, *in Tragédies*, t. VI², trad. fr. H. Grégoire, Paris, Les Belles Lettres, 1968, p. 269.

15. *Id.*, versos 669-673.

16. Eurípides, *Oreste*, versos 884-930, *in Oeuvres complètes*, t. VI, trad. fr. F. Chapouthier & L. Méridier, Paris, Les Belles Lettres, 1973, pp. 67-9.

17. "O arauto levantou-se e disse: 'Quem pede a palavra (*tís khréizei légein*)'" (*id.*, verso 885, p. 67).

18. "Sempre submetido aos poderosos, falou com duplicidade (*dikhómytha*)" (*id.*, versos 889-890, p. 68).

19. Sobre esse personagem, "hábil retórico, de origem trácia por parte de mãe e fraudulentamente inscrito, dirá Ésquino, no rol dos cidadãos", cf. a "Notice" de *Oreste*, ed. cit., p. 8.

20. "Confiante no brilho do seu verbo e na grosseria da sua fala franca (*kamatheî parresíai*)" (Eurípides, *Oreste*, verso 905, ed. cit., p. 68).

21. "Bastante persuasivo (*pithanós*) para mergulhar um dia os cidadãos em algum desastre" (*id.*, verso 906).

22. "Homem íntegro (*akéraios*), de conduta irrepreensível" (*id.*, verso 922).

23. "Aliás, de inteligência sensata (*xynetós de*)" (*id.*, verso 921).

24. Político ateniense, Teramenes era um dos líderes conservadores hostis a Péricles. Após o golpe de Estado de 411, participa da redação da nova constituição.

25. Eurípides, *Oreste*, verso 931, ed. cit., p. 69.

26. *Id.*, versos 943-945, p. 70.

AULA DE 2 DE FEVEREIRO DE 1983
Segunda hora

O retângulo da parresía: *condição formal/condição de fato/condição de verdade/condição moral.* – *Exemplo do funcionamento correto da* parresía *democrática em Tucídides: três discursos de Péricles.* – *A má* parresía *em Isócrates.*

Gostaria agora de evocar rapidamente o problema do que poderíamos chamar de alteração da *parresía*, ou alteração das relações entre a *parresía* e a democracia. Para apresentar as coisas de forma um pouco esquemática e compreender esse processo, poderíamos falar, se vocês preferirem, de uma espécie de retângulo constitutivo da *parresía*.

Num vértice do retângulo, poderíamos pôr a democracia, entendida como igualdade concedida a todos os cidadãos, e por conseguinte liberdade dada a cada um deles de falar, de opinar, de participar assim das decisões. Não haverá *parresía* sem essa democracia. Segundo vértice do retângulo: o que poderíamos chamar de jogo da ascendência ou da superioridade, isto é, o problema dos que, tomando a palavra diante dos outros, acima dos outros, se fazem ouvir, persuadem, dirigem e exercem o comando sobre esses outros. Polo da democracia, polo da ascendência. Terceiro vértice do retângulo: o dizer-a-verdade. Para que haja uma *parresía*, uma boa *parresía*, não basta simplesmente haver uma democracia (condição formal), não basta simplesmente haver uma ascendência que é, se vocês preferirem, a condição de fato. É preciso, além disso, que essa ascendência e essa tomada de palavra sejam exercidas em referência a certo dizer-a-verdade. É preciso que o logos que vai exercer seu poder e sua ascendência, o logos que vai ser empregado pelos que exercem sua ascendência sobre a cidade seja um discurso de verdade. É o terceiro vértice. Enfim, quarto vértice: como esse exercício livre do direito de palavra em que se busca a persuasão por meio de um discurso de verdade ocorre precisamente numa democracia (vejam o primeiro vértice), pois bem, será portanto na forma da liça, da rivalidade, do enfrentamento, por conseguinte com a necessidade, de parte dos que querem empregar uma linguagem de verdade, de manifestarem sua coragem (será o vértice moral). Condição formal: a democracia. Condição de fato: a ascendência e a superioridade de alguns. Condição de verdade: a necessidade de um logos sensato. E, enfim, condição moral: a coragem, a coragem na luta. É esse retângulo, com um vértice constitucional, o vértice do jogo político, o vértice da verdade, o vértice da coragem, creio, que constitui a *parresía*.

[...] Na época em que nos encontramos agora – isto é, naquele período do fim da guerra do Peloponeso em que os desastres externos, de um lado, e as lutas internas [, de outro,] entre os partidários de uma democracia radical e os partidários de uma democracia comedida, ou de um retorno, de uma reação aristocrática, estão se enfrentando em Atenas –, como é que se reflete, como é que se analisa o que pode ser uma boa *parresía*, as condições nas quais pode haver uma justa relação entre *politeía* e *parresía*, entre democracia e *parresía*? E como se explica que as coisas não funcionem e que, entre *parresía* e democracia, possa haver esses efeitos danosos que pudemos constatar e que são denunciados no *Orestes* de Eurípides em 408?

Primeiro, o bom funcionamento da *parresía*. Como ela funciona, em que consiste, como podemos descrever as boas relações entre a democracia e a *parresía*? Pois bem, creio que temos um modelo bastante explícito disso, uma descrição bastante exata nos textos de Tucídides consagrados a Péricles e à democracia pericliana, se bem que a palavra *parresía* não seja empregada nessa série de trechos. Considero que a democracia pericliana era representada como um modelo do bom ajuste entre uma *politeía* democrática e um jogo político todo ele atravessado por uma *parresía* indexada ao logos de verdade. Em todo caso, [com] esse bom ajuste da constituição democrática ao dizer-a-verdade pelo jogo da *parresía*, temos o problema: como a democracia pode suportar a verdade? – o que não é, como vocês sabem, um problema de somenos importância. Pois bem, esses três grandes discursos (o discurso da guerra, o discurso dos mortos e o discurso da peste) que Tucídides põe na boca de Péricles nos livros I e II da *Guerra do Peloponeso* – deixemos de lado, evidentemente, o problema de saber até que ponto o discurso é de Péricles ou de Tucídides; para o que quero dizer isso não tem muita importância, meu problema é a representação desse jogo entre democracia e *parresía* no fim do século V –, esses três discursos, me parece, nos dão um exemplo do que Tucídides imaginava como sendo esse bom ajuste.

Primeiro, o discurso da guerra. Vocês vão encontrá-lo nos capítulos 139 e seguintes do livro I da *Guerra do Peloponeso*. Como vocês se lembram, trata-se do seguinte: os embaixadores de Esparta foram a Atenas e pediram para os atenienses não só limitar mas inclusive renunciar a algumas das suas conquistas imperiais sobre a Grécia. Uma espécie de ultimato. Reuniu-se a assembleia, eis a descrição que Tucídides nos dá: "Os atenienses convocaram a assembleia (*ekklesían*) e puderam exprimir sua opinião. Muitos dos presentes tomaram a palavra e suas opiniões se dividiam: uns pensavam que a guerra era inevitável, outros que não se devia fazer do decreto um obstáculo para a paz."[1] Temos aí, vamos dizer, a representação, enfim, a indicação do que eu chamava de vértice da *politeía* no jogo da *parresía*. Atenas funciona como uma democracia, com uma assembleia em que as pessoas estão reunidas e em que cada presente é livre para tomar a palavra. É a *politeía*, é a isegoria, muito exatamente indicada por essa passagem. Depois, tendo cada um dado sua opinião e por as opiniões se mostrarem divididas, "enfim Péricles, filho de Xantipo, avançou até a tribuna. Era então o homem mais influente de Atenas, o mais hábil na palavra e na ação. Eis os conselhos que deu aos atenienses"[2]. Vocês têm aí, então, o segundo vértice do retângulo de que eu falava há pouco, o vértice da ascendência. No jogo da democracia organizado pela *politeía*, que dá a cada um o direito de falar, eis que chega alguém para exercer sua ascendência, que é a ascendência que ele exerce na palavra e na ação. E está bem dito que ele é o homem mais influente de Atenas. Sem dúvida, vocês dirão que, aí, não estamos totalmente no jogo que eu tinha indicado há pouco, pois eu havia insistido no fato de que nunca é o poder de um só que é exercido na *parresía*. Para que haja *parresía* é preciso que haja uma liça entre diversas pessoas, é preciso que não seja o poder monárquico ou tirânico, mas que, na primeira fileira, haja certo número de pessoas que sejam mais influentes. Na verdade, o paradoxo, e, ao mesmo tempo, o gênio de Péricles, está precisamente – voltaremos a isso daqui a pouco, e Tucídides o diz – em ter feito de sorte que ele fosse ao mesmo tempo o homem mais influente, o único, e no entanto a maneira como ele exercia seu poder pela *parresía* não era uma maneira tirânica ou monárquica, mas uma maneira perfeitamente democrática. De modo que Péricles, por mais único que seja, mesmo sendo o mais influente, e não um dos mais influentes, é o modelo desse bom funcionamento, desse bom ajuste *politeía*/*parresía*. Logo, chegada de Péricles: é o vértice da ascendência no jogo da *parresía*. E eis qual é o discurso de Péricles, eis pelo menos como ele começa: "Minha opinião, atenienses, é sempre a de que não devemos ceder aos peloponésios. Sei muito bem, no entanto, que, quando chega o momento de agir, não se tem o mesmo ardor que ao decretar a guerra e que as opiniões humanas variam conforme as circunstâncias. Por isso os conselhos que devo lhes dar são, eu vejo, sempre os mesmos, sempre idênticos."[3] Péricles diz: eu dou minha opinião, é minha opinião que não devemos ceder aos peloponésios. Os conselhos que devo lhes dar são sempre os mesmos e sempre idênticos. Quer dizer, ele vai ter diante dos atenienses não só o discurso da racionalidade política, o discurso verdadeiro, mas um discurso que de certo modo ele reivindica para si mesmo, com o qual se identifica. Ou antes, ele tem um discurso no qual se caracteriza como aquele que tem efetivamente, em seu nome pessoal, e que sempre teve, ao longo de toda a sua vida, esse discurso de verdade. Ele é, ao longo de toda a sua carreira política, o sujeito que diz essa verdade. Temos aí o terceiro vértice, que é o vértice do discurso de verdade. O exórdio do discurso continua assim: "Estou persuadido de que aqueles de vós que conseguirei convencer defenderão, em caso de insucesso, nossas resoluções comuns, a não ser que renunciem em caso de sucesso a se atribuir o mérito deste. Porque às vezes os negócios públicos, assim como as resoluções individuais, frustram as previsões. Assim, se nossos cálculos se mostram falhos, costumamos atribuir a culpa disso ao destino."[4] De que se trata, nesse fim do exórdio do discurso de Péricles? Pois bem, trata-se precisamente do risco. A partir do momento em que um homem se levanta, fala, diz a verdade, diz: eis a minha opinião, e arrasta consigo a decisão da assembleia e da cidade, os acontecimentos vão se desenrolar, e pode ser que os acontecimentos não se desenrolem conforme o esperado. Nesse momento o que deve acontecer? Os cidadãos têm de se voltar contra aquele que provocou esse insucesso? Tudo bem, diz Péricles, que vocês se voltem contra mim em caso de insucesso, contanto que não atribuam a vocês o mérito da vitória, se tivermos êxito. Em outras palavras: se vocês querem que sejamos solidários no caso de obtermos a vitória, temos de ser solidários caso encontremos o insucesso, e, por conseguinte, vocês não me punam individualmente por uma decisão que tomamos juntos, depois de eu os ter persuadido, graças a meu discurso de verdade. Vocês vão ver surgir aí esse problema do risco, do perigo, da coragem que é indicada, com, se vocês preferirem, esse pacto parresiástico que corresponde um pouco ao que evocamos agora mesmo na peça de Eurípides. É um pacto parresiástico: eu digo a verdade a vocês; vocês aceitam-na se quiserem; mas, se aceitarem, considerem que serão solidários nas consequências, quaisquer que sejam, e que não serei o único responsável.

Vocês estão vendo que temos aí, a meu ver, nesse discurso – ou antes, nas preliminares desse discurso, na maneira como ele é introduzido no texto de Tucídides e no próprio exórdio do texto –, os quatro elementos que constituem o que eu havia chamado de retângulo da *parresía*. Poderíamos dizer que esse discurso, seu exórdio, é a cena da boa e da grande *parresía*, em que, no âmbito da *politeía* – isto é, da democracia respeitada, em que todos podem falar –, a *dynasteía*, a ascendência dos que governam se exerce num discurso de verdade que é o deles pessoalmente e ao qual eles se identificam, ainda que se tenha de assumir certo número de riscos que quem persuade e os que são persuadidos aceitam compartilhar. Essa é a boa *parresía*, esse é o bom ajuste da democracia e do dizer-a-verdade. Eis quanto ao discurso da guerra.

Vem em seguida o discurso dos mortos quando, após um ano de guerra, Atenas enterra seus mortos e faz uma cerimônia para eles. Esse discurso talvez seja menos interessante para o problema da *parresía*. Ele se encontra no início do livro II, capítulo 35 e seguintes. Atenas enterra seus mortos, pois, e encarregou Péricles, por ser o homem mais influente da cidade, de pronunciar o elogio dos mortos. E, fazendo o elogio dos mortos, ou antes, para fazer o elogio dos mortos, Péricles começa por fazer o elogio da cidade. E nesse elogio da cidade Péricles recorda primeiro que "no que concerne aos diferendos particulares, a igualdade a todos é garantida pelas leis [é o princípio da isonomia: as leis são iguais para todos; M.F.]; mas, no que concerne à participação na vida pública, cada um obtém a consideração em função de seu mérito, e a classe a que pertence importa menos que seu valor pessoal"[5]. É exatamente esse jogo da isegoria e da *parresía* de que eu lhes falava há pouco. Nele a isegoria assegura que não vai ser simplesmente em função do nascimento, da fortuna, do dinheiro que se vai ter o direito de falar. Todos vão poder falar, mas apesar disso, para a participação nos negócios públicos e nesse jogo da participação nos negócios públicos, o mérito pessoal é que vai garantir a alguns uma ascendência, ascendência que é bom que eles exerçam, pois é isso que será a garantia da sobrevivência da democracia. É notável que Péricles, logo antes desse trecho, por sinal, tenha dito que Atenas merece o nome de democracia. Atenas merece receber o nome de democracia por quê? Porque, diz ele, a cidade é administrada de acordo com o interesse geral, e não o de uma minoria[6]. Vocês estão vendo que é notável que Péricles não defina a democracia pelo fato de que o poder é exatamente dividido de forma igual entre todo o mundo. Ele não define a democracia pelo fato de que todos podem falar e dar sua opinião, mas pelo fato de que a cidade é administrada de acordo com o interesse geral. Ou seja, Péricles se refere, se vocês preferirem, a esse grande circuito, a esse grande percurso da *parresía* de que eu lhes falava, no qual, a partir de uma estrutura democrática, uma ascendência legítima, exercida por um discurso verdadeiro, exercida também por alguém que tem a coragem de fazer valer esse discurso verdadeiro, garante efetivamente que a cidade tomará as melhores decisões para todos. E, por conseguinte, é isso que poderemos chamar de democracia. A democracia, no fundo, é esse jogo, a partir de uma constituição democrática no sentido estrito do termo, que define um estatuto igual para todo o mundo. Circuito da *parresía*: ascendência, discurso verdadeiro, coragem e, por conseguinte, formulação e aceitação de um interesse geral. É esse o grande circuito da democracia, é essa a articulação *politeía/parresía*.

Enfim, terceiro discurso de Péricles em Tucídides, é o discurso dramático da peste. A peste está assolando Atenas e os insucessos, os reveses militares se multiplicam. Os atenienses se voltam contra Péricles. Eis-nos no quarto vértice do risco. O pacto parresiástico, que Péricles havia proposto aos atenienses no exórdio do primeiro discurso, o discurso da guerra, esse pacto parresiástico está se rompendo. Os atenienses se indispõem com Péricles, querem persegui-lo. Enviam diretamente embaixadores aos espartanos para firmar a paz nas costas de Péricles, e é nesse momento que Péricles, que ainda é estratego, convoca a assembleia – o discurso começa no capítulo 60 do livro II da *Guerra do Peloponeso* – e diz: "Eu esperava ver vossa cólera se manifestar contra mim [era o risco assumido e enunciado, embora ele tenha querido conjurá-lo no início do discurso da guerra; M.F.]; conheço as razões dela. Por isso convoquei essa assembleia, a fim de apelar para a vossa lembrança [lembrança do discurso pronunciado, lembrança também da história de Atenas e do bom funcionamento das democracias; M.F.] e vos criticar, se vossa irritação para comigo não repousar em nada e se perdeis coragem na adversidade."[7] Essa passagem é interessante porque vemos aí, precisamente, como o político, aquele que propôs o pacto parresiástico no primeiro discurso, no momento em que se voltam contra ele, em vez de bajular os cidadãos ou em vez de desviar para alguma outra coisa ou para um outro a responsabilidade do sucedido, se volta contra seus concidadãos e os critica. Vocês me criticam, mas eu os critico. Vocês me criticam pelas decisões que foram tomadas e pelos desastres da guerra, pois bem, eu me volto agora para vocês e, sem adulá-los de modo algum, vou fazer a vocês as críticas que tenho a lhes fazer. Essa virada corajosa do homem que diz a verdade quando o pacto parresiástico que ele fez é rompido pelos outros, isso é característico de quem possui verdadeiramente o senso da *parresía* na democracia.

Um pouco mais à frente, Péricles vai dar, apresentar seu retrato pessoal aos atenienses. Ele lhes diz (é sempre no trecho sobre as críticas): "Vós vos irritais contra mim, que no entanto não sou inferior a nenhum outro [fórmula clássica e lítotes para dizer: sou superior – referência a uma ascendência; M.F.], quando se trata de distinguir o interesse público e exprimir seu pensamento pela palavra, contra mim que sou dedicado à cidade e inacessível à corrupção."[8] Nessa frase, vocês veem que é evocado um certo número de qualidades daquele que é o político, democrata e parresiasta: ele sabe distinguir o interesse público, sabe exprimir seu pensamento pela palavra. É o parresiasta na medida em que é detentor do discurso verdadeiro e que exerce esse discurso verdadeiro para dirigir a cidade. E desenvolve as qualidades que acaba de enumerar e que acaba de atribuir a si mesmo: "Discernir o interesse público", diz ele, "mas não apontá-lo nitidamente a seus concidadãos equivale exatamente a não ter refletido sobre ele." Péricles quer dizer o seguinte: é muito bom um político saber onde está o bem, mas além disso é preciso dizê-lo exatamente, e revelá-lo claramente a seus concidadãos, isto é, ter a coragem de dizer, ainda que o que diz desagrade, e ter a capacidade de expô-lo num logos, num discurso suficientemente persuasivo para que os cidadãos obedeçam e adiram a ele. "Discernir o interesse público, mas não apontá-lo nitidamente a seus concidadãos, equivale exatamente a não ter refletido sobre ele. Ter esses dois talentos [discernir o interesse público e expô-lo adequadamente; M.F.] e ser mal-intencionado para com a pátria é ser condenado a não dar nenhum conselho útil ao Estado [ver o que é bom, saber dizê-lo e, terceira condição, ter a coragem de dizê-lo, não ter más intenções para com a pátria, ser por conseguinte dedicado ao interesse geral; M.F.]. Ter amor à pátria mas ser acessível à corrupção é ser capaz de vender tudo por dinheiro."[9] Portanto não são necessárias simplesmente essas três condições (ver o verdadeiro, ser capaz de dizê-lo, ser dedicado ao interesse geral), é preciso além disso ser moralmente seguro, moralmente íntegro e não ser acessível à corrupção. E é tendo essas quatro qualidades que o político poderá exercer, através da sua *parresía*, a ascendência necessária para que a cidade democrática seja apesar de tudo governada – apesar da ou por meio da democracia. Se, diz Péricles, "admitistes que eu tinha, ainda que moderadamente e mais que outros [mais uma vez, reivindicação da ascendência; M.F.], essas diferentes qualidades [saber, ser capaz de dizer, ser dedicado ao interesse do Estado, não ser corrupto; M.F.] e se, por conseguinte, seguistes meus conselhos para a guerra, erraríeis fazendo disso agora um crime que eu teria cometido"[10]. E é assim que Péricles, nessa situação dramática em que é ameaçado pelos atenienses, faz a teoria do ajuste conveniente entre a democracia e o exercício da *parresía* e do dizer-a-verdade, exercício que, mais uma vez, implica necessariamente a ascendência de uns sobre os outros. Eis a imagem dada por Tucídides da boa *parresía*.*

Mas há também a imagem da má *parresía*, a que não funciona numa democracia e que não permanece conforme a seus próprios princípios. E é essa imagem da má *parresía* que vai rondar os espíritos a partir da morte de Péricles justamente, sendo Péricles sempre referido como o homem do bom ajuste *parresía*/democracia. Depois da morte de Péricles, Atenas vai se representar a si mesma como uma cidade na qual o jogo da democracia e o jogo da *parresía*, da democracia e do dizer-a-verdade não conseguem se combinar e se ajustar de forma que seja conveniente e que permita a própria sobrevivência dessa democracia. Essa representação, essa imagem do mau ajuste democracia e verdade, democracia e dizer-a-verdade, vocês vão encontrá-la em toda uma série de textos, dois [sobretudo] que me parecem particularmente significativos e claros. Um está em Isócrates (o início do *Peri tes eirenes*, do *Tratado sobre a paz*); e outro em Demóstenes, o início da terceira *Filípica*, mas encontraríamos muitos outros. Gostaria de ler para vocês algumas passagens desse início do discurso de Isócrates *sobre a paz*, em que ele mostra como e por que as coisas não vão bem. Vocês vão ver como esse texto está próximo da representação da má *parresía* que eu lia há pouco, tomando-a emprestada da tragédia *Orestes* de Eurípides.

Bem no início desse tratado em que se deve discutir sobre uma paz possível proposta aos atenienses, Isócrates, partidário da paz, diz o seguinte: "Vejo que não concedeis aos oradores [ele se dirige à assembleia; M.F.] a mesma audiência; a uns, dedicais vossa atenção, enquanto não

---

* O manuscrito precisa:

"Os riscos e perigos da *parresía*: uma boa democracia (*alethine demokratia*) deve ser tal que, se o direito de falar é dado a cada um, o jogo deve ser aberto de tal sorte que alguns possam se destacar e adquirir uma ascendência. Ora, esse jogo, é claro, não é tolerado pela tirania (cf. Etéocles/Polinices). Mas também existem democracias que não o permitem: o homem que quer se opor ao que pensa a maioria é exilado ou punido. Pode-se notar no entanto que a transferência do problema da ascendência do parresiasta corajoso, da democracia à autocracia (trata-se de exercer sobre a alma do Príncipe a ascendência necessária; do discurso verdadeiro que é necessário fazê-lo ouvir, educando-o, persuadindo-o; do risco que é tomado pelo conselheiro ao se opor ao Príncipe e ao fazê-lo tomar uma decisão que pode ser equivocada), foi em grande parte realizada pelo filósofo. Assim, o problema da *parresía* se desenvolveu em arte de governar, que adquiriu sua autonomia em relação à moral e à educação do Príncipe nos séculos XVI-XVII com a razão de Estado."

suportais nem mesmo a voz dos outros. Não é nada espantoso, aliás, se agis assim, porque tendes sempre o costume de expulsar todos os oradores que não falem no sentido de vossos desejos."[11] Logo, há má *parresía* quando, contra certos oradores, são tomadas algumas medidas, ou quando os oradores são ameaçados por algumas medidas, como a expulsão – mas elas podem chegar ao exílio, podem chegar ao ostracismo, podem chegar também, em certos casos (e Atenas os havia experimentado e experimentará ainda), até à morte. Não há boa *parresía* e, por conseguinte, não haverá bom ajuste entre democracia e dizer-a-verdade, se há essa ameaça de morte pesando sobre a enunciação da verdade. Um pouco mais adiante, no parágrafo 14 desse mesmo *Discurso sobre a paz*, Isócrates diz o seguinte: "De minha parte, sei que é difícil estar em oposição a vosso estado de espírito e que em plena democracia não há liberdade de palavra, salvo neste lugar, para as pessoas mais insensatas que não têm a menor preocupação convosco, e no teatro, para os autores de comédias. A coisa mais perigosa de todas é terdes, pelos que produzem ante os outros gregos as faltas do Estado [quer dizer os autores das comédias, que são os que exibem diante dos olhos dos gregos os erros do Estado; M.F.], um reconhecimento que não concedeis nem mesmo a quem vos faz o bem e, ante os que vos reprovam e vos repreendem, mostrardes tão mau humor quanto diante das pessoas que causam algum mal ao Estado."[12] Em outras palavras, a questão posta aqui é, se vocês preferirem, a questão do lugar da crítica. Isócrates critica os atenienses por aceitarem certa representação de suas próprias faltas, de seus próprios defeitos, de seus próprios erros, contanto que ela ocorra no teatro e na forma da comédia. Essa crítica os atenienses aceitam, quando na verdade ela os ridiculariza ante todos os gregos. Em compensação, os atenienses não suportam nenhuma forma de crítica [que assumisse], nesse âmbito da política, a forma de uma recriminação diretamente dirigida por um orador à assembleia. E eles se livram dos oradores ou dos homens políticos que jogam esse jogo. É a primeira razão pela qual a *parresía* e a democracia já não se dão bem e já não se convocam, já não implicam uma a outra, como era o sonho, ou como [se] dava no horizonte da tragédia de *Íon*.

Mas a esse lado, vamos dizer, negativo, a essa razão negativa é preciso acrescentar também razões positivas: se entre *parresía* e democracia não há mais esse entendimento, não é simplesmente porque o dizer-a-verdade é recusado, é que se dá lugar a algo que é a imitação do dizer-a-verdade, que é o falso dizer-a-verdade. E esse falso dizer-a-verdade é precisamente o discurso dos lisonjeadores. E o discurso de bajulação, o discurso demagógico, o que é? Aqui também podemos nos referir ao texto de Isócrates, em que são evocados os lisonjeadores: "Conseguistes que os oradores profissionais se exercitem e consagrem sua habilidade, não no que seria útil ao Estado, mas ao meio de pronunciar discursos que vos agradam. É nesse sentido que agora mesmo se precipita a maioria deles. Porque era visível para todos que tereis mais prazer ouvindo os que vos exortam à guerra do que os que vos dão conselhos de paz."[13] Passo brevemente por esses elementos e outros que são dados nesse texto. •[Mas, para resumir,] essa má *parresía* que vem, portanto, como a moeda falsa, no lugar da boa *parresía* e a expulsa, em que consiste?

Em primeiro lugar, ela se caracteriza pelo fato de que qualquer um pode falar. [Já não são] aqueles direitos ancestrais do nascimento e sobretudo do pertencimento ao solo – pertencimento ao solo que é o da nobreza, mas que também é [o] dos pequenos camponeses que víamos há pouco –, já não é aquele pertencimento ao solo e a uma tradição, já não são tampouco qualidades como as de Péricles (qualidades pessoais, qualidades morais de integridade, de inteligência, de dedicação, etc.) que vão qualificar alguém para falar e lhe dar ascendência. Desde então, qualquer um pode falar, o que está nos direitos constitucionais. Mas qualquer um, de fato, falará e qualquer um, de fato, falando, exercerá sua ascendência. Mesmo os cidadãos de fresca data, como era o caso de Cleofonte, podem exercer assim essa ascendência. Serão os piores, portanto, e não mais os melhores. Assim, a ascendência é pervertida. Em segundo lugar, esse mau parresiasta vindo de qualquer lugar, o que ele diz, ele não diz porque representa sua opinião, não diz porque pensa que sua opinião é verdadeira, não diz porque é bastante inteligente para que sua opinião corresponda efetivamente à verdade e ao que há de melhor para a cidade. Ele só falará porque, e na medida em que, o que ele diz representa a opinião mais corrente, que é a da maioria. Em outras palavras, em vez da ascendência ser exercida pela diferença própria do discurso verdadeiro, a má ascendência de qualquer um será obtida por sua conformidade ao que qualquer um pode dizer e pensar. Enfim, a terceira característica dessa má *parresía* é que esse falso discurso verdadeiro não tem por armadura a coragem singular de quem é capaz, como podia fazer Péricles, de se voltar contra o povo e por sua vez lhe fazer críticas. Em vez dessa coragem, vamos encontrar indivíduos que só buscam uma coisa: garantir sua segurança e seu sucesso pelo prazer que causam em seus ouvintes, adulando-os em seus sentimentos e em suas opiniões. A má *parresía*, que expulsa a boa, é portanto, se vocês preferirem, o "todo o mundo", o "qualquer um", dizendo tudo e qualquer coisa, contanto que seja bem recebido por qualquer um, isto é, por todo o mundo. É esse o mecanismo da má *parresía*, essa má *parresía* que no fundo é a supressão da diferença do dizer-a-verdade no jogo da democracia.

O que eu queria dizer hoje a vocês pode portanto ser resumido assim. Creio que o problema novo da má *parresía* na virada do século V para o IV, em Atenas, [e, mais geralmente,] o problema da *parresía*, boa ou má, é no fundo o problema da diferença indispensável, mas sempre frágil, introduzida pelo exercício do discurso verdadeiro na estrutura da democracia. De fato, por um lado não pode haver discurso verdadeiro, não pode haver livre jogo do discurso verdadeiro, não pode haver acesso de todo o mundo ao discurso verdadeiro, a não ser na medida em que há democracia. Mas, e é aí que a relação entre discurso verdadeiro e democracia se torna difícil e problemática, é preciso entender que esse discurso verdadeiro não se reparte e não pode se repartir igualmente na democracia, de acordo com a forma da isegoria. Não é porque todo o mundo pode falar que todo o mundo pode dizer a verdade. O discurso verdadeiro introduz uma diferença, ou antes, está ligado, ao mesmo tempo em suas condições e em seus efeitos, a uma diferença: somente alguns podem dizer a verdade. E, a partir do momento em que somente uns podem dizer a verdade, em que esse dizer-a-verdade emerge no campo da democracia, nesse momento se produz uma diferença, que é a da ascendência exercida por uns sobre os outros. O discurso verdadeiro, e a emergência do discurso verdadeiro, está na própria raiz do processo de governamentalidade. Se a democracia pode ser governada é porque há um discurso verdadeiro.

Então vocês veem aparecer agora um novo paradoxo. O primeiro era: não pode haver discurso verdadeiro a não ser pela democracia, mas o discurso verdadeiro introduz na democracia algo totalmente indiferente e irredutível à sua estrutura igualitária. Mas, na medida em que ele é verdadeiramente o discurso verdadeiro, em que é uma boa *parresía*, é esse discurso verdadeiro que vai permitir que a democracia exista, subsista. De fato, para que a democracia possa seguir seu caminho, para que possa ser mantida através dos avatares, dos acontecimentos, das liças, das guerras, o discurso verdadeiro tem de ter seu lugar. Portanto a democracia só subsiste pelo discurso verdadeiro. Mas, por outro lado, na medida em que o discurso verdadeiro na democracia só abre caminho na liça, no conflito, no enfrentamento, na rivalidade, pois bem, o discurso verdadeiro é sempre ameaçado pela democracia. É esse o segundo paradoxo: não há democracia sem discurso verdadeiro, porque sem discurso verdadeiro ela pereceria; mas a morte do discurso verdadeiro, a possibilidade da morte do discurso verdadeiro, a possibilidade da redução do discurso verdadeiro ao silêncio está inscrita na democracia. Não há discurso verdadeiro sem democracia, mas o discurso verdadeiro introduz diferenças na democracia. Não há democracia sem discurso verdadeiro, mas a democracia ameaça a própria existência do discurso verdadeiro. São esses, a meu ver, os dois grandes paradoxos que estão no centro das relações entre a democracia e o discurso verdadeiro, no centro das relações entre a *parresía* e a *politeía*: uma *dynasteía* indexada ao discurso verdadeiro e uma *politeía* indexada à exata e igual divisão do poder. Pois bem, numa época, a nossa, em que se gosta tanto de colocar os problemas da democracia em termos de distribuição do poder, de autonomia de cada um no exercício do poder, em termos de transparência e de opacidade, de relação entre sociedade civil e Estado, creio que talvez seja bom recordar essa velha questão, contemporânea do próprio funcionamento da democracia ateniense e das suas crises, a saber, a questão do discurso verdadeiro e da cesura necessária, indispensável e frágil que o discurso verdadeiro não pode deixar de introduzir numa democracia, uma democracia que ao mesmo tempo torna possível esse discurso verdadeiro e o ameaça sem cessar. É isso, obrigado.

*

NOTAS

1. Tucídides, *Histoire de la guerre du Péloponèse*, t. I, trad. fr. J. Voilquin, Paris, Garnier Frères, 1948, p. 90 [trad. bras. *História da guerra do Peloponeso*, livro I, São Paulo, Editora WMF Martins Fontes, 2008].
2. *Ibid.*
3. *Id.*, cap. 140.
4. *Id.*, pp. 140-1.
5. *Id.*, livro II, cap. 37, p. 120.
6. "Pelo fato de o nosso Estado ser administrado no interesse da massa e não de uma minoria, nosso regime tomou o nome de democracia" (*ibid.*).
7. *Id.*, cap. 60, pp. 133-4.
8. *Id.*, p. 134.
9. *Ibid.*
10. *Ibid.*
11. Isócrates, *Discours*, t. III, "Sur la paix", 3, trad. fr. G. Mathieu, Paris, Les Belles Lettres, 1942, p. 12.
12. *Id.*, 14, p. 15.
13. *Id.*, 5, p. 13.

AULA DE 9 DE FEVEREIRO DE 1983
Primeira hora

Parresía: *uso corrente; uso político. – Recapitulação de três cenas exemplares: Tucídides; Isócrates; Plutarco. – Linhas de evolução da* parresía. *– Os quatro grandes problemas da filosofia política antiga: a cidade ideal; os méritos compartilhados da democracia e da autocracia; o apelo à alma do príncipe; a relação filosofia/retórica. – Estudo de três textos de Platão.*

Gostaria de aproveitar, já que são férias e que recebi há pouco na minha caixa de correio uma objeção de um ouvinte, para precisar uma ou duas coisas, caso não tenham ficado claras. A objeção é de fato interessante. O ouvinte me diz que não está muito satisfeito com o que eu disse sobre a *parresía* e me remete a uma definição que poderíamos dizer, de certo modo, canônica da *parresía*, a qual, ele me diz, significa de modo geral toda forma de liberdade de palavra; e, em segundo lugar, no âmbito da cidade democrática e no sentido político do termo, a *parresía* é essa liberdade de palavra dada a todo cidadão, somente ao cidadão, é claro, mas a todos os cidadãos, mesmo que sejam pobres. Gostaria então de voltar aqui a esses dois aspectos da definição da *parresía*.

Em primeiro lugar, está entendido que o termo *parresía* tem um sentido corrente que significa liberdade de palavra. Unida a essa noção de liberdade de palavra, em que se diz tudo o que se quer, encontra-se a noção de franqueza. Quer dizer: não apenas se fala livremente e se diz tudo o que se quer, mas na *parresía* há também essa ideia de que se diz o que efetivamente se pensa, aquilo em que efetivamente se acredita. A *parresía*, nesse sentido, é franqueza. Poderíamos dizer: ela é profissão de verdade. Então, vou corrigir essa definição corrente da palavra *parresía* dizendo: não é simplesmente essa liberdade de palavra, é a franqueza, é a profissão de verdade. Dito isso, é evidente que essa noção, esse termo *parresía* é às vezes, muitas vezes mesmo, empregado num sentido de todo corrente e fora de qualquer contexto, de qualquer armadura técnica ou política. Vocês vão encontrar com muita frequência nos textos gregos alguém dizendo: escute, falando francamente (*"parrhesía"*: com *parresía*), mais ou menos como nós dizemos: falando com toda liberdade. Quando dizemos "falar com liberdade", se trata evidentemente de uma expressão corrente, de uma fórmula, que não tem um sentido estrito. Mesmo assim, a liberdade de palavra é um problema político, a liberdade de expressão é um problema político, um problema técnico, um problema histórico também. Direi portanto a mesma coisa a propósito da *parresía*: sentido corrente, atual, familiar, óbvio; e depois esse sentido técnico e preciso.

Em segundo lugar, no que concerne justamente a esse sentido preciso e técnico, não creio que se possa simplesmente resumir os sentidos e os problemas postos sobretudo pela noção de *parresía* dizendo que a *parresía* é a liberdade de palavra dada a todo cidadão numa democracia, seja ele rico ou pobre. Não creio que isso baste, por quê? Primeiro porque, mais uma vez – e aqui remeto vocês a tudo o que eu dizia da última vez –, na definição da democracia encontramos (remeto vocês ao texto de Políbio, mas há outros) essas duas noções: isegoria e *parresía*. A isegoria é o direito constitucional, institucional, o direito jurídico concedido a todo cidadão de falar, de tomar a palavra, sob todas as formas que essa palavra possa assumir numa democracia: palavra política, palavra judicial, interpelação, etc. O que faz então a diferença entre a isegoria, pela qual alguém pode falar e dizer tudo o que pensa, e a *parresía*? É, a meu ver, que a *parresía*, que evidentemente se arraiga nessa isegoria, se refere a algo um pouco diferente, que seria a prática política efetiva. E, se, efetivamente, faz parte do jogo da democracia, faz parte da lei interna da democracia que qualquer um pode tomar a palavra, surge um certo problema técnico, político, que é: mas quem vai tomar a palavra, quem vai poder, de fato, exercer sua influência sobre a decisão dos outros, quem vai ser capaz de persuadir e que, proferindo o que estima ser a verdade, vai poder servir assim de guia aos outros? É nessa medida que não creio que os problemas postos pela *parresía* são simplesmente da ordem da distribuição igual do direito de palavra a todos os cidadãos da cidade, sejam eles ricos ou pobres. É nisso que essa definição da *parresía* não me parece suficiente. Em segundo lugar – é o que trataremos de começar a explicar hoje –, não se deve acreditar de modo algum que essa questão da *parresía* – no sentido político: quem vai falar, dizer a verdade, adquirir ascendência sobre os outros, persuadir e, por conseguinte, em nome da verdade e a partir da verdade, governar? – se coloca simplesmente no campo da democracia. Vamos ver, ao contrário, que a *parresía*, até mesmo no jogo do poder autocrático, coloca problemas políticos, problemas técnicos. Será precisamente: como se dirigir ao Príncipe, como se pode lhe dizer a verdade? A partir de quê, de acordo com qual formação, como se deve agir sobre a sua alma? O que é o conselheiro do Príncipe? Assim, direi que a noção de *parresía* é um pouco mais estreita no campo da democracia do que a noção de isegoria. Ela levanta problemas suplementares e requer determinações suplementares em relação à noção de isegoria, isto é, de distribuição igual do direito de palavra. E, num outro sentido, mais amplo, não se trata simplesmente do jogo da verdade ou do jogo do direito de palavra na democracia, mas do jogo do direito de palavra e do jogo da verdade em qualquer forma de governo, inclusive a autocrática.

Respondo a essa objeção, primeiro porque gosto muito que me façam objeções. É ótimo. Dadas as dificuldades de circulação que há num auditório como este, uns são obrigados a escrever, outros a responder oralmente. E, segundo, creio que essa objeção, de fato, sem dúvida correspondia a certas imprecisões que pude cometer na exposição, em todo caso penso que essas mesmas objeções também podiam ser feitas por outros, logo estou contente por ter podido responder a elas como fiz. [...*]

Gostaria agora de recomeçar a partir de três textos ou de três cenas que já encontramos nas exposições precedentes. Três textos que evocam três cenas da vida política grega, três cenas reais, por sinal, mas o importante para mim é evidentemente a maneira como essas cenas se refletem nos textos que as expõem.

A primeira cena, vocês se lembram, ou antes, o primeiro texto é o texto de Tucídides contando, de forma mais ou menos criativa, simbólica, reorganizada em todo caso, o célebre debate que se desenrolou em Atenas quando os espartanos enviaram uma embaixada aos atenienses para lhes dar uma espécie de ultimato, levantando a questão de saber se se aceitava ou se rejeitava o ultimato, isto é, se se fazia a guerra ou a paz. É portanto essa célebre decisão, tão capital na história de Atenas e na história da Grécia inteira, a partir da qual vai se deflagrar a guerra do Peloponeso. A descrição de Tucídides, vocês se lembram, remetia a um

---

* M.F. acrescenta:

Não sei... Se o ouvinte em questão, que aliás não conheço pessoalmente, não estiver satisfeito com o que acabo de dizer, que me escreva de novo [*ouve-se uma voz vinda da plateia responder:* Estou satisfeito]. Em todo caso, numa das sessões que poderemos realizar depois das férias, como já fizemos, poderemos continuar a discussão. Mas, enfim, foi mais ou menos satisfatório? No fim das contas, acredito que essa prática da questão escrita e da resposta oral é uma das possibilidades, mais uma vez, de comunicação numa instituição que evidentemente não é feita para o diálogo e o trabalho em comum, o que acho uma pena.

certo número de elementos importantes. Primeiro, é claro, o fato de que a assembleia do povo havia sido convocada da maneira mais regular, que todos puderam exprimir nela a sua opinião (isegoria), que essas opiniões eram diversas e, por conseguinte, dividiram a assembleia em diversas correntes. Foi nesse momento que Péricles se levantou, foi até a frente da cena – Péricles que Tucídides lembra era o mais influente dos atenienses – e, depois de deixar todos se exprimirem, disse o que tinha a dizer. E o que ele tinha a dizer, ele marcava claramente como uma coisa que considerava não só verdadeira, mas uma coisa que era da sua opinião. Era o que ele pensava, o que ele pensava naquela hora, mas também o que no fundo ele sempre havia pensado. Não era simplesmente, portanto, o enunciado de uma prudência ou de uma sabedoria política conjuntural. Ele fazia profissão de dizer a verdade nessa ordem de coisas e se identificava com essa profissão da verdade. Enfim, o último aspecto, vocês se lembram, dessa cena era o seguinte: desde o início do seu discurso, ele encarava a possibilidade de que o resultado dessa guerra não fosse necessariamente favorável. E dizia que, se efetivamente o sucesso não coroasse a empreitada, se efetivamente se quisesse a guerra, esse povo que o havia apoiado não deveria se voltar contra ele. E, se o povo está de fato disposto a compartilhar com ele, Péricles, o eventual sucesso, terá também de compartilhar a derrota e o insucesso, se estes se produzirem. É todo esse aspecto do risco e do perigo no dizer-a-verdade da política. Eu gostaria de recomeçar dessa primeira cena.

Gostaria em seguida de lembrar uma segunda cena, que também já encontramos, uma cena menos real historicamente, embora se refira a elementos perfeitamente situáveis: é o discurso de Isócrates, que eu evocava no fim da última aula, *Sobre a paz*, que se situa sessenta a setenta anos mais tarde, por volta de 355-356, em que Isócrates deve falar a favor de uma proposta de paz ou contra ela. Na realidade o discurso de Isócrates, como todos os discursos de Isócrates, não foi efetivamente pronunciado ante a assembleia. Ele é antes uma espécie de..., não de panfleto mas, digamos, de manifesto a favor da paz, que adquire a forma de um discurso possível, de um eventual discurso à assembleia. E, nesse discurso, encontramos um exórdio no qual Isócrates lembra que, é evidente, a questão da paz e da guerra é algo extremamente importante. A paz e a guerra são dessas coisas que têm, diz ele, o maior peso na vida dos homens e para as quais uma boa decisão (*orthôs bouleúesthai*: bem decidir) é essencial[1]. Ora, continua Isócrates em seu exórdio, na realidade entre os que falam a favor da paz ou contra a paz, nem todos são tratados pela assembleia do mesmo modo. Uns são bem acolhidos, enquanto outros são expulsos. E são expulsos por quê? Pois bem, porque não falam de acordo com os desejos da assembleia. E, porque não falam como a assembleia deseja, são expulsos. Ora, diz ele, isso é algo perfeitamente injusto, que perturba o próprio jogo da democracia e do dizer-a-verdade. Porque os que falam no sentido do que a assembleia deseja, por que se dariam ao trabalho de procurar e formular argumentos sensatos? Basta a eles repetir o que dizem as pessoas, o que dizem os outros. Basta a eles reproduzir o murmúrio da opinião pública. Enquanto os que pensam diferente do que a assembleia em geral deseja, esses, para conseguir persuadi-la, para conseguir fazê-la mudar de opinião, são obrigados, diz ele, a procurar argumentos, argumentos sensatos e verdadeiros. E por conseguinte uma assembleia deveria ouvir melhor os que falam contra a sua opinião, dela, do que os que não fazem mais que repetir o que ela pensa.

Enfim, terceira cena que gostaria de evocar, terceiro texto, é um texto e uma cena de que eu havia falado no início do curso, na segunda aula, creio. É a famosa cena em que vemos Platão na corte da Sicília, na corte de Dionísio, o Moço, confrontado ao tirano junto com Dion[2]. Essa cena é na verdade relatada por Plutarco, portanto bem depois do período em que me situo por ora, mas conta uma cena que ocorreu precisamente nesse mesmo período, isto é, no decorrer da primeira metade do século IV. E nessa cena o que se via? Pois bem, viam-se dois personagens: Dion, tio de Dionísio, o Moço, e Platão, o filósofo, vindo a pedido de Dion para formar a alma de Dionísio, o Moço. E os dois se defrontam com o tirano, os dois fazem uso da *parresía* (do dizer-a-verdade, da franqueza). E, fazendo isso, assumem evidentemente o risco de irritar o tirano. Vemos os dois desfechos: por um lado, Platão, efetivamente expulso por Dionísio, não só é ameaçado de morte, como um complô é fomentado por Dionísio para matá-lo; no entanto Dion, por um certo tempo, continua a manter uma ascendência sobre Dionísio e pode, só ele em toda a corte, em todo o círculo de Dionísio, ainda ter influência sobre ele.

Se recordei um tanto demoradamente essas três cenas, foi pela seguinte razão. Parece-me que, da sua confrontação, podemos ver nascer a definição, o esboço de certo problema político, histórico, filosófico. Primeiro, nessas três cenas, o que encontramos? Encontramos um certo número de elementos fundamentais que são os mesmos. Primeiro, a *parresía*, nessas três cenas, atua, se desenrola num espaço político constituído. Segundo, a *parresía* consiste em que certa palavra é pronunciada, palavra que pretende dizer a verdade, palavra na qual, também, aquele que diz a verdade faz profissão de dizer a verdade e se identifica como enunciador dessa proposição ou dessas proposições verdadeiras. Terceiro, nessas três cenas, o que está em questão, o que está em jogo é a ascendência que será conquistada ou não será conquistada por quem fala e diz a verdade. Em todo caso, se alguém diz a verdade é para exercer certa ascendência, pouco importa se sobre a assembleia ou sobre o Príncipe, uma ascendência que terá efetivamente influência sobre a maneira como as decisões serão tomadas, como a cidade ou como o Estado serão governados. E enfim quarto elemento comum a todas essas cenas: o risco assumido, isto é, o fato de que o chefe, o responsável, aquele que falou poderá, seja pelo povo, seja pelo Príncipe, ser recompensado ou sancionado conforme o sucesso da empreitada, conforme seu dizer-a-verdade leve a este ou àquele resultado, ou simplesmente conforme o humor, seja da assembleia, seja do Príncipe. Temos aí esses mesmos elementos.

Mas vocês estão vendo ao mesmo tempo que essas três cenas diferem umas das outras. A primeira cena – a cena contada por Tucídides, a cena de Péricles avançando até a frente da assembleia do povo e tomando a palavra – representa a boa *parresía*, tal como deve funcionar. Entre todos os cidadãos que têm o direito de falar e que efetivamente puderam dar a sua opinião e, aliás, vão dá-la com seu voto, entre todos esses há um que exerce uma ascendência, uma boa ascendência, e que assume esses riscos, explicando exatamente em que e como consistem esses riscos. É a boa *parresía*. As duas últimas – a cena evocada por Isócrates no início do *Peri tes eirenes*, [e] a cena evocada por Plutarco ao contar a vida de Dion – são más *parresía*s, ou em todo caso *parresía*s que não funcionam como deveriam funcionar, porque num caso, o caso evocado por Isócrates, pois bem, aquele que diz a verdade não é ouvido. E não é ouvido em benefício dos que adulam e que, em vez de dizer a verdade, não fazem mais que repetir a opinião da assembleia. E, no caso de Dionísio, vemos o tirano que, quando o filósofo termina de falar, não tem preocupação mais urgente que expulsá-lo e tramar contra ele um complô que poderia levá-lo à morte. Pois bem, parece-me que, através dessas três cenas, podemos ver se esboçar o que vai ser ao mesmo tempo a nova problemática da *parresía* e todo um campo do pensamento político que vai atravessar, que vai permanecer através da Antiguidade, pelo menos até o fim do século II, ou em todo caso até a grande crise do governo imperial em meados do século III d.C. Creio que esses cinco, seis, sete séculos do pensamento filosófico antigo podem ser vistos, até certo ponto, através desse problema da *parresía*. Eis mais precisamente o que quero dizer.

Primeiro, através dessas três cenas, essa noção de *parresía* que, como vimos no *Íon* de Eurípides, se apresentava como um privilégio, um direito a que era legítimo aspirar contanto que se fosse cidadão numa cidade, essa *parresía* tão desejada por Íon aparece agora como uma prática ambígua. É preciso haver *parresía* na democracia, é preciso haver também em torno do Príncipe: a *parresía* é uma prática necessária. E, ao mesmo tempo, é perigosa, ou antes, pode vir a ser ao mesmo tempo impotente e perigosa. Impotente porque nada prova que vá efetivamente funcionar como deveria, que não vá levar a um resultado contrário àquele a que é destinada. E, por outro lado, ela sempre pode acarretar, para quem a pratica, um perigo para sua própria vida. Portanto, problematização dessa *parresía*, ambiguidade do seu valor: é a primeira transformação que vemos através da confrontação dessas três cenas.

Segundo, vê-se uma segunda transformação que concerne de certo modo à própria localização da *parresía*. No texto de Eurípides estava claro, estava explicitamente dito que a *parresía* fazia corpo com a democracia, de acordo com uma circularidade que evocamos, vocês se lembram, pois era necessário que Íon tivesse a *parresía* para que a democracia ateniense fosse fundada; e, por outro lado, era no interior dessa democracia que a *parresía* podia atuar. *Parresía* e democracia faziam corpo uma com a outra. Ora, vocês estão vendo que, na última cena que eu evocava (a cena contada por Plutarco com Platão, Dion e Dionísio), a *parresía* já não faz de modo algum corpo com a democracia. A *parresía* tem um papel positivo, determinante a desempenhar num tipo de poder totalmente diferente: o poder autocrático. Vocês têm portanto um deslizamento da *parresía*, da estrutura democrática a que ela estava ligada, para uma forma de governo não democrático.

Terceiro, através dessa última cena contada por Plutarco vê-se como que uma espécie de desdobramento da *parresía*, no sentido de que a *parresía* aparece como algo necessário, decerto, no que é o campo político propriamente dito. A *parresía* é um ato diretamente político que é exercido, seja perante a assembleia, seja perante o chefe, o governante, o soberano, o tirano, etc. É um ato político. Mas, por outro lado, a *parresía* – isso aparece claramente no texto de Plutarco – também é um ato, uma maneira de falar que se dirige a um indivíduo, à alma de um indivíduo, e que diz respeito à maneira como essa alma vai ser formada. A formação da alma do Príncipe, o papel que os que rodeiam o Príncipe deverão desempenhar, não diretamente na esfera política mas na alma do Príncipe, na medida em que é ele que deverá desempenhar o papel político, tudo isso mostra que a *parresía* de certo modo se desatrela da sua função estritamente política e que à *parresía* política vem se juntar uma *par-*

resía que podemos dizer psicagógica, pois se tratará de conduzir e guiar a alma dos indivíduos. Temos portanto aí um desdobramento da *parresía*.

Enfim, quarto – e será evidentemente a coisa essencial –, ainda [nessa] cena contada por Plutarco, vemos aparecer [com] a questão da *parresía* um novo personagem. Até agora, com o que tinha a ver o jogo da *parresía*? Tinha a ver com a cidade, tinha a ver com os cidadãos, tinha a ver com, entre os cidadãos, a questão de saber quais eram os que poderiam ser ou que deveriam ser os mais influentes. Tinha a ver com o chefe, no limite tinha a ver com o soberano, com o soberano despótico e tirânico. Só que, com a cena contada por Plutarco – mais uma vez, ela também se situa no início do século IV –, vemos aparecer Platão, quer dizer, o filósofo na medida em que vai desempenhar nessa cena da *parresía* um papel essencial. Claro, não é a primeira vez que o filósofo como tal tem um papel essencial a desempenhar na cidade. Já era uma tradição bem antiga, perfeitamente atestada no século V, que o filósofo fosse, ou pudesse ser, devesse ser para a cidade seja um dador de leis (um nomóteta), seja também um pacificador, aquele que conseguia regular os equilíbrios da cidade de tal forma que não houvesse mais dissensões, lutas intestinas e guerras civis. Dador de leis, pacificador de cidades, eis o que de fato era o filósofo. Mas com a cena de Platão ao lado de Dion, diante de Dionísio, vemos aparecer o filósofo como parresiasta, como aquele que diz a verdade na cena política, no interior de certa conjuntura política, a fim de guiar ou a política da cidade, ou a alma daquele que dirige a política da cidade.

Em resumo, através da justaposição e da confrontação dessas três cenas (cena de Tucídides [datada da] segunda metade do século V; e as duas outras: a contada por Plutarco e a evocada através do discurso de Isócrates, que datam da primeira metade do século IV), pois bem, podemos dizer que se vê a prática da *parresía*, primeiro, se problematizar; segundo, tornar-se um problema geral para todos os regimes políticos (para todas as *politeiai*, sejam elas democráticas ou não); terceiro, desdobrar-se num problema que poderíamos dizer propriamente político e um problema de técnica psicagógica, embora as duas coisas sejam diretamente ligadas uma à outra; e enfim tornar-se objeto, tema de uma prática propriamente filosófica. Pois bem, creio que podemos ver se formar aí o que poderíamos chamar de os quatro grandes problemas do pensamento político antigo, que já vamos encontrar formulados em Platão.

Em primeiro lugar, existe de fato um regime, uma organização, uma *politeía* da cidade tal que a indexação desse regime à verdade possa se dispensar desse jogo sempre perigoso da *parresía*? Ou ainda: será que é possível resolver de uma vez por todas o problema das relações entre a verdade e a organização da cidade? Será que de uma vez por todas a cidade poderá ter com a verdade uma relação clara, definida, fundamental e de certo modo imóvel? É esse, *grosso modo*, o problema da cidade ideal. A cidade ideal, tal como Platão e outros depois dele tentarão esboçá-la, é, creio, uma cidade na qual de certo modo o problema da *parresía* está resolvido de antemão, já que os que fundaram a cidade fundaram-na numa relação com a verdade que é tal que a partir de então será indesvinculável, indissociável, e que todos os perigos, todas as ambiguidades, todos os riscos próprios do jogo da *parresía* serão resolvidos com isso. Primeiro problema, primeiro tema.

Em segundo lugar, no pensamento político antigo vocês veem surgir outro tema, que a meu ver também está relacionado a esse: o que é melhor? Para que a vida da cidade seja indexada adequadamente à verdade, é melhor dar a palavra na democracia a todos os que podem, que querem ou se creem capazes de falar? Ou é melhor, ao contrário, confiar na sabedoria de um Príncipe que seria esclarecido por um bom conselheiro? Creio que é essa uma das características capitais que convém reter, a saber, que o grande debate político no pensamento antigo, entre a democracia e a monarquia, [esse] debate não é simplesmente entre democracia e poder autocrático. Mas a confrontação é entre dois pares: o par [com] uma democracia em que as pessoas se levantam para dizer a verdade (por conseguinte, se vocês preferirem: democracia e orador, democracia e cidadão que tem o direito de falar e que exerce esse direito), enquanto o outro par é constituído pelo Príncipe e seu conselheiro. É o confronto entre esses dois pares que, a meu ver, está no cerne de uma das grandes problemáticas do pensamento político na Antiguidade.

Em terceiro lugar, vocês veem aparecer o problema da formação das almas e da conduta das almas que é indispensável à política. A questão aparece claramente, é óbvio, quando se trata do Príncipe: como se deve agir sobre a alma do Príncipe, como se deve aconselhá-la? Mas, antes mesmo de aconselhá-la, como se deve formar a alma do Príncipe para que ela possa ser acessível a esse discurso verdadeiro que será necessário lhe dirigir durante todo o exercício do seu poder? Mesma questão a propósito da democracia: como vai ser possível formar aqueles cidadãos que deverão assumir a responsabilidade de falar e de guiar os outros? É portanto a questão da pedagogia.

E, enfim, quarto grande problema. É o seguinte: essa *parresía*, esse jogo da verdade indispensável na vida política – e que podemos conceber tanto no próprio fundamento da cidade, numa constituição ideal, como no jogo, cujos méritos podem ser comparados, da democracia com os oradores ou do Príncipe com seu conselheiro –, essa *parresía*, esse dizer-a-verdade necessário para conduzir a alma dos cidadãos ou a alma do Príncipe, quem é capaz de sustentá-lo? Quem é capaz de ser o artífice da *parresía*? Qual é o saber, ou qual é a *tékhne*, qual é a teoria ou qual é a prática, qual é o conhecimento mas qual é também o exercício, qual é a *máthesis* e qual é a *áskesis* que permitirão sustentar essa *parresía*? Será a retórica ou será a filosofia? E, acredito, essa questão retórica/filosofia vai permear igualmente todo o campo do pensamento filosófico. Eis como se pode, me parece, compreender um certo número de desenvolvimentos essenciais a essa forma de pensamento, a partir do destino, da evolução dessa prática e de[ssa problemática] da *parresía*.

São esses problemas que retomarei nas próximas aulas: problema da filosofia comparada à retórica, problema da psicagogia e da educação em função da política, questão dos métodos recíprocos da democracia e da autocracia, questão da cidade ideal. Mas, antes de retomar essas diferentes questões nas próximas aulas, gostaria, nesta, de me situar novamente no que poderíamos chamar de encruzilhada platônica, isto é, no momento em que esses diferentes problemas vão se especificar e se articular uns com os outros.*

Em certo sentido, seria possível evidentemente dizer que toda a filosofia de Platão está presente nesse problema e que é difícil falar de "verdade e política" a propósito de Platão sem refazer uma exposição geral, uma releitura geral da sua obra. Gostaria simplesmente de fazer de certo modo sondagens e me referir a quatro ou cinco grandes passagens da obra platônica em que vocês encontrarão efetivamente o uso da palavra *parresía* nesse sentido técnico, nesse sentido político-filósofo. Há outras menções ao termo, justamente no uso corrente: falar francamente, falar livremente, etc. Em compensação, há certo número de textos nos quais o termo *parresía* é inserido no interior de um contexto teórico que é identificável e que esclarece os problemas postos.

Primeiro texto que gostaria de lembrar – não os cito na ordem cronológica, ou melhor, os três primeiros estão na ordem cronológica e ci-

---

* O manuscrito precisa, neste ponto:

"Situar-se na encruzilhada platônica, onde se vê a crítica à má *parresía*, à democracia e aos oradores, à retórica, se deslocar para a problemática da boa *parresía*, a do sábio conselheiro, a do filósofo; de fato, muitos textos de Platão poderiam ser relidos nessa perspectiva; toda a filosofia platônica poderia ser posta em perspectiva a partir do problema do dizer-a-verdade no campo das estruturas políticas e em função da alternativa filosofia/retórica. Como se trata aqui da genealogia da arte de governar e da formação da temática do conselheiro do príncipe, passarei rapidamente através de Platão salientando alguns textos em que se encontra o uso efetivo da palavra *parresía*."

tarei simplesmente em último lugar um texto do *Górgias*, escrito antes por conseguinte, mas vou deixá-lo por último por motivos que vocês logo compreenderão –, [é o] que se encontra no livro VIII da *República*, em 557a-b e seguintes. É, vocês sabem, a descrição da passagem da oligarquia à democracia, e a constituição, a gênese da cidade democrática e do homem democrático. Recordo brevemente o contexto. Trata-se portanto da gênese da democracia. Essa gênese da democracia se faz, diz Platão na *República*, a partir de uma oligarquia, isto é, de uma situação na qual somente alguns detêm o poder e detêm a riqueza, essas célebres pessoas que detêm a *dynasteía* (isto é, a influência política sobre a cidade) por seu estatuto, por sua riqueza e pelo próprio exercício do poder político que eles reservam a si mesmos. Como a oligarquia se torna democracia? Pois bem, vocês se lembram da gênese[3]: ela é essencialmente econômica, já que, numa oligarquia, os que detêm o poder e a riqueza não têm o menor interesse, não têm a menor vontade de impedir que os outros ao seu redor empobreçam, muito pelo contrário. Quanto menos gente rica houver ao seu redor, menos gente haverá em posição, capazes de querer compartilhar com eles o poder. O empobrecimento dos outros é portanto a lei necessária, em todo caso o objetivo natural de toda oligarquia. E é para de certo modo permitir que os outros empobreçam cada vez mais que os oligarcas tomam todo cuidado para não fazer leis contra o luxo: quanto mais as pessoas gastarem e se perderem em loucos e vãos dispêndios por seu luxo e seu prazer, melhor. Os oligarcas também não fazem leis que protejam os devedores contra os credores. Ao contrário, eles deixam os credores se encarniçarem contra os devedores a fim de a empobrecer estes cada vez mais, de tal sorte que temos essa tal justaposição entre as pessoas muito ricas e as pessoas muito pobres, descrita como vocês sabem num texto célebre[4]. Quando nas liturgias religiosas, quando nas reuniões militares, quando nas assembleias cívicas os cidadãos de uma cidade oligárquica se encontram, pois bem, há os muito ricos e os muito pobres. Os ciúmes se acendem e é assim que começam as guerras intestinas, guerras essas que fazem que os muito pobres e os muito numerosos, lutando contra os outros, apelando para aliados que vêm do exterior, acabem por tomar o poder e derrubar a oligarquia. A democracia, diz Platão, "se estabelece quando os pobres, vitoriosos sobre seus inimigos, massacram uns, banem outros e dividem igualmente com os que restam o governo e as magistraturas"[5]. Trata-se do que ele chama de "*ex ísou metadôsi politeías te kaì arkhôn*", a divisão, por igual, da *politeía* (da constituição, da cidadania e dos direitos que lhes são aferentes) e das *árkhon* (das magistraturas). Vocês têm aí exatamente a definição dessa célebre igualdade democrática, que os textos favoráveis à democracia sempre disseram ser o próprio fundamento da cidade democrática. Estamos na isonomia, estamos na isegoria que caracteriza a democracia. Mas, enquanto as definições positivas da democracia dão essa igualdade como uma espécie de estrutura fundamental conferida à cidade por um nomóteta, por um legislador, ou em todo caso por uma legislação que fez reinar a paz na cidade, aqui, ao contrário, essa igualdade democrática não apenas é obtida pela guerra mas continua a trazer em si o traço e a marca dessa guerra e desse conflito, já que é depois da sua vitória e tendo exilado os oligarcas que os que sobram podem dividir entre si, como despojos, o governo e as magistraturas. Igualdade, por conseguinte, que repousa nessa guerra e nessa relação de forças. Em todo caso, eis essa isonomia estabelecida, estabelecida em más condições mas estabelecida mesmo assim. Dessa isonomia, o que vai resultar? Pois bem, encontramos [na] filigrana do texto de Platão os elementos constitutivos da democracia. Primeira consequência dessa democracia: *eleuthería* (a liberdade). E essa liberdade é imediatamente descrita por Platão com seus dois componentes clássicos. Primeiro, a *parresía*: liberdade de falar. Mas também liberdade de fazer o que se quer, de não só dar sua opinião, mas de escolher efetivamente as decisões sobre o que se quer, licença de fazer tudo o que se tem vontade de fazer[6]. Essa estrutura, esse jogo da liberdade nessa democracia assim constituída deve ser compreendido de três maneiras.

Em primeiro lugar, trata-se de fato da liberdade de fazer e de dizer o que se quiser no sentido que [acabamos de definir]. Mas se trata também de uma liberdade entendida no sentido estritamente político do termo, sendo cada um nessa democracia, por si mesmo, de certo modo sua própria unidade política. Longe de a *parresía*, longe de a liberdade de fazer o que se quiser serem a condição pela qual se forma uma opinião comum, nessa *parresía*, nessa *eleuthería* que caracteriza a democracia assim constituída, cada um é de certo modo seu pequeno Estado por si só: cada um diz o que quer e faz o que quer por si mesmo. Não ser obrigado a comandar nesse Estado, mesmo que seja capaz, não ser obrigado tampouco a obedecer se não quiser, não ser obrigado a fazer a guerra quando os outros fazem, não ser obrigado a manter a paz quando os outros a mantêm, se não desejar a paz; por outro lado, comandar e julgar se assim lhe ocorrer, a despeito da lei que veda a você toda magistratura ou judicatura: tais práticas estão portanto ligadas a essa democracia assim constituída. Tais práticas, pergunta o interlocutor de modo irônico, "não são divinas e deliciosas na hora"[7]? Logo, nessa democracia que funciona assim, a *parresía* não é o elemento de constituição de uma opinião comum, ela é a garantia de que cada um será para si sua própria autonomia, sua própria identidade, sua própria singularidade políticas.

Outra consequência dessa liberdade assim entendida é que a liberdade de falar possibilitará que qualquer um se levante e fale de maneira a adular a multidão. "Essa indulgência, essa extrema largueza de espírito, esse desprezo pelas máximas que expusemos com tanto respeito ao estabelecer o projeto da nossa cidade, quando dizíamos que, se desde a infância um não se consagra às belas coisas e não se aplica a todos os belos estudos, com que soberba pisoteia tais máximas, a não ser que seja dotado de uma natureza extraordinária, sem se dar ao trabalho de saber por meio de que estudos um homem político se preparou para a administração do Estado, enquanto basta a ele se dizer amigo do povo para ser cumulado de honrarias!"[8] Logo, cada um é por si mesmo sua própria unidade política. E, por outro lado, pode se dirigir à multidão e, bajulando-a, obter o que quer. É esse o duplo aspecto negativo dessa *parresía* nessa democracia assim fundada: cada um é para si mesmo sua identidade e cada um pode arrastar a multidão aonde quiser. Enquanto o jogo da boa *parresía* é introduzir justamente a diferenciação do discurso verdadeiro que vai permitir, exercendo uma ascendência, dirigir a cidade como convém, nesse caso, ao contrário, tem-se uma estrutura de indiferenciação que vai conduzir à pior direção possível da cidade.

A essa descrição da gênese da má cidade democrática corresponde, no texto de Platão, a descrição da alma do homem democrático, que é, como vocês sabem, a própria imagem da cidade democrática. E o que é essa imagem da democracia política na alma do homem? Pois bem, é o que acontece com os desejos e os prazeres. Ou seja, Platão se refere a uma distinção, que é clássica e não é apenas dele, entre os desejos necessários e os desejos supérfluos. Uma alma que é formada como convém sabe perfeitamente distinguir o que é desejo necessário e o que é desejo supérfluo. Já uma alma democrática é precisamente uma alma que não sabe separar uns dos outros, é uma alma [na qual] os desejos supérfluos podem entrar como quiserem [e] se defrontar com os desejos necessários[9]. E, como os desejos supérfluos são infinitamente mais numerosos que os desejos necessários, os primeiros é que prevalecerão. Temos aí, portanto, nesse jogo dos desejos, efetivamente a imagem, o *análogon* do que ocorria nessa revolução pela qual a democracia se instaurava. Mas é preciso compreender que não se trata simplesmente, nesse texto, de uma relação de semelhança ou de analogia. Na verdade, é a mesma falta que, na cidade democrática, produz a anarquia política e que, na alma, produz a anarquia do desejo. Na cidade, se a anarquia se produz, pois bem, é simplesmente porque a *parresía* não atua como devia. Nela, a *parresía* nada mais é que a liberdade de dizer qualquer coisa, em vez de ser aquilo por meio de que vai se realizar a cesura do discurso verdadeiro e aquilo através de que vai se efetuar a ascendência dos homens sensatos sobre os outros. Pois bem, numa alma democrática, numa alma em que reina a anarquia do desejo, o que faltou, o que fez que a anarquia dos desejos tenha se tornado assim dominante? Isso se deu, diz Platão, porque o *lógos alethès* (o discurso de verdade) foi rechaçado para fora da alma e porque não o deixamos entrar na cidadela[10]. É essa ausência de discurso verdadeiro que vai constituir a característica fundamental da alma democrática, assim como o mau jogo da *parresía* na cidade produziu essa anarquia própria da má democracia.

E o texto vai ainda mais longe que isso. Entre Estado democrático e alma democrática, não há simplesmente essa analogia geral, não há tampouco simplesmente essa identidade na falta, na ausência do discurso verdadeiro. Além disso, há uma imbricação mais direta ainda da alma democrática e do Estado democrático. É que o homem democrático é precisamente aquele que, com essa alma – essa alma a que falta o *lógos alethès*, o discurso verdadeiro –, vai se introduzir na vida política da democracia e nela exercer seu efeito e seu poder. O homem democrático, a quem falta o *lógos alethès*, vai fazer o quê? Na anarquia de seus próprios desejos, pois bem, ele vai precisamente querer sempre satisfazer desejos maiores. Vai procurar exercer o poder sobre os outros, esse poder em si mesmo desejável e que vai lhe dar acesso à satisfação de todos os seus desejos. "Pulando na tribuna, ele diz e faz o que lhe passa pela cabeça [descrição da má *parresía*; M.F.]. Um dia ele inveja os guerreiros, e se coloca desse lado; outro dia, os homens de negócios, e se lança no comércio. Numa palavra, ele não conhece nem ordem nem limitação"[11], e arrasta consigo todo o resto da cidade. Nesse texto, onde a noção de *parresía* representa um papel essencial, vocês veem que o que constitui o essencial do mal nessa dupla descrição do homem democrático e da cidade democrática é o defeito do discurso verdadeiro na ascendência a que tem direito. É a falta do *alethès lógos* que faz que, na cidade democrática, qualquer um possa tomar a palavra e exercer sua influência. É o que faz também que, na alma democrática, todos os desejos vão poder se confrontar, se defrontar, lutar uns contra os outros e deixar a vitória aos piores desejos. Assim, isso nos coloca na pista desse desdobramento das duas formas de *parresía* (a que é necessária à vida da cidade, a que é indispensável à alma do homem). A *parresía* cívica, a *parresía* política está ligada a uma *parresía* diferente, ainda que uma chame a outra. É essa *parresía* que deve poder introduzir o *alethès lógos* na alma do indivíduo. Duplo escalonamento da *parresía*, é o que aparece, a meu ver, com muita clareza nesse texto.

O segundo texto de que eu queria lhes falar está nas *Leis*, no livro III, parágrafo 694a. É um texto interessante porque nos propõe, da *parresía*, uma imagem bem diferente e um contexto bem diferente do que acabamos de ver. Nesse texto das *Leis*, livro III, encontramos a descrição da constituição do reino de Ciro, que representa, diz Platão, o "justo meio" entre a servidão e a liberdade[12]. Vocês sabem que num certo número de ambientes, aos quais, aliás, pertenciam tanto Xenofonte como Platão, a monarquia persa de Ciro era representada como o modelo da boa e justa constituição política. A *Ciropédia* de Xenofonte é consagrada a esse tema, e encontramos nele, nas *Leis* e num certo número de textos tardios de Platão, referências muito positivas a esse império persa, ou pelo menos a essa fase, a esse episódio – mítico para os gregos – do império persa, que era o reinado de Ciro, reinado de Ciro como mito político importante nessa época e nessa corrente de opinião. Ora, como é que Platão descreve, nas *Leis*, o império de Ciro? Primeiro, diz ele, quando Ciro obteve as grandes vitórias que o puseram à frente do seu império, evitou deixar os vencedores exercer sem limites seu poder sobre os vencidos. Em vez de fazer como os maus soberanos que estabelecem sobre os vencidos o reinado despótico de sua família ou de seus amigos, Ciro apelou para os chefes, para os chefes naturais, para os chefes preexistentes das populações vencidas. E foram esses chefes que se tornaram, em primeiro lugar, amigos de Ciro e seus delegados perante as populações vencidas. Um império em que os vencedores colocam os chefes vencidos no mesmo nível que eles próprios, pois bem, é um império convenientemente dirigido, governado. Em segundo lugar, nos diz ele, o império de Ciro era um bom império na medida em que o exército era constituído de tal modo que os soldados eram amigos dos chefes e, sendo amigos dos chefes, aceitavam se expor ao perigo sob as suas ordens. Enfim, terceira característica do império de Ciro é que, se havia entre as pessoas que rodeavam o soberano alguém que fosse inteligente e capaz de dar bons conselhos, pois bem, o rei, estando nesse momento livre de qualquer inveja, lhe dava inteira liberdade de palavra (uma *parresía*). E não só dava inteira liberdade de palavra, mas recompensava, honrava todos os que tinham se mostrado capazes de aconselhá-lo adequadamente. Com isso, com essa liberdade assim concedida a seus conselheiros mais inteligentes de falar como quisessem, ele proporcionava o meio de trazer à luz, no interesse de todos, as capacidades de seu conselheiro. Por conseguinte, conclui o texto, tudo prosperava entre os persas graças à liberdade (*eleuthería*), graças à amizade (*philía*) e graças à comunidade de pontos de vista, à colaboração (a *koinonía*: a comunidade)[13].

Creio então que esse texto é muito interessante porque vemos nele, ao mesmo tempo, a manutenção de um certo número de valores, a manutenção de uma certa temática própria da *parresía* e, ao mesmo tempo, o deslocamento, a transformação dessa temática que lhe permite ajustar-se a um contexto político totalmente diferente, o do poder autocrático. De fato, na *parresía* democrática todos tinham o direito de falar. Mas era preciso, além disso, que os que falavam fossem os mais capazes. E era esse um dos problemas próprios do funcionamento da democracia. Aqui, mesmo problema, mesmo tema: entre os conselheiros do Príncipe, há alguns mais competentes que outros. E será precisamente trabalho do Príncipe, será sua função distinguir entre os conselheiros o que é mais apto, o mais inteligente, o mais capaz.

Em segundo lugar, na *parresía* democrática havia – e era o perigo intrínseco dessa *parresía* –, para aquele que falava, o risco de que seus projetos não dessem certo como ele havia pensado. Havia também o risco, mais grave ou mais imediato e ainda mais perigoso, de desagradar a assembleia e ser expulso, eventualmente exilado da cidade, banido, perdendo seus direitos de cidadão, etc. Mesmo perigo no campo do poder autocrático, e será precisamente tarefa do Príncipe – é efetivamente o que faz Ciro – assegurar que aquele que toma a palavra, diante dele e em face dele, não seja ameaçado por sua própria liberdade de palavra. Ciro dava "inteira liberdade de palavra" e "honrava todos os que tinham se mostrado capazes de aconselhá-lo"[14]. Temos aí a ideia do que poderia ser chamado de pacto parresiástico. O soberano deve agir para abrir o espaço no interior do qual o dizer-a-verdade do seu conselheiro poderá ser formulado e aparecer, e se comprometer, ao abrir essa liberdade, a não sancionar seu conselheiro e não o castigar.

Enfim, terceiro elemento importante a recordar: a *parresía* democrática, o que constituía sua característica própria era só poder atuar efetivamente se certos cidadãos se distinguissem dos outros e, adquirindo ascendência sobre a assembleia do povo, guiassem-na na direção necessária. A *parresía* era, na igualdade democrática, um princípio de diferenciação, uma cesura. Ora, aqui, vocês veem que, no bom império de Ciro, a *parresía* é a forma mais manifesta de todo um processo que assegura, segundo Platão, o bom funcionamento do império, a saber, que todas as diferenças hierárquicas que pode haver entre o soberano e os outros, entre seu círculo e o resto dos cidadãos, entre os oficiais e os soldados, entre os vencedores e os vencidos, todas essas diferenças são de certo modo atenuadas ou compensadas pela constituição de algumas relações designadas, ao longo de todo o texto, como relações de amizade. É a *philía* que vai unir os vencedores e os vencidos, é a *philía* que une os soldados e seus oficiais, é a mesma *philía*, a mesma amizade com a qual o soberano ouvirá o conselheiro que lhe diz a verdade, e é também a mesma *philía* que vai fazer que o conselheiro se encontre necessariamente chamado, em todo caso se encontre propenso a falar e dizer a verdade ao Príncipe [...]. E é assim, diz o texto, que o império inteiro poderá funcionar e caminhar, segundo os princípios de "*eleuthería*" (liberdade), uma liberdade cuja forma não será a forma constitucional dos direitos políticos compartilhados; será a liberdade de palavra. Essa liberdade de palavra vai dar lugar a uma *philía* (amizade). E é essa amizade que vai assegurar a *koinonía* através de todo o império, vencedores e vencidos, soldados e oficiais, cortesãos e outros habitantes do império, soberano e seu círculo[15]. Essa liberdade de palavra, essa *parresía* é portanto a forma concreta da liberdade na autocracia. Ela é aquilo em que se fundam a amizade, a amizade entre os diferentes níveis hierárquicos do Estado, e a colaboração, a *koinonía* que assegura a unidade de todo o império.

Enfim, terceiro texto: o texto que também se encontra nas *Leis*, no livro VIII, parágrafos 835 e seguintes. É um texto bem curioso. Nesse livro VIII das *Leis*, vocês se lembram, o problema tratado é o de quem, *grosso modo*, deve assegurar a ordem moral, a ordem religiosa, a ordem cívica da cidade. Toda a primeira parte do livro VIII é consagrada à organização das festas religiosas, à organização dos coros e do canto coral, aos exercícios militares, e também à legislação e ao regime dos prazeres, mais precisamente da vida sexual. A passagem sobre a *parresía* está no cerne dessa série de considerações, entre o que diz respeito às festas religiosas e aos exercícios militares, por um lado, e o regime sexual. Uma passagem bem no início do livro indica que essas práticas (festas religiosas, canto coral, exercícios militares, etc.) são absolutamente indispensáveis à cidade e que, onde elas não existem, as *politeîai* (as cidades) não constituem verdadeiras organizações, [mas] são conjuntos de indivíduos misturados uns aos outros e que se defrontam na forma da "facção"[16]. Para que a cidade constitua uma organização coerente, é necessário portanto que haja esses diversos elementos, que vão ser portanto os seguintes: as festas religiosas, o canto coral, o exercício militar e também a vida sexual, e a boa ordem na vida sexual. Ora, para que essa unidade, essa organização social unitária e sólida seja estabelecida, o que é preciso? É preciso haver uma autoridade que, diz ele, seja exercida de bom grado sobre gente que a aceite de bom grado, uma autoridade tal que os cidadãos possam obedecer, e possam obedecer querendo efetivamente obedecer. Trata-se, por conseguinte, de que os cidadãos sejam persuadidos, pessoalmente persuadidos da validade da lei que lhes é imposta, e que a assumam de certo modo por sua própria conta. E é nesse momento que aparece a necessidade da *parresía*. A *parresía* é esse discurso verdadeiro que deve ser feito por qualquer um na cidade para convencer os cidadãos da necessidade de obedecer, pelo menos de obedecer nessa parte da ordem da cidade que é a mais difícil de obter e que é precisamente a vida individual dos cidadãos e a vida da sua alma, ou melhor, a vida de seu corpo, isto é, a vida de seus desejos e de seus prazeres. Assim, no momento em que aborda a análise da legislação sexual, Platão escreve: eis agora "um tema de não pequena importância, em que se fazer ouvir é difícil, em que caberia principalmente a Deus agir, se fosse, de certo modo, possível que as prescrições requeridas viessem dele; de fato, parece que é de um homem que se necessita, um homem audacioso, um homem que, pondo a franqueza (*parresía*) acima de tudo, proclame o que acha melhor para a cidade e para os cidadãos, ordene, perante essas almas corrompidas, o que toda a nossa constituição comporta e reclama, diga 'não' a todas as nossas paixões mais poderosas e, sem ter ninguém a apoiá-lo, sozinho, siga unicamente a voz da razão"[17]. Esse texto é curioso porque, mais uma vez, estamos na descrição de uma cidade ideal, em que justamente se pode pensar que a própria organização da cidade, as leis previstas, a hierarquia das magistraturas, a maneira como as funções são definidas, tudo isso constitui de certo modo o vínculo fundamental entre a organização da cidade e a verdade. A verdade esteve presente no espírito do legislador, e, a partir do momento em que ele formulou seu sistema de leis, que necessidade se tem de mais alguém para dizer a verdade? Ora, é justamente isso que vemos aparecer nesse texto. Está-se num sistema de leis, tudo foi acertado, as magistraturas são como devem ser. E eis que, no momento em que se aborda esse problema da vida dos indivíduos, da vida de seu corpo e de seus desejos, necessita-se de mais alguém. Um deus, eventualmente, mas o deus não está presente; pois bem, vocês vão precisar de um homem. E o que esse homem terá de fazer? Pois bem, é ele que, eventualmente sozinho, sem ajuda de quem quer que seja, falando sozinho em nome da razão, vai se dirigir aos indivíduos e com toda a franqueza lhes dizer a verdade, uma verdade que deve persuadi-los, e persuadi-los a se conduzir como devem. Temos aí, eu creio, a ideia de uma espécie de suplemento de *parresía*, que jamais a organização da cidade, jamais a ordem das leis, por mais racional que seja, poderá assegurar. Seja a cidade ideal, seja a ordem perfeita, sejam os magistrados tão bem formados quanto possível, pois bem, além disso será preciso, para que os cidadãos se conduzam como convém na ordem da cidade e constituam essa organização coerente de que toda cidade necessita para sobreviver, será preciso para os cidadãos um discurso de verdade suplementar, será preciso que alguém se dirija a eles com toda franqueza, fale a linguagem da razão e da verdade, e com isso os persuada. É esse parresiasta suplementar, como guia moral dos indivíduos, mas guia moral dos indivíduos em sua totalidade, é essa espécie de alto funcionário moral da cidade que vemos assim designado nesse texto. E aqui também vocês estão vendo que a *parresía* aparece em sua complexidade ou em sua dupla articulação: a *parresía* é justamente o que a cidade necessita para ser governada, mas é também o que deve agir sobre a alma dos cidadãos para que eles sejam cidadãos como manda o figurino nessa cidade, mesmo que ela seja bem governada.

Haveria evidentemente o texto do *Górgias*[18], que eu gostaria de ter explicado para vocês esta manhã, mas de qualquer modo voltaremos a ele quando falarmos desse problema da condução das almas individuais. É um texto em que justamente a *parresía* está, desta vez, totalmente dissociada do problema político, em que se trata simplesmente da *parresía* como prova da alma contra outra alma, a *parresía* como aquilo pelo que a verdade poderá ser transmitida de uma alma a outra. Em todo caso, nesses três textos de Platão de que lhes falei, acrescentando eventualmente o texto do *Górgias*, o que eu queria lhes mostrar é que vemos se desconectar, ou melhor, vemos se abrir o leque do problema da *parresía*. Essa *parresía* cívica, política, ligada à democracia e ao problema da ascendência de alguns sobre outros, pois bem, esse problema da *parresía* adquire através dos textos de Platão novos aspectos. É, de um lado, o problema da *parresía* num contexto diferente do contexto democrático; é o problema da *parresía* como ação a exercer, não apenas sobre o corpo da cidade inteira, mas sobre a alma dos indivíduos, seja a alma do Príncipe, seja a alma dos cidadãos; e, enfim, vê-se o problema da *parresía* aparecer como o problema da ação filosófica propriamente dita.

É isso que está claramente desenvolvido numa outra série de textos de Platão de que gostaria de falar a vocês na segunda hora: as cartas, textos platônicos que mostram bem que é como filósofo e a partir da filosofia que a *parresía* pode ser empregada. É isso que vou tentar lhes explicar daqui a uns minutos.

*

NOTAS

1. "Viemos efetivamente para deliberar sobre a guerra ou a paz, coisas que têm o maior peso na vida dos homens e nas quais necessariamente os autores das decisões mais sensatas (*orthôs bouleuoménous*) é que obtêm os melhores resultados" (Isócrates, *Discours*, t. III, "Sur la paix", 2, trad. fr. G. Mathieu, ed. cit., p. 12).

2. Cf. *supra*, aula de 12 de janeiro, pp. 47-56.

3. Platão, *La République*, livro VIII, 555b-557a, trad. fr. E. Chambry, Paris, Les Belles Lettres, 1934, pp. 23-5.

4. *Id.*, 556-c-d, pp. 24-5.

5. *Id.*, 557a, p. 25.

6. "Acaso não é verdade, antes de mais nada, que as pessoas são livres em tal Estado e que em toda parte reina a liberdade (*eleuthería*), a fala franca (*parresía*), a permissão de fazer o que se quer?" (*id.*, 557b, p. 26).

7. *Id.*, 558a, p. 27.

8. *Id.*, 558b.

9. *Id.*, 558d-561 b, pp. 28-32.

10. "Quanto à razão e à verdade (*lógon alethê*), continuei, ele as rechaça e não deixa entrar na cidade de guarnição" (*id.*, 561b, p. 32).

11. *Id.*, 561d, p. 33.

12. Platão, *Les Lois*, livro III, 694a. Foucault utiliza aqui (cf. a próxima nota) a trad. fr. de L. Robin (*Oeuvres complètes*, t. II, Paris, Gallimard, "La Pléiade", p. 732).

13. "É fato que os persas, quando sob Ciro mantinham o justo meio entre servidão e liberdade, começaram sendo livres e se tornaram em seguida senhores de um grande número de outros povos: chefes que presenteavam aqueles de que eram chefes com a liberdade e os elevavam a um nível igual ao deles; soldados que para seus generais eram como amigos; e além disso ansiosos de se expor pessoalmente aos perigos. E, se houvesse entre eles um que fosse inteligente e capaz de dar bons conselhos, o rei, isento em relação a este de qualquer inveja, dando ao contrário inteira liberdade de palavra (*didóntos dè parresían*) e distinções honoríficas a quem quer que fosse capaz de aconselhá-lo, lhe proporcionava os meios de manifestar, no interesse de todos, suas capacidades intelectuais. Em consequência, tudo progredia naquela época, entre eles, graças à liberdade (*eleutherían*), à amizade, à colaboração (*philían kaì noû koinonían*)" (*id.*, 694a-b).

14. *Ibid.*

15. Cf. *supra*, nota 13.

16. Platão, *Les Lois*, livro VIII, 832c, trad. fr. E. des Places, Paris, Les Belles Lettres, 1965, p. 71.

17. *Id.*, 835b-c, pp. 74-5.

18. Cf. *infra*, pp. 330-8, a análise de texto na aula de 9 de março.

AULA DE 9 DE FEVEREIRO DE 1983
Segunda hora

As Cartas *de Platão: situação. – Estudo da carta V: a* phonê *das constituições; as razões de um não engajamento. – Estudo da carta VII. – História de Dion. – Autobiografia política de Platão. – A viagem à Sicília. – Por que Platão aceita: o* kairós; *a* philía; *o* érgon.

[...*] Gostaria agora de falar de vários textos que encontramos nas cartas de Platão, ou atribuídas a Platão. São interessantes porque são documentos que atestam, se não o papel efetivo dos filósofos da escola platônica na vida política da Grécia, pelo menos a maneira como eles refletiam sobre essa intervenção possível e de que maneira queriam ser reconhecidos como desempenhando no campo da política grega o papel de enunciadores de verdade. Vocês sabem que as cartas de Platão são textos extremamente controversos, que foram reunidos de forma relativamente tardia na Antiguidade, numa época em que as coletâneas de cartas, cartas fictícias, aliás, ou cartas reais, constituíam um gênero importante. Por um tempo, quase ao longo de todo o século XII, a crítica, drástica, rejeitava a autenticidade de todas essas cartas. Hoje se admite, de forma geral, que a carta VI, a grande carta VII principalmente e também a carta VIII seriam cartas autênticas, ou em todo caso oriundas de meios extremamente próximos do próprio Platão, enquanto as outras se-

---

* A aula começa assim:

– Não é a uma objeção teórica que eu gostaria de responder agora, mas a uma questão prática. Alguém, da última vez, me disse: duas horas é comprido demais; e, além disso, parar cinco minutos e recomeçar quebra o ritmo, etc. O que vocês acham? Eu prefiro essa fórmula.

– Seu sistema é válido, é melhor descansar um pouco.

– Vocês são a favor das duas horas com uma pequena interrupção? Haveria a possibilidade de uma hora e meia sem interrupção... Não, vocês preferem? Olhem, de qualquer modo é bastante cansativo para a vítima! [*ri*]. Então vamos continuar assim. Aliás, não estou muito contente agora com tudo o que disse a vocês esta manhã. É verdade que são análises de texto que requereriam ser feitas numa sessão privada. Falar de textos que vocês não têm diante dos olhos, sobre os quais não dá para discutir, é meio...

riam certamente muito mais tardias e não teriam sido escritas nem por Platão nem por seu círculo imediato. Seja como for, o conjunto é muito interessante, na medida em que são textos que provêm de todos os meios platônicos e que manifestam a maneira como se considerou na Academia, seja em vida de Platão, seja depois da sua morte, que a atividade filosófica podia ser um foco, não só de reflexão sobre a política como, diria eu, de reflexão e de intervenção políticas. É um fato atestado, por sinal, e relatado por Plutarco em seu texto antiepicurista *Contra Colotes*[1], em que recorda que, enquanto os epicuristas sempre se lixaram para a política, um filósofo como Platão e seus discípulos, e é isso que faz seu valor, estiveram muito mais preocupados em se envolver na vida política, em dar conselhos a seus contemporâneos. E ele lembra os diferentes discípulos que Platão enviou, em vida, para dar conselhos aos diferentes soberanos. Portanto tomemos esses textos, independentemente de todo o problema de autenticidade, como testemunhos dessa intervenção política, salientando, é claro, que essas intervenções políticas, platônicas mas sobretudo pós-platônicas, se situam num contexto político da decadência das cidades e das democracias gregas. É a época da constituição das grandes monarquias helenísticas, nas quais justamente os problemas políticos serão inteiramente deslocados do funcionamento da ágora para [o da] *ekklesía*. Mesmo que a democracia municipal ainda possa atuar, os problemas políticos essenciais vão se deslocar da ágora, que é de certo modo municipalizada, para a corte dos soberanos. O papel da filosofia na corte dos soberanos é o que vai passar a constituir o nó da questão. A cena é o soberano, a cena é a corte, a cena é o círculo do soberano. E é aí que, sem dúvida durante alguns séculos, vai se situar a cena política maior. Gostaria de reter duas ou três dessas cartas.

A primeira, que não é atribuída a Platão mas que seria bastante antiga, é extremamente interessante, a meu ver. É a carta V. Não é uma carta de Platão, não é evidentemente tampouco uma carta real, o que não quer dizer que não tenha sido escrita por platônicos. Mas essa carta, como sem dúvida também a carta VII, que, esta sim, é atribuída a Platão, é uma carta fictícia, o que significa que foi destinada a circular como um manifesto, como um pequeno tratado, como uma espécie de carta pública, digamos assim, pela qual se invocava o apoio do público, em todo caso do público cultivado. Essa carta V é interessante pela seguinte razão: era destinada a Perdicas, que era irmão de Filipe e reinou certo tempo na Macedônia. A carta supõe que Platão lhe tenha enviado seu discípulo Eufraio. Eu disse "supõe". Na verdade, Platão havia efetivamente enviado seu discípulo Eufraio, mas é muito provável, é até certo que a carta não foi efetivamente enviada a Perdicas no momento em que Platão efetivamente enviou seu discípulo Eufraio. É um texto mais tardio, que justifica um gesto que Platão havia efetivamente feito ao enviar seu discípulo a Perdicas. Nessa carta, serão levantadas duas questões que concernem ao papel da filosofia e do filósofo como [conselheiro] político. Primeira questão: o que significa dar conselhos políticos a constituições, a governos que são muito diferentes uns dos outros? O papel de aconselhar não seria, em vez disso, dizer qual a melhor *politeía* (a melhor constituição)? Essa questão não foi colocada assim, direta e brutalmente no texto, mas é claro que o texto responde a essa objeção. Será conveniente dar conselhos a qualquer tipo de governo, ainda que monárquico ou autocrático? Será que a questão da filosofia não é dizer qual o melhor dos governos? Para responder a essas questões implícitas que permeiam o texto – bastante curto, aliás, tem três páginas –, Platão diz o seguinte: deve-se comparar cada constituição (cada *politeía*) a um ser vivo. E tal como cada ser vivo, cada *politeía* tem sua própria voz (*phonê*). Tem sua própria voz e, quando uma *politeía* utiliza para falar sua própria voz, a que lhe é conveniente por natureza, a que lhe foi destinada por natureza, quando a *politeía* fala sua própria *phonê* para se dirigir aos homens ou para se dirigir aos deuses, pois bem, nesse momento a *politeía* prospera e se conserva. Ela é salva. Em compensação, quando uma *politeía* imita a *phonê* (a voz) de outra *politeía*, é nesse momento que ela se perde[2].

Esse trecho é interessante, primeiro pela comparação que é necessário fazer com um texto [da] *República* em que também se trata da *phonê* e da *politeía*, em todo caso da *phonê* e da maneira como o que se formula como voz no corpo político deve ser ouvido. Trata-se de um texto que se encontra em *A República*, no livro VI (493a e seguintes). Nesse texto, é dito que o conjunto dos cidadãos (o *plêthos*, a massa) é como um animal e que os que querem guiar essa massa de cidadãos são obrigados a aprender, de certo modo, qual a voz desse animal que constitui a massa dos cidadãos. É preciso compreender seus grunhidos, é preciso compreender suas cóleras, é preciso compreender seus desejos, e é nesse momento que se pode guiá-lo[3]. Só que, nesse texto da *República*, essa análise do papel que o governante deve desempenhar em relação a essa *phonê* é uma descrição crítica. Ela é crítica no sentido de que, primeiramente, não se trata exatamente da *politeía*, da constituição propriamente dita. Trata-se da massa, do *plêthos*, precisamente dessa massa amorfa, ou antes, polimorfa, variada que constitui a assembleia dos cidadãos, a massa dos cidadãos quando se reúne. E a voz que essa massa faz ouvir, o que é? É a voz da cólera, diz o texto, é a voz dos apetites, isto é, a voz de tudo o que não é sensato. E o mau chefe é precisamente aquele que, aprendendo a compreender esse vocabulário do desejo, vai lhe fazer eco e guiar essa massa no sentido em que ela deseja.

Em relação a esse texto, o que é encontrado na carta V é, vocês estão vendo, diferente, apesar dessa comparação com a multidão. Porque nesse texto da carta V, vemos primeiramente que o que está em questão não é *"plêthos"*, é *"politeía"*, isto é, a constituição, a constituição no que ela tem de articulado, em suas diferentes formas, seja uma democracia, seja uma aristocracia ou uma oligarquia, seja uma monarquia. É a *politeía*, a *politeía* em sua estrutura. E essa *politeía* tem uma *phonê* que deve ser conforme ao que é, em sua essência, a *politeía*. E quando a *phonê*, precisamente, em vez de ser conforme ao que é a própria essência da *politeía*, vai se modelar ou se deixar induzir pela imagem ou pelo modelo de outra constituição, em outras palavras, quando alguém vai, nessa cidade, se levantar e falar a linguagem de uma outra constituição, é nesse momento que as coisas vão derrapar e que a cidade ou o Estado se perderá. Em compensação, se a *phonê* for sempre adequada à *politeía*, pois bem, nesse momento a cidade caminhará como convém. Então podemos nos perguntar por que Platão faz esse desenvolvimento, nessa carta bem curta em que anuncia, em que era para ele anunciar a Perdicas o envio do seu conselheiro. É preciso compreender esse texto nesses diferentes níveis de significação. Claro, nesse texto-manifesto, que não é feito para Perdicas mas para o ouvinte, trata-se de dizer: sim, sou capaz e acho perfeitamente lógico e normal enviar um conselheiro a um governo, seja ele monárquico ou autocrático, porque o problema não é tanto definir o que é a melhor constituição, mas fazer de sorte que cada uma das *politeîai* funcione de acordo com a sua própria essência. Vemos aí portanto, de forma absolutamente clara, esse tema que eu evocava há pouco: a *parresía* não tem de atuar simplesmente no âmbito da democracia, mas há um problema parresiástico, se vocês preferirem, um problema da *parresía* que se coloca sob qualquer forma de governo.

Em segundo lugar, vocês estão vendo que esse envio do conselheiro, do filósofo, do discípulo de Platão vem se localizar onde se coloca a questão da voz. Questão da voz: quer dizer que o conselheiro que ele envia a Perdicas terá [que] função? Embora não esteja explicitamente dito no texto, a existência, a presença desse desenvolvimento relativo à *phonê* mostra que o papel do filósofo assim enviado será o de zelar para que a *phonê* que se articula assim na *politeía*, na constituição, seja conforme ao que é essa constituição. E é isso que fazem os filósofos: formular, articular o que se diz num Estado, de tal maneira que o que nele se diz seja efetivamente conforme ao que é, em sua natureza, o Estado. Somente um filósofo pode fazer isso, porque só ele sabe em que consiste a natureza de cada Estado. Mas seu papel não é tanto, no caso, dizer qual é o melhor Estado, mesmo que ele possa ter colocado essa questão em outra instância. Como conselheiro, ele deve deixar de lado a questão do melhor dos Estados, ele tem de manter sob o seu olhar a natureza e a essência de cada *politeía*, e tem de fazer – é isso a sua *parresía*, o seu dizer-a-verdade – de sorte que a voz que se formula, nas discussões, nos debates, nas diferentes opiniões formuladas, nas decisões tomadas, tudo isso seja efetivamente conforme à *politeía*. É o guardião da voz de cada constituição. Cuidar que essa voz seja conforme à essência da constituição, é isso o dizer-a-verdade do filósofo e do conselheiro. Ele não diz a verdade sobre a natureza dos Estados, ele diz a verdade de maneira que o que se diga num Estado seja conforme à verdade do Estado.

Ainda nessa mesma carta, uma segunda questão é levantada, outra objeção que manifestamente era feita a Platão ou aos platônicos, e à qual a carta estava encarregada de responder. A primeira era portanto a seguinte: como é que se pode enviar um filósofo para aconselhar um autocrata? Vocês tiveram a resposta. A segunda questão é: por que não ter dado conselhos à própria Atenas? Enquanto vocês são silenciosos em Atenas (Platão ou as pessoas da Academia), por que se dirigem a um rei para lhe dar conselhos? Pois bem, a resposta que o redator do texto presta a Platão é: em Atenas o povo adquiriu faz tempo, e faz muito tempo, costumes, e muito maus costumes que já não é possível reformá-lo. Querendo dar conselhos a um povo ateniense que agora está tão longe de qualquer verdade, Platão se arriscaria por nada[4]. Temos aí então a imagem, a referência ao que é a má *parresía* numa cidade democrática. Na cidade democrática de Atenas, as coisas chegaram a tal ponto que não se pode mais falar a linguagem, não se pode mais zelar para que a *phonê* seja conforme ao que é a própria essência da democracia. As coisas chegaram ao ponto de que quem procurasse fazer ouvir a voz da verdadeira democracia, nessa democracia desde então perdida, poderia correr o risco de todos os parresiastas, mas um risco que não vale a pena já que não pode mais haver ação possível, não pode mais haver mudança possível. Seria se expor ao perigo por nada, e é o que Platão [se] recusa a fazer. Eis por que ele se cala em Atenas, onde a *parresía* já não é possível. Mas ele envia, ou supostamente envia, seu discípulo a Perdicas, porque lá ele espera poder fazer ouvir a *phonê* da verdadeira monarquia a um monarca disposto a ouvir o que é o discurso do filósofo. É isso que encontramos na carta V.

Gostaria agora de passar à carta VII, que é evidentemente a grande carta em que Platão ao mesmo tempo conta o que foi sua carreira real de conselheiro político e em que faz a teoria do que pode e deve ser o conselho político de um filósofo a um tirano. Desculpem, mas vou lembrar brevemente o contexto histórico que é um pouco emaranhado. Vou tentar não me perder muito. Vocês sabem que se trata das relações entre Platão e Dionísio de Siracusa, Platão e Dionísio, o Moço. Vocês se lembram da situação. Tínhamos portanto esse tirano de Siracusa que era Dionísio, o Moço, o qual havia exercido sobre Siracusa um poder despótico, tirânico, que aliás havia chegado a dominar toda ou parte da Sicília. E Dionísio, o Velho, na sua velhice, tinha se casado com uma jovem mulher cujo irmão, bem mocinho, era Dion. Temos portanto esses dois personagens: Dionísio, o Velho, e Dion, seu juveníssimo cunhado.

Dionísio morre, desaparece, e nesse momento Dion, que Platão havia conhecido durante uma viagem à Sicília, pede a Platão que volte à Sicília para servir de conselheiro político e, ao mesmo tempo, pedagogo de Dionísio, o Moço, filho de Dionísio, o Velho, e herdeiro do poder. É a segunda viagem de Platão. Passo por cima das peripécias. De fato, a viagem correu muito mal, conta Plutarco, trata-se do episódio a que vou me referir daqui a pouco. Dion é exilado, Platão retorna à Grécia, e passado algum tempo Dionísio, o Moço, apela novamente a Platão, dizendo a ele: tudo bem, é verdade, exilei Dion, mas vou chamá-lo de volta. Mas só vou chamá-lo de volta se você voltar. E Platão volta portanto pela terceira vez à Sicília, e pela segunda vez como conselheiro de Dionísio, no que vai ser sua última estadia na Sicília. Dessa vez também as coisas correram muito mal. Platão parte de lá sem que o acordo feito com Dionísio tenha sido cumprido, sem que Dion tenha voltado a Siracusa nem tenha sido reintegrado em seus direitos. Platão, portanto, vai embora pela terceira vez, depois dessa terceira estadia. A luta entre Dionísio e Dion continua. Dionísio acaba sendo expulso, Dion toma o poder. Nova peripécia: Dion é morto no decorrer das lutas intestinas que se desenrolam em Siracusa naquele momento. E a família e os amigos de Dion escrevem de novo a Platão, ou em todo caso reatam o contato com Platão a fim de lhe pedir que intervenha, e que intervenha como conselheiro, de certo modo pela quarta vez. Primeiro ele havia sido mestre de Dion. Depois, viera duas vezes para aconselhar Dionísio. E agora o círculo de Dion, depois da morte de Dion, lhe pede [que venha].

A carta se situa aí. É portanto uma carta que se situa bem no fim de todos esses episódios sicilianos de Platão e que vai ser uma espécie de balanço. Platão conta o que aconteceu desde a sua juventude, toda a sua carreira política, e por que chegou a fazer o que fez. E, ao mesmo tempo, vai dar a teoria do conselho político. Creio que, se, é claro, a leitura da *República* e a leitura das *Leis* são absolutamente indispensáveis na história da filosofia e do pensamento políticos, a leitura das *Cartas* de Platão, particularmente dessa sétima carta, é muito interessante, pois ela nos revela esse outro lado do pensamento político de que gostaria de fazer um pouco a genealogia aqui e que é o pensamento político como conselho da ação política, o pensamento político como racionalização da ação política, muito mais do que como fundamento do direito ou como fundamento da organização da cidade. O pensamento político, não sob o aspecto do contrato fundamental, mas sob o aspecto da racionalização da ação política, a filosofia como conselho. Pois bem, se fizéssemos essa história, creio que evidentemente a sétima carta seria uma coisa importante.

Então, vou resumir um pouco para vocês o que se encontra nessa sétima carta: primeiro, todo esse lado de autobiografia política de Platão. Ele recorda o que poderíamos chamar de sua dupla decepção, quando, jovem ateniense pertencente à alta aristocracia, por um lado, e discípulo de Sócrates, pois bem, ele vê se desenrolar ao seu redor um certo número de episódios, e precisamente os dois grandes episódios que são como que a exemplificação de duas formas de governo: primeiro, o regime dos Trinta; segundo, o retorno à democracia. De fato, ele evoca como sendo sua primeira experiência política – numa época em que devia ser extremamente moço, portanto – o fato de que a democracia ateniense, comprometida pelos fracassos retumbantes da guerra do Peloponeso, é derrubada por um grupo de aristocratas, [dentre] os quais se encontram Crítias e Cármides, isto é, parentes [de] Platão – Cármides era certamente um parente dele e Crítias... não me lembro mais[5] –, em todo caso discípulos de Sócrates, pessoas próximas do círculo de Sócrates. Eis, pois, essas pessoas que tomam o poder. Platão explica quanto fica seduzido, interessado em todo caso, por essa nova forma de vida política em Atenas, mas quanto fica imediatamente decepcionado. Fica imediatamente decepcionado com a violência que se desencadeia sob esse governo, em particular com o fato de que [se procede] a detenções arbitrárias. E é para [fazê-lo] participar de uma detenção arbitrária como essa que os tiranos pedem que Sócrates participe de uma ação judiciária ilegal, e Sócrates se recusa. Sócrates se recusa, dando assim, como filósofo, um exemplo de resistência filosófica a um poder político, exemplo de *parresía* que vai ser por muito tempo um modelo [de] atitude filosófica diante do poder: a resistência individual do filósofo. Depois do regime dos Trinta e da sua derrubada, volta à democracia. Aqui também Platão recorda quanto, em seu primeiro impulso, ele simpatizou com essa democracia. Mas, segundo episódio, negativo e simétrico ao primeiro, e que gira também ao redor de Sócrates: desta vez não é Sócrates se recusando a obedecer ao governo, dando o exemplo da resistência, ao contrário, é Sócrates perseguido pelo governo democrático por causa de supostas relações com o governo precedente. A despeito da resistência que havia manifestado, Sócrates é detido e executado. Duas experiências (oligarquia, democracia), ambas negativas.

Dessas duas experiências que assim relembra, Platão tira em sua carta uma conclusão muito interessante, que é a seguinte: depois dessas duas experiências, percebe, diz ele, que já não é possível realizar uma ação política. E já não é possível realizar uma ação política porque faltam dois elementos. Primeiro, faltam os amigos (os *phíloi*, os *hetaîroi*), o que quer dizer que numa cidade mal governada as relações pessoais de amizade, os vínculos que podem unir entre si os homens e constituí-los em grupos de certo modo de pressão, graças aos quais e através dos quais será possível conquistar e guiar a cidade, essas relações de amizade já não são possíveis[6]. Segundo, diz ele, faltam ocasiões (*kaíroi*). A ocasião é o bom momento, e o bom momento é definido pelo fato de que, num momento dado, poderia haver como que uma bonança, um clarear do céu, um momento favorável para tomar o poder. Ora, as coisas, diz Platão, vão de mal a pior e nunca há ocasião[7]. Por conseguinte, sem amigos, sem essa comunidade livre de indivíduos e sem essa ocasião definida pelas circunstâncias, não há como procurar agir na ordem política. Então, que fazer? Pois bem, diz ele, tendo compreendido que não é possível agir na ordem da cidade, sem amigos e sem ocasião, é preciso chegar a essa conclusão, que ele formula e que é, quase palavra por palavra, o célebre texto que encontramos no livro V da *República*, 473d, a saber, que será necessário agora que os filósofos cheguem ao poder (*eis arkhàs*: é uma palavra técnica que designa o próprio exercício da magistratura; as *arkhaí* são as magistraturas, as responsabilidades políticas). É preciso portanto que os filósofos alcancem as responsabilidades políticas e que os chefes, os que têm a *dynasteía* (*dynasteúontes*, diz o texto) se ponham a filosofar realmente[8]. Somente a adequação do exercício e da prática da filosofia ao exercício e à prática do poder vai tornar possível doravante o que, no funcionamento tanto da oligarquia como da democracia, havia sido tornado impossível.

Creio ser preciso entender uma coisa aqui: que esse recurso à filosofia, essa coincidência desejada entre o exercício da filosofia e o exercício do poder é apresentado por Platão no texto – devemos dar importância a isso – como a consequência de uma impossibilidade, isto é, como o fato de que o jogo político até então habitual da *parresía* (do dizer-a-verdade), no campo da democracia ou no campo da cidade ateniense, já não é possível. O dizer-a-verdade já não tem lugar apenas no campo político, ou seja, tudo o que tínhamos visto formulado com bastante clareza, tanto no texto de Eurípides, por exemplo, como mais tarde através de Isócrates, a saber, que a *parresía* é o que deve caracterizar a ação de certos cidadãos como cidadãos em relação aos outros, pois bem, essa *parresía* a partir de então já não é a cidadania que deve proporcionar, não é tampouco a ascendência moral ou social exercida por uns sobre outros. A *parresía* [...], o dizer-a-verdade na ordem da política só pode ser fundamentado na filosofia. Não simplesmente porque essa *parresía*, esse dizer-a-verdade se referiria a um discurso filosófico exterior, mas o dizer-a-verdade no campo da política só pode ser o dizer-a--verdade filosófico. O dizer-a-verdade filosófico e o dizer-a-verdade político devem se identificar, na medida em que nenhum dos funcionamentos políticos de que Platão foi testemunha pode assegurar o justo jogo dessa *parresía*. Esse jogo perigoso e arriscado de que lhes falei já não é possível. Esse direito absoluto da filosofia sobre o discurso político, a meu ver, é evidentemente central nessa concepção de Platão.

Depois dessa recapitulação autobiográfica da sua juventude, das suas experiências políticas e da conclusão que ele tira daí quanto à relação entre o poder e a filosofia, Platão evoca [suas] duas primeiras viagens à Sicília. Ele relata a primeira viagem que, de certo modo, fez a título particular, quando encontrou Dion, e Dion, ainda jovem e sempre sob o reinado de Dionísio, o Velho, se interessava pela filosofia. E ele lembra como, por um lado, tinha ficado impressionado com o estado de depravação, de luxúria, de relaxamento moral em que viviam Siracusa e o círculo de Dionísio, o Velho, e como ao contrário havia ficado impressionado com a virtude e as qualidades do jovem Dion[9]. Depois evoca, após a morte de Dionísio, o Velho, o contato que Dion fez com ele, Platão, quando, tendo Dionísio, o Velho, morrido, como disse, Dionísio, o Moço, toma o poder. Dion se dirige a Platão e (é o que Platão evoca) lhe diz primeiramente que Dionísio, o Moço (o novo tirano, o novo déspota, ou em todo caso o novo monarca de Siracusa), e seu círculo estão dispostos a ouvir as lições da filosofia[10]. E, diz Platão, citando ou se referindo, pelo menos em estilo indireto, ao que Dion lhe disse: nunca as circunstâncias foram tão favoráveis para que se pudesse realizar, graças a Dionísio, o Moço, e a seu círculo, "a união, nos mesmos homens, entre a filosofia e a direção de grandes cidades"[11]. Temos aí exatamente a definição desse *kairós* que havia faltado nas experiências da democracia ou da oligarquia em Atenas. Tem-se um *kairós*[12] em que, havendo um jovem monarca chegado ao poder e estando disposto a escutar a filosofia, será possível realizar essa união entre o exercício da filosofia e o exercício do poder que Platão considera ser agora a única maneira de fazer o dizer-a-verdade funcionar na ordem da política. Para explicar essa viagem que é portanto sua segunda viagem à Sicília mas sua primeira viagem política, Platão acrescenta a essa conjuntura favorável duas outras considerações. Uma que é da ordem da amizade a Dion. De fato, diz que se ele, Platão, tivesse se recusado a aceitar o convite de Dion, se tivesse se recusado a ir doutrinar Dionísio, pois bem, Dionísio, não tendo sido formado como deveria, poderia se voltar contra Dion e causar a desgraça de Dion e, através dele, de toda a cidade. E, portanto, ele, Platão, tinha de ir tentar formar Dionísio[13]. Segundo, diz Platão, uma outra consideração fez que eu tenha respondido ao convite de Dion. Essa consideração é interessante. É que ele, Platão, não queria dar a impressão de ser simplesmente logos, de ser apenas discurso e de ser considerado como tal. Ele quer mostrar que também é capaz de participar, de pôr mãos ao *érgon* (à ação)[14]. Claro, temos nesse texto a oposição clássica, perpétua no vocabulário grego entre logos e *érgon*. Vocês têm essa oposição *lógo* e *érgo*: em palavra e em realidade, em discurso e em ato, etc. Mas é preciso lembrar que, aqui, se trata justamente da filosofia, e da filosofia no campo da política. Para Platão, está claro que ser apenas o filósofo que escreveu *A República*, isto é, quem diz como deve ser a cidade ideal, é não ser nada mais que logos. Ora, o filósofo não pode, em relação à política, ser simplesmente logos. Para não ser simplesmente esse "verbo vazio"[15], ele tem de ser, de participar, de pôr diretamente mãos à ação (*érgon*).

Creio que temos aí uma injunção absolutamente importante e que corresponde um pouco – vocês vão ver, aliás, no próprio texto, que isso fica claro – a tudo o que encontramos nos primeiros textos, nos primeiros diálogos platônicos, a propósito da filosofia que não deve ser simplesmente *máthesis* mas também *áskesis*. Se é verdade que a filosofia não é simplesmente aprendizado de um conhecimento, mas deve ser também um modo de vida, uma maneira de ser, certa relação prática consigo mesmo pela qual você se elabora a si mesmo e trabalha sobre si mesmo, se é verdade que a filosofia deve portanto ser *áskesis* (ascese), assim também o filósofo, quando tem de abordar não somente o problema de si mesmo mas também o da cidade, não pode se contentar com ser simplesmente logos, com ser simplesmente aquele que diz a verdade, mas deve ser aquele que participa, que põe mãos ao *érgon*. E pôr mãos ao *érgon* o que é? É ser conselheiro real de um político real, no campo das decisões políticas que ele tem realmente de tomar. E acredito que, se o logos se refere efetivamente à construção da cidade ideal, o *érgon*, que deve completar aquilo que é a tarefa do filósofo em relação à política, é efetivamente essa tarefa do conselheiro político e da elaboração, através da alma do Príncipe, da racionalidade da conduta real da cidade. É participando diretamente, pela *parresía*, da constituição, da manutenção e do exercício de uma arte de governar que o filósofo já não será, na ordem da política, um simples logos, mas será, isso sim, logos e *érgon*, conforme o que é o próprio ideal da racionalidade grega. O logos, na realidade, só é completo quando é capaz de conduzir ao *érgon* e organizá-lo de acordo com os princípios de racionalidade necessários. É por essa razão que, diz Platão, ele foi reencontrar Dion. Terminarei da próxima vez essa carta VII e passaremos aos outros problemas colocados pela história da *parresía* e das suas práticas.

*

NOTAS

1. "Contre l'épicurien Colotès", *in Les Oeuvres morales & meslées*, Plutarco, trad. fr. J. Amyot, vol. 2, Paris.

2. "De fato, os governos têm cada um sua língua, como se fossem seres vivos (*éstin gàr dé tis phonè tôn politeiôn hekástes kathapereí tinon zóon*). A da democracia é uma, a da oligarquia é outra, a da monarquia é outra [...]. Todo Estado que fala sua própria língua perante os deuses e perante os homens e age de acordo com essa língua sempre prospera e se conserva; mas, se imita outro, perece" (Platão, carta V, 321 d-e, *in* Platão, *Oeuvres complètes*, t. XIII-1: *Lettres*, trad. fr. J. Souilhé, Paris, Les Belles Lettres, 1960, p. 23).

3. "Dir-se-ia um homem que, tendo de alimentar um animal grande e forte, depois de ter observado minuciosamente os movimentos instintivos e os apetites deste, como aproximar-se dele e como tocá-lo, quando e por que ele é mais irritadiço e mais manso, a propósito de que ele costuma dar este ou aquele grito (*phonás*) e que sons de voz o amansam ou o irritam, que, digo, depois de ter aprendido isso tudo por um convívio prolongado, daria à sua experiência o nome de ciência" (Platão, *La République*, livro VI, 493a-b, trad. fr. E. Chambry, ed. cit., p. 114. Platão critica aqui os sofistas, que chamam de ciência sua técnica de manipulação das massas).

4. "Pode ser que, ao me ouvirem falar, dirão: 'Platão, ao que parece, pretende conhecer o que é vantajoso para a democracia mas, quando lhe era possível falar ao povo e lhe dar excelentes conselhos, nunca se ergueu para fazer ouvir sua voz.' – A isso, eu respondo: Platão nasceu muito tarde em sua pátria e encontrou o povo já demasiado velho e amoldado pelos

ancestrais a todos os tipos de hábitos de vida opostos a seus conselhos. Ah, claro, teria sido ele, de fato, felicíssimo em dar a ele, como a um pai, se não houvesse pensado que seria se expor em pura perda, sem nenhuma chance de êxito" (Platão, carta V, 322 a-b, *in Lettres*, ed. cit., p. 24).

5. Cármides era tio materno de Platão (ele foi um dos Dez encarregados da vigilância política do Pireu) e Crítias, primo de sua mãe (foi um dos líderes incontestes do ramo extremista dos Trinta). Ambos morreram em 403 quando de uma batalha na qual os democratas tentaram retomar o Pireu.

6. "Vendo isso e vendo os homens que conduziam a política, quanto mais eu considerava as leis e os costumes, quanto mais também eu avançava em idade, mais me parecia difícil administrar bem os assuntos do Estado. Por um lado, sem amigos e sem colaboradores fiéis (*áneu phílon kaì hetaíron pistôn*), isso não me parecia possível" (Platão, carta VII, 325d, *in Lettres*, ed. cit., p. 29).

7. "No entanto, eu não parava de espiar os sinais possíveis de uma melhora nesses acontecimentos, em especial no regime político, mas sempre esperava, para agir, o bom momento (*toû dè práttein aû periméneien aeì kairoús*)" (*id.*, 325d-326a).

8. "Logo, os males não cessarão para os humanos enquanto a raça dos puros e autênticos filósofos não chegar ao poder (*eis arkhàs élthe tàs politikás*) ou enquanto os chefes da cidade (*tôn dynasteuónton*), por uma graça divina, não se puserem a filosofar verdadeiramente" (*id.*, 326a-b, p. 30).

9. *Id.*, 327a-b, p. 31.

10. *Id.*, 326c.

11. *Id.*, 328b.

12. "Que ocasião melhor (*tínas gàr kairoús*) esperávamos?, dizia ele" (*id.*, 327e, p. 32).

13. *Id.*, 328b, p. 32 e, 328d-e, p. 33.

14. "Enquanto eu refletia e me perguntava com hesitação se era necessário ou não me pôr a caminho e ceder às solicitações, o que entretanto fez pender a balança foi o pensamento de que, se era de fato possível empreender a realização (*apoteleîn egkheirésoi*) dos meus planos legislativos e políticos, chegara o momento de tentar: era só persuadir suficientemente um só homem, e a parada estava ganha. Nessa disposição de espírito, eu me aventurei a partir. Por certo, eu não era movido pelos motivos que alguns imaginam, mas me envergonhava por passar perante mim mesmo como um verbo vazio (*mè dóxaimí pote emautô pantápasi lógos mónon atekhnôs eînai*) que nunca quer pôr mãos à obra (*érgou dè oudenòs án pote hekòn anthápsasthai*)" (*id.*, 328b-c, pp. 32-3).

15. *Ibid.*

AULA DE 16 DE FEVEREIRO DE 1983
Primeira hora

O érgon *filosófico. – Comparação com o* Alcibíades*. – O real da filosofia: a palavra corajosa dirigida ao poder. – Primeira condição de realidade: a escuta, o primeiro círculo. – A obra filosófica: uma escolha; um percurso; uma aplicação. – O real da filosofia como trabalho de si sobre si (segundo círculo).*

Da última vez, havíamos chegado à análise dessa carta VII de Platão, ou atribuída a Platão, texto em todo caso que, na melhor das hipóteses, data da velhice de Platão, ou, na pior, de seus primeiros sucessores. Como vocês sabem, é esse texto que se apresenta como uma carta, carta que seria dirigida aos amigos sicilianos de Platão, isto é, ao *entourage* de Dion, visto que, como quer que seja, foi escrita depois da morte de Dion, carta supostamente dirigida aos amigos de Dion e que é, na realidade, uma espécie de manifesto político, de carta pública na qual o autor apresenta no fim das contas três conjuntos de reflexões. Primeiro, para justificar a conduta que teve na Sicília com Dion, conta a série de acontecimentos que ocorreram: convite, viagem, estadia, as injustiças impingidas a ele por Dionísio, as falsas promessas feitas a Platão e a Dion, etc. Segundo conjunto de considerações, fora das que se referiam aos acontecimentos, uma espécie de autobiografia política em que Platão relata, recapitula seu percurso desde a juventude, em particular desde as duas grandes decepções por que passara em Atenas. Primeiro sob o regime aristocrático dos Trinta, depois, no momento da volta à democracia, que havia sido sancionada pela morte de Sócrates. Enfim, o terceiro conjunto de considerações são aquelas em que, em termos mais gerais, Platão explica o que é para ele dar conselhos a um Príncipe, o que é para ele entrar no campo da atividade política e nele desempenhar o papel, o personagem do *sýmboulos*, do conselheiro de assuntos políticos dos que exercem o poder. Tínhamos chegado àquele ponto em que Platão explica como e por que foi levado a partir para a Sicília, para fazer o que foi cronologicamente sua segunda viagem à Sicília mas que era sua primeira viagem política. No decorrer da primeira, vocês se lembram, ele apenas se encontrara com Dion. Tinha ficado seduzido pela inteligência do personagem, tinha lhe ensinado filosofia, depois voltado para Atenas. E foi depois de regressar à Grécia que recebeu um chamado de Dion para voltar, pela segunda vez à Sicília, mas desta vez com um papel político relativamente bem definido, em todo caso uma tarefa, uma missão política, pois se tratava de servir de conselheiro político, mais exatamente de pedagogo para aquele que acabava de herdar o poder em Siracusa, a saber, Dionísio, o Moço. A questão a que Platão, nessa passagem da carta que eu queria explicar a vocês agora, quer responder, é esta: por que aceitou partir, por que aceitou esse pedido e esse jogo político que lhe foi proposto, por que foi para Siracusa servir àquele que era, afinal, o herdeiro do despotismo a cujo princípio Platão era de todo modo hostil, por que aceitou ir?

Para dar essa explicação, Platão salientou duas ordens de considerações. Considerações, se vocês preferirem, de ordem conjuntural, de ordem do que, precisamente, ele chama de *kairós* (ocasião). A propósito justamente do fato de ter renunciado a participar de qualquer atividade política em Atenas, vocês talvez se lembrem, ele dava por razão que, na péssima situação em que Atenas se encontrava, ele não havia encontrado nenhum céu clareado, nenhuma bonança. Em momento algum ele havia considerado que algo como um *kairós*, como uma ocasião se apresentava. Ora, eis que na Sicília algo como uma ocasião se apresenta. É o advento de um novo monarca, é a juventude desse personagem, Dionísio, é o fato de que esse personagem lhe é apresentado por Dion como alguém que quer se dedicar efetivamente à filosofia. É, além disso, alguém cujo *entourage*, animado por Dion, é totalmente favorável tanto à filosofia como a Platão. E, enfim, último argumento importante – porque vamos encontrá-lo com muita frequência na teoria do conselheiro do Príncipe – é o fato de que, ao contrário do que ocorre numa democracia, em que é necessário persuadir muitos, em que é necessário persuadir a massa (o *plêthos*), aqui, no caso de uma monarquia, basta no fim das contas persuadir um só homem. Persuadir um só homem, e pronto[1]. Isso está no texto de Platão. É o princípio, o motivo que faz que, se o Príncipe dá efetivamente um certo número de sinais incentivadores, pois bem, possamos considerar que estamos diante de um *kairós*. Um só personagem a convencer, e um personagem que parece querer se deixar convencer. Isso quanto ao *kairós*. Agora quanto ao próprio Platão, por que ele quis agarrar essa ocasião tal como se apresentava? É aí que Platão, como vocês se lembram, formula dois motivos. Um desses motivos é a *philía*, a amizade que tem por Dion. O outro motivo – era precisamente nisso que tínhamos nos detido – é o fato de que se ele, Platão, recusasse a missão que Dion lhe propunha, se se recusasse a ir enfrentar a tarefa que lhe era assim apresentada, pois bem, teria a impressão de não ser, ele próprio, Platão, nada mais que logos, puro e simples discurso, quando ele tem de, ele quer pôr mãos ao *érgon* (isto é, à tarefa, à obra).

Tínhamos portanto chegado aqui da última vez, e creio que é um ponto importante. É um ponto importante porque levanta uma questão ao mesmo tempo muito familiar, muito evidente, transparente, e ao mesmo tempo muito pouco conhecida, e por outro lado porque esse texto, me parece, ao colocar a questão do *érgon* (da tarefa) filosófico ao longo da carta, a coloca em termos que, creio, são próprios para surpreender, quando comparados com os outros textos platônicos ou, em todo caso, a certa imagem e interpretação que se costuma dar de Platão e do platonismo tardio.

Para analisar um pouco esse problema do *érgon* filosófico (da tarefa filosófica) com relação à política, gostaria de retornar um instante, para balizar um pouco o problema, a um texto de que havíamos falado ano passado, texto por sinal bastante enigmático já que a datação comporta muitas incertezas e porque ele apresenta, no que diz respeito à tarefa filosófica, um perfil bem diferente do que vamos encontrar agora. Esse texto, vocês se lembram, é o *Alcibíades*, esse diálogo que, por um certo número de aspectos, se apresenta e se oferece como um texto de juventude – com o mesmo roteiro, o mesmo cenário, as mesmas peripécias, o mesmo gênero de personagens – e, por outro lado, comporta um grande número de elementos que remetem à filosofia tardia de Platão. Pouco importa, vocês talvez se lembrem da situação que esse diálogo representava. Tratava-se também, nesse diálogo, *Alcibíades*, da intervenção do filósofo na cena política[2]. Ora, qual era a ocasião, qual era o *kairós* que fazia que, nesse diálogo, Platão viesse de certo modo se envolver na questão política? A situação, a ocasião era, como vocês se lembram, a seguinte: Alcibíades, o jovem Alcibíades, graças ao seu nascimento, a seus ascendentes, à sua fortuna, a seu estatuto de modo geral, pertencia aos primeiros cidadãos da cidade. Mas Platão chamava a atenção, ou antes deixara Sócrates chamar a atenção, para que, na realidade, Alcibíades não tinha em absoluto a intenção de passar a vida toda (*katabiônai*)[3] entre os primeiros, mas queria ser rigorosamente, exclusivamente, o primeiro, não só em sua cidade, que ele queria persuadir e controlar, mas também em relação a todos os outros soberanos, pois queria vencer os inimigos de Atenas, como Esparta ou como o rei da Pérsia, que representava como sendo seus rivais, seus rivais pessoais. Era nesse projeto, que coloca muito exatamente o problema da *parresía* numa situação democrática, que Sócrates intervinha. Eu dizia que era o problema da *parresía* numa situação democrática, porque é precisamente disso que se trata: como cada um tinha de fato o direito de tomar a palavra, alguns, os primeiros, têm por tarefa, por função, por papel, adquirir ascendência sobre os outros. E o problema está em saber, nesse jogo agonístico dos primeiros em relação aos outros e dos primeiros entre si, se é possível, legítimo e desejável que haja um só – como aliás era Péricles – que prevaleça sobre todos os outros.

Era o problema da *parresía*. Estamos na tal crise, na tal problemática da *parresía* que assinala de forma manifesta o funcionamento da democracia e, de modo geral, o funcionamento de certo número de instituições na Grécia nessa época. Nesse sentido, vocês estão vendo que, apesar da diferença de contexto, estamos numa situação análoga [à] de Platão tendo de aconselhar Dionísio. Aí, não é um tirano, ou um déspota, ou um monarca que Sócrates tem de aconselhar, mas um jovem que quer ser o primeiro. Já Platão, por sua vez, terá de lidar com alguém que é o primeiro por estatuto e por herança, e pela própria estrutura da *politeía*. Mas se trata, em ambos os casos, de se dirigir a eles, de lhes falar, de lhes dizer a verdade, de persuadi-los da verdade e, com isso, de governar sua alma, a alma deles, que têm de governar os outros. Analogia da situação, portanto, apesar da diferença do contexto político. No entanto – será um dos fios condutores que eu gostaria de seguir hoje nesta exposição –, me parece que, entre o *Alcibíades* (e o papel que Sócrates representa em relação a Alcibíades) e Platão (Platão em seu papel em relação a Dionísio), há toda uma série de diferenças absolutamente consideráveis, que traçam como que uma clivagem na filosofia platônica.

Em todo caso, uma primeira diferença salta imediatamente aos olhos. É que, no caso de Alcibíades e de Sócrates, Sócrates também tinha de responder à pergunta: por que você intervém junto a Alcibíades? E era de fato a essa pergunta que respondia todo o início do diálogo. E Sócrates explicava: eu me interesso por Alcibíades, logo eu que, no momento em que Alcibíades era desejado e assediado por tantos outros, tinha me mantido apartado. Eu tinha me mantido apartado até aqui, mas agora, no exato momento em que, ficando Alcibíades um pouco mais velho, os apaixonados que o assediam são cada vez menos numerosos e logo vão se apartar dele, pois bem, eu, ao contrário, eu me aproximo. Eu me aproximo por quê? Pois bem, precisamente porque Alcibíades quer se pôr à frente da cidade, se alçar à primeira fileira, exercer sozinho o poder. Isso é o *kairós*. E se aproveito esse *kairós* é por amor a Alcibíades. O eros que eu tinha por Alcibíades e que, por orientação do deus, eu havia observado até aqui, esse eros é que vai fazer agora que eu aproveite esse *kairós* (essa ocasião) constituído pela vontade que tem Alcibíades de se pôr à frente da cidade e se tornar seu chefe. Pois bem, se compararmos essa situação e essa justificativa socrática em relação a Alcibíades, vocês verão que salta aos olhos a diferença em Platão, claro, enfim na situação de Platão em relação a Dionísio. Platão também aproveita o *kairós*, mas por que aproveita o *kairós*? Não por uma relação que seria da ordem do eros, mas por uma espécie de obrigação interna, que não é tanto plantada como um desejo na alma do filósofo, mas que é a própria tarefa da filosofia, a própria tarefa da filosofia que é a de não ser simplesmente logos, mas também *érgon*. Ou, mais precisamente, o próprio filósofo não deve simplesmente ser logos (discurso, somente discurso, discurso nu). Ele também deve ser *érgon*. É essa obrigação, e não mais esse eros, que vai constituir, do lado do filósofo, a razão pela qual ele vai aproveitar o *kairós* (a ocasião). E, evidentemente, não é um pequeno deslocamento esse, que faz que o motivo de intervir na ordem da política seja não o desejo do filósofo por aquele a quem ele se dirige, mas a obrigação interna de a filosofia, como logos, ser além disso *érgon*. Era a primeira observação que eu gostaria de fazer.

A segunda é a seguinte. É que, inquietando-se com a ideia de que ele poderia não ser nada mais que discurso (logos), o filósofo (Platão) parece-me colocar um problema, um problema que é justamente, como eu lhes dizia há pouco, familiar e mal conhecido. Quando ele se inquieta por não ser nada mais que logos, quando quer, em vez de ser simplesmente logos, pôr mãos à obra (ao *érgon*), parece-me que Platão levanta uma questão que poderíamos chamar de questão do real da filosofia. O que é o real da filosofia? Onde podemos encontrar o real da filosofia? Vemos de imediato que a maneira como Platão vai responder à questão, ou antes, a própria maneira como Platão formula a questão prova que, para ele, pelo menos naquele momento, o real da filosofia não é, já não é, não é simplesmente em todo caso, o logos.

É necessário delimitar um pouco essa questão: o que é o real da filosofia? Creio que essa questão [sobre] o real da filosofia não consiste em se perguntar o que é, para a filosofia, o real. Ela não consiste em se perguntar [a] qual referente, [a] quais referências se reporta a filosofia. Essa questão não consiste em se perguntar qual é o real a que se reporta a filosofia, ao qual ela deve se confrontar. Ela não consiste em se perguntar com o que podemos avaliar se a filosofia diz a verdade ou não.

Interrogar-se sobre o real da filosofia, como creio que essa sétima carta faz, é se perguntar o que é, em sua própria realidade, a vontade de dizer a verdade, essa atividade de dizer a verdade, esse ato de veridicção – que, de resto, pode perfeitamente se enganar e dizer a falsidade – de todo particular e singular que se chama filosofia. Essa questão parece-me ser a seguinte: como, de que modo, em que modo se inscreve no real o dizer-a-verdade filosófico, essa forma particular de veridicção que é a filosofia? Esquematicamente, parece-me que [na] questão posta por essa inquietude sobre a filosofia, que não deve ser simplesmente logos mas também *érgon*, vemos se formular, vemos se esboçar, vemos se aclarar, de maneira muito fugaz mas que me parece, afinal, totalmente decisiva, não a questão "qual é o real que permite dizer se a filosofia diz a verdade ou diz uma falsidade?", mas sim "qual é o real desse dizer-a-verdade filosófico, o que faz que ele não seja simplesmente um discurso vão, que ele diga a verdade ou diga uma falsidade?".

O real do discurso filosófico: é isso que está comprometido nessa questão. E a resposta dada, ou antes, esboçada nessa simples frase que eu recordava da última vez e a partir da qual recomeço agora – a saber, que o filósofo não quer ser simplesmente logos, mas quer pôr mãos ao *érgon* –, a resposta que vai ser necessário desenvolver agora aparece em toda a sua simplicidade; a realidade, a prova pela qual a filosofia vai se manifestar como real não é o próprio logos, não é o jogo intrínseco do próprio logos. A realidade, a prova pela qual, através da qual a veridicção filosófica vai se manifestar como real é o fato de que ela se dirige, que ela pode se dirigir, que ela tem a coragem de se dirigir a quem exerce o poder. Não deve haver mal-entendido. Não quero de modo algum dizer que, aqui nesse texto de Platão, se definiria uma certa função da filosofia que seria dizer a verdade sobre a política, dizer a verdade sobre as leis, dizer a verdade sobre a constituição, dar bons conselhos úteis e eficazes sobre as decisões a tomar. Veremos ao contrário, por exemplo nesse próprio texto, como Platão afasta ou pelo menos situa num lugar totalmente particular e não totalmente central, o fato de o filósofo poder propor leis. Não é dizer a verdade sobre a política, não é nem mesmo ditar imperiosamente o que deve ser tanto a constituição das cidades como a política ou o governo das cidades, que faz que a filosofia, que o discurso filosófico detenha a realidade que é a sua. Parece-me que a filosofia, para Platão, nesse texto, manifesta sua realidade a partir do momento em que se introduz no campo político sob formas que podem ser totalmente diversas: elaborar leis, dar conselhos a um Príncipe, persuadir uma multidão, etc. Ela se introduz no campo político sob essas formas diversas, nenhuma das quais é essencial, mas sempre marcando, em relação aos outros discursos, sua diferença própria. É precisamente isso que a distingue da retórica. A retórica – a isso vamos ter de voltar mais demoradamente –, desse ponto de vista da filosofia não é nada mais que esse instrumento pelo qual aquele que quer exercer o poder pode não fazer outra coisa além de repetir exatamente o que quer a multidão, ou o que querem os chefes, ou o que quer o Príncipe. A retórica é um meio que possibilita persuadir as pessoas daquilo de que já estão persuadidas. A prova da filosofia, ao contrário, a prova do real que é a filosofia não é sua eficácia política, é o fato de que ela se introduz, em sua diferença própria, no interior do campo político e de que ela tem seu jogo próprio em relação à política. É esse jogo próprio em relação à política, é essa prova de realidade da filosofia em relação à política que eu gostaria de explicar um pouco agora, retendo simplesmente o seguinte – porque creio que é, no fim das contas, muito importante na própria história do discurso filosófico: essa pequena passagem da carta VII em que o filósofo não quer simplesmente ser logos, mas também tocar a realidade, me parece marcar um dos traços fundamentais do que é e do que será a prática filosófica no Ocidente. É verdade que por muito tempo, é verdade que ainda hoje alguns pensaram e alguns pensam que o real da filosofia se sustenta com o fato de que a filosofia pode dizer a verdade, e pode dizer a verdade em particular sobre a ciência. Por muito tempo se acreditou, e ainda se pensa que, no fundo, o real da filosofia é poder dizer a verdade sobre a verdade, a verdade da verdade. Mas parece-me que, e em todo caso é o que se marca nesse texto de Platão, há toda uma maneira de marcar, de definir o que pode ser o real da filosofia, o real da veridicção filosófica, que essa veridicção, mais uma vez, diga a verdade ou uma falsidade. E esse real se marca com o fato de que a filosofia é a atividade que consiste em falar a verdade, em praticar a veridicção perante o poder. E me parece que, há pelo menos dois milênios e meio, foi com certeza um dos princípios permanentes da sua realidade. Em todo caso, o que eu queria lhes mostrar e lhes dizer hoje era como essa carta VII e seus diferentes desenvolvimentos podem ser vistos como uma reflexão sobre o real da filosofia, manifestado através da veridicção exercida no jogo político.

Não vou acompanhar, no desenvolvimento de seus meandros e dos seus detalhes, essa carta que é muito complexa, mas, para esquematizar um pouco, gostaria de agrupar o que encontramos nela em duas grandes questões. Primeiro, me parece que essa carta responde, em várias das suas passagens, algumas das quais são sucessivas e outras repartidas aqui e ali no desenvolvimento, a esta pergunta: em que condições o discurso filosófico pode ter certeza de que não será simplesmente logos, mas será com certeza *érgon* no campo da política? Em outras palavras, em que condições o discurso filosófico pode encontrar sua realidade, atestar sua realidade para si mesmo e para os outros? Segunda série de questões: nessa função de real que a filosofia vai exercer, nessa assunção da sua realidade, da realidade que será a sua na ordem da política, o que a filosofia tem realmente a dizer? Na verdade, essa segunda série de questões está ligada à primeira, deriva dela tão diretamente que, como vocês vão ver, creio ser possível resumi-la rapidamente. Em compensação, [sobre] a primeira série de questões (quer dizer: em que condições um logos, que pretende e quer ser discurso filosófico, poderá efetivamente, como diz o texto, tocar sua própria tarefa, pôr mãos à sua própria obra; em que condições ele poderá enfrentar com sucesso a prova da realidade?), creio que temos três ou quatro textos que podem nos esclarecer.

O primeiro de que eu gostaria de lhes falar [...*] está em 330c-331d. Para que o discurso filosófico possa efetivamente encontrar sua realidade, para que possa ser real como veridicção filosófica, e não simplesmente vã verborragia, a primeira condição – ela pode parecer paradoxal – concerne àqueles a quem ela se dirige. Para que a filosofia não seja puro e simples discurso, mas sim realidade, ela tem de se dirigir, não a todo o mundo e a qualquer um, mas somente aos que querem escutar. Eis o que diz o texto. Ele começa assim: "O conselheiro de um homem doente, se esse doente segue um mau regime, não tem como primeiro dever levá-lo a modificar seu gênero de vida? Se o doente quiser obedecer, ele dará novas prescrições. Se ele se recusar, considero que um homem reto e um verdadeiro médico não mais se prestará a novas consultas."[4] O parágrafo termina um pouco mais adiante, em 331d, assim: "Caso não lhe pareça bem governado [ou seja: caso o Estado não pareça ao conselheiro, ao filósofo, bem governado; M.F.], que assim o diga [que ele, o filósofo, diga, caso o Estado não for bem governado; M.F.], mas somente se não tiver de falar ao vento ou se não correr risco de vida [para que o filósofo fale, tem de ter certeza de que não falará ao vento ou não correrá risco de vida, isto é, tem de ter certeza de que o seu discurso não será de todo modo rejeitado; M.F.]; mas que não use de violência para derrubar a constituição da sua pátria, quando só é possível obter boas constituições à custa de banimentos e massacres; que ele fique quieto, então, e implore aos deuses que concedam os bens para ele e para a cidade."[5] Ser es-

---

* M.F. acrescenta: não é o que entreguei; o que entreguei vou tentar comentar daqui a pouco.

cutado e encontrar no ouvinte a vontade de seguir o conselho que será dado, é essa a primeira condição do exercício do discurso filosófico como tarefa, como obra, como *érgon*, como realidade. Só se devem dar conselhos aos que aceitam segui-los. Senão, é preciso fazer como os médicos que vão embora quando os pacientes e os doentes não querem escutar suas prescrições. Vocês vão me dizer que isso é de uma enorme banalidade, mas acho que podemos aclarar um pouco esse texto seguindo essa comparação com a medicina, comparação que é um lugar-comum, que encontramos com frequência em Platão, [em] toda uma série de textos que relatam ou que, de fato, comparam o conselho político com a prática da medicina. Em particular, vocês têm a passagem do livro IV da *República*, em 425e[6], e também do livro IV das *Leis* [em] 720a e seguintes[7].

Contudo, o que significa mais precisamente essa referência à medicina? Em primeiro lugar, o seguinte: a medicina é caracterizada, em geral, de três maneiras, não apenas nos textos platônicos mas, de modo geral, nos textos gregos do século IV, e até em textos posteriores. Primeiro, a medicina é uma arte ao mesmo tempo de conjuntura, de ocasião e também de conjectura, pois se trata de reconhecer a doença, de prever sua evolução e, por conseguinte, de escolher a terapêutica apropriada. Arte de conjuntura, arte de conjectura que se apoia, claro, numa ciência, numa teoria, em conhecimentos, mas que, a cada instante, deve levar em conta essas condições particulares e pôr em jogo uma prática da decifração. Segundo, a medicina também é sempre caracterizada como não sendo simplesmente um conhecimento ao mesmo tempo teórico e geral de conjectura e de conjuntura, mas também uma arte, e uma arte de persuasão. O médico, o bom médico também é aquele que é capaz de persuadir seu doente. Remeto, por exemplo, às *Leis*, livro IV, parágrafo 720a-e[8], [à] célebre distinção entre as duas medicinas. A medicina para escravos, praticada pelos próprios escravos, seja os que têm uma botica, seja os que visitam o paciente, pouco importa, essa medicina de escravos para escravos é uma medicina que se contenta em receitar, em dizer o que se deve fazer (medicina, remédios, escarificações, incisões, amuletos, etc.). E há a medicina livre para gente livre, exercida por médicos que também são homens livres. Essa medicina se caracteriza pelo fato de o médico e o doente conversarem um com o outro. O doente informa ao médico de que ele sofre, qual é seu regime, como viveu, etc. Em retorno, o médico explica ao doente por que seu regime não era bom, por que ficou doente e o que precisa fazer agora para se curar, até este ficar efetivamente persuadido de que é assim que ele tem de se tratar.

A boa medicina, a grande medicina, a medicina livre é portanto uma arte do diálogo e da persuasão. Enfim, a terceira característica que geralmente se encontra para definir a medicina é o fato de que a boa medicina não concerne simplesmente a esta ou àquela doença que seria necessário tratar, mas a boa medicina é uma atividade, uma arte que leva em conta e abarca a vida inteira do doente. Tem de receitar, é verdade, para que a doença desapareça, mas tem de estabelecer todo um regime de vida. E é precisamente a propósito desse regime de vida que a tarefa de persuasão, própria da medicina e do médico, se torna das mais importantes, das mais decisivas. Para que sare realmente e para que possa evitar daí em diante outra doença, o doente tem de aceitar mudar tudo o que se refere às suas bebidas, à sua alimentação, suas relações sexuais, seus exercícios, todo o seu modo de vida. A medicina tem por objeto o regime tanto quanto a doença.

Se levarmos em conta essas três características da medicina, tão evocadas nos textos platônicos para caracterizar a medicina, se portanto levarmos em conta essas diferentes notações e as relacionarmos ao que é a tarefa do conselheiro, desse conselheiro político que o texto da carta VII diz que deve se conduzir como um médico, veremos que o papel do conselheiro político não será exercer a função de um governante que tem de tomar decisões no curso normal das coisas. O filósofo, como conselheiro político, só tem de intervir quando as coisas vão mal, quando há uma doença [...]. E aí ele terá ao mesmo tempo de diagnosticar em que consiste o mal da cidade, de aproveitar o momento para intervir e de restabelecer a ordem das coisas. É portanto um papel, se vocês preferirem, crítico, no sentido de que é um papel desempenhado na ordem da crise, ou em todo caso do mal e da doença, e da consciência que o doente, no caso a cidade e os cidadãos, tem de que as coisas não vão bem. Em segundo lugar, o papel da filosofia e do filósofo não será como esse papel dos médicos de escravos, que se contentam em dizer: tem de fazer isto, não pode fazer aquilo, tem de tomar isto, não pode tomar aquilo. O papel do filósofo deve ser como o daqueles médicos livres que se dirigem a pessoas livres, ou seja, persuadir ao mesmo tempo que receitam. Claro, ele deve dizer o que tem de ser feito, mas deve explicar por que tem de ser feito, e nessa medida, justamente, o filósofo não será simplesmente um legislador que indicará a uma cidade como ela deve ser governada e a que leis deve obedecer. O papel do filósofo será efetivamente persuadir uns e outros, os que governam e os que são governados. Enfim, em terceiro lugar, o filósofo não terá simplesmente de dar conselhos e opiniões em função deste ou daquele mal que atinge a cidade.

Ele terá também de repensar inteiramente o regime da cidade, terá de ser como esses médicos que não pensam simplesmente em curar os males atuais mas querem se responsabilizar por e levar em conta o conjunto da vida do doente. Pois bem, é todo o regime da cidade, é a sua *politeía* que deve ser objeto da intervenção do filósofo.*

Em certo sentido, podemos nos perguntar se essa definição da tarefa do conselheiro filosófico, que deve portanto intervir no mal da cidade sob uma forma persuasiva e de maneira que questione toda a *politeía*, não é um pouco contraditória com o texto que eu tinha citado da carta V[9], em que Platão diz: como quer que seja, há algumas *politeîai* diferentes umas das outras. Há a constituição democrática, há a aristocrática, há a que ao contrário confia o poder a um só. E, numa carta que devia acompanhar a chegada de um conselheiro enviado ao rei da Macedônia (Perdicas), dizia: no fundo, pouco importa qual é a *politeía*, o problema é ouvir e compreender e saber o que é a voz própria de cada *politeía*, qual é sua *phonê*, residindo em geral o mal de uma cidade no fato de que a *phonê* (a voz) da *politeía* não corresponde ao que é essa própria constituição. Aqui, parece que o problema que o conselheiro tem de resolver não é simplesmente ajustar a voz da cidade à sua *politeía*, mas sim repensar a *politeía*. Pode-se portanto imaginar, supor, pressentir uma contradição entre o que é dito na carta VII e o que é dito na carta V – evidentemente, com a observação de que, como a carta V é manifestamente apócrifa e mais tardia, em todo caso, do que a carta VII, essa contradição não deve causar maiores problemas. Em compensação, parece que essa injunção a levar em conta e abarcar toda a *politeía* da cidade é um pouco contraditória também com outros textos que vamos encontrar nessa mesma carta VII, em particular a passagem tão enigmática em que Platão dirá: seja como for, não se trata de modo algum, para o filósofo, de servir de nomóteta, de legislador, de dador de leis de uma cidade. De fato, me parece que, quando Platão fala aqui da necessidade para o bom conselheiro de levar em conta toda a *politeía* (tal como um bom médico leva em conta todo o regime de uma vida), não entende a *politeía* no sentido, de certo modo, estrito e institucional do marco legal dentro do qual a cidade deve viver. O que ele entende, a meu ver, por *politeía* é o próprio regime da cidade, isto é, o conjunto constituído pelas próprias leis, mas também a convicção que os governantes e os governados po-

---

* O manuscrito precisa neste ponto:
  "O que a carta VII diz é extremamente próximo de *República* 426a-427a. Não vale a pena empreender cuidar da cidade se não for possível modificar a *politeía* e a maneira como ela é *politeuómene*."

dem ter, os primeiros e os últimos, de que é preciso obedecer essas leis, que são boas, e enfim a maneira como, efetivamente, essas leis são obedecidas na cidade. À *politeía* no sentido estrito, que é o marco institucional da cidade, é preciso acrescentar também essa convicção, essa persuasão dos governantes e dos cidadãos, é preciso acrescentar a maneira como essa persuasão se traduz nos atos. E é tudo isso que constitui a *politeía* no sentido lato.

Parece-me que, quando Platão compara a função do conselheiro filosófico com a do médico, quando por conseguinte revela que é a *politeía* inteira que deve ser levada em conta pelo conselheiro, é dessa *politeía* no sentido amplo que se trata. Trata-se, para o conselheiro, de se dirigir a quem, no fundo? Pois bem, parece-me que o conselheiro, tal como Platão o define, comparando-o com o médico, é essencialmente alguém que tem de falar, não, mais uma vez, para impor – no ponto de partida da cidade ou como seu marco institucional – as leis fundamentais, mas deve se dirigir no fundo à vontade política. Seja essa a do monarca, seja a dos chefes oligárquicos ou aristocráticos, seja a dos cidadãos, ele tem de enformar essa vontade. Mas é preciso compreender que, se o filósofo se dirige à vontade política que faz viver a *politeía*, que se deixa persuadir pelas leis, que as aceita, que as reconhece como boas e quer efetivamente aplicá-las, se é a essa vontade política, que anima e faz viver a *politeía*, que o filósofo se dirige, é preciso compreender também que ele só pode se dirigir a essa vontade se essa vontade é, de certo modo, boa, isto é, se o Príncipe, se os chefes, se os cidadãos têm efetivamente a vontade de escutar o filósofo. Se não quiserem escutá-lo, quer dizer, como o fim do texto precisa: se considerarem que o que o filósofo diz não passa de vento, pior ainda, se matarem o filósofo, num caso como em outro tem-se essa recusa, e a filosofia não poderá encontrar sua realidade. O filósofo que fala sem ser escutado, ou também, o filósofo que fala sob a ameaça da morte, esse no fundo não faz outra coisa senão falar ao vento e no vazio. Se ele quiser que seu discurso seja um discurso real, um discurso de realidade, se ele quiser que sua veridicção filosófica seja efetivamente da ordem do real, seu discurso de filósofo terá de ser ouvido, entendido, aceito por aqueles a quem se dirige. A filosofia não existe no real pela simples condição de haver um filósofo para formulá-la. A filosofia só existe no real, a filosofia só encontra seu real se ao filósofo que faz seu discurso respondem a expectativa e a escuta daquele que quer ser persuadido pela filosofia. Encontramos aí, a meu ver, o que poderíamos chamar de primeiro círculo (encontraremos outros no texto). É o círculo da escuta: a filosofia só pode se dirigir aos que querem ouvi-la. Um discurso que não fosse mais que protesto, contestação, grito e cólera contra o poder e a tirania, não seria filosofia. Um discurso que fosse um discurso de violência, que quisesse entrar como por arrombamento na cidade e que, por conseguinte, espalhasse à sua volta a ameaça e a morte, tampouco encontraria sua realidade filosófica. Se o filósofo não é ouvido, e é a tal ponto não ouvido que é ameaçado de morte, ou então se o filósofo é violento, e violento a tal ponto que seu discurso leva a morte aos outros, num caso como no outro a filosofia não pode encontrar sua realidade, é reprovada na prova da realidade. A primeira prova de realidade do discurso político será a escuta que ela encontra.

Daí evidentemente toda a série de consequências graves e importantes, que podemos expor rapidamente: a filosofia sempre supõe a filosofia, a filosofia não pode se falar a si só, a filosofia não pode se propor como violência, a filosofia não pode aparecer como a tábua das leis, a filosofia não pode ser escrita e circular como o escrito que cairia em todas as mãos ou em quaisquer mãos. O real da filosofia – e é essa a sua primeira característica – está no fato de que ela se dirige à vontade filosófica. E, última consequência, vocês estão vendo em que a filosofia é totalmente diferente da retórica (teremos de voltar a esse ponto mais tarde, é evidente). É precisamente a retórica que pode ao mesmo tempo se desenvolver e encontrar sua eficácia independentemente até da vontade dos que escutam. É o jogo da retórica captar, de certo modo sem querer, a vontade dos ouvintes e fazer desta o que bem entender. Ao passo que a filosofia, e é nisso que ela não é uma retórica e que ela só pode ser o contrário da retórica, modesta ou imperiosamente, se vocês preferirem, só pode existir pelo fato de ser escutada. Essa escuta, essa expectativa da filosofia sobre sua própria escuta faz parte da sua realidade. Eis o primeiro ponto, creio eu, que podemos extrair dessa primeira explicação dada por Platão do papel de conselheiro. Se ele [foi] à Sicília, é porque tinha uma promessa de escuta. Se seu discurso na Sicília foi precisamente um logos vão, é justamente porque essa escuta não ocorreu e porque a promessa que tinha sido feita a ele, Platão, foi traída por aquele que devia escutá-lo. Eis o primeiro tema que encontramos.

O segundo, ligado imediatamente a este, é a seguinte questão: se é verdade que a filosofia extrai seu real unicamente do fato de poder ser escutada, como reconhecer os que vão escutar? Como o filósofo vai poder aceitar a prova de realidade a partir da certeza da escuta que ele vai encontrar? Problema importante, problema que também é, vocês se lembram, o problema de Sócrates. Sócrates também se perguntava se valia a pena se dirigir a este ou àquele jovem para tentar convencê-lo. E vocês sabem que a certeza de poder ser escutado, Sócrates exigia e via, ou pensava ver, naquela beleza dos rapazes, em todo caso no que se podia ler no rosto e no olhar de um rapaz. Aqui, evidentemente, é um critério totalmente diferente, e é de algo totalmente diferente que se trata. A prova que vai possibilitar decidir se é possível ser escutado ou não é o que está explicado por Platão no parágrafo 340b [...*], que eu gostaria de explicar agora. Na verdade, essa passagem se situa, na carta, bem longe da que li faz pouco, mas se aproxima dela de forma bastante clara. Trata-se de uma explicação que não tem a ver com a primeira viagem política à Sicília (quer dizer, a segunda, cronologicamente), mas com a segunda viagem política (e terceira cronologicamente). Mas, para comodidade da exposição, eu as aproximo, porque acredito que essa passagem (sobre como reconhecer, a que prova submeter aquele a quem se dirige) está diretamente ligada à questão que eu evocava há pouco: não se pode falar, e a filosofia não pode ser um discurso real, não pode ser realmente uma veridicção se não se dirigir a quem quer escutá-la. Questão: como reconhecer os que podem e querem escutar? Leiamos então rapidamente esse texto: "Ao chegar, achei por bem me assegurar antes de mais nada que Dionísio estava realmente entusiasmado com a filosofia, ou se tudo o que haviam falado em Atenas não tinha nenhum fundamento."[10] Vocês estão vendo, é diretamente o problema da escuta: como saber? "Ora, para prová-lo há um método deveras elegante. Ele convém perfeitamente, aplicado aos tiranos, sobretudo se eles se fartam de expressões filosóficas mal compreendidas, como era especialmente o caso de Dionísio, como logo me dei conta: há que mostrar a eles o que é a obra filosófica [voltaremos daqui a pouco às palavras gregas, enfim à maneira como temos de tornar um pouco mais fiel esta tradução; por ora, tratemos simplesmente de lê-la; M.F.] em toda a sua extensão, seu caráter próprio, suas dificuldades, o trabalho que ela requer. O ouvinte é um filósofo de verdade, apto para essa ciência e digno dela, porque dotado de uma natureza divina? O caminho que lhe é ensinado lhe parece maravilhoso; ele tem de segui-lo imediatamente, não poderia viver de outro modo. Então, redobrando com seus esforços os esforços de seu guia, ele não se cansa enquanto não atinge plenamente seu objetivo ou ganha força bastante para seguir sem seu instrutor. É nesse estado de espírito que esse homem vive: ele se dedica a suas ações corriqueiras, mas em tudo e sempre se apega à filosofia, a esse gênero de vida que lhe dá, junto com

---

* M.F. acrescenta: foi esse texto que mandei xerocar e de que distribuí alguns exemplares. Desculpem se sempre faltam, é que nunca sabemos quantos vocês vão ser...

o espírito sóbrio, uma inteligência lesta e uma memória tenaz, assim como a habilidade de raciocínio. Qualquer outra conduta não cessa de horrorizá-lo [e o texto termina, salto algumas linhas; M.F.]. [...] Eis uma experiência clara e infalível quando se trata de gente do prazer, incapaz de esforços: estes não devem acusar seu mestre, mas a si mesmos, se não forem capazes de praticar o que é necessário à filosofia."[11]

O primeiro elemento a salientar nesse texto é o caráter explicitamente, solenemente experimental e metódico que Platão dá a esse critério. Não é simplesmente, como no caso de Sócrates, uma percepção, uma intuição que lhe fazia adivinhar através da beleza de um rapaz qual era a qualidade da sua alma. Trata-se, aqui, de um método, de um método claro e de um método que deve ser perfeitamente determinante e dar resultados indubitáveis. Ora, o que é esse método? "Ele convém perfeitamente, aplicado aos tiranos", diz o texto, "sobretudo se eles se fartam de expressões filosóficas mal compreendidas." É preciso mostrar aos tiranos (aqui eu acompanho a tradução) "o que é a obra filosófica em toda a sua extensão, seu caráter próprio, suas dificuldades, o trabalho que ela requer". O texto grego, traduzindo-o de maneira muito grosseira, tosca, ao pé da letra, dá o seguinte: a essa gente, a esses tiranos é preciso mostrar o que é *tò prâgma*[12] (o que é essa coisa, a própria coisa – voltarei a esse ponto); através de que atividades, práticas (*di' hóson pragmáton*) [ela se exerce]; e que trabalho ela implica e supõe (*kaì hóson pónon ékhei*).

Nesse texto vocês veem que a palavra *prâgma* aparece duas vezes. Ora, a palavra *prâgma* tem dois sentidos em grego. *Prâgma* é, em termos de gramática ou em termos de lógica, o referente de um termo ou de uma proposição. E aí Platão diz muito claramente que é preciso mostrar a esses tiranos o que é *tò prâgma* (o que é o referente), o que é a filosofia em sua realidade. Eles pretendem que sabem o que é a filosofia, conhecem algumas palavras dela, ouviram uma coisa ou outra sobre ela, acreditam que é filosofia. É preciso mostrar a eles *pân tò prâgma*: o real da filosofia em seu conjunto, todo o real da filosofia, tudo o que é a filosofia, como referente à noção, da noção de filosofia. E esse *prâgma* da filosofia, esse real da filosofia, em que vai consistir? É preciso mostrar "*hoîon te kaì di' hóson pragmáton kaì hóson pónon ékhei*". E o que é esse *prâgma*? Pois bem, são os *prágmata*. E o que são os *prágmata*? Pois bem, são os negócios, as atividades, as dificuldades, as práticas, os exercícios, todas as formas práticas nas quais é necessário exercitar-se e aplicar-se, e por causa das quais é necessário se dar um grande trabalho, e que dão efetivamente um grande trabalho. Temos aí o segundo sentido da palavra *prâgma*, que já não é o referente de um termo ou de uma proposição. Os *prágmata* são as atividades, tudo aquilo de que nos ocupamos, tudo aquilo a que podemos nos dedicar. E *prágmata*, como vocês sabem, se opõe nesse sentido a *skholé*, que é o lazer. Para dizer a verdade, a *skholé* filosófica, esse lazer filosófico consiste precisamente em se ocupar de um certo número de coisas que são os *prágmata* da filosofia.

Em todo caso, nesse texto, vocês têm um duplo entendimento da palavra *prâgma*. Esse duplo entendimento é o seguinte: é preciso mostrar aos tiranos, diz o texto, ou aos que acreditam saber filosofia o que é o real da filosofia, a que se refere realmente a palavra "filosofia", o que é filosofar. E mostra-se isso a eles mostrando-lhes o quê? Que filosofar é precisamente toda uma série de atividades e de *prágmata* que constituem as práticas filosóficas. O que esse texto diz é, nem mais nem menos, que essa coisa, fundamental entretanto, que o real da filosofia, o real do filosofar, aquilo a que se refere a palavra filosofia é um conjunto de *prágmata* (de práticas). O real da filosofia são as práticas da filosofia. E quais são essas práticas da filosofia? Pois bem, é precisamente o que o texto desenvolve a partir dessa frase, e podemos encontrar, a meu ver, três séries de indicações.

Como vocês veem, as práticas da filosofia são representadas como um caminho a percorrer, um caminho que aquele que queremos testar e pôr à prova deve reconhecer de imediato e, assim que lhe é mostrado, deve mostrar que é o caminho que ele escolheu, o caminho que ele quer percorrer, a cujo fim ele quer chegar, e que de outro modo não pode viver. "*Ou biotòn állos*": não é possível para ele viver de outro modo. Essa escolha filosófica, essa escolha do caminho filosófico é uma das condições primeiras. Em segundo lugar, a partir dessa escolha filosófica que é feita, pois bem, o candidato, aquele que é submetido a essa prova, deve se apressar com todas as suas forças, se apressar também sob a direção de um guia que lhe mostre o caminho, que o pegue pela mão e o faça percorrer o caminho. E o candidato, aquele que se submete à prova, deve se apressar com todas as suas forças, e apressar também seu guia, e pressioná-lo para chegar o mais depressa possível ao fim. E também, entre essas atividades (esses *prágmata* da filosofia), pois bem, ele não deve relaxar seus esforços e até o fim, até o extremo do caminho, deve sempre trabalhar e penar. E não deve abandonar – é mais uma indicação que vocês encontram no texto – a direção daquele que o conduz, a não ser que tenha ganhado forças o bastante para se conduzir sem seu instrutor, para se conduzir a si mesmo. Aí está uma primeira série de indicações.

A segunda série de indicações importantes são as que vêm logo depois: "É nesse estado de espírito que esse homem vive: ele se entrega às suas ações corriqueiras, mas em tudo e sempre se apega à filosofia, a esse gênero de vida que lhe dá, junto com o espírito sóbrio, uma inteligência lesta e uma memória tenaz, assim como a habilidade de raciocínio."[13] Então esse texto é importante porque, como vocês estão vendo, ao mesmo tempo indica que a escolha da filosofia deve ser feita de uma vez por todas, deve ser mantida até o fim e não se interromper antes de atingi-lo. Mas, por outro lado, e é o que aparece nesse desenvolvimento, essa escolha da filosofia não só não é incompatível com as ações cotidianas, mas consiste no fato de que, inclusive na vida cotidiana e no curso das ações que se tem de realizar dia a dia, pois bem, utiliza-se a filosofia, aciona-se a filosofia. Você é filósofo até nas ações cotidianas, e essa prática da filosofia se traduz por três capacidades, três formas de atitudes e de aptidões: você é *eumathés*, isto é, pode aprender facilmente; você é *mnémon*, isto é, tem uma boa memória e guarda no espírito permanentemente e de maneira viva, presente, ativa, tudo o que aprendeu, porque você era *eumathés*. Portanto, você é *eumathés*, você é *mnémon* (guarda na memória o que aprendeu) e, enfim, é *logízesthai dunatòs* (é capaz de raciocinar, isto é, numa situação e numa conjectura dadas, sabe utilizar o raciocínio e aplicá-lo para tomar uma boa decisão). Assim, vocês estão vendo, tem-se toda uma primeira série de indicações que assinalam em que deve consistir, em seu princípio, em sua permanência, em seu esforço ininterrupto, a opção filosófica e, por outro lado, toda uma série de indicações que mostram como essa opção se imbrica, engata imediata e continuamente com o que é a atividade cotidiana.

Pois bem, se vocês compararem esse texto a este outro, o do *Alcibíades* de que lhes falava há pouco, que havíamos comentado da última vez, verão que a definição da relação entre a filosofia e, digamos, a atividade política é bem diferente. De fato, Alcibíades, como vocês se lembram, era possuído pelo desejo de exercer o poder, e o poder único e exclusivo na cidade. E aí Sócrates o puxava pela manga e lhe dizia: mas você sabe como exercer esse poder? Seguia-se então um longo diálogo no decorrer do qual resultava que, como nem sabia o que era a justiça ou a boa ordem ou a boa harmonia que queria fazer reinar na cidade, Alcibíades precisava aprender isso tudo. Mas não podia aprender isso tudo sem, antes e acima de tudo, cuidar de si mesmo. Ora, cuidar de si mesmo implicava conhecer-se a si mesmo. Ora, conhecer a si mesmo implicava a conversão do seu olhar para sua própria alma, e era na contemplação da sua própria alma ou na percepção do elemento divino da sua própria alma que ele podia perceber os fundamentos do que era a justiça em sua essência e, por conseguinte, podia conhecer quais eram os fundamentos e os princípios de um governo justo. Tinha-se aí, portanto, a imagem, a definição de um percurso filosófico que é, de fato, como neste caso, indispensável para a ação política. Mas esse percurso filosófico, vocês estão vendo que tinha, no *Alcibíades*, a forma de um voltar-se para si mesmo: contemplação da alma por si mesma e contemplação das realidades que podem fundar uma ação politicamente justa[14].

Aqui, a opção filosófica, a atividade filosófica, as *prágmata* filosóficas que são indispensáveis e que constituem o *prâgma* (o real) da filosofia, as práticas filosóficas que são o real da filosofia são outras, bem diferentes. Não se trata em absoluto de olhar, trata-se de percurso. Não se trata em absoluto de uma conversão, trata-se, ao contrário, de seguir um caminho que tem um começo e tem um fim. E é necessário realizar ao longo desse percurso todo um trabalho longo e penoso. Enfim, o apego de que se fala nesse texto não é o apego às realidades eternas, é a prática da vida cotidiana, é essa espécie de atividade ao sabor dos dias, dentro da qual o sujeito deverá se mostrar *eumathés* (capaz de aprender), *mnémon* (capaz de se lembrar), *logízesthai dunatòs* (capaz de raciocinar). Se vocês preferirem, no caso da grande conversão que víamos definida no *Alcibíades*, o problema era saber, quando o sujeito atingia o momento em que era capaz de contemplar a realidade, como ele podia descer de volta e aplicar efetivamente o que tinha visto à vida cotidiana. Aliás, vocês também se lembram do quanto, na *República*, era difícil mandar de volta para a caverna os que haviam contemplado uma vez a realidade exterior à caverna. Aqui, trata-se de algo totalmente diferente. Trata-se de uma opção, de uma opção que deve ser feita desde o início, de uma opção que deve ser feita de uma vez por todas e que, em seguida, deve se desenvolver, se desenrolar e quase se barganhar no trabalho assíduo da vida cotidiana. É um outro tipo de conversão. Conversão do olhar a outra coisa no *Alcibíades*. Conversão, aqui, que se define por uma opção inicial, um percurso e uma aplicação. Conversão não do olhar, mas da decisão. Conversão que não tende à contemplação, e à contemplação de si mesmo, mas que, sob a direção de um guia e no decorrer de um percurso que será longo e penoso, deve possibilitar, na atividade de todos os dias, ao mesmo tempo o aprendizado, a memória e o bom raciocínio.

Podem-se tirar daí, evidentemente, algumas conclusões. A primeira, como vocês viram, é que temos aí, nesse texto, a meu ver, a definição de outro círculo. Evoquei pouco antes, a partir da passagem precedente, o círculo da escuta, que consiste em que o dizer-a-verdade filosófico, a veridicção filosófica supõe no outro a vontade da escuta. Temos aqui outro círculo, bem diferente, que já não é o círculo do outro, mas o círculo de si mesmo. De fato, trata-se do seguinte: o real da filosofia só se encontra, só se reconhece, só se efetua na prática da filosofia. O real da filosofia é a sua prática. Mais exatamente, o real da filosofia, e essa é a segunda conclusão que cumpre tirar, não é sua prática como prática do logos. Ou seja, não será a prática da filosofia como discurso, não será a prática da filosofia como diálogo. Será a prática da filosofia como "práticas", no plural, será a prática da filosofia em suas práticas, em seus exercícios. E, terceira conclusão, evidentemente capital, esses exercícios têm que objeto, de que se trata nessas práticas? Pois bem, trata-se simplesmente do próprio sujeito. Quer dizer que é na relação consigo, no trabalho de si sobre si, no trabalho sobre si mesmo, nesse modo de atividade de si sobre si que o real da filosofia será efetivamente manifestado e atestado. Aquilo em que a filosofia encontra seu real é a prática da filosofia, entendida como conjunto das práticas pelas quais o sujeito tem relação consigo mesmo, se elabora a si mesmo, trabalha sobre si. O trabalho de si sobre si é o real da filosofia.

É esse o segundo texto que eu queria comentar com vocês nesta sétima carta. Há um terceiro que comentarei, se vocês quiserem, daqui a pouco e que nos fará, acredito, chegar a um terceiro círculo e a uma terceira definição, um terceiro enfoque desse real da filosofia.

*

NOTAS

1. "Era só persuadir o bastante um só homem e tudo estava ganho" (Platão, carta VII, 328b, *in* Platão, *Oeuvres complètes*, t. XIII-1: *Lettres*, trad. fr. J. Souilhé, ed. cit., p. 33).

2. Cf. sobre esse ponto as aulas de janeiro de 1982, in *L'Herméneutique du sujet*, ed. cit.

3. "Se me parecesses satisfeito com as vantagens que acabo de enumerar e decidido a contentar-se com elas a vida toda (*en toútois katabiônai*), eu teria deixado de te amar faz tempo" (Platão, *Alcibiade*, 104e-105a, trad. fr. M. Croiset, Paris, Les Belles Lettres, 1970, pp. 61-2).

4. Platão, carta VII, 330c-d, *in* Platão, *Lettres*, ed. cit., p. 36.

5. *Id.*, 331d, p. 37.

6. Platão, *La République*, 425a-426a, trad. fr. E. Chambry, ed. cit., pp. 14-5.

7. Cf. *infra*, nota 8.

8. Platão, *Les Lois*, livro IV, trad. fr. E. des Places, ed. cit., pp. 71-2.

9. Cf. *supra*, pp. 192-6.

10. Platão, carta VII, 340b, *in* Platão, *Lettres*, ed. cit., p. 49.

11. *Id.*, 340b-341a, pp. 49-50.

12. Cf. uma primeira análise desse conceito em referência aos exercícios espirituais, mais precisamente à escuta filosófica, em *L'Herméneutique du sujet*, ed. cit., p. 332 (ver também o artigo de P. Hadot sobre essa noção em *Concepts et Catégories dans la pensée antique*, org. P. Aubenque, Paris, Vrin, 1980).

13. Platão, carta VII, 330b, *in* Platão, *Lettres*, ed. cit., p. 49.

14. Cf. sobre esse ponto as aulas de janeiro de 1982, in *L'Herméneutique du sujet*, ed. cit.

AULA DE 16 DE FEVEREIRO DE 1983
Segunda hora

O fracasso de Dionísio. – A recusa platônica da escrita. – Mathémata *versus* synousía. *– A filosofia como prática da alma. – A digressão filosófica da carta VII: os cinco elementos do conhecimento. – O terceiro círculo: o círculo do conhecimento. – O filósofo e o legislador. – Observações finais sobre as interpretações contemporâneas de Platão.*

[...*] A primeira questão tratada nesta série de textos que analiso para vocês foi a questão da escuta: a filosofia só será um discurso, só será real se for escutada. Em segundo lugar, o discurso filosófico só será real se acompanhado, sustentado e exercido como uma prática, e através de uma série de práticas. Era o segundo ponto. Agora, em terceiro lugar, conjunto de textos, são os textos que se referem à prova a que Platão submeteu efetivamente Dionísio, ou antes, à maneira como Dionísio não foi capaz de responder positivamente à prova a que foi submetido. O texto de há pouco, que eu distribuí, vocês se lembram, mostrava que se tratava de uma prova sistemática que Platão apresentava como um meio cem por cento certeiro. E, nas linhas e páginas que se seguem, Platão mostra como Dionísio fracassou nessa prova. De fato, esse longo desenvolvimento pode ser sequenciado da seguinte maneira. Primeiro, o fracasso de Dionísio: como e por que, por que defeito em relação à filosofia Dionísio fracassou? Em segundo lugar, a vertente positiva dessa crítica, desse fracasso de Dionísio, a saber: certa teoria do conhecimento.

Primeiro, vertente negativa: como Dionísio fracassou na prova da filosofia, nessa prova do *prâgma* da filosofia, nessa prova desse real da filosofia que deve estar nas *prágmata*, nas próprias práticas da filosofia? Esse fracasso, Platão o mostra de duas maneiras, ou dá dois sinais dele. Primeiro, sinal inteiramente negativo, que é o seguinte: Dionísio se recusou praticamente a escolher o longo caminho da filosofia que lhe

---

* M.F.: Bom, vamos continuar? Ficamos cansados nesta época do ano.

havia sido indicado. Ele mal havia ouvido a primeira lição de filosofia, e já imaginava saber as coisas mais importantes (*tà mégista*). E, agora que já sabia o bastante, não precisava se formar mais[1]. Isso é simples. Mas há uma outra coisa, [porque], além dessa incapacidade que Dionísio mostrou de seguir o longo caminho da filosofia, isto é, tomar a via rude dos exercícios e práticas, Dionísio cometeu uma falta de certo modo direta e imediata, cometeu positivamente uma falta. E essa falta é interessantíssima, é importantíssima. É que Dionísio escreveu efetivamente um tratado de filosofia[2]. E é no fato de ter escrito esse tratado de filosofia que Platão enxerga o sinal de que ele não era capaz de encontrar o real da filosofia. O texto escrito por Dionísio foi, de fato, escrito depois da visita de Platão, e Platão evoca-o simplesmente como uma espécie de sinal *a posteriori* de que na verdade sua visita não podia ser bem-sucedida, porque Dionísio era capaz de ser aquele que, um pouco mais tarde, para atestar seu valor filosófico pessoal e mostrar que na realidade os erros eram de Platão, devia escrever um tratado sobre as questões mais importantes da filosofia. E com isso, diz Platão, ele cometeu dois erros.

Primeiro, quis se fazer passar [por] autor de textos que na realidade não eram nada mais que a transcrição das lições [que tinha recebido], mas não está aí o essencial da reprovação nem é aí que as coisas vão ser definidas. Querer escrever sobre essas questões de filosofia e sobre essas questões mais importantes da filosofia é mostrar que não se entende nada de filosofia. Então esse texto, que é evidentemente capital, pode ser aproximado de outro, conhecido e frequentemente citado a título de prova, manifestação e expressão consumada da grande recusa da escrita por Platão. Esse texto da grande recusa da escrita, como vocês sabem, é o texto da carta II, bem no fim, no qual Platão diz: "Reflete a esse respeito e toma cuidado para não ter de te arrepender um dia do que deixarias hoje ser divulgado indignamente. A maior salvaguarda (*megíste phylakè*) será não escrever, mas aprender de cor, porque é impossível que os escritos não acabem caindo no domínio público. Assim, nunca, jamais escrevi sobre essas questões. Não existe nem existirá uma obra de Platão. O que hoje se designa com esse nome é de Sócrates na época da sua bela juventude. Adeus e obedece-me. Assim que leres e releres esta carta, queima-a."[3] É preciso, no entanto, recordar que essa carta II é bem posterior à carta VII, que lhes explico, e que é, até certo ponto, seu resumo ou sua versão, diria eu, neoplatônica. Se pegarmos o texto da carta VII, mais antigo, parece-me que é de maneira bem diferente e de modo bem diferente, enfim de modo relativamente diferente que vamos ver a recusa da escrita ser formulada. Aqui, neste texto, posterior, da carta II que acabo de ler para vocês, é evidente que – seria preciso examinar mais detalhadamente – o tema geral é de fato o do esoterismo. Há um certo saber que não se deve divulgar. E quem divulga esse saber se expõe a alguns perigos. Nenhuma obra dita "de Platão" pode ou deve ser considerada de Platão. As próprias cartas que ele escreveu devem ser queimadas. Precaução de esoterismo sobre a qual a influência pitagórica sem dúvida se exerce. Não é em absoluto desse modo que, nos textos da carta VII que eu gostaria de lhes explicar agora, se apresenta essa rejeição da escrita.

Dionísio publicou portanto um certo número de textos de que quis fazer-se passar por autor, e sobre as questões mais fundamentais da filosofia. Ora, diz Platão, não se pode falar dessas coisas essenciais na filosofia, o discurso filosófico não pode encontrar seu real, seu *érgon*, se assumir a forma de quê? Das *mathémata*[4]. E aqui deve-se entender a palavra *mathémata* em seu duplo significado. As *mathémata* são, claro, conhecimentos, mas também são as próprias fórmulas do conhecimento. São ao mesmo tempo o conhecimento em seu conteúdo e a maneira como esse conhecimento é dado em matemas, isto é, em fórmulas que podem provir da *máthesis*, isto é, do aprendizado de uma fórmula dada pelo mestre, escutada pelo discípulo, aprendida de cor pelo discípulo, e que se torna assim seu conhecimento.

Esse percurso das *mathémata*, essa enformação do conhecimento em fórmulas ensinadas, aprendidas e conhecidas, isso não é, diz o texto de Platão, o caminho pelo qual passa efetivamente a filosofia. As coisas não acontecem assim, não é ao fio das *mathémata* que a filosofia se transmite. Como se transmite? Pois bem, ele diz: a filosofia se adquire por "*synousía perì tò prâgma*"[5]. E um pouco adiante ele utiliza o verbo *syzên*[6]. *Synousía* é o ser com, é a reunião, é a conjunção. A palavra *synousía* tem inclusive, com frequência, no vocabulário grego ordinário, o sentido de conjunção sexual. Aqui não há de modo algum essa conotação, e não creio que se deva forçar a interpretação dizendo que há como que uma relação de conjunção sexual de quem filosofa com a filosofia. Mas quem deve se submeter à prova da filosofia deve "viver com", deve, empreguemos a palavra, "coabitar" com ela – aqui também, vocês sabem, com os possíveis sentidos da palavra coabitar. Que aquele que filosofa tenha de coabitar com ela, é o que vai constituir a própria prática da filosofia e sua realidade. *Synousía*: coabitação. *Syzên*: viver com. E, diz Platão, é à força dessa *synousía*, à força desse *syzên* que vai se produzir o quê? Pois bem, a luz vai se acender na alma, mais ou menos como uma luz ("*phôs*") se acende (a tradução diz "um lampejo"[7]), isto é, como uma lamparina se acende quando é aproximada do fogo. Estar ao pé da filosofia como se está ao pé do fogo, até que a lamparina se acenda na alma, ou que a lamparina se acenda como uma alma – é nisso e dessa maneira que a filosofia vai efetivamente encontrar sua realidade. E, a partir do momento em que a lamparina se acende, pois bem, ela vai ter de alimentar a si mesma, com o seu próprio óleo, quer dizer, a filosofia, acesa na alma, terá de ser alimentada pela própria alma. É dessa maneira, sob essa forma de coabitação, da luz que se transmite e se acende, da luz que se alimenta da própria alma, é assim que a filosofia vai viver. Vocês estão vendo que é exatamente o contrário do que acontece nas *mathémata*. Nas *mathémata* não há *synousía*, não é preciso *syzên*. É preciso haver enformação de matemas, é preciso haver conteúdos de conhecimento. Esses matemas têm de ser transmitidos e têm de ser guardados no espírito até que, eventualmente, o esquecimento os apague. Aqui, ao contrário, não há fórmula, mas uma coexistência. Não há aprendizado da fórmula por alguém, mas acendimento brusco e súbito da luz no interior da alma. E não [há] tampouco inscrição e depósito na alma de uma fórmula feita, mas alimentação perpétua da filosofia pelo óleo secreto da alma.

Nessa medida, não se pode, de fato, considerar que a filosofia poderá ser ensinada por algo como um material escrito que dará justamente a forma dos *mathémata* ao conhecimento, *mathémata* que serão transmitidos, desse modo, por um mestre qualquer a discípulos quaisquer, que precisarão apenas aprendê-los, aprendê-los de cor. Em todo caso, o fato de que a filosofia não possa ser transmitida como *mathémata*, isso, diz Platão, é a razão pela qual ele próprio, apesar de ser, diz ele, aquele que tem melhores condições de fazê-lo, nunca aceitou escrever livro algum sobre a filosofia[8]. Claro, ele acrescenta, se fosse possível fazer isso e se efetivamente a filosofia pudesse ser escrita, escrita em forma de matemas e transmitida como tal, é claro que seria a coisa mais útil do mundo. Imaginemos, diz ele, que se possa pôr em plena luz para todos *tèn phýsin* (a natureza)[9]: seria ótimo. Mas na verdade seria ou inútil, ou perigoso. Seria perigoso para os que efetivamente, não sabendo que a filosofia não tem outro real senão suas próprias práticas, imaginariam conhecer a filosofia, tirando disso vaidade, arrogância e desprezo pelos outros, e portanto seria perigoso. Quanto aos outros, aos que sabem perfeitamente que o real da filosofia está nesta, na sua e nas suas práticas, pois bem, para esses o ensino pela escrita, a transmissão pela escrita seria totalmente inútil. Os que sabem o que é realmente o real da filosofia e que praticam esse real da filosofia não precisam desse ensinamento explícito sob a forma das *mathémata*. Basta a eles uma *éndeixis*[10]: uma indicação. É através dessas estruturas da indicação que o ensino da filosofia poderá ser praticado. Tudo isso se encontra nos parágrafos 341b-342a[11].

Eis o lado negativo da prova de Dionísio, que culminou portanto com essa falsa prática que é a prática da escrita. Ora, essa rejeição da escrita é explicada, fundada, num parágrafo que segue imediatamente o parágrafo que acabo de explicar e que é de certo modo como que a vertente positiva e que, creio, deve dar o verdadeiro significado a essa rejeição e a essa recusa; de fato – depois de ter explicado como a filosofia não pode ser estudada; depois de ter dito que para uns é inútil, pois estes só necessitam de indicação, enquanto os outros "se encheriam de um injusto desprezo ou de uma vã arrogância"[12] pelos ensinamentos recebidos que eles acreditariam ter compreendido –, Platão [escreve]: "Aliás, tenho a intenção de me estender mais demoradamente sobre essa questão: talvez um dos pontos de que trato se torne mais claro quando eu tiver me explicado. Há uma razão séria, de fato, que se opõe a que se procure escrever o que quer que seja em tais matérias, uma razão já alegada muitas vezes por mim, mas que eu creio deva repetir novamente."[13] Logo, está perfeitamente claro que essa passagem, que será um pouco mais adiante chamada, aliás, de "digressão"[14], é introduzida por Platão aí da maneira mais clara e sem o menor equívoco, como a explicação da sua recusa da escrita. Ora, qual é essa explicação? A explicação parte aparentemente de bem longe da escrita. Ela se dá como uma teoria do conhecimento e da ciência (episteme): "Em todos os seres, distinguem-se três elementos que permitem adquirir a ciência deles."[15]

Esse texto é um texto muito difícil, gostaria simplesmente de ressaltar aqui alguns aspectos pertinentes para o nosso problema. Digamos o seguinte: no que concerne ao que permite ter conhecimento das coisas, Platão distingue três elementos. Os três primeiros são: o nome (*ónoma*); a definição (logos, entendido no sentido estrito, isto é, a definição que comporta, diz o próprio Platão, substantivos e verbos); a imagem (*eídolon*). E, depois, dois outros níveis, dois outros meios de conhecer: o quarto é o que se chama ciência (a episteme, diz ele, também é a opinião reta – *orthè dóxa* – e *noûs*) e, por fim, um quinto elemento. Para esquematizar esse texto complexo, creio que podemos dizer o seguinte: os três primeiros modos de conhecimento (por nome, definição, imagem) são modos de conhecimento tais que só dão a conhecer a coisa através do que é heterogêneo, ou aliás, diz Platão nesse texto, contrário à própria coisa. Tomemos o exemplo do círculo, diz Platão; é claro que o nome arbitrário (*kýklos*) que se emprega para designar o círculo é inteiramente contrário, estranho em todo caso, ao próprio círculo. Do mesmo modo, a definição que se dá do círculo, definição essa que é feita tão somente de substantivos e de verbos, é igualmente estranha ao próprio círculo. Em terceiro lugar, a imagem que se traça do círculo na areia, essa imagem é estranha ao círculo. Ela é feita de elementos que não são, diz ele, [senão] pequenas linhas retas, linhas retas essas que são evidentemente contrárias à própria natureza do círculo. Portanto tudo isso (nome, definição, imagem) é estranho à própria natureza do círculo. Quanto ao quarto meio de conhecer, a episteme, que é portanto ao mesmo tempo [*orthè dóxa*] opinião reta e *noûs*, esse quarto nível, essa quarta forma de conhecimento, ao contrário das outras, não reside no mundo exterior. As palavras são ruídos, as figuras desenhadas são coisas materiais. Esse quarto elemento, a episteme, reside tão só na alma. Ela dá a conhecer o quê? Não coisas estranhas ou externas à própria coisa, ela dá a conhecer as qualidades da coisa. Mas não dá a conhecer o que é o próprio ser da coisa: *tò ón*, aquilo em que consiste a própria essência da coisa.

A quinta forma de conhecimento é a que vai permitir conhecer a própria coisa em seu ser próprio (*tò ón*). Essa quinta forma de conhecimento, em que consiste, o que é? E aqui temos algo importante. Esse quinto conhecimento, o que é o seu operador? O que é o seu agente? O que nos dá acesso à realidade da coisa em seu próprio ser? É o *noûs*, esse *noûs* que é dito estar efetivamente presente no modo quarto e precedente de conhecimento, com a episteme e a *orthè dóxa*. Em segundo lugar, diz Platão, esse conhecimento, que se adquire assim e que permite apreender o próprio ser da coisa, como pode ser formado? Pois bem, pode ser formado pelo vaivém, pela subida e descida ao longo dos quatro outros graus de conhecimento e através dos instrumentos que caracterizam as outras formas do conhecimento. E é assim, subindo do nome à definição, da definição à imagem e da imagem à episteme (ao conhecimento), depois descendo, depois tornando a subir, é assim que, pouco a pouco, vai se conseguir apreender na quinta forma de conhecimento o próprio ser (o *tò ón*) do círculo e das coisas que se quer conhecer. Mas, para que esse trabalho de subida e descida ao longo dos outros graus do conhecimento possa efetivamente nos levar a esse quinto grau, a alma precisará ser de boa qualidade. Ela precisará ter uma afinidade, ser *suggenés* com a própria coisa, *tò prâgma* justamente[16].

E é quando essa alma de boa qualidade faz assim todo esse lento, demorado, duro trabalho de subida e descida ao longo das outras formas de conhecimento, é quando ela praticou o que Platão chama de *tribé* –

no sentido estrito: fricção ⌐, é por aí que o conhecimento do que é a realidade em seu próprio será possível¹⁷. Essa palavra *tribé* é importante. É, materialmente, a fricção. Temos aí um eco e uma reminiscência de uma imagem, a imagem do fogo que deve se acender na alma como numa lamparina. *Tribé* também é, num sentido mais geral e mais abstrato, tudo o que é exercício, tudo o que é treinamento. É tudo aquilo por meio do que nos acostumamos, nos exercitamos em alguma coisa. Por conseguinte, vocês estão vendo que o conhecimento do quinto gênero é absolutamente diferente dos quatro outros graus do conhecimento. Mas esse conhecimento último só se obtém e se adquire por uma prática, por uma prática contínua, por uma prática perpetuamente exercitada, por uma prática de fricção entre os outros modos do conhecimento.

Claro, estou esquematizando, porque esse texto provoca, por todas as suas formulações, um grande número de dificuldades quanto à teoria platônica do conhecimento, quanto ao significado a dar a palavras como *dóxa*, episteme, todo o problema da concepção do *noûs*, etc. É sobre isso que eu gostaria de insistir, e o aspecto sob o qual eu gostaria de considerar aqui esse texto é que ele confere muito exata e adequadamente sentido a tudo o que dissemos até agora sobre o real da filosofia. Vê-se que ele vem se inserir muito exatamente nesse problema, que me parece comandar toda essa carta VII ou em todo caso todos os desenvolvimentos centrais e teóricos dessa carta VII, a saber: o que é a filosofia, a partir do momento em que não se quer simplesmente pensá-la como logos, mas como *érgon*? Pois bem, parece-me que podemos desvendar aqui o que poderíamos chamar de terceiro círculo. Tivemos o círculo da escuta: para que a filosofia seja efetivamente real, para que encontre seu real, tem de ser um discurso que seja escutado. Em segundo lugar, para que a filosofia encontre seu real, ela tem de ser efetivamente prática(s) (ao mesmo tempo no singular e no plural). O real da filosofia está em suas práticas. E enfim, agora, temos o que poderíamos chamar de círculo do conhecimento. A saber, que o conhecimento filosófico, o conhecimento propriamente filosófico é, de fato, perfeitamente diferente das quatro outras formas de conhecimento. No entanto, o real desse conhecimento só pode ser alcançado pela prática assídua e contínua dos outros modos de conhecimento.

Em todo caso, dessa teoria do conhecimento que, mais uma vez, é apresentada por Platão como sendo explicitamente a explicação da razão pela qual a escrita é recusada, dessa análise ele tira um certo número de conclusões formuladas no próprio texto. Platão diz: se é verdade que o conhecimento é isso, se é verdade que há esses cinco graus do conhecimento e que o conhecimento do que é a realidade em seu próprio ser só pode se dar pela *tribé* (a fricção) dos modos de conhecimento uns nos outros, pois bem, diz ele, um homem sério (*spudaîos*) não pode tratar por escrito essas coisas[18]. Ele não pode tratar por escrito essas coisas por motivos que não são ditos no texto, mas que aparecem com toda clareza, visto que é precisamente a escrita, ao dar ao que é conhecido e ao que é para ser conhecido a [forma*] do matema, do *máthema*, das *mathémata*, que são de certo modo o instrumento pelo qual se veicula o conhecimento já adquirido a quem deve conhecê-lo, pois bem, a escrita, que é ligada portanto à própria forma das *mathémata*, não pode de maneira nenhuma responder ao que é o real do conhecimento filosófico: a fricção contínua dos modos de conhecimento uns nos outros.

Desse princípio de que nenhum homem sério pode tratar por escrito coisas da filosofia, Platão tira como conclusão, primeiro, é claro, a propósito de Dionísio, que Dionísio não entendeu nada do que é a filosofia. E ele tira esta outra conclusão para nós mais importante e que, em relação a Platão, é aliás bastante paradoxal: é que, se efetivamente não é sob a forma de *mathémata* que a filosofia pode ser praticada e aprendida, pois bem, o papel de um filósofo não será nunca o de ser um nomóteta, seu papel nunca será o de apresentar um conjunto de leis a que os cidadãos de uma cidade deveriam se submeter para que esta seja governada como convém. Ele diz explicitamente, no fim dessa passagem, no parágrafo 344c: "É preciso tirar daí esta simples conclusão: quando vemos uma composição escrita, seja por um legislador sobre as leis [*en nómois*, e é de um nomóteta que se fala; M.F.], seja por qualquer outro autor sobre qualquer tema, digamos que o autor não levou a coisa muito a sério, se ele mesmo é sério, e que seu pensamento permanece encerrado na parte mais preciosa do escritor. Que se realmente ele houvesse confiado a caracteres [escritos; M.F.] suas reflexões, como coisas de uma grande importância, 'seria certamente porque', não os deuses, mas os mortais 'lhe fizeram perder a razão'."[19] Temos portanto aí um texto que recusa totalmente a atividade que consiste em propor leis a uma cidade, isto é, que recusa, pelo menos aparentemente, a legitimidade de um texto como o da *República* ou, sobretudo, como o das *Leis*, que é consagrado exatamente a escrever sobre as leis do ponto de vista do nomóteta. É dito que um texto como esse não pode ser sério.

Uma pura e simples hipótese que sugiro a vocês: assim como Platão diz a propósito do *mŷthos* (do mito) que o mito não deve ser levado ao pé da letra e que, de certo modo, ele não é sério ou que se deve em-

---

* M.F.: a fórmula (é a tradução na edição Budé de *máthema*).

pregar toda a seriedade para interpretá-lo seriamente, será que se pode dizer a mesma coisa a propósito dos célebres textos das *Leis* ou da *República*, que foram frequentemente interpretados como a forma que Platão dá idealmente à cidade que ele gostaria que fosse real? Acaso a atividade de nomóteta, acaso o esquema legislativo e constitucional proposto pela *República* e pelas *Leis* não deveria, no fundo, no pensamento de Platão, ser tomado com tantas precauções quanto um mito? Acaso o que há de sério na filosofia não passa por outra parte? A atividade de nomóteta que Platão parece se atribuir nas *Leis* e na *República* não será um jogo? Um jogo como o mito, embora, é claro, de modo diferente? E o que a filosofia tem a dizer passa, evidentemente, por esse jogo nomotético, como passa pelo jogo mítico, mas para dizer outra coisa. E, estando entendido que o real da filosofia, o real da filosofia na própria política, será outra coisa que não seja dar leis aos homens e propor a eles a forma impositiva dessa cidade ideal, pois bem, se lermos assim esse conjunto de textos da sétima carta, creio que poderemos, a partir daí, fazer algumas observações.

Duas observações, digamos, críticas, e uma observação sobre o próprio sentido da questão posta e da resposta que lhe é dada nessa carta. Primeiramente, vocês estão vendo que, se efetivamente se deve dar à recusa da escrita de que eu falava o sentido que sugiro, não se deve de modo algum ver nessa recusa platônica da escrita algo como o advento de um logocentrismo na filosofia ocidental[20]. Vocês estão vendo que as coisas são mais complicadas do que isso. Porque a recusa da escrita aqui, em todo o texto da carta VII, não é de modo algum posta como alternativa da aceitação ou da valorização do logos. Ao contrário, é todo o tema da insuficiência do logos que é perseguido ao longo dessa carta. E a recusa da escrita se articula por sua vez como uma recusa de um conhecimento que passaria por *ónoma* (a palavra), *lógos* (a definição, o jogo dos substantivos e dos verbos, etc.). É tudo isso, escrita e logos juntos, que é rejeitado nessa carta. Não é por se opor ao *lógos* que a escrita é rejeitada. Ao contrário, é por estar do mesmo lado que ele e ser, à sua maneira, uma forma como que derivada e secundária do *lógos*. E, em compensação, essa recusa da escrita, recusa da escrita e do *lógos* associado à escrita, ou do *lógos* a que a escrita é subordinada, essa recusa se faz em nome de algo positivo, que não é portanto o próprio *lógos* (rejeitado como a escrita e antes mesmo da escrita), mas em nome de *tribé*, em nome do exercício, em nome do esforço, em nome do trabalho, em nome de certo modo de relação laboriosa de si consigo. Não é em absoluto o advento de um logocentrismo que se tem de decifrar nessa recusa da escrita, é o advento de algo totalmente diferente. É o advento da filosofia, de uma filosofia na qual o próprio real da filosofia seria a prática de si sobre si. É algo como o sujeito ocidental que está efetivamente empenhado nessa recusa simultânea e conjunta tanto da escrita como do logos.

Segunda consequência também, e segunda observação crítica, é que toda leitura de Platão que buscasse nele, através de textos como *A República* e *As leis*, algo como o fundamento, a origem, a forma maior de um pensamento político – digamos (para andar depressa, porque as horas passam) – "totalitário" deveria sem dúvida ser completamente revista. E as interpretações bastante fantasistas do bom Karl Popper[21] não levam em conta, claro, o que é efetivamente o detalhe e o jogo complexo de Platão em relação a esse problema da nomotesia, da posição e da formulação das leis. Nessa carta, Platão recusa, de certo modo puxa o tapete sobre o qual estabeleceu sem dúvida a *República*, com certeza *As leis* e essa atividade nomotética, a qual aparece como sendo uma atividade não séria.

Por conseguinte, a relação entre a filosofia e a política, a prova de realidade da filosofia em relação à política, essa prova não vai se dar sob a forma de um discurso imperativo no qual à cidade e aos homens serão dadas formas impositivas a que eles devem se submeter para que a cidade sobreviva. Mas, uma vez jogado esse jogo da cidade ideal, há que se recordar que a seriedade da filosofia está em outra parte. A seriedade da filosofia não consiste em dar leis aos homens e lhes dizer qual é a cidade ideal na qual devem viver, mas lembrar-lhes sem cessar (pelo menos àqueles que querem escutar, já que a filosofia extrai seu real unicamente da sua escuta) que o próprio real da filosofia está nessas práticas, essas práticas que são as práticas exercidas de si sobre si e que são ao mesmo tempo essas práticas de conhecimento pelas quais todos os modos de conhecimento, ao longo dos quais você sobe e desce e fricciona uns nos outros, finalmente nos põem em presença da realidade do próprio Ser.

E, por conseguinte, vocês estão vendo que aquilo a que chegamos – e seria a conclusão, positiva e provisória em todo caso, em que eu queria me deter – é que dessa carta VII salta aos olhos que, se é verdade que a prova de realidade da filosofia é de fato esse procedimento que Platão ilustrou quando, chamado por Dion, foi se encontrar com aquele que exerce o poder político, se é que é mesmo essa a prova de realidade da filosofia, se é de fato aí e por aí que a filosofia escapa do perigo de não ser mais do que logos, se é por aí que ela alcança o *érgon*, essa prova da filosofia na política nos remete ao seguinte: o real da filosofia está na relação de si consigo. E é, de fato, como articulação do problema do governo de si e do governo dos outros que a filosofia, aí, nesse texto, formula o que é seu *érgon*, ao mesmo tempo sua tarefa e sua realidade.* Aí está, obrigado.

*

NOTAS

1. Platão, carta VII, 341b, *in* Platão, *Oeuvres complètes*, t. XIII-1: *Lettres*, trad. fr. J. Souilhé, ed. cit., p. 50.
2. *Ibid.*
3. Platão, carta II, *in*, *Lettres*, ed. cit., 314b-314c, pp. 10-1.
4. "De fato, não há como pô-los [os problemas filosóficos] em fórmulas (*mathémata*)" (Platão, carta VII, *in op. cit.*, 342c, p. 50).
5. *Ibid.*
6. "Quando se frequentou muito tempo esses problemas (*ek pollês synousías*), se conviveu com eles (*syzên*), é que a verdade brota de repente na alma, assim como a luz brota da centelha" (Platão, carta VII, 341 c-d, ed. cit., p. 50).
7. Na verdade a tradução fala de uma "centelha", cf. nota precedente.
8. "Sem dúvida, sei que, se fosse necessário expô-las por escrito ou de viva voz, eu é que melhor faria" (Platão, carta VII, 341d, ed. cit., p. 50).
9. "... trazer à plena luz para todos a verdadeira luz das coisas" (*id.*, p. 51).
10. "... a não ser para uma elite para a qual bastam algumas indicações (*dià smikrâs endeíxeos*)" (*id.*, 341e).
11. "Em todo caso, eis o quê posso afirmar a respeito de todos os que escreveram ou escreverão e se pretendem competentes sobre o que é o objeto das minhas preocupações, por terem sido instruídos a seu respeito por mim ou por outros, ou por tê-lo descoberto pessoalmente: é impossível, a meu ver, que eles tenham compreendido o que quer que seja sobre esse tema. De minha autoria, em todo caso, não há e certamente nunca haverá nenhuma obra sobre tais temas. Não há meio, de fato, de pô-los em fórmulas (*mathémata*), como se faz com as outras ciências, mas só quando se frequentou muito tempo esses problemas, se conviveu com eles (*syzên*), é que a verdade brota de repente na alma, assim como a luz brota da centelha e, em seguida, cresce por si mesma (*rhetòn gàr oudamôs estin hos álla mathémata, all'ek pollês synousías gignoménes perì tò prâgma autò kaì toû suzên exaíphnes, hoîon apò puròs pedésantos exaphtèn phôs, en tê psykhê genómenon autò heautò éde tréphei*)" (*id.*, 341 b-d, p. 50).

---

* O manuscrito conclui:

"De tudo isso, o que se pode tirar? Quanto à questão que eu quis formular, a história ou a genealogia do dizer-a-verdade no campo político, vê-se a existência de uma dupla obrigação: quem quer governar necessita filosofar; mas quem filosofa tem por tarefa confrontar-se com a realidade. Esse duplo vínculo assim formulado está associado a uma certa redefinição da filosofia, uma redefinição da filosofia como *prâgma*, isto é, como um longo trabalho que comporta: uma relação com um guia; um exercício permanente de conhecimento; uma forma de conduta na vida, até na vida comum. Com isso ficam descartadas duas figuras complementares: a do filósofo que volta seus olhos para uma realidade diferente e se vê desconectado deste mundo; a do filósofo que se apresenta trazendo já escrita a tábua da lei."

12. *Id.*, 341e, p. 51.
13. *Id.*, 341e-342a.
14. *Id.*, 344d, p. 54.
15. *Id.*, 342a, p. 51.
16. "Mas, de tanto manejar todos, subindo e descendo de um a outro, chega-se penosamente a criar a ciência, quando o objeto e o espírito são ambos de boa qualidade. Se as disposições naturais, ao contrário, não são boas – e, na maioria dos casos, é esse de fato o estado de alma em relação ao conhecimento ou ao que se chama de costumes –, se tudo isso fosse estragado, a essa gente o próprio Linceu não daria a visão. Numa palavra, quem não tiver nenhuma afinidade com o objeto (*tòn mè suggenê toû prágmatos*), não obterá a visão nem graças à sua facilidade de espírito, nem graças à sua memória" (*id.*, 343e-344a, pp. 53-4).
17. "Só quando se esfregou penosamente (*mógis dè tribómena*), uns nos outros, nomes, definições, percepções da vista e impressões dos sentidos, quando se discutiu em discussões benevolentes em que a inveja não dita nem as questões nem as respostas, só então é que sobre o objeto estudado vem brilhar a luz da sabedoria e da inteligência (*exélampse phrónesis perì hékaston kaì noûs*) com toda a intensidade que as forças humanas podem suportar" (*id.*, 344b-c, p. 54).
18. "É por isso que todo homem sério evitará tratar por escrito questões sérias" (*id.*, 344c).
19. *Id.*, 344c-d.
20. Referência clara aqui às teses de J. Derrida defendidas em "La Pharmacie de Platon" (*in La Dissémination*, Paris, Le Seuil, 1972).
21. K. Popper, *La Société ouverte et ses ennemis*, t. I: *L'Ascendant de Platon* (orig.: *The Open Society and its Enemies, I: The Spell of Plato*, 1945), trad. fr. J. Bernard & J. Monod, Paris, Le Seuil, 1979.

AULA DE 23 DE FEVEREIRO DE 1983
Primeira hora

A enigmática insipidez dos conselhos políticos de Platão. – Os conselhos a Dionísio. – O diagnóstico, o exercício da persuasão, a proposição de um regime. – Os conselhos aos amigos de Dionísio. – Estudo da carta VIII. – A parresía *na raiz do conselho político.*

[...*] Gostaria hoje de continuar e terminar o que eu tinha começado a dizer a propósito da carta VII. Como vocês se lembram, tínhamos identificado duas séries de elementos nessa carta VII. [Primeiro,] considerações acerca da própria atividade que consiste, para um filósofo, em tentar dar conselhos a um Príncipe, a alguém que exerce a política. Essas considerações diziam respeito às circunstâncias em que podia ser oportuno dar conselhos, sobre as razões, precisamente, pelas quais era preciso dar conselhos. E, através dessa questão acerca do estatuto do conselho e do conselheiro, tínhamos visto se formular uma questão muito mais fundamental, pois se tratava finalmente de nada menos que aquilo que poderíamos chamar de o real da filosofia. Em que condições a filosofia pode ser outra coisa além de um logos, além de um puro e simples discurso? A partir de que momento e em que condições ela pode tocar o real? Como ela pode se tornar uma atividade real no real? Pois bem, contanto que mantenha certa relação com a política, relação essa definida pela *symboulé* (o conselho). Logo, essa relação com a política como prova de real para a filosofia, para o discurso filosófico, foi o que vimos da última vez.

Agora, nessa mesma carta VII, há evidentemente outro grupo de elementos que eu gostaria de estudar hoje. E esses elementos são, é cla-

---

* M.F.: Primeiro vou pedir para vocês me desculparem, porque estou bastante gripado hoje. Teria sido pouco atencioso de minha parte deixar vocês virem e eu não vir, então vou tentar dar a aula. É capaz de ser um pouco chocha, mas vou tentar aguentar até o fim das duas horas.

ro, os próprios conselhos. Quer dizer que nessa carta VII – que é, ficticiamente sem dúvida, uma carta dirigida aos amigos de Dion, [ou antes,] essencialmente uma carta pública na qual Platão, dirigindo-se de fato ou não aos amigos de Dion, explica a seus leitores por que e como aconselhou primeiro Dion, depois Dionísio, depois os amigos de Dion – havia essas considerações sobre o próprio princípio do conselho. E depois há os conselhos. De fato, ele dá os exemplos, resumidos em todo caso, dos conselhos que deu sucessivamente aos diferentes siracusanos que pediram sua opinião. São esses conselhos que agora temos de estudar em sua forma, em seu conteúdo, em sua natureza, no que eles dizem, etc.

Em torno dessa questão do próprio conteúdo desses conselhos, vamos ver se desenhar outro problema que já não será o problema do que é o real da filosofia, ou do que pode e deve ser a prova pela qual a filosofia poderá definir seu real. O que vemos aparecer, me parece, no próprio conteúdo desses conselhos políticos não é nem mais nem menos que o modo de ser do soberano na medida em que tem de ser filósofo. Mas não convém antecipar porque, por mais importante que seja esse problema, os conselhos que Platão dá correm o risco de ser razoavelmente decepcionantes quando examinados. De fato, os conselhos de política que Platão se vangloria de ter dado a Dion, a Dionísio, depois aos amigos de Dion, quando examinados, não parecem ser muito mais que uma série de opiniões de ordem mais filosófica do que política, mais moral do que realmente política: alguns temas gerais sobre a justiça e a injustiça, sobre o interesse maior que há em praticar a justiça do que a injustiça, alguns conselhos de moderação, conselhos também dados às duas partes em presença para que se reconciliem, conselhos aos soberanos para que pratiquem a amizade com os povos submetidos, em vez de lhes impor uma sujeição violenta, etc. Nada que à primeira vista possa ser tido, para dizer a verdade, como muito interessante.

Vou dar um exemplo. [Platão] explica que ele próprio, com ajuda de Dion, exortava Dionísio "a se preocupar antes de mais nada em conquistar, entre seus parentes e os camaradas da sua idade, outros amigos que estivessem acordes entre si em tender à virtude e, principalmente, para fazer reinar a concórdia nele, porque necessitava muitíssimo dela. Não falávamos [Dion e ele, a Dionísio; M.F.] tão abertamente assim – teria sido perigoso –, mas com palavras veladas, e insistíamos sobre o fato de que era esse o meio para todo homem se preservar, a si e aos que ele governava, e que agir de outro modo era alcançar resultados absolutamente opostos. Se, caminhando pela via que lhe indicávamos, tornando-se ponderado e prudente, ele [= Dionísio; M.F.] soerguesse as cidades devastadas da Sicília, as ligasse por leis e constituições que estreitassem sua união mútua e seu entendimento com ele tendo em vista a defesa contra os bárbaros, não apenas duplicaria o reino de seu pai, mas na verdade o multiplicaria"[1]. Vocês estão vendo que, nesse gênero de conselhos, estamos longe do que poderia ser, do que serão um dia as artes de governar ou mesmo, simplesmente, as reflexões políticas que pode fazer alguém que teve de praticar a política ou de refletir sobre ela. Estamos longe do *Memorial de Santa Helena*[2], longe do *Testamento* de Richelieu[3], longe de Maquiavel. Estamos longe inclusive do discurso que Mecenas teria feito a Augusto e que é relatado por Dion Cássio[4]. E, se quisermos simplesmente guardar referências mais contemporâneas a esse texto de Platão, poderemos nos remeter ao que, alguns anos antes, Tucídides havia posto na boca de Péricles em matéria de conselhos aos atenienses. Vocês se lembram do célebre discurso com o qual Péricles dá sua opinião aos atenienses a propósito da oportunidade de entrar em guerra contra Esparta, no momento em que os embaixadores de Esparta vêm dar um ultimato aos atenienses[5]. Devemos ou não entrar em guerra? Pois bem, Péricles dá conselhos que são ao mesmo tempo de ordem diplomática e estratégica. E vocês sabem que tipo de raciocínio ele desenvolve, a densidade, a riqueza das suas reflexões sobre as relações que pode haver entre, de um lado, um país com sua geografia, seus recursos, suas estruturas sociais, seu tipo de governo e, de outro lado, o comportamento político que se pode esperar dele, o tipo de decisão que ele pode tomar, sua capacidade de resistir a ofensivas militares, de que maneira, qual vai ser, se vocês preferirem, o tipo de vontade política que um país como Esparta poderá opor a Atenas, a partir de considerações sobre esses dados geográficos, sociais, econômicos. É evidente que temos aí um tipo de análise política muito mais rico e interessante do que essas poucas, entre aspas, "insipidezes" que acabo de ler para vocês na carta VII.

Mas será que, precisamente, o problema não é esse? Será que se deve dizer que Platão, no fim das contas, não é nada mais que um conselheiro um pouco mais moralizante, logo um pouco mais ingênuo? Será que, como filósofo, ele vai dar ao homem político conselhos menos inteligentes, menos informados, menos articulados que os de Péricles, ou os que Tucídides presta a Péricles? Ou será que, na verdade, ele não dá outro tipo de conselhos? As recomendações feitas por Platão a Dion, a Dionísio, aos amigos de Dion, esses conselhos são simplesmente de qualidade menor ou de elaboração política mais rudimentar, ou são de natureza [diferente] dos que podem ter sido dados por Péricles? Em suma, se preferirem, a questão que eu gostaria de colocar – e vocês estão logo vendo em que sentido eu queria tentar resolvê-la – é a seguinte: quando Platão dá opiniões, quando o filósofo realiza a prova da realidade do seu discurso, porventura seu papel, sua função, seu objetivo é dizer o que se deve fazer na ordem da decisão política, ou será que ele diz outra coisa? Em outras palavras, será que a necessidade de confrontar a filosofia com a política, será que a necessidade para a filosofia demandar seu real no confronto com a política, será que isso deve consistir em formular um discurso filosófico que seja ao mesmo tempo um discurso de prescrição para a ação política, ou será que se trata de outra coisa? E, se é outra coisa, de que se trata? É essa questão que eu gostaria de destrinchar um pouco hoje. E para tanto gostaria de estudar três passagens: duas passagens que estão na carta VII, e uma terceira que encontramos na carta VIII. Essas três passagens já não são reflexões sobre a necessidade, a oportunidade de fazer recomendações à política. São recomendações políticas.

A primeira passagem da carta VII – vocês se lembram que a carta VII foi escrita depois dos grandes e dramáticos acontecimentos que levaram ao exílio, depois à morte de Dion. E que levaram também à saída de Platão da Sicília – é aquela em que Platão relembra os conselhos que deu a Dionísio, na época em que estava na corte de Dionísio e em que este fingia se interessar pela filosofia. Temos portanto uma primeira passagem em que ele relembra esses conselhos. E, depois, uma segunda passagem, que estudarei em seguida, uma passagem na qual, ao falar da atualidade da carta que está escrevendo, ele diz: sendo agora a situação como é, tendo fracassado meus primeiros conselhos a Dionísio, tendo Dion sido exilado depois morto, e tendo vocês ficado sozinhos, quais são os conselhos que posso lhes dar? São portanto conselhos aos amigos de Dion depois da morte de Dion, e aliás depois do exílio do próprio Dionísio, expulso pouco antes por Dion. Acrescentarei enfim a essa passagem um [texto] da carta VIII.

A carta VIII é uma carta mais curta do que a carta VII, muito menos cheia de reflexões filosóficas, mais política, se vocês preferirem, que responde de modo mais imediato a uma situação dramática que se desenvolvia em Siracusa nos meses que seguiram o contexto da carta VII. Ou seja, depois do exílio de Dionísio, expulso por Dion, e da morte do próprio Dion, assassinado por sua vez em Siracusa, pois bem, a guerra civil se desenvolve na cidade. Os dois lados, o de Dionísio e o de Dion, estão se defrontando. É nesse contexto que Platão escreve essa carta VIII. E nela dá conselhos de certo modo ao vivo, no momento dessa guerra civil, para mostrar como se pode sair dessa situação. Juntarei portanto à explicação dos dois textos da carta VII essa passagem da carta VIII, por causa do seu interesse, pelo fato de que esses conselhos estão em continuidade com as duas outras passagens, e por uma outra razão que, vocês vão ver, diz respeito ao próprio estatuto da *parresía* e que nos levará ao cerne do nosso problema.

A primeira passagem da carta VII é a que diz respeito ao parágrafo 331d: "Portanto é dessa maneira que poderei vos dar meus conselhos, e era assim que, em comum acordo com Dion, eu exortava Dionísio a antes de tudo viver cada dia..."[6] Esses conselhos, portanto, que ele lembra ter dado a Dionísio, se referem a um contexto histórico, um contexto de eventos bem preciso. Nesse momento, Dionísio é jovenzinho. Acaba de receber como herança do pai, Dionísio, o Velho, o poder em Siracusa, um poder monárquico, um poder tirânico, um poder autocrático que se trata agora de administrar. É digno de nota que, aqui, Platão evita dar conselhos relativos à mudança na própria estrutura do poder e na organização institucional da cidade. Ele não dá conselhos de *politeía*. No fundo, ele faz apenas o que será dito na carta V: ouvir a *phonê* da *politeía* tal como ela existe em Siracusa. Dado que se trata de um poder autocrático, qual a melhor maneira de geri-lo?

Em segundo lugar, essa passagem se situa imediatamente depois das considerações de que falamos da última vez e nas quais Platão explica o que é o papel de conselheiro. Mais precisamente, ele acaba de explicar que um conselheiro na ordem da política deve ser como um médico. Vocês se lembram que esse papel do médico tinha três características. Primeiro, um bom médico é, evidentemente, o que intervém quando há uma doença e quando se trata portanto de restabelecer a saúde tratando dos males. Para tanto é preciso conhecer os males. O médico tem, pois, um trabalho de observação, um trabalho de diagnóstico a fazer, ele tem de dialogar com seu enfermo para tentar identificar onde está o mal. Segundo, o bom médico não é como aquele médico de escravos que visita a clientela e se contenta em distribuir receitas e prescrições. O bom médico é aquele que persuade, isto é, que fala a seu paciente e o convence da doença que o aflige e dos meios para curá-la. Enfim, terceiro, o bom médico não é simplesmente aquele que diagnostica refletindo, aquele que persuade falando. Ele é também aquele que consegue, por sua persuasão, convencer o doente de que não basta tomar remédios, mas [que é preciso] mudar totalmente a maneira de viver, o regime, a dieta. Pois bem, essas três funções médicas, creio eu, é que são postas em jogo nessa primeira série de conselhos que Platão lembra ter dado a Dionísio.

Parece-me que, nessas duas páginas de Platão, podemos identificar essas três funções. Primeiro Platão procura diagnosticar o mal de que Siracusa padece, num momento porém em que a crise ainda não é aberta, já que, apesar de tudo, Dionísio exerceu o poder, constituiu uma autoridade forte em Siracusa, organizou aliás, em torno de Siracusa, toda uma espécie de império que alcança quase as dimensões da Sicília, ou em todo caso de uma parte da Sicília, e seu herdeiro acaba de receber esse poder. Aparentemente não há crise, e no entanto há uma doença. E é essa doença, é esse mal que Platão quer tentar fazer aparecer em toda uma série de conselhos que podemos levantar portanto nesse desenvolvimento a partir de 331d.

Qual o mal de que sofre Siracusa apesar da sua aparência de boa saúde? Pois bem, Platão diz o seguinte: Dionísio, o Velho, aquele portanto de quem Dionísio, o Moço, acaba de herdar, havia constituído um império. Como ele havia constituído um império? Pois bem, soerguendo, restaurando as cidades sicilianas que haviam sido arruinadas no decorrer das guerras contra os bárbaros (no caso, trata-se evidentemente das guerras contra os cartagineses). Ora, essas cidades que ele retomou dos cartagineses, que ele libertou dos cartagineses, não sem que elas tenham sido arruinadas, ele soergueu. Mas – e é aqui que intervém o primeiro sintoma de doença – Dionísio não foi capaz, diz o texto, de constituir nessas cidades *politeías pistàs*[7] (constituições, regimes confiáveis, seguros, capazes de inspirar confiança). Esses regimes não puderam inspirar confiança, nem, diz ele, quando os confiou às mãos dos estrangeiros, nem quando os confiou às mãos de seus irmãos. Percebe-se então, nesse momento, o que significa *politeías pistàs* (essas constituições, esses regimes confiáveis). Confiáveis, aqui, não quer dizer de modo algum que seriam regimes seguros, estáveis, que permitiriam que os cidadãos confiassem em seus governantes, ou que os governantes confiassem naqueles que eles governam. Na realidade é uma relação de fidelidade e confiança entre essas cidades – assim soerguidas e mantidas, depois do soerguimento, sob a dominação de Siracusa – e a metrópole, Siracusa. Essas cidades soerguidas, Dionísio confiou seja à gestão, à administração, ao governo de mãos estrangeiras, seja também a seus irmãos, os dele, Dionísio, que transformou em indivíduos ricos e poderosos. Mas nem esses estrangeiros nem seus irmãos, nem a administração de uns, nem a administração de outros [foram] capazes de estabelecer uma relação de confiança entre Siracusa e essas diferentes *politeîai*. E Platão desenvolve essa ideia, acrescentando que, de modo geral, Dionísio foi incapaz de estabelecer o que ele chama de *koinonía arkhôn*[8].

Koinonía arkhôn é a comunidade dos poderes, é o compartilhamento dos poderes, é, se vocês preferirem, o que poderíamos chamar de divisão dos poderes. Ele nunca conseguiu fazer participar do poder os que eram seus subordinados, aqueles a quem ele havia confiado esta ou aquela responsabilidade, ou as populações sobre as quais Siracusa tinha de exercer sua dominação. Ele não foi capaz de realizar essa comunidade nem pela persuasão, nem pelo ensino, nem pelos benefícios, nem pelos parentescos. E, finalmente, o diagnóstico de Platão se formula assim: Dionísio, de fato, conservou seu poder em Siracusa e o poder de Siracusa sobre as outras cidades. Ele o conservou, mas conservou-o com dificuldade. Por quê? Porque, diz ele, quis fazer da Sicília *mía pólis* (uma só e única cidade). E ele próprio não teve amigos nem pessoas de confiança (*phíloi* e *pistoí*)[9].

Creio que essa brevíssima descrição do governo de Dionísio e do mal de que sofre a Sicília é interessante. É interessante porque, vocês estão vendo, não se trata em absoluto, nesse diagnóstico, de criticar o que poderia ser um governo monárquico, autocrático ou tirânico. Ou, em todo caso, se há implicitamente uma crítica da tirania, ou da monarquia, ou do poder autocrático, não é em si, não é em sua estrutura, não é em seu sistema institucional. [Platão denuncia] dois defeitos, dois defeitos que foram os defeitos do governo de Dionísio, a saber: querer fazer da Sicília uma só cidade, isto é, no fundo, não ter sido capaz de constituir um império sob uma forma plural, não ter pensado corretamente, se vocês preferirem, as dimensões e a forma dessa nova unidade política, que seria uma espécie de império. O marco da pólis, que era o marco no qual podiam se desenvolver, se instaurar, se institucionalizar e atuar corretamente as relações de poder, esse marco da pólis não é capaz de determinar o que devem ser os poderes na escala do que era naquele momento uma unidade política grande em relação à cidade grega, a saber, algo como a Sicília. E querer aplicar o módulo da cidade grega a algo relativamente grande e complexo – algo absolutamente grande e complexo para os gregos e para a cidade grega, a saber: um conjunto de cidades na escala da Sicília –, essa foi a falta. E a segunda falta, que aliás é a recíproca dessa e também sua causa, é que ele não pôde estabelecer as relações de amizade e de confiança. Essas relações de amizade e de confiança com os outros chefes, com os que governavam as outras cidades – em vez de querer aplicar o módulo da cidade única e unitária – teriam possibilitado a cada cidade conservar sua independência. E, tendo cada cidade conservado sua independência, nesse momento poderia ter havido relações de amizade e de confiança entre os chefes dessas cidades subordinadas, federadas, colonizadas e ele próprio, o chefe de Siracusa. A unificação forçada (na forma de *mía pólis*, da cidade única e unitária) e a ausência de vínculo e de amizade que possibilitassem a justa distribuição dos poderes, garantidos e selados pela amizade e pela confiança, essa é que foi a falta de Dionísio, e é isso que constitui a doença. É esse o diagnóstico que Platão fornece da doença da Sicília. Vocês estão vendo que é afinal algo bem interessante, porque se toca numa série de problemas político-históricos importantíssimos nesse fim da primeira metade do século IV, isto é, precisamente na véspera do momento em que a pólis, a cidade grega como unidade política vai explodir sob o efeito do desenvolvimento fulgurante dos grandes reinos, em particular do reino macedônio e do império de Alexandre.

Segundo nível dos conselhos dados por Platão, depois portanto desse diagnóstico médico, segunda função do conselheiro médico, do conselheiro filósofo: persuadir. O bom médico diagnostica. Em seguida, persuade. E é por esse trabalho de persuasão, é nessa função persuasiva, que Platão, nessa série de conselhos que ele lembra ter dado a Dion, evoca exemplos. De acordo com os princípios da retórica e do trabalho de verdade num discurso grego, o exemplo é feito para persuadir. Ele dá dois: o exemplo da Pérsia e o exemplo de Atenas. O exemplo da Pérsia primeiro. É interessante que esse exemplo seja dado, porque a Pérsia foi por muito tempo, em particular por todo o século V, o exemplo de certo modo repulsivo, negativo para o pensamento grego: regime autocrático, regime violento, grande império que sujeita os outros, etc. [Ora,] a Pérsia, ao contrário, está se tornando, no século IV, um exemplo positivo, pelo menos no espírito de algumas pessoas que se opõem à democracia tradicional. Em todo caso, é esse exemplo da Pérsia que Platão dá várias vezes em seus textos tardios. Nas *Leis*, em particular no livro III, Platão se refere ao regime persa, muito precisamente à maneira como Ciro governa. Vocês se lembram – eu citei essa passagem[10] –, Platão explica como Ciro conseguiu dar espaço a essa *parresía* em seu próprio círculo, em sua corte, quando permitiu que as pessoas de maior discernimento em sua roda lhe dessem, com toda franqueza, os conselhos de que ele podia necessitar. Pois bem, esse exemplo tão positivo da Pérsia também pode ser encontrado naquele diálogo de que lhes falei e que se chama *Alcibíades*, que, mais uma vez, não se sabe se é tardio ou precoce. Encontramos aí uma referência positiva à maneira como os soberanos, os príncipes persas são criados e, aos olhos dos comentadores, essa referência à Pérsia seria um sinal do caráter tardio do diálogo[11]. Bem, pouco importa. Em todo caso esse tema da Pérsia está presente nos textos, pelo menos nos textos tardios de Platão. Vocês sabem também que ele é capital na obra de Xenofonte, pois Xenofonte escreveu toda uma *Ciropédia*[12] – retornarei daqui a pouco a alguns elementos dela. E o exemplo da Pérsia é interessante por quê? Pois bem, porque, precisamente, Platão vê na Pérsia o exemplo de um sistema imperial que funciona, e que funciona positivamente. De fato, explica ele nesse mesmo texto, os persas estabeleceram um império a partir de um certo número de guerras e de conquistas em particular sobre os medas. Mas [isso] eles sempre fizeram, e Ciro sempre fez, diz Platão, com a ajuda de seus aliados que continuaram sendo seus amigos até o fim. Ou seja, Platão se refere aí a um sistema persa, ou que ele presta aos persas, pouco importa, segundo o qual a conquista não se faria simplesmente no sentido, de certo modo, de uma sujeição uniforme de todo o mundo à autoridade única dos persas, mas por um sistema de federação e de alianças capaz de estabelecer toda uma complexidade de relações entre os que são subordinados, os que são federados, os que são aliados, etc. Em segundo lugar, diz Platão ainda a propósito dos persas, havendo sido concluída a conquista deles, Ciro tomou o cuidado de dividir seu reino em sete partes, nas quais encontrou colaboradores fiéis (sobre esses sete, por sinal, Platão parece ter cometido um erro histórico, ou parece em todo caso referir-se a uma divisão que não é atestada em outras fontes, pouco importa). Em todo caso, ao que Platão se refere aí é à possibilidade de um governo de tipo imperial que repousa na cooperação e na colaboração de um certo número de governantes, que transmitem localmente a autoridade.

Depois do exemplo persa, e sempre nesse trabalho de persuasão que um bom médico deve realizar, Platão cita o exemplo ateniense. E é muito interessante ver que Platão, nesse trabalho de persuasão, cita primeiro a Pérsia, depois Atenas. Isto é, ele se refere a dois regimes políticos absolutamente opostos – um é o da monarquia autocrática, o outro [o] da democracia –, mostrando com isso que, pelo menos nesse tipo de conselhos, seu problema não é tanto escolher entre democracia e autocracia. O problema é saber como se pode fazer funcionar convenientemente uma e outra. Ora, diz ele, o exemplo de Atenas vai exatamente no mesmo sentido que o da Pérsia. De fato, os atenienses, diz ele, não procuraram fazer o que chamaríamos hoje de colônias de povoamento. Ou seja, eles não procuraram fundar cidades fora do território ateniense, espécies de partes da própria cidade. Eles tomaram as cidades já povoadas que estavam, naquele momento, sob dominação bárbara – ele se refere à federação iônica que os atenienses quiseram construir e efetivamente construíram na segunda metade do século V –, eles deixaram a população onde ela estava e deixaram o poder nas mãos dos que o exerciam naturalmente (o que chamaríamos em nosso vocabulário, se vocês preferirem, de elites locais). Foi assim, diz Platão, que os atenienses puderam encontrar e conservar em todas essas cidades que eles haviam libertado do jugo dos bárbaros e que haviam integrado a seu império, *ándras phílous* (homens amigos, homens de confiança) nos quais podiam fazer sua autoridade repousar[13].

Eis os elementos pelos quais Platão, depois de ter diagnosticado o mal de que sofria Siracusa sob o reinado de Dionísio, tenta persuadir Dionísio, o Moço, a mudar essa maneira de governar. Vêm então, nesse momento, no texto de Platão, os conselhos positivos dados diretamente a Dionísio – o que corresponderia, vamos dizer, no trabalho médico, no papel médico, à função de receitar um regime. Qual o regime que Platão propõe a Dionísio? Pois bem, diz ele, em vez de fazer da Sicília uma só cidade, é preciso, primeiro, dar a cada uma das cidades da Sicília sua própria *politeía* (sua constituição, suas instituições, seu regime político) e é preciso dar *nómoi* (leis) a cada uma delas. Segundo, é preciso ligar as cidades entre si, ligá-las a Siracusa e àquele que reina em Siracusa, e isso igualmente por meio das *nómoi* e das *politeîai*. Isso significa que é preciso ao mesmo tempo haver leis e regimes locais. É preciso também que, entre essas diferentes cidades e aquela em torno da qual elas são federadas, a que lhes serve de metrópole, haja, entre cada uma dessas cidades assim organizadas e Siracusa, uma série de relações reguladas, reguladas por algo que é como que uma *politeía*, *politeía* intermediária entre as diferentes *póleis*, as diferentes cidades, espécie de rede política, de instituição política além de cada cidade, e que ligue assim as cidades entre si e as vincule à metrópole. E, enfim, diz ele, essa unidade de certo modo plural e diferenciada, onde haverá instituições para cada cidade e instituições que regulem as relações entre [elas], essa unidade será tanto mais forte quanto será utilizada para lutar contra o inimigo comum, isto é, os bárbaros, no caso os cartagineses. E, por essa luta frontal com os bárbaros, pois bem, a unidade, com seus elementos de pluralidade, será mantida. E é assim, diz ele, que Dionísio, o Moço, poderá, não simplesmente dobrar o império de Dionísio, o Velho, mas até multiplicá-lo.

Mas, a esses conselhos, atinentes a essa organização das cidades, das cidades em si e das cidades entre elas e em relação a Siracusa, Platão acrescenta outros conselhos. E esses conselhos dizem respeito ao próprio Dionísio, a Dionísio como indivíduo, e como indivíduo que tem de reinar e exercer seu poder. É necessário, diz ele, que Dionísio faça um trabalho sobre si mesmo. E emprega essa expressão *apergázein* (isto é:

elaborar, trabalhar, aperfeiçoar). É preciso portanto que ele aperfeiçoe, elabore, trabalhe sobre o quê? Sobre ele mesmo, para se tornar *émphron* e *sóphron*, (isto é, ponderado e sábio, moderado)[14]. É necessário fazer que ele próprio também esteja em concordância, em sinfonia, que seja *sýmphonos* consigo mesmo[15], assim como as cidades que ele tem de governar devem também estar nessa relação de sinfonia com Siracusa, assim como umas com as outras. Vocês estão vendo que encontramos aí, nesse tema do *sýmphonos*, da *symphonía*, essa ideia que, como vocês sabem, se encontrará na carta V, a saber, que cada constituição tem sua *phonê*, sua voz[16]. E o problema do bom governo não é, mais uma vez, mudar autoritariamente, segundo uma fórmula dada de antemão, uma constituição por outra que seria considerada melhor. Trata-se, para o bom governo, de compreender o que é a *phonê*, o que é a voz de cada *politeía*, e depois governar acorde com essa *phonê*. Ora, vocês estão vendo que aqui essa ideia de *symphonía* se desenvolve no sentido de que essa *phonê* é compreendida agora como uma voz que cada uma das cidades deve ter. Na grande federação que [Dionísio] organiza em torno de Siracusa cada cidade deve ter sua própria voz, mas todas essas vozes devem funcionar juntas para constituir uma harmonia e uma sinfonia. Mas é preciso também, como garantia dessa sinfonia das diferentes cidades, que o próprio chefe seja *sumphônous* consigo mesmo, isto é, esteja em harmonia consigo mesmo. E essa harmonia consigo mesmo, pois bem, é o que é formulado desde o início desses conselhos, quando Platão relembra que exortou Dionísio, antes de mais nada, a viver cada dia de maneira que se tornasse cada vez mais senhor de si (*egkratés autòs hautoû*)[17]. Essa expressão, *egkratés autòs hautoû*, é interessante porque *egkratés*, em seu sentido mais geral, é exatamente ser senhor, ser senhor de si. No uso corrente, *egkratés* designa esse domínio de si sobre seus próprios desejos, sobre seus próprios apetites, e particularmente a temperança em relação à comida, ao vinho e aos prazeres sexuais[18]. Ora, aqui, o fortalecimento da expressão – *egkratés autòs hautoû* – indica que é preciso dar um sentido mais geral, ainda que esse sentido particular esteja presente. O chefe, aquele que comanda, o soberano deve ser de fato senhor de si, no sentido de ser temperante, ser capaz de manter seus desejos dentro dos limites do conveniente, de comedi-los e, por conseguinte, de evitar todas essas discordâncias que impedem a harmonia. Mas essa temperança é bem explicada como sendo uma certa relação de poder do indivíduo sobre si mesmo. *Egkratés autòs hautoû*: senhor de si em relação a si mesmo, se vocês preferirem. Esse redobramento em relação ao sentido familiar de *egkratés* indica que o que é designado aí não é a qualidade, a virtude da temperança tal como é geralmente definida, mas uma certa relação de poder de si para consigo. E é isso que de certo modo vai selar o bom governo que Dionísio deveria ser capaz de fazer reinar em Siracusa e sobre os aliados de Siracusa. Eis o que se pode encontrar nessa primeira série, nessa primeira vaga de conselhos que Platão dá nessa carta VII.

Segundo conjunto de conselhos, então, se vocês quiserem, são os conselhos atuais, aqueles de que acabo de lhes falar. Simplesmente ele os relembra, relembra que foram esses que ele deu a Dionísio, quando Dionísio, jovem tirano de Siracusa, dava sinais, aliás falaciosos, de que queria praticar a filosofia. Agora, um pouco mais adiante na carta, Platão diz: depois de todas as desgraças ocorridas (o exílio de Dion, a guerra civil, o enfrentamento entre os partidários de Dion e Dionísio, o exílio de Dionísio, a volta de Dion, a morte de Dion), na situação em que se está agora, quais são os conselhos que posso dar a vocês, amigos de Dion, agora que ele está morto? Essa passagem começa com uma indicação que é necessário salientar e que é a seguinte: é que, diz ele, os conselhos que vou lhes dar agora nessa situação que é nova, pois bem, não se iludam, são exatamente os mesmos conselhos (*he autê symboulè*) que vou dar, e lhes dar de maneira ainda mais solene, como se se tratasse de uma terceira libação[19]. Então aqui Platão alude de fato a duas coisas. Primeiro, ao fato de que ele considera que em Siracusa deu conselhos à pessoa de Dion, [depois] a Dionísio (os conselhos de que acabo de lhes falar), e agora ele vai dar uma terceira série de conselhos aos amigos de Dion. [...] E, em segundo lugar, ele alude a esse ritual que quer que a terceira libação que se faz num banquete seja a mais solene. É a mais solene porque é a que se dirige a Zeus, ou mais exatamente a Zeus salvador, a Zeus na medida em que ele salva. Pois bem, esses conselhos, repetidos assim como numa terceira libação, são destinados a salvar Siracusa. São os mesmos conselhos, e no entanto pode-se notar que, entre esse conjunto de conselhos dados aos amigos de Dion e os conselhos que ele lembra ter dado a Dionísio, há como que uma diferença de ênfase. Uma diferença de ênfase primeiro porque poucas coisas são ditas sobre, digamos, o sistema imperial, sobre o problema da relação entre Siracusa e as outras cidades. Ele se contenta simplesmente em dizer que é preciso que cada cidade tenha suas leis. Em compensação, e é perfeitamente normal, pois se está atualmente, no momento em que ele fala, numa situação em que a guerra civil está a ponto de estourar em Siracusa, em que os dois partidos se enfrentam (Dionísio, exilado mas tentando voltar; os amigos de Dion privados de Dion, mas que estão na cidade). Portanto, nessa situação em que paira a ameaça da guerra civil, é evidentemente o problema da *politeía* da própria cidade, da *politeía* de Siracusa, que é o elemento mais importante, a questão mais importante nos conselhos a dar.

E é aí que Platão esboça algumas medidas a serem tomadas, que concernem de fato às instituições e à organização da cidade. Ele diz que era preciso se dirigir a alguns sábios, sábios cuja sabedoria será reconhecida por um certo número de sinais bem claros e evidentes. Para reconhecer os sábios que se necessita ter numa cidade, é preciso, claro, que eles "tenham mulher e filhos". É preciso, além disso, que sejam "descendentes de uma boa linhagem", de uma boa família. É preciso enfim que eles tenham uma fortuna "suficiente"[20]. Em linhas gerais, diz ele, devem-se encontrar umas cinquenta pessoas dessa ordem em mil. E são esses sábios a quem se pedirá para propor as leis. Vocês estão vendo que Platão não se apresenta de forma alguma como um nomóteta. Os conselhos que ele dá não consistem em dizer: eis as leis que a cidade deverá observar. Ele não se contenta em dizer às pessoas que moram na cidade: vocês deveriam confiar a tarefa de ser nomóteta a essas pessoas, a esses sábios com mulher e filhos, descendentes de uma boa linhagem e donos de uma fortuna suficiente. Segundo, diz ele, quando seus conflitos forem apaziguados e quando os dois grupos que estão se defrontando (os partidários de Dionísio exilado e os partidários de Dion assassinado) tiverem se reconciliado, não será preciso, diz ele, haver diferença entre os vencedores e os vencidos. Não é preciso que os vencedores façam a lei valer para os vencidos, é preciso estabelecer *nómos koinòs* (uma lei comum)[21]. Melhor ainda, diz ele, é preciso ir mais longe do que isso. Não apenas é preciso que a lei seja comum, mas é preciso que os que são vencedores, e que por conseguinte exercerão a maior influência na cidade, mostrem que são ainda mais submissos às leis que os próprios vencidos. Isso nos leva ao que constitui o desenvolvimento mais importante dessa passagem, o problema da formação moral dos indivíduos. Como os que são vencedores poderão se mostrar, poderão ser mais submissos às leis do que os que eles venceram?

Pois bem, para isso são necessárias duas coisas: uma formação teórica e uma formação moral. Primeiro, a formação teórica. O texto é interessante porque vocês se lembram, recordei isso da última vez, quanto Platão tinha se irritado com as pretensões teóricas e especulativas de Dionísio, Dionísio tinha querido mostrar quanto sabia de filosofia escrevendo textos que mostravam ao mesmo tempo que, por escrever, ele não compreendia o que era o sentido da filosofia e que o saber filosófico que ele mostrava nada mais era que a cópia do que Platão dissera.

Portanto [Platão] tinha se mostrado extremamente desconfiado em relação ao que poderíamos chamar de saber teórico do homem que vai exercer o poder político. Ora, qual é o tipo de formação teórica que ele pede que os partidários de Dion ponham em ação para poder, eles, os vencedores, se mostrar mais submissos às leis que os próprios vencidos? Pois bem, o ensinamento teórico que ele dá é simplíssimo. É nada mais que uma espécie de variação sobre um tema, tema que encontrávamos no *Górgias* e em outros textos de Platão, a saber: de qualquer modo, sempre é melhor ser justo, ainda que infortunado, do que ser injusto, ainda que afortunado. E toma como exemplo justamente Dion e Dionísio. Claro, não é que Dionísio seja muito afortunado, já que foi exilado pela revolta que houve contra ele, mas afinal está vivo. Já Dion pode ser considerado infortunado porque, tendo expulso Dionísio, acabou assassinado em Siracusa. No entanto, entre Dion morto, mas que foi justo, e Dionísio vivo, que foi injusto, é o destino de Dion que se deve preferir, é o modo de vida de Dion que se deve preferir. Deve-se sempre fugir da injustiça, ainda que seja feliz. Deve-se preferir sempre a justiça, ainda que ela seja infeliz. Esse tema banal, esse tema mais uma vez que percorre tantos diálogos de Platão, em que se apoia ele, aqui, nesta carta VII? Ele se apoia em certo número de considerações efetivamente teóricas. O que são essas considerações teóricas? Pois bem, em primeiro lugar é o fato de que, diz ele, como se sabe, a alma não é a mesma coisa que o corpo, que a alma e o corpo são duas coisas distintas, que o corpo é mortal e a alma, em contrapartida, é imortal; e que essa alma imortal, depois [da] morte [do corpo], será julgada em função do que ela fez durante a vida e será exposta, se tiver cometido injustiças no decorrer da sua existência, a castigos terríveis e a longas peregrinações abaixo da terra. É esse ensinamento teórico, no mínimo bem simples, que Platão propõe aos amigos de Dion como fundo de sua atitude política e de sua extrema aplicação no que concerne à obediência às leis. Esse ensinamento, convém frisar que Platão não o apresenta de modo algum, no texto, como uma doutrina filosófica, doutrina filosófica que seria a dele e que constituiria, de certo modo, o cerne de seu ensinamento. Ele diz, no texto em questão, que os homens políticos, para se conduzirem como convém, os vencedores, para serem mais submissos às leis do que os próprios vencidos, devem conhecer essa doutrina: "É preciso acreditar verdadeiramente nessas velhas e santas tradições que nos revelam a imortalidade."[22] Essas velhas e santas tradições, o texto chama de "*toîs palaioîs te kaì hieroîs lógois*" (esses discursos que são ao mesmo tempo antigos e sagrados), ou seja, não é de modo algum o pensamento filosófico do próprio Platão que está representado aqui. O que lhes dá autoridade, e as razões pelas quais os que comandam os outros devem se submeter a elas, é o fato de que são discursos antigos, discursos já conhecidos. Eles derivam sua autoridade de sua antiguidade e, ao mesmo tempo, dos componentes sagrados, dos componentes religiosos que os marcam. São esses discursos não filosóficos, esses discursos de crenças religiosas e de tradições sagradas que devem constituir o fundo teórico a que se refere o homem político. Quanto à sua formação prática, mal é esboçada por Platão nesse texto. Ele se contenta em dizer que os políticos devem viver à maneira dos ancestrais, à maneira dória. Portanto essa passagem, tanto quanto a passagem precedente, não é muito rica nem em elaboração política, nem em elaboração propriamente filosófica. Mas o que constitui, a meu ver, o tema mais geral e, sem dúvida, mais interessante desses conselhos é a maneira como Platão mostra, através deles, como a formação moral dos que governam é indispensável para o bom governo da cidade.

Há uma passagem que merece ser retida. É onde ele diz que, justamente, quando se tiver e se souber respeitar essas tradições antigas e sagradas e quando se tiver efetivamente aplicado, concretizado esse modo de vida dório, esse modo de vida à maneira dos ancestrais que é indispensável, pois bem, nesse momento será possível governar como convém. E governar como convém significará que será possível governar utilizando dois recursos[23]. Primeiro *phóbos* (o temor). De fato, é preciso que os que governam façam reinar sobre os que são governados o temor, e assim farão mostrando sua força (*bía* diz o texto[24]). É preciso que essa força material esteja efetivamente presente e visível, e é esse temor que vai assegurar o bom governo. Mas, junto com isso, e será esse o segundo meio de governar, os governantes têm de mostrar *aidós* (isto é, pudor e respeito). Essa *aidós* não é diretamente o respeito que os que são governados devem aos que são governantes, essa *aidós* (esse respeito) tem de ser uma relação de certo modo interior dos governantes consigo mesmos, um respeito dos governantes para com suas obrigações e para com as leis da cidade. E é essa *aidós* que os fará capazes de se submeter às leis como um escravo (ele emprega o termo *douleúein*[25]). Ser escravo da lei, querer se constituir em escravo da lei, é isso que vai caracterizar a *aidós* (o respeito) dos que governam, aquele respeito para com eles mesmos, a cidade e as leis. E é esse respeito que vai acarretar em seguida o respeito que os outros – os que são governados – poderão ter para com eles. É necessário portanto compreender que a *aidós* é uma virtude que caracteriza a relação dos governados com os governantes, mas que caracteriza também e sobretudo a atitude dos governantes para com eles próprios.

Enfim, terceiro texto de que gostaria de lhes falar: é o texto encontrado na carta VIII, escrita pouco depois da carta VII, no momento em que a guerra civil que já ameaçava Siracusa estourou. Esse texto é interessante por duas razões. A primeira, claro, é que nele Platão de certo modo penetra nessa região, nesse domínio em relação ao qual tinha se mostrado até então muito reservado e discreto, isto é, a própria organização da cidade. E a segunda, porque esses conselhos são introduzidos e esteados por uma reflexão geral sobre a *parresía*, e é aí que vamos voltar a encontrar nosso problema. Muito rapidamente, quais são os conselhos que Platão vai dar agora aos siracusanos que estão se dilacerando na guerra civil? Primeiro, referência a um tema também já conhecido em Platão. É um tema que encontramos desenvolvido no *Górgias* em 477b[26] e seguintes, em que Platão, como vocês sabem, diz que é preciso distinguir o que pertence à alma, o que pertence ao corpo e o que pertence às riquezas. O que pertence à alma é, evidentemente, o que diz respeito aos próprios governantes; o que pertence ao corpo é o que diz respeito aos guerreiros; e o que pertence às riquezas é evidentemente o que diz respeito à atividade dos comerciantes e artesãos. E, diz ele, é necessário que a *politeía*, que a organização de uma cidade respeite essa hierarquia e não dê mais importância ao corpo do que à alma, e principalmente não dê mais importância às riquezas do que ao corpo e à alma. Sobre esse tema geral, ele vai propor então uma organização, uma *politeía* no sentido estrito, e não esqueçamos mais uma vez que, se Platão propõe em sua intervenção uma *politeía* (uma [constituição]), é [por causa da] guerra civil. Quer dizer que a cidade, a própria organização da cidade veio abaixo; ele vai propor portanto um sistema organizacional para a cidade. É um sistema que podemos representar esquematicamente assim. Primeiro, uma monarquia, mas à maneira de Esparta, isto é, na qual os monarcas não terão na realidade nenhum poder real. Serão sobretudo poderes religiosos os deles, e esses monarcas serão – é o que Platão propõe no texto –, não dois, como em Esparta, mas três, por algumas razões. É que ele quer, e ele diz isso, integrar os descendentes de Dionísio, o Moço, outro descendente de Dionísio, o Velho, e o filho de Dion. Por causa disso, haverá três reis, mas esses três reis terão essencialmente uma função religiosa. Independentemente desses três reis, terá de ser organizado um sistema que assegure ao mesmo tempo a existência das leis e sua manutenção. Donde, propõe Platão, a organização, a instituição de um corpo do que ele já chama de guardiães das leis. E propõe trinta e cinco guardiães das leis²⁷, o que vai ser a fórmula que encontraremos nas *Leis*, com a diferença de que, nas *Leis*, não são trinta e cinco mas trinta e sete guardiães²⁸ – esse detalhe permite, ao mesmo tempo, segundo os comentadores, provar a autenticidade da carta e datá-la; a autenticidade da carta, porque se a carta tivesse sido uma carta apócrifa, escrita depois da morte de Platão, servindo-se dos dados que estão nas *Leis*, é evidente que o autor apócrifo teria copiado o número real de trinta e sete e não teria dado trinta e cinco; e podemos então, por conseguinte, legitimamente pensar que Platão esboçou nessa carta o que ia ser desenvolvido nas *Leis*, com algumas modificações, em particular a mudança de trinta e cinco guardiães para trinta e sete –, e uma série de tribunais, em que também encontramos em algumas linhas o que será desenvolvido longamente nas *Leis*. Temos portanto aí, pela primeira vez, nessa série de conselhos, conselhos que poderíamos dizer nomotéticos, mas que devemos relembrar mais uma vez que são requeridos, não tanto pela função geral do filósofo em relação à cidade quanto pela própria situação da cidade. Tendo a guerra civil sido deflagrada, causando devastações, é normal, nesse momento, que o papel do filósofo não seja, claro, dar conselhos ao príncipe reinante, ou ajudá-lo a constituir um império, mas sim reconstituir a própria cidade.

Ora, e é sobre isso que eu gostaria de insistir agora, esses conselhos dados na carta VIII são introduzidos por um trecho, trecho de pura e simples transição, podemos dizer, mas que indica muito bem que Platão põe esses conselhos na conta de sua função de *parresía*. É de fato a um exercício de *parresía* que ele se atém. Essa passagem está em 354a da carta VIII, onde está dito o seguinte: "Minha recomendação agora, vou tentar dá-la a vós com toda a franqueza (*egò peirásomai páse parresía*) valendo-me de um raciocínio justo e imparcial. Estou falando, por assim dizer, como o árbitro que se dirige às duas partes [...], e a cada uma delas como se estivesse só [em particular; M.F.] dou meu conselho (*symboulén*) que não é novo."²⁹ Estamos portanto na ordem da *symboulé* política, que é ao mesmo tempo uma manifestação e um exercício da *parresía*. Ora, eu acredito que, se pegarmos essa passagem e seguirmos certo número de elementos que estão justamente nos conselhos cujo conteúdo resumi há pouco para vocês, veremos que de fato é da *parresía* que se trata e que é uma atividade parresiasta que Platão persegue. Esse discurso do conselho, como se caracteriza e em que é uma *parresía*?

Primeiro Platão, desde as primeiras linhas que acabo de ler para vocês, mas ao longo de todo o texto também, insiste no fato de que o que ele diz, ele diz em seu nome pessoal. É sua opinião, é o que ele pensa, é o que ele acredita, é o que ele mesmo diz. E vocês têm toda uma série de expressões que remetem de fato a esse caráter absolutamente pessoal da enunciação. Não é a voz da cidade ou a voz das leis, aquela por exemplo que falava a Sócrates e depois o convencia de que devia aceitar seu processo e sua condenação[30]. Não, é o próprio Platão dando seu parecer: "*dé moi phaínetai*" (o que me parece). Procurarei, de minha parte, convencer vocês, digo a vocês qual é *emè symboulé* (meu conselho)[31]... Em 354c vocês vão encontrar: "Eis portanto o que meu discurso presente recomenda a todos."[32] É efetivamente seu discurso. Ora, esse caráter pessoal do discurso, num momento dado, é como que rompido, cortado pelo fato de que, depois de ter falado assim em seu nome, Platão diz: no fundo, o mais simples é que eu faça falar, não eu próprio, mas Dion, ou antes, que eu diga a vocês o que Dion, que agora está morto, que portanto foi assassinado faz certo tempo, teria lhes dito. Eu cito o que Dion teria dito, reconstituo o que Dion lhes diria nas circunstâncias atuais, porque no fundo nossa opinião é a mesma. É aí, a meu ver, que podemos ver essa intervenção de Dion, personagem morto, segundo um processo retórico bem conhecido na eloquência grega (fazer um morto intervir para validar o que se está dizendo), essa intervenção não é para Platão uma maneira de se libertar da sua função parresiasta, pois ele ressalta que o que diz Dion é o que ele próprio pensa e que a opinião de ambos é comum (*koinòs*: é um *koinòs lógos* de Platão e Dion[33] – ele relembrou aliás que Dion havia sido formado por ele; logo é a sua opinião, de Platão). Simplesmente, se ele faz Dion intervir, além, se vocês preferirem, da convenção retórica que permite fazer um morto intervir para realçar ainda mais a autoridade do que se diz, não se deve esquecer justamente que Dion também é alguém que pagou com a vida o dizer-a-verdade que opôs a Dionísio e que ele tentou fazer valer em Siracusa. É efetivamente como parresiasta que arriscou a própria vida e pagou com a própria vida seu dizer-a-verdade, é efetivamente na medida em que ele é isso que Platão o faz intervir a seu lado.

Segundo, nesse texto, é preciso observar que a *parresía* que Platão desenvolve se caracteriza por uma espécie de tensão entre o caráter de conselho totalmente particular, conjuntural que ele dá – Platão não cessa de lembrar, ao longo do texto, que dá seu conselho em função da situação atual, trata-se do que ele acha agora (ele emprega a expressão *tà nûn*: por ora[34]) –, são também conselhos que se referem à luta, à guerra civil que está se desenvolvendo, ao fato de que ele se lembra de um certo número de conjunturas acerca da própria história da Sicília. Mas essa *parresía*, que também é um discurso de circunstância, de conjuntura, esse discurso se refere ao mesmo tempo a princípios, princípios gerais e constantes. Ele lembra que sempre foi essa a sua recomendação. Sua *symboulé* continuava sendo a mesma, e ele utiliza certo número de princípios ou regras gerais. Ele lembra, por exemplo, que a servidão e a liberdade, quando ambas são exageradas, constituem grandes males. Ele emprega fórmulas do gênero desta: a escravidão (*douleía*), a submissão a Deus é algo que corresponde à justa medida, mas a *douleía* em relação ao homem é sempre desmedida[35]. Portanto, se vocês preferirem, tem-se um discurso de *parresía* que se estende entre a referência a princípios gerais e a referência a circunstâncias particulares.

Em terceiro lugar, essa *parresía* é um discurso que se dirige a todo o mundo, a ambas as partes no enfrentamento siracusano. É, diz ele, um *lógos koinòs*. "Eis o que meu discurso recomenda a todos", diz ele em 354c. Em 355a diz: os conselhos que dou, peço aos amigos de Dion que os comuniquem a todos os siracusanos. E, bem no fim do texto, ele diz (está em 357b): eis o que eu aconselho todos (*pâsin symbouleúo*) a decidir e empreender em comum (*koinê*); chamo todo o mundo (*parakalô pántas*) a empreender essas ações. Mas, ao mesmo tempo que chama todo o mundo, ao mesmo tempo que se dirige a todo o mundo, o discurso de *parresía* se dirige também a cada um, e a cada um dos dois partidos. É o que ele diz bem no início do texto, na passagem que citei para vocês: eu falo a todos e falo ao mesmo tempo a cada um deles como se fosse único[36]. Quer dizer que não é simplesmente aquele discurso geral que se dirige à cidade para lhe impor prescrições e leis, mas um discurso de persuasão que se dirige a cada um para obter de cada um certo comportamento, certa conduta, certa maneira de fazer.

Enfim, quarta característica dessa *parresía*, Platão diz que, se ele fala assim e se ele se dirige aos dois partidos que estão face a face na Sicília, é a título de *diaitetés*. Esse termo – *diaitetés* – é um termo jurídico que designa, que designava no direito ateniense o árbitro, o árbitro a que, em vez de ir ao tribunal, se recorria para resolver um litígio. O *diaitetés* é portanto o árbitro que se pode consultar fora do processo. Então, sobre esse *diaitetés*, sobre as funções desse *diaitetés*, vocês encontram em Aristóteles (*Política*, livro II, capítulo 8, 1268b e seguintes) um certo número de indicações[37]. Portanto [ser] *diaitetés* é uma função, uma função extrajudicial, mas definida pelas instituições de Atenas. Não se deve esquecer que *diaitetés*, como a etimologia mostra, é aquele que dá a dieta, é aquele que determina o regime. E os dois sentidos da palavra *diaitetés* são atestados no grego clássico. A *díaita* é a arbitragem, é também o regime médico. O *diaitetés* é aquele que arbitra, mas também é aquele que determina o regime para os que dele necessitam. E a comunicação entre os dois sentidos (arbitragem e dieta) – aliás, a etimologia da palavra remete à mesma raiz de *zên*: viver – é evidente, na medida em que a dieta é precisamente o conjunto de regras pelas quais se pode arbitrar a oposição entre as diferentes qualidades, entre o quente e o frio, entre o seco e o úmido, entre os diferentes humores que constituem o corpo. É essa arbitragem que constitui a dieta, o regime médico. E, por conseguinte, quando Platão, como parresiasta, diz ser *diaitetés*, ele é ao mesmo tempo o árbitro entre as diferentes partes e aquele que dita o regime (o regime médico da cidade) e vai portanto permitir a arbitragem entre essas diferentes forças.

Enfim, última característica dessa *parresía* é que essa *parresía* tem de enfrentar a realidade. E várias vezes Platão não só aceita mas encara, reivindica esse desafio de defrontamento com a realidade. O discurso que ele dá, os conselhos que propõe, ele aceita, ele chega a pedir que a realidade mostre se são verdadeiros ou falsos. A verdade que lhes aconselho, diz ele, se vocês fizerem a experiência das minhas afirmações presentes, pois bem, vocês experimentarão realmente o efeito delas. *Érgo gnósesthe*: vocês vão saber na realidade. Porque, diz ele, é a melhor pedra de toque (*básanos*) a propósito de todas as coisas[38]. O real, a prova de realidade é o que deve constituir a pedra de toque do seu discurso. E o próprio fim desses conselhos que ele dá aos siracusanos é o seguinte. Bem no fim da carta (é em 357c), ele diz: "Oferecei pois aos deuses vossas homenagens com vossas preces, assim como a todos os que convém juntar aos deuses em vossas louvações; convidai [na realidade, o verbo utilizado é *peíthomai*, persuadir; M.F.], exortai amigos e inimigos amistosamente e sem cansar, até o dia em que todas as nossas palavras [as palavras que acabam de ser ditas, os conselhos que Platão acaba de dar; M.F.], tal como um sonho divino que vos visita na vigília, se tornarão graças a vós uma notável e feliz realização."[39] Por conseguinte, o filósofo, em sua empresa de *parresía* veio, dizendo o que dizia, um pouco como um sonho divino que viria visitar os homens, mas homens que estariam despertos. O que o sonho divino, dizendo aos homens o que vai acontecer e o que eles devem fazer, é para as pessoas que dormem, o discurso do filósofo será para os homens acordados. O filósofo é de fato um deus que vem visitar os homens, mas fala a eles quando estão acordados. Mas esse sonho divino não deverá sua verdade, não terá passado por sua prova de verdade senão com uma condição: quando vocês houverem elaborado em realidade (*exergásesthe* diz o texto[40]), quando vocês houverem trabalhado até que essas coisas sejam efetivamente consumadas e encontrem nesse momento, de forma clara, sua boa sorte, que elas sejam *eutykhê*. A boa sorte, o que fará a felicidade real dos siracusanos será precisamente a elaboração em realidade que eles fizeram desse sonho divino que o filósofo acaba de lhes comunicar durante a vigília deles.

A *parresía* é pois a atividade que Platão reconhece e reivindica como estando no fundo, na raiz da sua atividade de conselheiro. Conselheiro ele é, o que quer dizer que ele utiliza a *parresía*, essa *parresía* com todas as suas características que vocês reconheceram: ele se compromete pessoalmente, é seu discurso, é sua opinião, ela leva em conta ao mesmo tempo princípios gerais e uma conjuntura particular, ela se dirige como um princípio geral às pessoas, mas ela as persuade individualmente. Tudo isso dá um discurso cuja verdade deve se prender, se testar ao fato de que ela se tornará realidade. É do real político que o discurso filosófico tirará a garantia de que não é simplesmente logos, de que não é simplesmente uma palavra dada em sonho, mas que efetivamente toca o *érgon*, aquilo que constitui o real. Temos aí um conjunto de elementos que coincidem com o que eu havia procurado lhes dizer a propósito da função do parresiasta. Então, agora, na segunda parte do curso, procurarei retomar esses elementos. Desculpem mais uma vez, esses conselhos platônicos têm uma aparência bastante banal que torna sua análise um pouco aborrecida, mas creio ser possível, relendo-os em certo nível, ver surgir um determinado número de problemas ou temas que são importantíssimos para o destino das relações entre filosofia e política no pensamento ocidental. Procurarei lhes explicar isso daqui a pouco.

*

NOTAS

1. Platão, carta VII, 332d-e, *in* Platão, *Oeuvres complètes*, t. XIII-1: *Lettres*, trad. fr. J. Souilhé, ed. cit., pp. 38-9.
2. E. de Las Cases, *Le Mémorial de Saint-Hélène* [1842], Paris, Le Seuil, 1999.
3. Richelieu, *Testament politique* [1667], org. F. Hildesheimer, Paris, Champion/Société de l'Histoire de France, 1995.
4. Dion Cássio, *Histoire romaine*, livro LII, caps. 14-40, trad. fr. E. Gros, Paris, Librairie Firmin & Didot Frères, 1845.
5. Tucídides, *Histoire de la guerre du Péloponnèse*, livro I, caps. 139-146, trad. fr. J. Voilquin, ed. cit., pp. 89-96 [trad. bras. *História da guerra do Peloponeso*].
6. Platão, carta VII, 331d, *in* Platão, *Lettres,* ed. cit., p. 37.

7. "Ele não foi capaz, depois de tê-las soerguido, de constituir nelas governos seguros, nas mãos de amigos que ele teria escolhido (*oukh hoîós t'ên katoikísas politeías en hekástais katastésasthai pistàs hetaíron andrôn)*" (*id.*, 331e-332a).

8. "Nenhum deles, em que pesem seus esforços, ele pôde tornar um associado do seu poder (*toúton koinonòn tês arkhês oudéna hoîós t'ên)*" (*id.*, 332a, p. 38).

9. "Mas Dionísio, que havia reunido toda a Sicília numa só cidade (*eis mían pólin*), por não confiar, sábio que era, em ninguém, se manteve com dificuldade, porque era pobre em amigos e gente fiel (*andrôn phílon kai pistôn)*" (*id.*, 332c).

10. Platão, *Les Lois*, livro III, 694a-b. Cf. a análise dessa passagem na aula de 9 de fevereiro, *supra*, pp. 185-7.

11. Cf. a análise da referência positiva à educação persa para salientar as deficiências de Alcibíades, *in L'Herméneutique du sujet*, ed. cit., pp. 35-6.

12. Xenofonte, *Cyropédie*, trad. fr. M. Bizos, Paris, Les Belles Lettres, 1972.

13. "Vejam ainda os atenienses. Eles não colonizaram pessoalmente as numerosas cidades gregas invadidas pelos bárbaros, mas tomaram-nas povoadas. No entanto conservaram o poder por setenta anos, porque em todas as cidades eles possuíam partidários (*ándras phílous)*" (Platão, carta VII, 332b-c, ed. cit., p. 38).

14. "Se, caminhando pela via que lhe indicávamos, tornando-se ponderado e prudente (*heautón émphroná te kaì sóphrona apergasámenos)*..." (*id.*, 332e, p. 39).

15. "Nós o exortávamos a se preocupar antes de mais nada em conquistar, entre seus parentes e camaradas da sua idade, outros amigos que estivessem acordes (*sýmphonos*) em tender à virtude e, principalmente, para fazer reinar a concórdia nele (*autón hautô)*" (*id.*, 332d).

16. "De fato, os governos têm cada um sua língua, como se fossem seres vivos (*éstin gàr dé tis phonè tôn politeiôn hekástes kathapereî tinon zóon*). A da democracia é uma, a da oligarquia é outra, a da monarquia é outra [...]. Todo Estado que fala sua própria língua perante os deuses e perante os homens e age de acordo com essa língua sempre prospera e se conserva, mas, se imita outro, perece" (Platão, carta V, 321 d-e, ed. cit., p. 23).

17. "Portanto é dessa maneira que poderei vos dar meus conselhos, e era assim que, em comum acordo com Dion, eu exortava Dionísio primeiro a viver cada dia de maneira que se tornasse cada vez mais senhor de si (*egkratès autós hautoû)*" (Platão, carta VII, 331d, ed. cit., p. 37).

18. Cf. M. Foucault, *Histoire de la sexualité*, t. II (*L'Usage des plaisirs*, Paris, Gallimard, 1984), cap. "Enkrateia" (pp. 74-90).

19. "Renovo ademais pela terceira vez a mesma advertência (*tèn autèn symboulèn*) para vós" (Platão, carta VII, 334c, ed. cit., p. 41).

20. *Id.*, 337b-c, p. 45.

21. *Id.,* 336a-337a, p. 44.

22. *Id.*, 335a, pp. 41-2.

23. "Que, ao contrário, eles se dominem o bastante para estabelecer leis comuns tão favoráveis aos vencidos quanto a eles e para exigir sua observância por dois meios de coerção: o respeito e o temor" (*id.*, 337a, p. 44).

24. "O temor, eles obterão manifestando a superioridade da sua força material (*tò kreíttous autôn eînai deiknúntes tèn bían)*" (*ibid.*).

25. "O respeito, mostrando serem homens que, sabendo controlar seus desejos, preferem servir as leis e podem fazê-lo (*mállon ethélontes te kaì dunámenoi douleúein)*" (*id.*, 337a-b, p. 44).

26. "Assim, para essas três coisas – a riqueza, o corpo e a alma –, tu reconheces três tipos de imperfeição – a pobreza, o mal, a injustiça" (Platão, *Gorgias*, 477b-c, trad. fr. L. Bodin, Paris, Les Belles Lettres, 1968, p. 153).

27. Platão, carta VII, 356d, ed. cit., p. 73.
28. Platão, *Les Lois*, livro VIII, 754d, trad. fr. E. des Places, ed. cit., p. 113.
29. Platão, carta VIII, 354a, ed. cit., p. 69.
30. É a célebre "Prosopopeia das Leis", que se encontra no *Críton* em 50d-54d.
31. Platão, carta VIII, 355a, ed. cit., p. 71.
32. *Id.*, 354c, p. 70.
33. "Já que assim é, peço aos amigos de Dion para comunicar os conselhos que dou a todos os siracusanos como sendo nossa opinião comum (*koinèn symboulén*)" (*id.*, 355a, pp. 70-1).
34. "Minha opinião presentemente (*hò dé moi phaínetai pe tà nûn*)" (*id.*, 354a, p. 69).
35. "A submissão (*douleía*) a Deus deve ser conforme à medida; ela passa a medida, se se dirigir ao homem" (*id.*, 354e, p. 70).
36. "Falo, por assim dizer, como um árbitro (*légo gàr dè diaitetoû*) que se dirige às duas partes, a que exerceu a tirania e a que a sofreu, e a cada uma delas como se fosse a única dou meu conselho" (*id.*, 354a).
37. "Ruim, igualmente, a lei relativa aos juízos que prescreve julgar somente com distinções, inclusive no caso de uma queixa formulada de modo simples, e faz do juiz um árbitro (*diaitetén*). Isso é admissível em arbitragem, inclusive com vários árbitros (eles podem então conferenciar entre si acerca da sentença), mas nos tribunais não é possível" (Aristóteles, *Politique*, livro II, VIII-13, 1268b, trad. fr. J. Aubonnet, Paris, Les Belles Lettres, 1968, p. 76).
38. "É a verdade que eu vos aconselho e, se experimentardes minhas afirmações presentes sobre as leis, sentireis seu efeito (*érgo gnósesthe*), porque a experiência é em tudo a melhor pedra de toque (*básanos*)" (Platão, carta VII, ed. cit., 355d, p. 71).
39. *Id.*, 375c-d, p. 74.
40. "Oferecei pois aos deuses vossas homenagens com vossas preces, assim como a todos os que convém juntar aos deuses em vossas louvações; convidai, exortai amigos e inimigos amistosamente e sem cansar, até o dia em que todas as nossas palavras, como um sonho divino que vos visita na vigília, se tornarão graças a vós uma notável e feliz realização (*enargê te exergásesthe telesthénta kaì eutykhê*)" (*id.*, 357a-d, p. 74).

AULA DE 23 DE FEVEREIRO DE 1983
Segunda hora

Filosofia e política: relação necessária mas coincidência impossível. – Jogo cínico e platônico da relação com a política. – A nova conjuntura histórica: pensar, para além da cidade, uma nova unidade política. – Da praça pública à alma do príncipe. – O tema platônico do filósofo-rei.

Procurarei ser breve. Creio que esses conselhos de Platão – mais uma vez, decepcionantes para quem os leia do ponto de vista da reflexão, da análise política entre os gregos, decepcionantes sobretudo se comparados com o que podemos encontrar em Tucídides –, mesmo assim, quando os lemos de certa maneira permitem fazer surgir três coisas importantes. Primeiro, um traço fundamental nas relações entre filosofia e política, fundamental e constante. Segundo, uma conjuntura histórica particular, mas que tem um alcance histórico bastante longo para envolver praticamente o destino das relações entre filosofia e política até o fim da Antiguidade. Enfim, terceiro, e é sobretudo sobre isso que eu gostaria de insistir, esses conselhos mostram bem, creio eu, o ponto em que precisamente a filosofia e a política, o filosofar e a atividade vêm se encontrar, o ponto em que, precisamente, a política pode servir de prova de realidade para a filosofia.

Primeiro, o traço fundamental e recorrente das relações entre filosofia e política que se depreende a propósito desses textos é no fundo muito simples, [mas] deve ser bem compreendido. O caráter, se vocês preferirem, fraco, banal, geral – creio não ter exagerado mostrando tanto do ponto de vista político como do ponto de vista filosófico, esses textos não diziam grande coisa – dos conselhos que Platão dá a esses correspondentes não mostra que Platão fosse ingênuo em matéria de política. Mostra que as relações entre filosofia e política não devem ser buscadas na eventual capacidade de a filosofia dizer a verdade sobre as melhores maneiras de exercer o poder. Afinal de contas, cabe à própria política saber e definir quais são as melhores maneiras de exercer o poder. A filosofia não tem de dizer a verdade sobre isso. Mas a filosofia tem de dizer a verdade – se vocês quiserem, vamos ficar nisso por enquanto, depois procuraremos especificar –, não sobre o poder, mas em relação ao poder, numa espécie de cara a cara ou de interseção com ele. A filosofia não tem de dizer ao poder o que fazer, mas tem de existir como dizer-a-verdade numa certa relação com a ação política. Nada mais, nada menos. O que não quer dizer, claro, que essa relação não possa ser especificada. Mas ela pode ser especificada de diferentes maneiras, e essa relação do dizer-a-verdade filosófico com a prática política, ou com a justa prática política, pode assumir várias formas.

Precisamente, na própria época de Platão, e entre aqueles sucessores de Sócrates como o próprio Platão era, encontram-se outras maneiras de definir a relação com a política, a relação necessária, indispensável, obstinada, teimosa, do discurso filosófico ou da vida filosófica com a prática política. Olhem nessa outra vertente do socratismo, a vertente mais oposta ao platonismo que se possa imaginar, isto é, os cínicos. No cinismo, vocês também têm uma relação, e uma relação bem marcante, bem acentuada, entre o dizer-a-verdade filosófico e a prática política, mas de modo totalmente diferente. E, como vocês sabem, é do modo ao mesmo tempo da exterioridade, do enfrentamento, da derrisão, da zombaria e da afirmação de uma necessária exterioridade. Diante de Platão que vai ao país de Dionísio dar conselhos ao tirano, cumpre recordar que havia Diógenes. Diógenes, feito prisioneiro por Filipe depois da batalha de Queroneia, se encontra diante do monarca, do soberano [macedônio]. E o soberano [macedônio] diz a ele: quem és tu? e Diógenes responde: "Sou o espião da tua avidez."[1] Ou ainda o famoso diálogo desse mesmo Diógenes com o filho de Filipe, com Alexandre. Mesma pergunta também: "Quem és tu?" Mas desta vez é Diógenes que faz a pergunta a Alexandre. E Alexandre responde: sou o grande rei Alexandre. E nesse momento Diógenes responde: eu vou te dizer quem eu sou, sou Diógenes, o cão[2]. A exterioridade absoluta do personagem filosófico e do personagem real é assim afirmada, exatamente tal como é proposto por Platão. O rei-filósofo, o filósofo que é rei, que pode haver de mais distante disso do que essa réplica, tipicamente, exatamente, literalmente antiplatônica? Sou o grande rei Alexandre. Sou Diógenes, o cão. E, sem precisar se foi a Alexandre que a explicação foi dada ou se era de maneira geral, em todo caso Diógenes Laércio relata que Diógenes, o Cínico, explicava seu aforismo "eu sou um cão" dizendo: sou um cão "porque afago os que me dão, lato para os que não me dão e mordo os que são maus"[3]. Vocês estão vendo então o interessante jogo entre a afirmação filosófica (a *parresía* filosófica) e o poder político. A *parresía* filosófica de Diógenes consiste essencialmente em se mostrar em sua nudez natural, fora de todas as convenções e fora de todas as leis artificialmente impostas pela cidade. A *parresía* de Diógenes está, portanto, em seu próprio modo de vida, ela se manifesta também nesse discurso de insulto, de denúncia em relação ao poder (avidez de Filipe, etc.). Pois bem, essa *parresía* se apresenta, diante do poder político, numa relação complexa visto que, por um lado Diógenes, dizendo que é um cão, diz que "afaga os que me dão". Por conseguinte, afagando os que lhe dão regalos, aceita uma certa forma de poder político, integra-se a ele e o reconhece. Mas ao mesmo tempo late contra os que não lhe dão nada e morde os que são maus. Vale dizer que ele se sente livre, perante o poder que ele aceita por um lado, para dizer franca e violentamente o que ele é, o que ele quer, aquilo de que necessita, o que é verdadeiro e o que é falso, o que é justo e o que é injusto. Vocês têm aí um jogo da *parresía* filosófica, um jogo do dizer-a-verdade filosófico, um jogo do ser-a-verdade filosófico perante o exercício do poder e a identificação de um indivíduo com seu poder (eu sou o rei Alexandre), jogo que é, evidentemente, muitíssimo distante do de Platão, que inclusive é oposto ao de Platão. Digamos, mais uma vez esquematicamente, que temos no caso dos cínicos um modo de relação do dizer-a-verdade filosófico com a ação política que se faz na forma da exterioridade, do desafio e da derrisão, ao passo que vamos ter em Platão uma relação do dizer-a-verdade filosófico com a prática [política] que será antes da ordem da interseção, da pedagogia e da identificação do sujeito que filosofa com o sujeito que exerce o poder. Falta saber como ela se dá, mas em todo caso não é necessariamente, não é forçosamente como enunciado do que deve ser a ação política, não é como racionalidade política intrínseca que a filosofia, em seu dizer-a-verdade, tem um papel a desempenhar na política.

Ou ainda: o discurso filosófico em sua verdade, dentro do jogo que joga necessariamente com a política para encontrar sua verdade, não tem de projetar o que deve ser uma ação política. Ele não diz a verdade da ação política, ele não diz a verdade para a ação política, ele diz a verdade em relação à ação política, em relação ao exercício da política, em relação ao personagem político. É isso que chamo de traço recorrente, permanente e fundamental da relação da filosofia com a política. Parece-me que isso, que já é muito sensível neste ponto histórico em que nos situamos, continua sendo verdadeiro e corre sempre o risco de não ser verdadeiro em toda a história das relações entre a filosofia e a política. Mas, se queremos efetivamente compreender bem essas relações, é preciso manter no espírito que, mais uma vez, a filosofia tem de dizer a verdade em relação à política, ela não tem de dizer o que a política tem verdadeiramente de fazer. E, se vocês retomarem algumas das grandes formas do dizer-a-verdade filosófico em relação à política na época moderna ou contemporânea, poderemos dizer a mesma coisa. A teoria filosófica da soberania, a filosofia dos direitos fundamentais, a filosofia considerada como crítica social, todas essas formas de filosofia, todas essas formas de veridicção filosófica não têm em absoluto de dizer como se deve governar, que decisões tomar, que leis adotar, que instituições criar. Mas, em compensação, para que uma filosofia faça prova da sua realidade – hoje em dia como no tempo de Platão –, é indispensável que ela seja capaz de dizer a verdade em relação à ação [política], que ela diga a verdade seja em nome de uma análise crítica, seja em nome de uma filosofia, de uma concepção dos direitos, seja em nome de uma concepção de soberania, etc. É essencial para toda filosofia poder dizer a verdade em relação à política, é importante para toda prática política manter uma relação permanente com esse dizer-a-verdade, mas estando entendido que o dizer-a-verdade da filosofia não coincide com o que pode e deve ser uma racionalidade política. O dizer-a-verdade filosófico não é a racionalidade política, mas é essencial para uma racionalidade política manter certa relação, a ser determinada, com o dizer-a-verdade filosófico, assim como é importante para um dizer-a-verdade filosófico fazer prova da sua realidade em relação a uma prática política.

Mas creio que essa relação necessária, fundamental, que é sem dúvida constituinte da filosofia e da prática política no Ocidente, é um fenômeno absolutamente singular à nossa cultura. A coexistência e a correlação da prática política e do dizer-a-verdade filosófico, essa correlação nunca deve ser concebida como uma coincidência adquirida ou como uma coincidência a adquirir. Creio que a infelicidade e os equívocos das relações entre filosofia e política se devem e sem dúvida se deveram ao fato de que a veridicção filosófica às vezes quis se pensar..., ou ainda, que lhe fizeram as exigências que eram formuladas nos termos de uma coincidência com os conteúdos de racionalidade política, e que inversamente os conteúdos de uma racionalidade política quiseram se autorizar por se constituírem como uma doutrina filosófica, ou a partir de uma doutrina filosófica. [...] Filosofia e política devem estar numa relação, numa correlação, não devem nunca estar numa coincidência*. É esse, vamos dizer, o tema geral que podemos derivar desse texto de Platão. Mais uma vez, [esses conselhos] são incomensuráveis em relação às formas de racionalidade política que Tucídides desenvolve, mas por uma razão muito simples: é que, para Platão, e de maneira geral, me parece, para a filosofia ocidental, o verdadeiro desafio nunca foi dizer aos homens políticos o que fazer. O desafio, perante os homens políticos, perante a prática política, perante a política, sempre foi existir como discurso filosófico e como veridicção filosófica. Eis o primeiro tema.

O segundo tema que se pode derivar desses textos platônicos que li na primeira hora é o seguinte: vemos derivar deles uma conjuntura histórica muito particular. Ao mesmo tempo singular, claro, mas que vai ser dominante por uma longa duração e, como eu lhes dizia, vai ser dominante até o fim da Antiguidade. De fato, como eu já tinha indicado, nesses conselhos – e sobretudo na primeira das séries de conselhos que Platão dá a Dionísio –, o lugar é reservado à organização da cidade, o lugar concedido à constituição, às leis, aos tribunais é bastante restrito e não parece dos mais importantes. Em compensação, [o que] parece importante, dominante, nos conselhos dados por Platão a Dionísio e, depois, aos amigos de Dion, é um problema que concerne às alianças, que concerne às relações entre vencedores e vencidos, que concerne às relações entre as diferentes cidades federadas, entre a metrópole e as colônias, à maneira de governar as cidades submissas, [à questão] de saber a quem delegar os poderes, quais são os tipos de relação que haverá entre os que comandam na cidade-metrópole e os outros. Isto é, esses problemas evocados são, em sua maioria, problemas de império e problemas de monarquia. Sem dúvida esses problemas dizem respeito à Sicília, isto é, a um mundo ainda bem próximo do mundo helênico clássico, organizado em torno de pequenas unidades que são as cidades, com suas rivalidades, suas alianças, sua federação, seu sistema de colonização. Mas creio também que são problemas que, na época em que Platão escreve, obscuramente e sem que as coisas ainda estejam totalmente decididas ou desenhadas, vão se tornar problemas políticos reais do mundo helenístico e *a fortiori* do mundo romano. Ou seja, a partir da constituição das grandes monarquias helenísticas, a partir, é claro, da organização de um mundo imperial romano ao redor de todo o Mediterrâneo, vocês estão vendo que o problema político concreto, preciso, aliás, vai ser o problema do tipo de unidade política a organizar, a partir do momento em que a cidade, a forma, a fórmula de uma cidade já não pode corresponder evidentemente a um tipo de exercício do poder que deve geograficamente, em termos de espaço e em termos de população, superar infinitamente esses limites. Como vai se poder pensar uma unidade política? O corpo

---

* Foucault começou a frase dizendo: filosofia e política devem coincidir.

da cidade já não é a fórmula-modelo, não se pode mais pensar a unidade política como o próprio corpo da cidade ou dos cidadãos. Como vai se poder pensar a unidade política?

Em segundo lugar, outro problema imediatamente ligado a esse: como é que o poder, poder que, em suas unidades, era concebido somente na forma de uma espécie de monarquia, como é que esse poder que, em certo sentido, está nas mãos do monarca poderá ser distribuído, repartido, hierarquizado em toda a superfície dessa grande unidade política? Qual é o modo de ser dessas novas unidades políticas que estão se esboçando, qual é o modo de repartição, de distribuição, de diferenciação do poder no interior dessas unidades? São esses os problemas políticos, vocês estão vendo, que afloram através dos textos de Platão que acabo de ler e que, na época, claro, começam a se colocar, são visíveis através da situação siracusana, mas que vão dominar todo o pensamento político até o Império Romano. E, no fundo, eu recordava há pouco a vocês o discurso de Mecenas a Augusto, tal como é contado por Dion Cássio[4], esse discurso, esse tipo de reflexão política – o que vai ser encontrado também em Dion Crisóstomo a propósito do monarca[5], o que também pode ser encontrado em Plutarco –, todo o pensamento político dos séculos I-II da nossa era continuará a girar em torno do problema: qual é o modo de ser dessas novas unidades políticas que estão se construindo acima das cidades, sem destruí-las de todo, mas que são de uma ordem diferente da delas? E, segundo, qual o tipo de poder que o monarca deve exercer nelas? É essa, se vocês preferirem, a cena política que está se esboçando para o mundo greco-romano. E não quero de modo algum opor a racionalidade política fina, articulada, densa e rica de Tucídides, a propósito das pequenas cidades gregas, ao pensamento platônico, muito mais flutuante mas que se dirigia a uma realidade histórica nascente. Não creio que seja essa oposição a oposição interessante, mas me parece que através desse discurso platônico em que está em questão a relação entre a filosofia e a política, o que vemos esboçado são novas realidades políticas, essas novas realidades políticas que vão durar, que vão persistir por ainda mais oito séculos, até o fim do Império Romano. Essas novas realidades políticas são, por um lado, o Império e, por outro, o Príncipe monarca.

Terceiro ponto sobre o qual eu gostaria de insistir – o primeiro, portanto, era esse princípio recorrente da correlação não coincidente entre prática política e filosofia através de todo o pensamento ocidental; o segundo ponto era essa conjuntura histórica e política nova que está se esboçando na época em que Platão escreve –, é que me parece que, fazendo intervir essas duas coisas (se vocês preferirem, a estrutura permanente das relações entre filosofia e política e essa nova conjuntura), vê-se exatamente o que Platão quer dizer quando insiste para que o filósofo fale com o soberano, melhor [ainda] para dizer que o soberano deve ser, ele também, filósofo. De fato, se, como eu dizia há pouco, o discurso filosófico e a prática política devem estar em certa relação, mas que não seja uma relação de coincidência, qual é para Platão essa relação e onde ela vai se estabelecer? Ou então: a prova pela qual a filosofia deve, como eu lhes dizia da última vez, se assegurar do seu real de maneira que não seja simplesmente logos, onde ela vai ser feita? O cara a cara da filosofia e da política, que implica ao mesmo tempo sua relação necessária e sua não coincidência, onde se inscreve? Pois bem, acho que temos aí um grande problema. Eu evocava há pouco para vocês a solução que era a solução dos cínicos que, no fundo, situavam a relação entre o dizer-a-verdade filosófico e o exercício do poder político na praça pública. Os cínicos são os homens da rua, são os homens da opinião também. O lugar da relação entre o dizer-a-verdade filosófico e esse exercício do poder político, que está agora nas mãos do monarca, desse novo personagem, dessa realidade política nova na época, estava portanto na forma desse enfrentamento desafio-derrisão, de que Diógenes dava o exemplo em relação a Alexandre. Onde vai ser para Platão o lugar dessa relação necessária e não coincidente entre o dizer-a-verdade filosófico e a prática política? Não é a praça pública. Nesse sentido, se vocês preferirem, os cínicos ainda são homens da cidade que perpetuarão até o Império Romano essas tradições da cidade, da praça pública, etc. Para Platão o lugar dessa relação não coincidente não é a praça pública, é a alma do Príncipe.

Tocamos aqui numa coisa importantíssima na história do pensamento político, da filosofia e das relações entre política e filosofia no Ocidente. Parece-me que a polaridade cinismo-platonismo foi algo importante, sensível e explícito bem cedo, duradouro também. Platão e Diógenes se opõem, aliás Diógenes Laércio dá o testemunho disso: Diógenes, o Cínico, teria sido visto um dia por Platão lavando a salada. Platão o vê lavando a salada e diz a ele, lembrando que Dionísio havia feito apelo a Diógenes mas que Diógenes havia recusado os apelos de Dionísio: se você houvesse sido mais educado com Dionísio, você não seria obrigado a lavar a sua salada. Ao que Diógenes responde: e você, se tivesse se acostumado a lavar sua salada, "não teria sido escravo de Dionísio"[6].

Pois bem, essa anedota de Diógenes Laércio é, a meu ver, importantíssima e séria. Ela indica os dois polos segundo os quais, bem cedo, por conseguinte, desde o século IV, esse problema do ponto de encontro entre um dizer-a-verdade filosófico e uma prática política encontrou dois lugares de inserção: a praça pública ou a alma do Príncipe. E, ao longo de toda a história do pensamento ocidental, vamos encontrar essas duas polaridades. Será que o discurso filosófico deve ser aquele que se dirige à alma do Príncipe para formá-la? Ou será que o discurso verdadeiro da filosofia deve se fazer na praça pública, em desafio, em defrontamento, em derrisão, em crítica relativa à ação do Príncipe e à ação política? Lembrem-se, no fundo, do que vimos naquele texto sobre a *Aufklärung* pelo qual eu havia começado o curso deste ano. Em sua teoria da *Aufklärung*, Kant tenta fazer as duas coisas ao mesmo tempo se conciliarem. E tenta explicar como o dizer-a-verdade filosófico tem simultaneamente dois lugares que são não apenas compatíveis, mas que se chamam um ao outro: por um lado, o dizer-a-verdade filosófico tem seu lugar no público; e o dizer-a-verdade filosófico também tem seu lugar na alma do Príncipe, se o Príncipe é um príncipe esclarecido. Temos aí, podemos dizer, uma espécie de ecletismo kantiano, que tenta fazer se conciliar o que tradicionalmente, desde a história da salada de Platão e Diógenes, foi o grande problema das relações filosofia e política no Ocidente: será na praça pública, será na alma do Príncipe?

Voltemos portanto a Platão, que é dele que falamos. Está claro que, para Platão, a relação filosofia/política deve se dar na alma do Príncipe, mas é preciso saber como essa relação se estabelece. Não será sob a forma da coincidência? Será que dizer que o Príncipe deve ser filósofo não quer dizer: o Príncipe não deve tomar decisão política, só deve agir como ator político a partir de um saber e de conhecimentos filosóficos que lhe dirão o que fazer? Pois bem, tomemos os próprios textos pelos quais Platão, na carta VII, por um lado, e na *República*, por outro, fala dessa coincidência na alma do Príncipe entre a ação política e a filosofia. Ele diz o seguinte, na carta VII. Citei esse trecho para vocês da última vez, está em 326b: "Os males não cessarão para os humanos enquanto a raça dos puros e autênticos filósofos [o texto grego diz muito exatamente: antes que a raça (*tò génos*) dos que filosofam corretamente e verdadeiramente; logo podemos traduzir por "puros e verdadeiros filósofos", mas prefiro que fiquemos o mais próximo possível da formulação: que a raça dos que filosofam correta e verdadeiramente; M.F.] não chegar ao poder ou enquanto a raça dos chefes dos que exercem o poder não se puser a filosofar verdadeiramente."[7] Eis o que é dito na carta VII, 326b.

Vocês sabem que esse texto não passa da reprodução, do eco, com poucas variantes, mas o eco fiel do que encontramos – texto famoso, fundamental – no livro V da *República* em 473c quando Platão escrevia (o texto da *República* é anterior às *Cartas*): não haverá trégua para os males do Estado nem das cidades (o mesmo tema portanto: os males não cessarão para os humanos; aí: os males não cessarão para os Estados) "enquanto os filósofos não se tornarem reis em seus Estados" ou ainda "enquanto os que hoje são reis e soberanos" (é a tradução de Budé; *dynástai* na verdade é: os que exercem o poder) "não se tornarem filósofos verdadeiros e sérios" (aqui também o texto [grego] diz: não se ponham a filosofar de maneira autêntica e *hikanôs*, competente) e enquanto "não se virem reunidas no mesmo tema a *dýnamís politikè* [o poder político; M.F.] *kaì philosophía* (e a filosofia)"[8]. Aparentemente, temos aí a definição de uma exata coincidência. É preciso que os filósofos se tornem reis ou que os reis se tornem filósofos – o que isso quer dizer, senão que o que no soberano será filósofo lhe dirá o que deve fazer como soberano, e que a parte dele que será soberana não fará outra coisa senão transformar em atos do seu governo o que lhe dirá o discurso filosófico? Mas, na verdade, quando vocês veem o texto – e é por isso que insisti na tradução tão fiel quanto possível –, não é de uma adequação entre o discurso filosófico, o saber filosófico e a prática política que se trata. A coincidência de que se trata é a coincidência entre os que praticam a filosofia, que filosofam verdadeiramente e de maneira competente, e os que exercem o poder.

O que é importante e o que é apontado, o que está designado por esses dois textos é o fato de que aquele que filosofa também seja o que exerce o poder. Mas disso, do fato de que quem pratica a filosofia seja o que exerce o poder e que aquele que exerce o poder seja também alguém que pratica a filosofia, disso não se pode de forma alguma inferir que o que ele sabe de filosofia será a lei da sua ação e das suas decisões políticas. O que é importante, o que é exigido é que o sujeito do poder político seja também o sujeito de uma atividade filosófica. Mas vocês dirão: qual a diferença e o que quer dizer essa identidade entre o sujeito do poder político e o sujeito da prática filosófica? Por que pedir que aquele que exerce o poder também seja aquele que pratica a filosofia, se a filosofia não é capaz de dizer àquele que exerce seu poder o que deve fazer? Pois bem, creio que a resposta a essa pergunta é esta: o que está em questão, como vocês estão vendo, é a filosofia na medida em que é um *philosopheîn*. O texto diz: é preciso que os que governam sejam também os que filosofam, que praticam a filosofia. Essa prática da filosofia é o que, para Platão? Essa prática da filosofia é, antes de mais nada, é essencialmente, é fundamentalmente uma maneira para o indivíduo de se constituir como sujeito num certo modo de ser. E é esse modo de ser do sujeito filosófico que deve constituir o modo de ser do sujeito que exerce o poder.

Não é portanto uma questão de coincidência entre um saber filosófico e uma racionalidade política, é uma questão de identidade entre o modo de ser do sujeito filosofante e o modo de ser do sujeito praticante da política. Se os reis têm de ser filósofos não é porque assim poderão perguntar ao seu saber filosófico o que fazer nestas ou naquelas circunstâncias. Isso quer dizer o seguinte: para poder, por um lado, governar como convém, será necessário que, por outro lado, se tenha certa relação de prática com a filosofia; o ponto de interseção entre "governar como convém" e "praticar a filosofia", sendo esse ponto de interseção ocupado por um só e mesmo sujeito. É um só e mesmo sujeito que deve, por um lado, governar como convém e, por outro lado, ter relação com a filosofia. Vocês estão vendo que não há coincidência dos conteúdos, isomorfismo das racionalidades, identidade do discurso filosófico com o discurso político, mas identidade do sujeito filosofante com o sujeito governante, o que deixa aberto o leque, a ortogonia, se vocês preferirem, entre o eixo sobre o qual se vai filosofar e o eixo sobre o qual se vai praticar a [política]. Em suma, isso equivale a dizer que é preciso que a alma do Príncipe possa se governar verdadeiramente segundo a filosofia verdadeira, para poder governar os outros de acordo com uma política justa.

Digamos o seguinte, e vou parar aqui hoje: a política, como vimos pela última vez, é aquilo através do que, a partir do que e em relação ao que o dizer-a-verdade filosófico deve encontrar sua realidade. O que eu queria lhes mostrar hoje, ainda a propósito dessa carta VII cuja leitura terminamos agora, é que esse filosofar, que encontra portanto na sua relação com a filosofia seu real, esse filosofar não deve definir para a política o que ela deve fazer. [Ele] tem de definir para o governante, para o homem político o que ele tem de ser. É do ser do homem político, do seu modo de ser que se trata. E a filosofia vai tirar portanto sua realidade de sua relação com a política na medida em que ela [poderá] – efetivamente ou não, será essa sua prova – definir o que é o modo de ser do homem político. A questão posta é portanto a seguinte: qual é o modo de ser daquele que exerce o poder em sua coincidência com o sujeito filosofante? Parece-me que temos aí um problema, absolutamente capital em toda a história das relações entre a filosofia e a política na Antiguidade. Basta por sinal ler Marco Aurélio, por exemplo, para ver que era esse o problema que lhe era posto[9], e era esse problema que ele tinha plena consciência de que lhe era posto. Marco Aurélio quis ser, foi, seis séculos portanto, ou cinco séculos e meio depois de Platão, o soberano filósofo, o imperador filósofo. Marco Aurélio é exatamente aquele em quem, cinco séculos e meio antes, Platão pensava: um homem que tem de exercer um poder numa unidade política que supera infinitamente a da cidade. Problema, por conseguinte, no cerne do Império, no centro do Império, do monarca que tem de ser não apenas senhor do Império, mas senhor de si mesmo. Marco Aurélio foi esse soberano ideal. Ora, nada nos textos de Marco Aurélio mostra que ele tenha emprestado uma só vez da filosofia a racionalidade capaz de lhe ditar o que devia ser sua conduta política em relação a este ou àquele problema ou situação, mas ele pediu perpetuamente que a filosofia lhe dissesse o que era ser soberano. Quer dizer, era de fato seu modo de ser como soberano que ele pedia à filosofia. Em suma, o que vemos aparecer como o lugar das relações fundamentais entre filosofia e política através desses textos de Platão, o lugar em que se amarram as relações entre filosofia e política – relações que são, mais uma vez, de interseção e não de coincidência –, esse lugar é a alma do Príncipe. E é esse problema, e os que estão ligados à questão da alma do Príncipe, que procurarei explicar para vocês da próxima vez.

*

NOTAS

1. Diógenes Laércio, *Vie, doctrines et sentences des philosophes illustres*, ed. R. Genaille, t. 2, Paris, Garnier-Flammarion, p. 22 (ed. M.-O. Goulet-Cazé, livro IV, § 43, Paris, Le Livre de poche, p. 720).

2. "Encontrando-o um dia Alexandre lhe diz: 'sou o grande rei Alexandre'. Diógenes então se apresentou: 'e eu sou Diógenes, o cão' (*id.*, ed. R. Genaille, p. 22 /trad. fr. M.-O. Goulet-Cazé, livro VI, § 60, p. 731).

3. *Id.*, ed. R. Genaille, p. 29 (trad. fr. M.-O. Goulet-Cazé, livro VI, § 60, p. 731).

4. Dion Cássio, *Histoire romaine*, livro III, caps. 14-40, trad. fr. E. Gros, ed. cit.

5. Cf. os discursos de Dion Crisóstomo "Sobre a realeza": "Discourse on Kingship", *in Discourses*, t. I, trad. ing. J. W. Cohoon, Londres, Loeb Classical Library, 1959 (trad. fr. L. Paquet, *in Les Cyniques grecs*, Paris, Le Livre de poche, 1992).

6. Diógenes Laércio, *Vie, doctrines et sentences...*, ed. R. Genaille, p. 28 (trad. fr. M.-O. Goulet-Cazé, livro VI, § 58, p. 730).

7. Platão, carta VII, *in* Platão, *Oeuvres complètes*, t. XIII-1: *Lettres*, trad. fr. J. Souilhé, ed. cit., 326b, p. 30.

8. "A não ser que, continuei, os filósofos se tornem reis nos Estados, ou que os que ora chamamos de reis e soberanos se tornem verdadeiros e sérios filósofos (*philosophésousi gnesíos te kaì hikanôs*) e que se vejam reunidas no mesmo sujeito a força política e a filosofia (*dýnamís te politikè kaì philosophía*) [...], não haverá, meu caro Glauco, trégua para os males que desolam os Estados, nem mesmo, creio eu, para os do gênero humano" (Platão, *La République*, livro V, 473c-d, trad. fr. E. Chambry, ed. cit., p. 88).

9. Cf. sobre esse ponto a aula de 3 de fevereiro de 1982, *in L'Herméneutique du sujet*, ed. cit., pp. 191-4.

AULA DE 2 DE MARÇO DE 1983
Primeira hora

Série de recapitulações sobre a parresía *política. – Pontos de evolução da parresía política. – As grandes questões da filosofia antiga. – Estudo de um texto de Luciano. – A ontologia dos discursos de veridicção. – A palavra socrática na* Apologia*. – O paradoxo do não engajamento político de Sócrates.*

Para começar hoje, eu gostaria de marcar algumas etapas do percurso [...*]. O fio condutor que eu havia escolhido para o curso deste ano era essa noção de *parresía*, noção complexa que, se a tomamos em seus valores etimológicos ou, em todo caso, em seus valores correntes, parece remeter a dois princípios: o princípio do livre acesso de todos à palavra, por um lado; e, por outro lado, o princípio, um pouco diferente claro, da franqueza com que se diz tudo. Em suma, a *parresía* não seria porventura que todos possam dizer tudo? É o que sugere, num sentido, a palavra. Na verdade, vocês se lembram, vimos que as coisas eram um pouco mais complicadas que isso. Primeiro porque a *parresía* não é a liberdade de palavra, a liberdade de falar facultada a qualquer um. De fato, a *parresía* aparece como ligada a uma organização, se não exatamente legislativa, pelo menos instituída, consuetudinária, do direito de palavra e dos privilégios do direito de palavra. Segundo, ficou manifesto que a *parresía* não era tampouco simplesmente a licença de dizer tudo, mas, por um lado, uma obrigação de dizer a verdade e, por outro lado, uma obrigação acompanhada do perigo que comporta dizer a verdade. Foi para a análise dessas diferentes dimensões da *parresía* que eu me referi a dois textos. [O primeiro], que eu havia estudado mais longamente, era a peça de Eurípides, *Íon*; e [o segundo], o texto em que Tucídides mostra como Péricles usa da sua *parresía* ante o povo ateniense, quando

* M.F.: vocês se lembram de que havíamos escolhido... Tenho a impressão de que o som está mais horrivelmente ruim do que de costume... Vamos tentar fazer alguma coisa... Assim está melhor? Está? Continua vibrando? Esperem... E assim? Perfeito? *La* Callas!

tem de intervir a propósito da guerra e da paz com Esparta. Evidenciava-se então, através desses dois textos, que a *parresía*, primeiramente, estava ligada ao funcionamento da democracia. Vocês se lembram que Íon necessitava da *parresía* para poder entrar em Atenas e aí fundar o direito político ateniense fundamental. Por outro lado, Péricles usava da sua *parresía* – Tucídides mostrava isso com insistência – nas regras do funcionamento geral da democracia. É a *parresía* que funda a democracia e é a democracia que é o lugar da *parresía*. Primeiro, portanto, esse vínculo de pertencimento circular *parresía*/democracia.

Segundo, eu tentei mostrar a vocês como essa *parresía* supunha então uma estrutura institucional precisa, a da isegoria, isto é, o direito efetivamente dado pela lei, pela constituição, pela própria forma da *politeía*, a todos os cidadãos, de tomar a palavra. Íon, como vocês se lembram, não queria voltar a Atenas como bastardo, pois não teria todos os seus direitos, os direitos iguais – reconhecidos unicamente aos cidadãos, e a todos os cidadãos – de poder tomar a palavra. E Péricles só tomava a palavra depois que todos os outros cidadãos, em todo caso todos os que gostariam de tomar a palavra, haviam efetivamente exercido seus direitos. O direito de Péricles se inscreve portanto nesse jogo da isegoria. Era o segundo ponto.

O terceiro ponto é que, ainda que a *parresía* se inscreva nesse campo igualitário da isegoria, ela supõe, implica o exercício de certa ascendência, uma ascendência política exercida por uns sobre os outros. Se Íon queria ter a *parresía* não era simplesmente para ser um cidadão como os outros, era para poder figurar na *prôton zugòn* (na primeira fileira) dos cidadãos. E, se Péricles tomava a palavra, e se essa palavra aliás tinha os efeitos que tinha, é porque – Tucídides lembra – Péricles era o primeiro cidadão de Atenas. Era a terceira característica da *parresía*.

Enfim, vocês se lembram, a *parresía* ocupava um espaço no interior de um campo agonístico, campo agonístico em que se experimentava sem cessar o perigo que há em exercer a palavra verdadeira no campo político. Íon evocava a inveja do povo, a inveja da maioria, a inveja dos mais numerosos ante os que exercem sua ascendência. Evocava também a inveja dos rivais que não suportam que um deles se adiante e tome a ascendência sobre os outros. E Péricles evocava, no início do seu grande discurso aos atenienses, o que podia ser o fracasso de Atenas. E pedia que fossem tão solidários com ele no insucesso quanto seriam na vitória.

Eis os quatro pontos, as quatro características, a meu ver, dessa *parresía* tal como aparecia nesses dois textos, o texto do trágico e o texto do historiador. Então, a partir dessa análise, me parece que podemos ver um certo número de deslocamentos, de transformações se realizarem em torno dessa noção de *parresía*, e isso em textos que datam da primeira metade do século IV, isto é, mais tardios que os de Eurípides, ou que se relacionam, em todo caso, a uma situação posterior àquela a que Tucídides se referia. Tucídides se referia a uma situação que era a de Atenas do fim do século V. Eurípides escrevia nessa época também. Com Platão, com Xenofonte, com Isócrates, temos gente que escreve na primeira metade do século IV e que se refere à situação de então. E o que vemos? Vimos que, sobre esses quatro pontos, havia modificações notáveis dessa noção de *parresía*.

Primeiro essa generalização da noção, no sentido de que a *parresía*, essa obrigação e esse risco de dizer a verdade no campo político, já não aparece simplesmente ligada ao funcionamento, e ao funcionamento exclusivo, da democracia. A *parresía* encontra seu lugar, ou antes, ela tem de abrir lugar em diferentes regimes, sejam regimes democráticos, sejam regimes autocráticos, oligárquicos, monárquicos. Tanto os soberanos como o povo necessitam da *parresía*. E os bons soberanos (exemplo de Ciro em Xenofonte, em Platão, exemplo de Nicocles em Isócrates) devem ceder lugar a esse dizer-a-verdade de seus conselheiros, assim como os povos sábios escutam com atenção os que, perante eles, usam da *parresía*. Logo, generalização do campo político da *parresía* ou digamos, mais esquematicamente ainda, que a *parresía*, o dizer-a-verdade aparece como uma função necessária e universal, necessariamente universal no campo da política, qualquer que seja a *politeía* com que se tenha a ver. Como quer que se exerça – pelo povo, por alguns ou por um só –, a política necessita dessa *parresía*. É o primeiro deslocamento.

Segundo deslocamento: é, podemos dizer, a passagem da noção a uma certa ambivalência, uma certa ambiguidade de valor, como se o valor imediatamente, uniformemente positivo da *parresía*, tal como aparecia em Eurípides ou através do personagem de Péricles em Tucídides, começasse a se turvar. O funcionamento da *parresía* aparece, efetivamente, como se trouxesse consigo certo número de dificuldades, e isso aliás seja num governo democrático, seja num governo autocrático. Com efeito, antes de tudo, o fato de que a *parresía* dá a todos os que quiserem a possibilidade de falar abre a possibilidade de tomar a palavra tanto ao pior quanto ao melhor. Depois, se na *parresía* dizer a verdade constituir um risco, se houver efetivamente perigo em falar, em falar a verdade, seja perante o povo, seja perante o soberano, se o povo e o soberano não souberem se medir suficientemente para não assustar os que querem dizer a verdade, se ameaçarem demasiadamente os que pretendem dizer a verdade, se se irritarem além de qualquer limite* e de qualquer medida com os que dizem a verdade, se não forem capazes dessa medida em relação aos parresiastas que se apresentarem perante eles, pois bem, todo o mundo se calará, porque todo o mundo terá medo. Será a lei do silêncio, silêncio diante do povo ou silêncio diante do soberano. Ou antes, esse silêncio será povoado, povoado de um discurso, mas de um discurso que será um discurso falseado, que será como a mímesis (a imitação), a má mímesis da *parresía*. Ou seja, vai se simular dizer ao soberano ou ao povo o que se vai apresentar como sendo verdadeiro, mas quem fala sabe muito bem que o que diz não é verdade. Ele sabe simplesmente que o que ele diz é exatamente conforme ao que pensa o povo ou o soberano, ou ao que o povo ou o soberano queriam ouvir.

Repetir o que é a opinião já constituída do povo ou do soberano e apresentar como sendo verdade: trata-se de uma prática que é de certo modo a própria sombra da *parresía*, sua imitação turbada e ruim. É isso que se chama de lisonja. Essa oposição da lisonja e da *parresía* (lisonja em relação ao soberano) pode se revelar, podemos dizer, como uma oposição finalmente bastante moralizadora e sem grande valor. De fato, me parece que a categoria da *parresía* e a categoria da lisonja são certamente duas grandes categorias do pensamento político ao longo de toda a Antiguidade. Quer seja a teoria, tão importante, da lisonja em Sócrates e Platão[1], quer vocês peguem em Plutarco os textos técnicos consagrados a esse problema importantíssimo que é o de saber como distinguir um lisonjeador de um parresiasta[2], quer vocês peguem enfim as descrições dos historiadores sobre os imperadores, seus conselheiros, sua corte, etc., vocês vão ver que, praticamente durante oito séculos, o problema da lisonja oposta à *parresía* foi um problema político, um problema teórico e um problema prático, algo enfim que foi sem dúvida tão importante nesses oito séculos quanto o problema ao mesmo tempo teórico e técnico da liberdade de imprensa ou da liberdade de opinião em sociedades como a nossa. Seria preciso fazer toda uma história política da noção de lisonja e de todos os problemas técnicos que giraram em torno dela na Antiguidade. Eis a segunda transformação: passagem da noção de *parresía* a um registro de ambivalência, com o problema de seu duplo ruim na lisonja.

Terceira transformação que vimos se esboçar nesses textos do início do século IV: é, *grosso modo*, o desdobramento da *parresía*, seu desnivelamento, na medida em que a *parresía* – a que Íon queria exercer de

---

* M.F. diz: se não ameaçam muito os que pretendem dizer a verdade, se não se irritam além de qualquer limite.

volta a Atenas, a que Péricles exercia perante o povo ateniense – era uma maneira de dar livremente sua opinião sobre questões relativas à organização da cidade, ao governo da cidade, à opção entre guerra e paz, etc. A *parresía* se exercia portanto em relação à cidade inteira e num campo que era diretamente um campo político. Ora, através dos textos de Xenofonte, de Isócrates e sobretudo de Platão, vemos que a *parresía* se atribui uma dupla tarefa na medida em que ela deve se dirigir pelo menos tanto aos indivíduos quanto à coletividade, à pólis, etc. Trata-se para a *parresía* de empreender uma tarefa que consiste em mostrar aos indivíduos como, para governar convenientemente a cidade, [quer se trate] de cidadãos que querem dar sua opinião ou [de] um soberano que quer impor suas decisões, de qualquer modo uns e outros, uns e o outro [precisam] se governar. E a *parresía*, em vez de ser simplesmente um conselho dado à cidade para que ela se governe convenientemente, aparece agora como uma atividade que consiste em se dirigir à alma dos que devem governar, de maneira que se governem convenientemente e que, assim, a cidade também seja governada convenientemente. Esse desdobramento ou, se vocês preferirem, esse deslocamento do alvo, do objetivo da *parresía* – do governo a que ela se dirigiria diretamente a esse governo de si para governar os outros –, é isso, a meu ver, que constitui um deslocamento importante na própria história dessa noção de *parresía*. E, a partir daí, a *parresía* vai ser ao mesmo tempo uma noção política – que coloca o problema de saber como se pode abrir, no interior de um governo qualquer, democrático ou monárquico, um espaço para esse dizer-a-verdade – e um problema filosófico-moral. O primeiro é filosófico-político. O segundo é filosófico-moral, isto é: que meios e que técnicas empregar para que os que devem governar possam, pela *parresía* dos que os aconselham, se governar a si mesmos convenientemente? É a terceira transformação dessa noção de *parresía*, seu desdobramento ou, se vocês preferirem, o deslocamento do seu alvo.

Enfim, a quarta modificação importante na própria problematização da *parresía* é a seguinte: quando Íon ou Péricles se apresentavam como parresiastas em relação à cidade, o que eram eles? Eram cidadãos e eram os primeiros dos cidadãos. Agora que a *parresía* deve ser exercida em qualquer regime, qualquer que seja, na medida em que, por outro lado, ela deve se exercer numa relação perigosa, difícil de desemaranhar, com seu duplo (a lisonja) e em que, por conseguinte, se coloca o problema de distinguir o que é verdadeiro do que é ilusório, a partir enfim do momento em que a *parresía* não tem simplesmente de dar conselhos ao povo sobre esta ou aquela decisão a tomar, mas em que tem de guiar as almas dos que governam, então quem vai ser capaz da *parresía*? Quem terá a capacidade da *parresía*, quem eventualmente terá o monopólio da *parresía*? É aí que começa a se marcar, precisamente nessa virada dos séculos V e IV, na cultura grega, ou em todo caso na cultura ateniense, essa grande clivagem, cujos efeitos se verão continuamente durante oito séculos, entre a retórica e a filosofia.

A retórica como arte da palavra – arte da palavra que é capaz de ser ensinada, capaz de ser utilizada para persuadir os outros e arte da palavra que somente será plenamente efetivada, realizada, acabada, se o orador for ao mesmo tempo *vir bonus* (homem de bem) –, pois bem, a retórica pode se apresentar como sendo a própria arte do dizer-a-verdade, do dizer convenientemente e do dizer em condições técnicas tais que esse dizer-a-verdade seja persuasivo. Nessa medida, como arte dominada por um homem de bem que, sabendo da verdade, é capaz de persuadir outros por meio [dessa] arte específica, a retórica pode aparecer como sendo efetivamente a técnica própria dessa *parresía*, desse dizer-a-verdade. Mas diante disso, claro, a filosofia vai se apresentar como sendo a única prática de linguagem capaz de responder a essas exigências novas da *parresía*. Porque, ao contrário da retórica, que por definição se dirige a muitos, se dirige ao grande número, se dirige às assembleias, joga no interior de um campo institucional, a *parresía* filosófica poderá se dirigir também aos indivíduos. Ela poderá dar conselhos, conselhos particulares ao Príncipe, conselhos individuais aos cidadãos.

Segundo, a filosofia vai se apresentar, por oposição à retórica, como a única capaz de distinguir entre o verdadeiro e o falso. Porque se é necessário, de fato, distinguir na *parresía* o que é dizer-a-verdade do que é lisonja, se a *parresía* deve escorraçar sem cessar seu próprio duplo de sombra que se apresenta como lisonja, quem pode fazer essa separação, quem pode operar essa distinção, a não ser, precisamente, a filosofia? Porque a retórica tem por objetivo persuadir o auditório tanto do verdadeiro como do falso, tanto do justo como do injusto, tanto do mal como do bem, ao passo que a filosofia tem por função precisamente dizer o que é verdadeiro e rechaçar o falso. Enfim, a filosofia vai se apresentar como detentora do monopólio da *parresía*, na medida em que vai se apresentar como operação sobre as almas, como psicagogia. E, em vez de ser uma força de persuasão que convencerá as almas de tudo e de qualquer coisa, ela se apresenta como uma operação que permitirá que as almas distingam convenientemente o verdadeiro do falso e deem, pela paideia filosófica, instrumentos necessários para operar essa distinção.

Creio que com isso, vamos dizer, pusemos um pouco em perspectiva alguns dos grandes problemas do pensamento filosófico, do pensamento político da Antiguidade. Se de fato esbocei esse resumo demasiado breve e repetitivo em relação ao que lhes disse nas aulas precedentes, foi no fundo por duas razões. A primeira é que me parece que a partir daí temos uma espécie de vista aérea de alguns dos aspectos principais do pensamento antigo, até o desenvolvimento do cristianismo. Poderíamos – desculpem se passo tão rapidamente sobre esse tema, perdoem o caráter esquemático – identificar alguns desses problemas essenciais. Não digo que todos os aspectos, todos os problemas fundamentais do pensamento antigo estão aí, mas creio que a partir desse problema da *parresía* poderíamos identificar um certo número de problemas que poderiam eventualmente servir de temas de estudo.

Primeira questão: qual é o lugar do dizer-a-verdade? Onde o dizer-a-verdade pode encontrar seu lugar, em que condições se pode e se deve abrir espaço para ele? O que equivale, se vocês preferirem, a indagar: qual regime político é o mais favorável a esse dizer-a-verdade? Democracia ou monarquia, claro, mas também regime imperial autocrático, regime imperial equilibrado, compensado, pela influência, o papel do Senado? Vejam por exemplo o *Diálogo dos oradores* de Tácito[3]: ele é, em certo sentido, uma reflexão sobre o lugar e as condições da *parresía*. Dado um regime, em que esse direito de dizer a verdade, em que essa possibilidade de dizer a verdade, em que essa obrigação arriscada de dizer a verdade pode se abrigar? É também o problema da educação do Príncipe, é o problema do lugar em que vai se situar esse dizer-a-verdade: deve se situar na antecâmara do Príncipe para educá-lo? Deve se situar, aquele que diz a verdade, numa assembleia como o Senado? Deve se situar num círculo, num círculo político, numa escola filosófica? Ou, como os cínicos, deve residir na rua e interpelar na rua os que passam, renovando assim o gesto socrático? Todo esse problema do lugar do dizer-a-verdade político no campo político, político-social, me parece [ligado] a toda uma série de interrogações que encontramos no pensamento antigo, entre os filósofos, entre os moralistas, entre os historiadores...

Em segundo lugar, parece-me que podemos ver também, a partir dessa questão da *parresía*, se esboçar a questão, fundamental também na Antiguidade, das relações entre, *grosso modo*, verdade e coragem, ou entre verdade e ética. Quem é capaz de fazer um discurso verdadeiro? Como se pode distinguir o discurso verdadeiro do discurso lisonjeiro? E qual deve ser, do ponto de vista ético, do ponto de vista da sua coragem, aquele que empreende a separação entre o verdadeiro e o falso? Quem é capaz de ter a coragem da verdade? E qual é a educação necessária? Problema técnico: qual vai ser por conseguinte, na educação, o ponto no qual deve se pôr ênfase?

Outra série de problemas, que vemos nascer a partir dessa questão da *parresía*, é o problema do governo da alma, da psicagogia. Para se conduzir e conduzir os outros, e para poder conduzir os outros conduzindo bem a si mesmo, de que verdades necessitamos? Que práticas e que técnicas são necessárias? Que conhecimentos, que exercícios, etc.? E, enfim, vocês estão vendo que somos levados de volta aqui à questão que eu evocava há pouco: para essa formação da *parresía*, para a definição tanto do lugar da *parresía*, das condições morais nas quais se pode dizer a verdade e da maneira de guiar as almas, a quem e ao que é necessário se dirigir? Ao retórico ou ao filósofo? À retórica ou à filosofia? E vocês sabem que temos aqui, finalmente, o que vai constituir, durante quase oito séculos, a grande clivagem no interior da cultura antiga.

Para terminar esse primeiro esboço, é no fim do século II que eu gostaria de me projetar, com um texto escrito por Luciano e que evoca de forma divertida essas relações entre filosofia e retórica. Luciano pertence, como vocês sabem, ao movimento chamado de segunda sofística, que representa no fim do século II a reativação, mais ou menos artificial, mais ou menos factícia, de um certo número de temas fundamentais da cultura grega clássica. Luciano, como neossofista, como segundo sofista, ou em todo caso pertencente a esse movimento, deve ser situado muito mais do lado da retórica. Em todo caso ele tem, em relação à filosofia, em relação à prática filosófica e em relação aos filósofos, uma desconfiança que nunca será desmentida. Se bem que, para dizer a verdade, as coisas sejam um pouco mais complicadas do que isso, e seria injusto e insuficiente dizer que Luciano era, *grosso modo*, na grande clivagem retórica/filosofia, partidário da retórica e adversário da filosofia. Vocês talvez conheçam – foi traduzido há vários anos, mal aliás e com um título inadequado (*Les Philosophes à l'encan* [*Os filósofos em leilão*]) – esse texto de Luciano que se chama, se se quisesse traduzir com exatidão, *La foire aux existences, Le marché aux existences* [*A feira das existências, O mercado das existências*][4]. Tudo isso mereceria ser reeditado adequadamente. Luciano, pois, escrevera esse texto, *A feira das existências*, que era uma paródia, uma sátira àqueles filósofos que, na praça pública, apresentam aos compradores, em troca de dinheiro, é claro, modos de vida diferentes entre os quais se pode escolher. E, nesse texto, os filósofos gabam cada um a existência do que propõem aos eventuais compradores. Depois de escrever esse texto, que evidentemente provocara muita irritação, Luciano escreveu um segundo texto, que se chama *Le Pêcheur* [*O pescador*], no qual ele imagina que os filósofos processaram o autor desses *Filósofos em leilão*. E esse autor processado Luciano chama de *Parresiades* (é o homem da *parresía*). Assim, Luciano, sob os traços desse Parresiades, se apresenta como aquele que diz a verdade. E, nesse processo que os filósofos, irritados pelo texto precedente, movem contra Parresiades, quem vai ser o juiz entre os filósofos e Parresiades? Pois bem, vai ser a Filosofia. E a Filosofia, convocada como juíza entre os filósofos e Parresiades, vai convocar um certo número de juízas auxiliares. Essas juízas auxiliares são: *Areté* (a virtude), *Dikaiosýne* (a justiça), *Sophrosýne* (a sabedoria ou a temperança), *Paideía* (a cultura, a educação, a formação). E, depois, quinta juíza auxiliar da filosofia: *Alétheia* (a verdade). A Verdade (*Alétheia*), convocada portanto como juíza auxiliar do tribunal presidido pela filosofia para dizer se efetivamente Parresiades foi culpado ao atacar maldosamente os filósofos, diz que aceita ir ao tribunal para julgar Parresiades, acusado pelos filósofos. Mas pede que venham com ela duas de suas companheiras: *Eleuthería* e *Parresía*. *Eleuthería* é a liberdade em geral. *Parresía* é essa liberdade de falar, com o risco que isso comporta. E o que é interessante é que *Eleuthería* (a liberdade) aceita ir. Não só ela aceita mas quer ir sem suas companheiras, que são em particular *Élegkhos* (a argumentação, a discussão) e *Epídeixis* (o elogio). *Parresía*, nesse momento, intervém e diz que ela aceita acompanhar *Eleuthería* mas, diz ela, tem de levar consigo certo número de auxiliares. E, sendo os filósofos que é preciso combater – ou antes, os filósofos que atacam Parresiades e contra os quais Parresiades tenta se defender – pessoas pretensiosas, argumentadores difíceis de se refutar, precisa do auxílio de *Élegkhos* (a argumentação) e *Epídeixis* (o elogio).

E se desenrola nesse momento o processo de Parresiades contra os filósofos, sob a arbitragem da própria Filosofia e da sua série de juízas. E Parresiades é [de fato] interrogado como num processo: perguntam qual o seu nome e a sua origem. E ele responde que é Parresiades *alethinós* (Parresiades, o homem da verdade) e se declara *philaléthes* (amigo da verdade), *philókalos* (amigo da beleza), *philaploikós* (amigo da simplicidade). E faz nesse momento sua defesa, defesa na qual explica como e por que atacou os filósofos. Explica que começou aprendendo, como todo jovem, a retórica. Mas logo, diz ele, percebi as más qualidades que um orador deve adquirir (a saber: a mentira, o impudor e os arroubos oratórios), eu quis então alcançar a filosofia fora das tempestades e viver assim num porto tranquilo sob a sua proteção[5]. Vocês estão vendo que nessa definição da filosofia – fora das tempestades, porto tranquilo, etc. – vocês encontram um tema comum aos epicuristas e aos estoicos, e podemos dizer, de modo geral, a toda essa filosofia moral do século I ou do século II. A metáfora é muito frequente[6]. Mas vocês estão vendo também que esse recurso à filosofia não é primeiro. Ele vem depois de uma decepção devida à retórica e aos defeitos que são os defeitos essenciais, consubstanciais à prática retórica e aos oradores. Luciano, por conseguinte, não vai escolher a retórica por ter ficado decepcionado com a filosofia. Foi por ter ficado decepcionado com a retórica que ele vai para a filosofia. Mas é indo para a filosofia que ele percebe um outro defeito, simétrico de certo modo aos dos oradores – o defeito dos oradores é portanto: mentira, impudor e arroubos oratórios. Pois bem, os filósofos sem dúvida usam por sua vez de uma linguagem perfeitamente honorável, mas, quando se vê como eles vivem efetivamente, não revelam mais que disputas, ambição, avareza, etc. Por conseguinte, há que desviar da filosofia como se desvia da retórica. Eu lhes indiquei simplesmente esse texto porque ele é de certo modo, logo antes da difusão do cristianismo e do início da grande reviravolta da cultura antiga, uma das expressões mais claras e divertidas, podemos dizer, desse grande problema que na época de Luciano já tinha seis séculos atrás de si: o problema da filosofia em sua relação com a retórica.

Então, nas últimas aulas que nos restam, gostaria de retomar alguns desses problemas de que lhes falei: o problema da condução das almas, o problema da distinção entre lisonja e *parresía*, e também o problema dessa oposição técnica, porém mais do que técnica, entre a filosofia e a retórica. Gostaria de insistir, antes de começar a falar de "filosofia e retórica", [sobre o seguinte]. [No] problema "filosofia e retórica" não há dúvida de que um certo número de questões técnicas estão presentes, e nós voltaremos a encontrá-las, mas me parece também que – em todo caso é o que eu gostaria de mostrar a vocês – não são simplesmente duas técnicas ou duas maneiras de falar que se defrontam, [mas] verdadeiramente dois modos de ser do discurso, dois modos de ser do discurso que pretendem dizer a verdade e que pretendem operar a verdade na forma da persuasão na alma dos outros. É uma questão do modo de ser do discurso que pretende dizer a verdade, e essa questão do modo de ser do discurso que diz a verdade, se me detenho nela, vocês sabem, é porque é a questão que, no fundo, eu não parei de colocar para vocês.

O que, a meu ver, merece uma análise, e uma análise não apenas formal mas histórica – porque sobre esse ponto as análises históricas me parecem ter sido relativamente deficientes, se não discretas –, é o problema do que poderíamos chamar de ontologia ou ontologias do discurso de verdade. E com isso quero dizer o seguinte: um discurso que pretende dizer a verdade não pode ser avaliado simplesmente com o critério do que seria uma história dos conhecimentos que possibilitasse determinar se eles dizem a verdade ou não. Esses discursos de verdade merecem ser analisados de outro modo que não seja o do critério e do ponto de vista de uma história das ideologias que lhes perguntaria por que eles são falsos em vez de verdadeiros. Creio que uma história das ontologias do discurso verdadeiro ou do discurso de verdade, uma história das ontologias da veridicção seria uma história na qual se fariam pelo menos três perguntas. Primeira: qual é o modo de ser próprio deste ou daquele discurso, entre todos os outros, a partir do momento em que ele introduz no real um certo jogo determinado de verdade? Segunda pergunta: qual é o modo de ser que esse discurso de veridicção confere ao real de que ele fala, através desse jogo de verdade que ele exerce? Terceira pergunta: qual é o modo de ser que esse discurso de veridicção impõe ao sujeito que o faz, de maneira que esse sujeito possa jogar convenientemente esse jogo determinado da verdade? Uma história ontológica dos discursos de verdade, uma história das ontologias de veridicção teria portanto de fazer a todo discurso, que pretenda se constituir como discurso de verdade e fazer sua verdade valer como uma norma, essas três perguntas. O que implica que todo discurso, em particular todo discurso de verdade, toda veridicção, seja considerado essencialmente uma prática. Segundo, que toda verdade seja compreendida a partir de um jogo de veridicção. E, enfim, que toda ontologia seja analisada como uma ficção. O que quer dizer ainda: a história do pensamento tem de ser sempre a história das invenções singulares. Ou ainda: a história do pensamento, se quisermos distingui-la de uma história dos conhecimentos que se faria em função de um índice de verdade, se quisermos e distingui[-la] também de uma história das ideologias que se faria em relação a um critério de realidade, pois bem, essa história do pensamento – em todo caso é o que eu gostaria de fazer – deverá ser concebida como uma história das ontologias que seria relacionada a um princípio de liberdade, em que a liberdade é definida, não como um direito de ser, mas como uma capacidade de fazer.

Agora passemos à identificação, nos textos do século IV, isto é, nos textos de Platão, desse enfrentamento entre o discurso retórico e o discurso filosófico, entendidos mais uma vez não apenas como discursos que obedecem a leis, princípios, regras técnicas particulares, opostos, mas também como modos de ser do discurso de verdade, modos de ser do dizer-a-verdade. Para estudar essa questão, para vê-la emergir no pensamento platônico, vou me dirigir a dois textos. Um é, por excelência, o texto de certo modo prático da *parresía*. Em todo caso é o texto tido como o que representa da maneira mais direta a *parresía* de Sócrates. É o texto que se refere a essa situação em que era, para Sócrates, ao mesmo tempo mais necessário praticar a *parresía* e mais perigoso exercê-la, onde a *parresía* filosófica está em seu ponto de conflito mais agudo, conflito de vida ou morte, com a eloquência político-judiciária tradicional. Esse texto, é claro, é a *Apologia*. Segundo texto a que eu gostaria de me referir para tentar identificar esse modo de ser do discurso filosófico oposto ao modo de ser do discurso retórico, é um texto muito diferente da *Apologia*. É, em certo sentido, um dos mais teóricos, em todo caso um dos mais ornados, dos mais livres, dos mais complexos também. É um texto que não se oferece como o jogo de Sócrates com sua própria vida diante dessa eloquência político-judiciária que quer matá-lo. É um texto em que a reflexão crítica sobre a retórica gira em torno do jogo do eros, e não da vida ou da morte, [em que se coloca] o problema do elogio do amor e [das] duas maneiras de abordar o elogio do amor, de refletir sobre o amor, pela retórica ou pela filosofia.

Primeiro texto portanto, a *Apologia*, texto, em certo sentido, mais simples, mais fácil, no entanto, outra vez, mais urgente, já que se trata da morte de Sócrates. Nessa [passagem] da *Apologia de Sócrates* – não tenho a intenção de analisar o conjunto do texto –, podemos identificar o que [parece] pertinente a uma análise do dizer-a-verdade filosófico em sua oposição ao dizer retórico, à maneira retórica de falar. Essa oposição entre o dizer-a-verdade filosófico e o discurso retórico, parece-me que podemos identificá-la nos três conjuntos de textos. Um primeiro conjunto concerne ao próprio discurso, à maneira como Sócrates apresenta seu próprio discurso perante o discurso dos seus acusadores (são as primeiras linhas do texto). No outro conjunto de textos, Sócrates coloca a questão do seu papel político e tenta responder à objeção: mas por que você, que pretende dizer a verdade, nunca falou numa assembleia? E, enfim, um terceiro conjunto de textos concerne ao papel que ele efetivamente desempenhou na cidade, em relação aos cidadãos, e que, sem ser um papel diretamente político, é mesmo assim precioso e até essencial para a cidade.

Primeiro conjunto de textos, portanto, [aqueles] em que Sócrates apresenta seu próprio discurso, em resposta ao dos acusadores, bem no início da *Apologia* (primeiras linhas, está em 17a-18a). De fato, logo de saída Sócrates caracteriza seus adversários como aqueles que nunca disseram senão coisas falsas. E no entanto essas pessoas, que nunca disseram uma palavra verdadeira, têm um talento. Elas têm uma capacidade de falar tamanha que podem persuadir os que as ouvem e até, diz Sócrates sorrindo, estão a ponto de convencer a ele próprio, Sócrates, já que Sócrates não consegue nem mais saber quem ele próprio é. De fato, essa mentira persuasiva, com que essas pessoas que nunca disseram a verdade conseguiram convencer seus ouvintes e quase o próprio Sócrates, em que consistia? Pois bem, em fazer crer que Sócrates era capaz de falar e que era hábil na arte de falar, que possuía a arte de falar.

É contra essa imagem [forjada por] seus adversários, que são artistas na arte da linguagem, que nunca dizem coisas verdadeiras mas que conseguem persuadir todo o mundo e quase o próprio Sócrates, é contra essa imagem que Sócrates vai se apresentar como sendo o quê? Como sendo justamente o que diz a verdade, diz sempre a verdade, e a diz fora precisamente dessa arte e dessa técnica que, falando, permitem persuadir os outros. Sócrates se apresenta como o homem do dizer-a-verdade fora de toda *tékhne*. Como ele se apresenta? Quais são as características desse dizer-a-verdade fora de toda *tékhne* que é o dele? Primeiro, ele diz que tem setenta anos. Nunca foi citado perante um tribunal. Nunca foi acusado nem acusador. E, com isso, deve-se entender que, por um lado, Sócrates faz alusão [ao seguinte:] ele nunca fez parte de nenhuma das facções políticas que se digladiaram e se sucederam no poder em Atenas após o momento dos Trinta, da abolição e, depois, do retorno da democracia. [...] Mas, [quando] ele diz que nunca compareceu perante nenhum tribunal, isso quer dizer também que o discurso que ele vai fazer não pertence às formas oratórias habituais, nem mesmo às formas oratórias convencionais perante as assembleias e os tribunais. E ele emprega uma metáfora interessante. Ele diz: já que nunca estive acostumado a esse gênero de eloquência, já que nunca falei nesse lugar político e judicial das assembleias ou dos tribunais, pois bem, estou diante de vocês como um estrangeiro (*xénos*)[7]. É estrangeiro em relação a esse campo político. Aqui acho que é preciso prestar atenção. Por um lado – é um tema muito frequente na literatura judicial da época, vocês encontram isso em Nícias, encontram, acho, em Isócrates, em todo caso num grande número de textos [...] –, quem comparece ao tribunal começa em geral dizendo: sabem, eu nunca fui citado perante um tribunal, nunca acusei ninguém, sou totalmente inapto a falar, vocês têm de me desculpar, eu me sinto um estrangeiro diante de vocês. É um tema da literatura judicial pelo qual o acusado salientava que ele era uma pessoa que não tinha muito poder, que não tinha muitos amigos nem inimigos, que não fazia parte de nenhum clã. Era também simplesmente uma maneira de mascarar o que era a própria verdade dessa eloquência judicial, a saber, que quem falava não fazia geralmente mais que ler seu próprio discurso, quando aliás não incumbia ninguém de lê-lo. Quer dizer, o discurso era escrito por outro, um logógrafo, por conseguinte a convenção pedia que esse discurso, escrito por um logógrafo, começasse por: sabem, eu não sei falar, eu me apresento diante de vocês, estou sozinho, não tenho amigos e falo como posso.

Sócrates retoma esse tema, utiliza-o e faz com ele um pastiche, com esta diferença: no caso de Sócrates é verdade, é seu próprio discurso, em todo caso Platão pretende que é efetivamente seu próprio discurso que ele lê e que a palavra de estranheza que Sócrates vai pronunciar nesse campo institucional político-judicial é uma palavra estranha a esse domínio. Estranha como? Pois bem, Sócrates diz, numa passagem que está em 17c-d: a linguagem que uso é uma linguagem de *xénos* (de estrangeiro*), por quê? Por três razões. Primeiro é a linguagem que utilizo todos os dias na praça pública, nos comércios ou em qualquer outro lugar. A linguagem de Sócrates não estará portanto em descontinuidade de vocabulário, de forma de construção, com a linguagem que se utiliza todos os dias: primeira diferença com a linguagem da retórica. Segundo, a linguagem que Sócrates usa, e isso é assinalado em 17c, é uma linguagem tal que nada mais é que a série de palavras e de frases que se apresentam ao seu espírito. Falarei, diz ele em 17c, "como puder, como as expressões virão a mim"[8]. Esse tema de uma linguagem que é tal que não faz mais que traduzir imediatamente e sem reconstrução, sem artifício arquitetônico, o próprio movimento do pensamento, é um tema que vocês encontrarão várias vezes em Platão ou Sócrates. Em *O banquete*, 199a-b, Sócrates diz praticamente a mesma coisa e praticamente com as mesmas palavras[9]. Obrigado a fazer também, por sua vez, o elogio do amor, ele diz que é muito difícil fazer esses elogios em que se espera que se cumule de todas as mais belas qualidades a coisa de que se faz o elogio. Ele não se sente capaz disso. Falará com palavras (*onómata*) e uma disposição de frases (a própria construção da frase: *thésis*[10]) como elas vierem (*hopoía dán tis týkhe epelthoûsa*: como lhes ocorrer vir[11]). Terceira característica enfim dessa linguagem não retórica de Sócrates (a primeira era a linguagem de todos os dias, [a segunda] a linguagem como ela vem): é uma linguagem na qual ele diz exatamente o que pensa, é uma linguagem na qual há, em seu cerne, no próprio princípio da enunciação, um ato de confiança, como que uma espécie de pacto entre

---

* Em francês, estrangeiro (*étranger*) deriva de estranho (*étrange*). [N. do T.]

ele próprio e o que ele diz (*pisteúo gár díkaia eînai hà légo*: tenho confiança, tenho fé no fato de que as coisas que digo são corretas[12]).

Três características, portanto: linguagem ordinária; linguagem tal como ela se apresenta; linguagem de fé, de fidelidade e de credibilidade (de *pístis*). Cumpre notar – e creio que é algo muito importante – que essas três características do discurso não retórico, essas três características do discurso filosófico como *parresía*, como dizer-a-verdade, são fortemente amarradas por Platão ou Sócrates. Falar a linguagem de todos os dias, dizer o que vem à mente, afirmar o que se acredita ser justo são três coisas que, para Sócrates, andam totalmente de mãos dadas. E um texto em 17c diz isso muito claramente... não estou encontrando o texto, mas transcrevi a citação – queria a citação tirada de Budé, em vez desta que tirei da Pléiade, da tradução Robin[13], é um pouco mais empolada –: "sem ornamento de vocabulário e de estilo", "coisas ditas ao acaso, nos termos que me vierem à mente: é que tenho fé na justiça do que disse". "Sem ornamento de vocabulário", "coisas ditas nos termos que vêm à mente", "ter fé na justiça" – vocês estão vendo que as três coisas são agrupadas por Sócrates como constituindo uma unidade, a unidade característica da *parresía*. Ora, podemos evidentemente levantar a [seguinte] questão. Um discurso sem ornamento, um discurso que utiliza as palavras, as expressões e as frases que vêm à mente, um discurso que aquele que o pronuncia crê verdadeiro, tudo isso caracterizaria, para nós em todo caso, um discurso sincero, mas não necessariamente um discurso verdadeiro. Como é que, para Sócrates ou para Platão, dizer as coisas sem ornamento, dizê-las como vêm à mente e dizê-las acreditando que são verdadeiras pode ser um critério de verdade? E por que o discurso filosófico, na medida em que obedecesse a esses três critérios, seria um discurso de verdade?

É a questão que se coloca, e creio que é preciso a esta altura nos referir à concepção – que vocês encontram em Platão mas que ultrapassa infinitamente o marco da filosofia platônica, que é uma espécie de forma geral da concepção grega da linguagem – do *étymos lógos*[14]. Esse *étymos lógos*, esse logos autêntico se refere a essa ideia de que a linguagem, as palavras, as frases, em sua própria realidade, têm uma relação originária com a verdade. A linguagem, as palavras, as frases trazem consigo o que é o essencial (a *ousía*), a verdade do real a que se referem. Se o falso vem se introduzir no espírito do homem, se a ilusão vem esquivar ou mascarar a verdade, não é pelo efeito próprio da linguagem como tal, ao contrário, é por alguma adição, transformação, artifício, deslocamento em relação ao que é a forma própria, a forma originária da linguagem. A linguagem *étymos*, a linguagem eu ia dizendo etimológica, essa linguagem que é nua de todo ornamento, de todo aparato, de toda construção ou reconstrução, essa linguagem no estado nu é a que está mais próxima da verdade e é nela que se diz a verdade. E está aí, creio, uma das características fundamentais da linguagem filosófica ou, se vocês preferirem, do discurso filosófico como modo de ser em oposição ao [discurso] retórico. A linguagem retórica é uma linguagem escolhida, moldada e construída para produzir seu efeito sobre o outro. A linguagem filosófica, seu modo de ser é ser *étymos*, isto é, a tal ponto despojada e simples, a tal ponto conforme ao que é o próprio movimento do pensamento, que, sem ornamento, será tal que é, em sua verdade, adequada ao que se refere. Será adequada àquilo a que se refere e será conforme também ao que pensa e crê quem a utiliza. O *étymos lógos*. Como ponto de junção entre a *alétheia* que se diz nele e a *pístis* (a fé, a crença) do que enuncia, é isso que caracteriza o modo de ser filosófico da linguagem. Enquanto o modo de ser da linguagem retórica é, por um lado, ser construída de acordo com um certo número de regras e de técnicas (de acordo com uma *tékhne*) e, por outro lado, se dirigir à alma do outro, a linguagem filosófica, de seu lado, não terá esses artifícios, não terá essas *tékhnai*. Ela será *étymos* e, sendo *étymos*, ao mesmo tempo dirá o verdadeiro do real e dirá também o que é a alma daquele que o pronuncia, o que pensa a alma daquele que o pronuncia. Relação com o sujeito falante e não relação com o indivíduo ao qual se dirige: é isso que define o modo de ser dessa linguagem filosófica, por oposição à linguagem retórica. Eis um primeiro conjunto de indicações, de reflexões que podemos encontrar sobre o dizer-a-verdade filosófico na *Apologia de Sócrates*.

O segundo conjunto de reflexões, como disse, é a propósito do papel político que Sócrates desempenhou. Esses textos, vocês vão encontrar de 31c a 32a. A propósito de seu papel político, de fato, Sócrates deve responder a uma pergunta. Ele supõe que seus adversários lhe fazem a seguinte pergunta: muito bem, você pretende ser aquele que diz a verdade, mas como você pode reivindicar esse papel de dizer a verdade, esse papel de parresiasta (a palavra não está lá, mas é essa função que é visada, vocês já vão ver)? Como é que você pode dizer que é o homem que diz a verdade, se você nunca quis dar consultas ao povo e diante da Assembleia? Você diz que diz a verdade, e essa função de conselheiro, esse papel de indivíduo que avança à frente da Assembleia, sobe à tribuna, dá suas opiniões, esse papel você nunca desempenhou. E Sócrates dá imediatamente a resposta: por que eu nunca desempenhei esse papel de [dador de] consultas [públicas], por que nunca fui o parresiasta político? Pois bem, diz ele, se "eu houvesse empreendido fazer política, há muito tempo minha perda estaria consumada e eu não poderia ter sido útil, nem a vocês nem a mim mesmo"[15]. De fato, continua Sócrates, se alguém se põe em oposição violenta a vocês, arrisca a própria vida. E, se quiser salvaguardar sua existência, terá de levar "a vida de um simples particular"[16]. Vocês veem que temos aí, mais uma vez sem que a palavra seja pronunciada, um dos temas mais fundamentais, mais correntes nessa época a propósito da *parresía*, a saber, que a democracia ateniense não funciona como deveria, ou funciona mal, na medida em que aqueles que poderiam, aqueles que deveriam se sentir na obrigação de desempenhar esse papel de parresiasta são tão ameaçados em sua própria vida, que preferem renunciar a ele. É a esse mau funcionamento da *parresía* – tema clássico na época – na democracia ateniense que se refere Sócrates. É punido quem se opõe à maioria. Lembrem-se, tínhamos encontrado num texto de Isócrates exatamente a mesma coisa. Ora, o interessante é que esse perigo, que a má democracia faz a *parresía* correr, Sócrates não tem a menor vontade de correr. A seu ver não vale a pena se expor a semelhante perigo. Numa situação como essa a *parresía* não é uma obrigação. E, por conseguinte, Sócrates nunca se apresentou à Assembleia para aconselhar seus concidadãos e lhes dar suas opiniões na ordem da política. Ora – [para explicar] essa não participação, essa ruptura do jogo da *parresía*, em todo caso esse abandono da função parresiástica que deveria, que poderia ser normalmente a função de alguém que pretende dizer a verdade a seus concidadãos –, Sócrates diz muito explicitamente que se não desempenhou [esse papel] parresiástico é porque lhe deram a ordem de não o desempenhar. E quem lhe deu essa ordem de não desempenhar essa função parresiástica, esse dizer-a-verdade na política, pois bem foi seu *daímon*, esse *daímon*, vocês sabem, de que ele fala em seu texto, e de que fala em outros também, que nunca lhe dá uma ordem positiva, nunca lhe diz o que quer que seja, simplesmente o adverte quando não deve fazer alguma coisa[17]. E precisamente seu *daímon* o advertiu de que não deveria tentar dizer a verdade de certo modo diretamente, imediatamente, no campo da política. Eis um dos primeiros aspectos do que diz Sócrates a propósito de seu papel político.

Mas há um outro aspecto, porque logo ele acrescenta que foi buleuta, teve até de exercer em nome da sua tribo, a dos antioquidas, uma função de prítane. Não são funções que alguém postula ou requer, são funções que recaem em você por sorteio e pelo rodízio das funções entre as diferentes tribos. Portanto ele se viu, nesses casos, de certo modo obrigado a exercer certa função. E é nesse âmbito que teve de dar prova de uma coisa que vamos ver o que é. Em segundo lugar, depois da abolição, provisória, da democracia e durante o fugaz período da ditadura dos Trinta, também foi encarregado de uma missão. Essa missão consistia em ir deter alguém. Ora, em ambos os casos, quando ele foi buleuta e mesmo prítane, e quando se viu encarregado de uma missão pelos Trinta, ele se recusou num caso a fazer o que a maioria queria, no outro o que procuravam lhe impor os ditadores. Enquanto a maioria do Conselho queria, na época em que ele era prítane, que fossem julgados coletivamente os generais que, após a batalha das Arginusas, não haviam recolhido os cadáveres, Sócrates não quis aceitar essa ilegalidade – porque o direito ateniense não admitia esse gênero de responsabilidade coletiva – e se opôs à maioria do Conselho. [Depois,] quando os Trinta lhe pediram para ir deter alguém em Salamina (Leão, o Salamínio), pois bem, os que eram encarregados de fazer com ele essa detenção [procederam a ela]; quanto a ele, preferiu pura e simplesmente ir para casa a executar essa ordem também ilegal.

O que é interessante nessas duas histórias é, por um lado, claro, sua oposição ao que acaba de ser dito (sobre o fato de que seu *daímon* lhe dissera "não se meta com política"), e também que, nessas duas histórias – a que ocorreu sob a democracia e a que ocorreu sob a tirania –, no fundo o problema era o mesmo. Seja a democracia, seja a tirania – seja, se preferirem, o regime dos partidos e das facções, seja a oligarquia –, de qualquer modo Sócrates se viu numa certa situação que, em suma, dava na mesma. A função, o papel parresiástico aparece portanto aqui como sendo do mesmo tipo, qualquer que seja o regime (democracia ou tirania, a diferença não é essencial). Num caso como no outro também, é bom frisar, Sócrates mostra que ele se arriscava a ser morto. No caso em que era prítane e em que se tratava de julgar os generais das Arginusas, ele diz: "Eu devia encarar o perigo ao lado da Lei e da justiça, em lugar de me pôr a vosso lado por medo da prisão e da morte."[18] E quando se tratou da ordem dada pelos tiranos: "Desta vez também, sem contestação, mostrei, não com palavras mas com um ato, que à morte, com todo respeito que vos devo, não dou a menor importância."[19] Logo, no caso da democracia, no caso da tirania, mesma coisa: ele aceitou arriscar a vida.

Mas então podemos perguntar onde está a diferença, já que faz pouco ele nos explicou que não quis dar sua opinião ao povo, nem lhe dar conselhos porque teria arriscado a vida, e eis que agora evoca duas situações (na democracia e na tirania) em que efetivamente aceitou arriscar a vida. Por que não deve arriscá-la num caso e por que deve arriscá-la no outro? Pois bem, creio que a diferença aparece facilmente quando se olha os textos e quando se vê qual era a situação a que as duas coisas se referiam. Num caso, quando ele diz: não quis dar conselhos à Assembleia, porque é perigoso demais se opor à maioria de vocês, trata-se de uma *parresía* exercida como um poder político direto, como ascendência que se assume sobre os outros. Trata-se da atividade política como intervenção de um cidadão que se coloca, para retomar a expressão de *Íon* em Eurípides, no *prôton zugòn* (na primeira fileira)[20]. Essa intervenção política voluntária pela qual o homem, o parresiasta, vai tentar adquirir certa ascendência sobre os outros para dizer a verdade é política, não é filosofia. O filósofo como [tal] não tem de se pôr nessa posição que consiste em querer adquirir ascendência sobre os outros, dando um conselho de política, no interior do campo político, aos atores políticos.

Encontramos aí o célebre tema que, um pouco mais tarde, seria desenvolvido por Platão em sua carta VII, vocês sabem, na qual vimos que Platão não dava conselhos políticos ao homem político para que ele os aplicasse na política. Via-se que o discurso filosófico de Platão não era um discurso que tinha de certo modo de modelar o campo político, como se a filosofia detivesse a verdade sobre a política. A filosofia tem um certo papel a desempenhar em relação à política, mas não tem de desempenhar um papel na política. E Platão se recusa a dar conselhos no campo da política, perante a Assembleia, aos que vão ter de tomar decisões. A *parresía* filosófica não será desse tipo, portanto. Ela não diz a verdade, na política, à política.

Não obstante, e essa é a segunda atitude, cabe a ele, em relação à política, desempenhar um papel de parresiasta à custa da própria vida. De fato, na primeira situação não se tratava de uma ação direta e imediata pela qual o filósofo diria aos homens políticos o que fazer. Mas ele era pego no interior do sistema, de um jogo que era o da *politeía*. A constituição de Atenas, a estrutura social, política, de Atenas fazia que ele tivesse se encontrado num momento dado em certo cargo, como buleuta, como prítane. Ou ainda, no interior da tirania – no fundo, dá na mesma – ele foi designado para fazer isto ou aquilo. E então, nesse momento, a partir do momento em que, pertencendo a um campo social e político determinado, lhe pedem para fazer esta ou aquela coisa, em que ele tem portanto de exercer uma atividade definida pelo cargo que lhe foi atribuído, nesse momento a *parresía* é possível. Melhor ainda, é necessária. É necessária na medida em que, se ele não fizesse uso dessa *parresía*, o que aconteceria? Ele próprio cometeria uma injustiça. E, por um cuidado consigo mesmo, preocupando-se consigo mesmo, por cuidado com o que ele próprio é, ele vai se recusar a cometer essa injustiça. E com isso mesmo fará uma verdade vir à tona. No primeiro caso, o filósofo como tal não tem de impedir a cidade de cometer tolices ou injustiças. Em compensação, a partir do momento em que, pertencendo à cidade – seja a título de cidadão numa democracia, seja a título de cidadão ou de súdito de um poder tirânico ou despótico –, ele tem de fazer alguma coisa, na medida em que a injustiça cometida seria a injustiça que ele próprio cometeria, seja em seu papel de cidadão, seja no papel de súdito, nesse momento o filósofo deve dizer não. O filósofo deve dizer não e deve pôr em ação seu princípio de recusa, que é ao mesmo tempo uma manifestação de verdade.

Vocês estão vendo que, no primeiro caso, na forma da atividade política, eu diria direta, a *parresía* socrática é negativa e pessoal. Trata-se de renunciar a tudo que poderia ser ascendência e poder político sobre os outros. Por um lado, nesse campo político constituído não pela ascendência que adquire sobre os outros mas pelo seu pertencimento a um campo político, nesse momento o filósofo tem de ser parresiasta, na medida em que é a formulação e a emergência dessa verdade que poderão preservá-lo do que seria, para ele, a coisa por excelência a evitar: ser ele próprio agente da injustiça. Vocês estão vendo que aí – e podemos encontrar repercussões no que eu lhes dizia da última vez a propósito do sujeito governante e do sujeito filosofante – é sempre essa questão do sujeito, do sujeito político que está em questão. Aquilo de que a filosofia se ocupa não é a política, não é nem sequer a justiça e a injustiça na cidade, mas a justiça e a injustiça na medida em que são cometidas por alguém que é um sujeito agente, agente como cidadão, agente como sujeito, eventualmente agente como soberano. A questão da filosofia não é a questão da política, é a questão do sujeito na política.

Acrescentarei simplesmente mais uma palavra. É que, nesses dois casos que acabam de ser evocados (no caso da batalha das Arginusas e da recusa de votar com a maioria, e também no caso da ordem dada pelos Trinta tiranos de ir prender alguém), eu disse que Sócrates havia feito uso da sua *parresía*. Vocês poderão dizer que é uma *parresía* no fim das contas discreta, porque, justamente, ele não tomou a palavra. Ele não é aquele que foi à frente e explicou ao povo por que era injusto condenar os generais das Arginusas. Ele não foi dizer tampouco publicamente aos Trinta tiranos que a detenção de Leão, o Salamínio, era injusta. Ele se contentou em tentar mostrar isso. Aliás, o texto mesmo diz: arrisquei minha vida *érgo*, e não *lógo* (não pelo discurso, mas de fato[21]), expressão, como vocês sabem, muito corrente que opõe o que só se faz em palavra ao que se faz na realidade. Portanto, aqui, Sócrates quer dizer que ele não se contentou em salientar que estava arriscando a vida, como efetivamente arriscou. Mas é preciso notar que, de fato, não é o logos – e emprego então a expressão no sentido estrito –, não é o logos que realça assim a verdade, é o *érgo*. O *érgon* é que está em questão, isto é, o que ele fez. Ele se contentou, por um lado, em votar contra a maioria. E, no outro caso, no momento em que lhe davam a ordem de ir deter alguém, ele simplesmente foi para casa. Foi para casa à vista e conhecimento de todos, nem mais nem menos. E vocês estão vendo que temos aí outro elemento importante. O primeiro era esse fato de que a *parresía* filosófica, tal como aparece em Sócrates, não é uma *parresía* diretamente, imediatamente política. É uma *parresía* em segundo plano relativamente à política. Segundo, é uma *parresía* em que aquilo de que se trata é a salvação do sujeito agente, e não a salvação da cidade. Enfim, o terceiro ponto é que essa *parresía* filosófica não se dá necessária nem exclusivamente por meio desse logos, por meio desse grande ritual da linguagem pelo qual alguém se dirige à coletividade ou mesmo a um indivíduo. Afinal de contas, a *parresía* pode aparecer nas próprias coisas, pode aparecer nas maneiras de fazer, pode aparecer nas maneiras de ser.

E é assim, a meu ver, que se ancora esse texto célebre que será importante então em toda a história do pensamento e, sobretudo, da filosofia antiga: o problema da atitude filosófica. Ser agente da verdade, ser filósofo e como filósofo reivindicar para si o monopólio da *parresía* não vai querer simplesmente dizer, pretender que ele pode enunciar a verdade no ensinamento, nos conselhos que dá, nos discursos que pronuncia, mas que é efetivamente, em sua própria vida, um agente da verdade. A *parresía* como forma de vida, a *parresía* como modo de comportamento, a *parresía* até na própria indumentária do filósofo são elementos constitutivos desse monopólio filosófico que a *parresía* reclama para si. No ano passado, vocês se lembram talvez, quando falávamos de Epicteto, havíamos encontrado várias vezes esse personagem, tão característico de Epicteto, que é o rapazola um pouco frajola demais, um pouco perfumado demais, um pouco emperiquitado demais, que é sempre um retórico. É um retórico e é enfeitado porque é precisamente, como retórico, o homem do ornamento. Ele é, em sua maneira de falar, em sua indumentária, em sua maneira de ser, em seus gostos e em seus prazeres, alguém que não diz a verdade, que é diferente de si mesmo. É o homem da lisonja, é o homem do perfume, é o rapaz afeminado[22]. Em compensação, o filósofo vai ser precisamente aquele que não só diz a verdade nesse discurso – esse discurso *étymos* –, mas também aquele que diz a verdade, que manifesta a verdade, que é o indivíduo da verdade em sua maneira de ser. E essa verdade será também, é claro, a virilidade barbuda a partir [...*]. Enfim, todos esses temas do filósofo parresiasta – em segundo plano relativamente à política, ocupado com o sujeito e não com a cidade, e manifestando enfim a verdade tanto pelo que ele é quanto pelo que ele diz (pelo *érgo* tanto quanto pelo *logo*) – aparecem bem claramente nesses textos da *Apologia*. Bem, daqui a pouco terminarei o que eu queria lhes dizer sobre a *Apologia*, e passaremos, se tiver tempo, ao *Fedro*.

*

NOTAS

1. Cf. por exemplo *Górgias* 463a, *Fedro* 240b, mas também sobre esse ponto a aula de 10 de março de 1982 (in *L'Herméneutique du sujet*, ed. cit., pp. 363-4).
2. Plutarco "Comment distinguer le flatteur de l'ami", in *Oeuvres morales*, t. I-2, trad. fr. A. Philippon, Paris, Les Belles Lettres, 1989.
3. Tácito, "Dialogue des Orateurs", in *Oeuvres complètes*, ed. P. Grimal, Paris, Gallimard (col. "La Pléiade"), 1990, pp. 65-105.
4. Luciano, *Philosophes à l'encan*, trad. fr. Th. Beaupère, Paris, Les Belles Lettres, 1967 (para uma outra menção ao texto, cf. *L'Herméneutique du sujet*, ed. cit., p. 89).
5. "Para mim, desde que me dei conta dos inevitáveis aborrecimentos ligados à profissão de advogado, da malícia, da mentira, do impudor, dos gritos, das pressões e mil outros inconvenientes, fugi lentamente desse inferno e me refugiei em teu santuário, Filosofia, para nele passar o resto dos meus dias, como um homem que se apressa a sair da tempestade e do tumulto das águas turbulentas para entrar na calma do porto" (Luciano, *Le Pêcheur ou les Ressuscités*, § 29, *in Oeuvres complètes*, trad. fr. E. Chambry, Paris, Garnier, p. 331).
6. Para uma primeira análise dessas metáforas, cf. *L'Herméneutique du sujet*, ed. cit., pp. 238-9.
7. "Porque, é bom que saibais, hoje é a primeira vez que compareço a um tribunal; ora, tenho setenta anos. Portanto sou totalmente alheio à linguagem daqui (*atekhnôs oûn xenos ékho tès entháde léxeos*)" (Platão, *Apologie de Socrate*, 17d, trad. fr. M. Croiset, Paris, Les Belles Lettres, 1970, p. 141).
8. *Id.*, 17c, p. 140.
9. "No entanto, se se trata desta vez de verdades, concordo em falar, se quiserdes, como eu sei, e não para rivalizar com vossa eloquência: não pretendo fazer rir à minha custa!" (Platão, *Le Banquet*, 199a-b, trad. fr. L. Robin, Paris, Les Belles Lettres, 1929, p. 47).
10. *Ibid*.

---

* Inaudível.

11. *Ibid.*
12. Platão, *Apologie de Socrate*, 17c, trad. fr. M. Croiset, ed. cit., p. 140.
13. Platão, *Apologie de Socrate*, in *Oeuvres complètes*, t. I, trad. fr. L. Robin, Paris, Gallimard, (col. "La Pléiade"), 1950, p. 147 ("nem possuindo tampouco, como o deles, todos os ornamentos do vocabulário e do estilo, e sim das coisas ditas...").
14. "Não há verdade na linguagem (*ouk'ést'étymos logos hoûtos*)!" (Platão, *Phèdre*, 243a, *in Oeuvres complètes*, IV-3, trad. fr. L. Robin, Paris, Les Belles Lettres, 1944, citação de Estesícoro repetida em 244a, p. 31).
15. Platão, *Apologie de Socrate*, 31e, trad. fr. L. Robin, *in Oeuvres complètes*, t. I, ed. cit., p. 168.
16. *Id.*, 32a, p. 169.
17. *Id.*, 31d, p. 159.
18. *Id.*, 32c, p. 170.
19. *Id.*, 32d, p. 170.
20. Eurípides, *Ion*, verso 595, *in* Eurípides, *Tragédies*, t. III, trad. fr. H. Grégoire, ed. cit., p. 208.
21. "Vou vos dar fortes provas do que sustento, não provas verbais (*ou lógous*), mas as provas que levais em conta, fatos (*érga*)" (Platão, *Apologie de Socrate*, 32a, trad. fr. M. Croiset, ed. cit., p. 160).
22. Epicteto, *Entretiens*, III, I. Cf. para a análise desse texto a aula de 20 de janeiro de 1982, *in L'Herméneutique du sujet*, ed. cit., p. 93.

AULA DE 2 DE MARÇO DE 1983
Segunda hora

Fim do estudo da Apologia de Sócrates*: oposição* parresía/retórica. *– Estudo do* Fedro*: plano geral do diálogo. – As condições do bom logos. – A verdade como função permanente do discurso. – Dialética e psicagogia. – A parresía filosófica.*

[Gostaria de terminar] bem rapidamente o que queria dizer a vocês sobre a *Apologia*, na medida em que [são] coisas ao mesmo tempo muito conhecidas e [já evocadas] ano passado. Quis mostrar que a *parresía* socrática não consiste de modo algum em empreender dizer a verdade no campo político a propósito de decisões políticas, mas que é uma função de certo modo de ruptura em relação à atividade política propriamente dita. Essa ruptura é marcada pela interdição do *daímon* e, ao mesmo tempo, pela obrigação de fazer a verdade agir em relação a esse campo político, a partir do momento em que as exigências desse campo político, dessas estruturas políticas são tais que quem se acha situado nele correria o risco de se tornar sujeito de uma ação injusta. É o que está dito claramente no parágrafo 28b: um homem de valor não tem de calcular suas probabilidades de vida ou morte. "Ele deve considerar unicamente, quando age, se o que faz é justo ou não, se ele se conduz como homem honrado ou como um covarde."[1] E em 28d: "Quem ocupa um cargo [é precisamente o cargo que Sócrates ocupava como prítane ou o cargo que lhe foi confiado por obrigação pelos tiranos; M.F.] – quer o tenha escolhido, quer tenha sido posto nele por um chefe – tem por dever, na minha opinião, permanecer nele firmemente, qualquer que seja o risco, sem levar em conta nem a morte possível, nem perigo algum: antes isso que sacrificar sua honra."[2] Assim, a questão que se coloca agora é saber se a *parresía* vai se limitar a marcar essa cesura em relação ao campo político, e a marcá-la por um corte no fio do qual a verdade vai se mostrar seja *lógo* (pelo discurso), seja *érgo* (pela ação, pelo fato, pelo comportamento real).

Vocês sabem que a essa pergunta toda uma série de textos na *Apologia* responde mostrando que o filósofo tem um papel parresiástico a desempenhar que não é o que consiste em intervir perante a Assembleia, mas que é outra coisa além dessa simples recusa manifesta e explícita de se tornar um sujeito injusto. Há uma *parresía* propriamente filosófica, a que é descrita, como vocês sabem, quando [Sócrates] fala da tarefa que lhe foi confiada, não pelo *daímon* (que se contenta em dar ordens negativas, em dizer: não faça isto ou aquilo), mas pelo deus, pelos oráculos, sonhos e por todos os meios, diz ele, de que uma potência divina pode se valer[3]. Essa tarefa é a que ele decidiu realizar até seu derradeiro sopro, é aquela à que ligou sua existência, é a tarefa pela qual ele recusa todo pagamento e toda retribuição. Não sou, diz ele, dos que falam quando lhes pagam e que não falam quando não lhes pagam. Ele está à disposição de qualquer um, do rico como do pobre, contanto que queira escutar. E é esse pacto da escuta, da escuta necessária antes mesmo de começar a tarefa filosófica, é essa escuta já combinada que é designada assim nesse texto. E então, a essa escuta e a essa demanda dos outros, como o filósofo vai responder? Por ordem do próprio deus, vai responder exortando os que encontra a não se preocuparem com as honrarias, com as riquezas ou com a glória, mas a se ocupar de si mesmos – é a *epiméleia heautôn*, como vocês sabem. E se ocupar de si mesmo consiste, primeiramente e antes de mais nada, em saber se sabemos mesmo o que sabemos ou não. Filosofar, se ocupar de si mesmo, exortar os outros a se ocupar deles mesmos, e isso escrutando, testando, provando o que sabem e o que não sabem os outros, é nisso que consiste a *parresía* filosófica, *parresía* filosófica que se identifica, não simplesmente com um modo de discurso, com uma técnica de discurso, mas com a própria vida. Necessito, diz ele, "viver filosofando [*zên philosophoûnta kaì exetázonta emautònkaì toùs állous*: e examinando, testando; M.F.], escrutando tanto si mesmo quanto os outros"[4].

É isso a *parresía* filosófica, e é essa provação de si mesmo e dos outros que é útil à cidade, já que, estando o parresiasta assim no meio da cidade, [Sócrates] impede que esta durma. E, diz ele, se vocês me condenam à morte, vocês sabem muito bem que passarão o resto da vida dormindo. Essa função, que não é em absoluto uma função política mas que é necessária em relação à política, que não é necessária ao funcionamento, ao governo da cidade mas que é necessária à vida da cidade e ao seu não sono (à vigília da cidade, à vigília sobre a cidade), pois bem, ela caracteriza a *parresía* filosófica.

Vocês estão vendo que essa *parresía* filosófica se opõe, termo a termo, ao que é o discurso filosófico. Não se trata, nessa *parresía* filosófica, de um discurso que se exerceria no campo político, no próprio lugar da política, nas assembleias ou nos tribunais. É um discurso em segundo plano, um discurso em ruptura com esse lugar do discurso retórico, e no entanto é um discurso que, eventualmente e em certo número de casos, tem de se situar relativamente às decisões da política. Em segundo lugar, é um discurso que não se caracteriza por seu objetivo, de certo modo, que seria persuadir os outros. Ele se caracteriza muito mais, quanto à origem, pelo fato de ser *étymos*, isto é, de não ter outra forma senão a de ser, em sua simplicidade e em sua espontaneidade, tão próximo quanto possível do real a que se refere. É um discurso que não deve sua força (sua *dýnamis*) ao fato de persuadir. Ele deve a sua *dýnamis* ao fato de estar à beira do ser que o diz. Enfim, em terceiro lugar, o discurso filosófico não é um discurso que pretende saber e, pretendendo saber, procura persuadir o outro de que não sabe. É um discurso, ao contrário, que não cessa de se experimentar a cada instante, tanto naquele que o pronuncia como naquele a quem se dirige. Ele é a provação tanto de si mesmo como daquele que fala e daquele a quem se fala. Eis, *grosso modo*, esse tema da *parresía* filosófica que, vocês estão vendo, tem a ver com os temas que evoquei ano passado.

Passo portanto rapidamente por cima disso e gostaria agora de chegar ao *Fedro*, que é o outro texto no qual eu gostaria de me deter para tentar ver como, em Platão, se formula, se esboça a oposição entre o discurso filosófico e o discurso retórico. Não é que, por certo, em Platão só a *Apologia* e *Fedro* falem desses problemas. Em certo sentido o problema filosofia/retórica perpassa toda a obra de Platão. Para ser rápido, pego esses dois textos, escolhidos [pelas] razões que evocava há pouco: [aqui,] é de certo modo o discurso prático em que Sócrates aciona sua *parresía* em relação à sua própria vida; ali, ao contrário, a filosofia, a arte de filosofar vai se apresentar perante formas mais elaboradas do que pretende ser a arte da retórica. Não se trata portanto da morte e da vida de Sócrates, trata-se de amor. Vocês sabem – desculpem-me lhes recordar essas banalidades – que o *Fedro* se organiza, *grosso modo*, ao redor de quatro grandes focos. Vocês têm primeiro o discurso de Lísias (o discurso que Fedro tinha no bolso, ou nas dobras da túnica, e que o encantara tanto quando o ouvira, que ele queria decorá-lo), Sócrates, intrigado, pede para Fedro ler o discurso de Lísias, e esse discurso tem por tema um garoto que deve conceder seus favores ao homem que não o ama em vez de ao homem que o ama. A esse discurso paradoxal de Lísias, Sócrates vai responder sem se fazer de rogado, dizendo que ele, pessoalmente, não é capaz de dizer e fazer tão belos elogios. Mas faz um discurso, um discurso que é de certo modo o simétrico, o complementar e até certo ponto o pastiche daquele que ele acaba de ouvir da boca de Lísias. E, nesse discurso, ou nessa imitação-pastiche de discurso, Sócrates explica – o discurso de Lísias dizia que um garoto deve conceder seus favores ao homem que não o ama – que um garoto não deve conceder seus favores a quem o ama porque um enamorado somente ama, naquele por quem está enamorado, as qualidades mais baixas e mais vergonhosas, e que de qualquer modo um enamorado, um velho enamorado por um rapazola, afinal, é um chato. Esse segundo discurso será seguido por um outro discurso, um terceiro discurso que é o segundo discurso de Sócrates e que, dessa vez, vai ser o discurso verdadeiro, isto é, um discurso que mantém com a verdade relações muito complexas já que, por um lado, ao contrário dos dois primeiros em que só se elogiava os que não amavam e se desqualificava os apaixonados, desta vez, ao contrário, o terceiro discurso (segundo de Sócrates) é o elogio do amor verdadeiro, do verdadeiro amor. Em segundo lugar, esse elogio do verdadeiro amor não é um elogio retórico, decidido a persuadir alguém de uma tese relativamente difícil de sustentar. É o discurso verdadeiro que faz o elogio do verdadeiro amor. Ora – a relação com a verdade é dupla portanto, já que se trata do verdadeiro elogio do amor verdadeiro –, é aí que esse discurso de verdade se torna complexo e problematiza suas relações com a verdade já que, como vocês sabem, ele passa por toda uma série de coisas que são chamadas de fábulas: é a fábula do atrelamento, é a fábula do amor que faz crescer plumas na alma, etc. Eis o terceiro elemento, terceiro foco do *Fedro*. Depois o diálogo culmina ou se acaba, se vocês preferirem, justamente numa reflexão diretamente consagrada ao problema do que é a arte da linguagem e do que é, em relação ao logos, a verdadeira *tékhne*. É a retórica ou é algo diferente da retórica? Em segundo lugar, segundo problema ligado a esse, o problema da escrita; a escrita deve ou não deve ser posta na *tékhne* do discurso?

Não tenho a intenção de entrar no detalhe dessa quarta parte, gostaria simplesmente de considerá-la do ponto de vista dessa história do modo de ser do discurso verdadeiro e da sua caracterização relativamente à retórica. Dessa última parte do *Fedro*, gostaria de reter os seguintes pontos. Primeiro, em sua empreitada para distinguir discurso filosófico de discurso retórico, para avaliar a pretensão da retórica de ser uma arte, de ser a arte (a *tékhne*) do discurso (do logos), nessa empreitada para avaliar a retórica por seu estalão verdadeiro, é preciso observar logo – porque está indicado desde o início dessa quarta parte do *Fedro* – que

Platão não coloca, em absoluto, de um lado, o que seria o discurso oral (o logos) e, de outro, o discurso escrito. Cumpre observar que, ao longo do texto, ao longo de toda essa quarta parte, a palavra logos se refere ora ao discurso escrito, ora ao discurso oral, ora ao discurso que não se determina se é escrito ou oral. Há uma passagem muito mais clara, muito mais explícita sobre essa não divisão, pelo menos por ora, entre discurso escrito e discurso oral. É a seguinte: quando Platão acaba de fazer seu segundo discurso (o terceiro da série), que é o discurso verdadeiro sobre o verdadeiro amor, Fedro, que estava tão apaixonado pelo discurso de Lísias, tem os olhos que se abrem ou os ouvidos que se destapam. E compreende que o discurso de Lísias, no fundo, não valia grande coisa, quando comparado com o discurso de Sócrates. E Fedro diz: pois bem, sim, o discurso de Lísias sem dúvida não vale grande coisa, mas há sem dúvida uma razão. E a razão que Fedro sugere é a seguinte: Lísias não passa de um logógrafo[5], quer dizer, é uma pessoa que escreve seus discursos e que não faz seu discurso de certo modo a partir do seu próprio logos, na atualidade da palavra. É uma pessoa que é tão só um desses profissionais remunerados para isso e que escreve discursos para os outros. Então, já que ele é um homem da escrita, não há por que se espantar se o seu discurso é tão rasteiro e ruim, comparado com o que Sócrates acaba de improvisar sobre o canto das cigarras. Ora, a essa hipótese que Fedro sugere (o discurso de Lísias não vale nada porque é um discurso escrito), Sócrates responde, e responde vivamente, dizendo o seguinte: mas por que os logógrafos deveriam ser tão desprezados? Esses políticos que pretendem não se valer dos bons ofícios de um logógrafo e que pretendem falar por si mesmos, esses políticos, você sabe muito bem que na realidade são mais apegados do que qualquer outro à escrita, já que não têm maior preocupação do que mandar escrever seus discursos e se gabar disso. Não desprezemos os logógrafos, diz ele, porque a diferença não é entre o escrito e o oral. Não há nada em si, diz Sócrates, de feio (*aiskhrón*: de vergonhoso) em escrever esse discurso. O ponto em que a coisa começa a ficar feia (*aiskhrón*) é quando não se fala, nem por escrito nem oralmente, da boa maneira, mas da ruim[6].

Por conseguinte, o problema, que Sócrates ou Platão formulam no início dessa quarta parte do *Fedro*, é explicitamente este: deixemos de lado como sendo não pertinente essa oposição, que era tão clássica na época, repetida com tanta frequência, entre o discurso escrito, o dos logógrafos, que passava por ser mercadoria de má qualidade, e o bom logos vivo. Não é isso que é importante para Platão, não é isso que é importante para Sócrates. É outra coisa, é: como determinar, de forma escrita ou oral, pouco importa, o que é o bom discurso [e] o que é o mau? Quer dizer: qual a qualidade do próprio discurso? Ele é escrito ou é falado da maneira correta ou da maneira ruim? Como vai se dar essa diferença? Ela não se dá portanto pela distinção entre escrito e oral. A distinção entre falar, ou escrever, da maneira correta ou da maneira ruim, como se dá?

Fedro começa propondo uma solução, que parece imediatamente satisfatória, e diz o seguinte: na realidade, para que um discurso, escrito ou oral, seja bom, é preciso que quem fala ou escreve tenha conhecimento do verdadeiro (*tò alethés*)[7] a propósito das coisas de que fala. Aparentemente, tudo isso é ao mesmo tempo muito simples, muito direto. Tudo é dito, e é precisamente disso que se trata, sendo a retórica justamente uma coisa totalmente indiferente à verdade, já que a retórica se gaba de poder sustentar uma tese ou outra e fazer o justo passar por injusto. A melhor prova é que a retórica é capaz de mostrar que um garoto deve conceder seus favores a quem não o ama em vez de a quem o ama. Logo, diz Fedro, que aquele que fala conheça a verdade, e nesse momento seu discurso será bom. Ora, Sócrates não se satisfaz com essa solução que consistiria em dizer: demo-nos primeiro a verdade e, tendo sido a verdade adquirida por quem fala, a retórica poderá se somar a ela. Sócrates salienta o seguinte: se a verdade se contenta simplesmente em ser conhecida por quem fala, de certo modo antes que fale, como condição preliminar [do seu discurso] (é o que Fedro sugere), nesse momento seu discurso não será um discurso de verdade. O conhecimento da verdade, para Sócrates, não é uma condição prévia à boa prática do discurso. Porque, justamente, se a verdade é dada antes da prática do discurso, o que será a retórica senão o conjunto dos ornamentos, o conjunto das transformações, o conjunto das construções e jogos de linguagem pelo qual o que é verdadeiro será esquecido, suprimido, oculto, omitido?

Para que o discurso seja um discurso da verdade, o conhecimento do verdadeiro não pode ser dado antes a quem vai falar, a verdade tem de ser uma função constante e permanente do discurso. E Sócrates cita um apotegma, que chama de apotegma espartíaco, apotegma lacônio – sobre cuja origem não se sabia nada, porque só é citado uma outra vez por Plutarco, nos *Apophtegmata* lacônios justamente, mas a partir do texto do *Fedro*, de modo que se pode dizer que só há uma citação desse texto, que é a do *Fedro* –, e esse texto diz o seguinte: uma arte autêntica (*étymos tékhne*: isto é, uma arte que está o mais próximo possível do ser de que ela trata com sua própria técnica) não existe e não poderá vir a existir sem estar vinculada à verdade[8]. O discurso, a arte *étymos*, a arte autêntica de falar será uma verdadeira arte contanto que a verdade seja uma função permanente do discurso. Coloca-se então o problema: como essa relação necessária e contínua do discurso com a verdade pode ser assegurada e pode fazer que aquele que falará, nessa relação perpétua com a verdade, esteja em posse [do] e ponha em ação o *étymos tékhne* (a técnica autêntica)?

É aí que Sócrates desenvolve sua concepção da relação entre o discurso e a verdade, mostrando como a verdade deve ser, não a condição prévia de certo modo psicológica da prática da arte oratória, mas, a cada instante, aquilo a que esse discurso se relaciona. Ele mostra isso primeiro procedendo a uma generalização brutal, que vai ficar em suspenso durante toda uma parte da discussão e que veremos daqui a pouco como a retoma e como a realoca. Diz ele: no fundo, o que é essa arte da retórica que quer persuadir? Pois bem, diz ele, essa arte da retórica nada mais é que uma forma geral de algo que ele chama de *psykhagogía dià tôn logôn* (psicagogia pelos discursos)[9], o que quer dizer que a retórica nada mais é que uma maneira de conduzir as almas por intermédio dos discursos. Por conseguinte, o problema que ele vai colocar, ele não vai colocar no âmbito da simples retórica, vai colocá-lo no âmbito muito mais geral dessa categoria no interior da qual a retórica se situa ou deveria se situar, que é a psicagogia (a conduta das almas) *dià tôn logôn* (pelos discursos).

Então, tendo colocado esse princípio geral e mostrado, por conseguinte, que aquilo de que vai falar não é tanto da retórica em particular como dessa psicagogia em geral, ele volta à definição que os oradores dão da sua arte. De fato, os oradores, quando querem definir a *tékhne* da sua retórica, dizem que é uma arte que permite que a mesma coisa possa parecer justa ou injusta, ou que a mesma decisão possa parecer ora boa, ora ruim. Ora, diz Sócrates, para que a mesma coisa possa parecer ora boa ora ruim, ora justa ora injusta, é preciso ser capaz de acionar uma ilusão que persuadirá o indivíduo de que o que é justo é injusto, ou vice-versa. Ora, como se pode produzir essa ilusão? Simplesmente substituindo o injusto pelo justo, indo de um extremo ao outro, ou do oposto ao que é mais oposto? Claro que não. Será preciso ir do justo ao injusto por um caminho que procederá, diz o texto, por pequenas diferenças[10]. A verdadeira arte da retórica, se quiser efetivamente apresentar como belo o que é feio, justo o que é injusto, etc., deverá ir de um ao outro por esse caminho progressivo de pequenas diferenças, e não por um salto brusco do justo ao injusto, do belo ao feio, do bom ao ruim, que não enganaria ninguém. Ora, para ser capaz de realizar essa passagem de um extremo ao outro (do bom ao ruim, do justo ao injusto) por pequenas diferenças, e para não se perder, para que o orador não se perca nesse caminho das pequenas diferenças, é preciso também poder estabelecê-las, e estabelecê-las o melhor possível. E como se pode estabelecer o melhor possível as pequenas diferenças e conhecê-las como são, para que se possa obter o efeito desejado de persuasão? E aí que se encontra a célebre passagem, em 265d-265e, do *Fedro*, em que se diz que, para conhecer uma diferença é preciso primeiro ser capaz de reunir numa visão de conjunto o que está disseminado e disperso. E, uma vez que se tem uma visão de conjunto, é preciso poder dividir essa unidade por espécies, em espécies (*eíde*), observando as articulações naturais e fazendo como essas pessoas que sabem destrinchar e que seguem as articulações tais como são dadas, em vez de cortar brutalmente[11]. Não volto a isso, é tamanho *tópos* na história da filosofia que creio que a maioria de vocês conhece. O interessante, vocês estão vendo, é que, com isso, Sócrates mostra que o necessário para obter a própria finalidade que a retórica se dá – a saber: persuadir tanto do justo como do injusto, fazer aparecer tanto o justo como o injusto, e vice-versa – não é uma *tékhnè retorike*, é uma *tékhne dialektikè*[12]. É simplesmente a dialética que permite obter esse resultado. Mas, continua Sócrates, poderíamos conceder isso e dizer que, muito bem, a retórica necessita de fato dessa dialética e, por conseguinte, não basta, para a finalidade da retórica, conhecer de antemão a verdade (o que Fedro propunha), mas que é necessário, além disso, todo esse conhecimento dialético que vai sustentar o discurso e de certo modo articulá-lo em seus desenvolvimentos; mesmo assim – é o que os retóricos poderiam dizer, é a objeção que Sócrates faz a si mesmo –, acima dessa dialética e para fazer essa verdade dialética passar até seu efeito de persuasão que é procurado, é preciso utilizar um certo número de procedimentos, que são precisamente os da retórica propriamente dita.

Em resumo, a hipótese considerada ali, e que Sócrates vai agora refutar, é dizer: tudo bem, é necessária essa função permanente de relação com a verdade que é assegurada no discurso pela dialética, mas essa dialética deve poder se completar com uma arte retórica que se superpõe a ela, que veicula de certo modo essa dialética e produz os efeitos de persuasão que se buscam. E ele enumera as diferentes partes, que os retóricos conhecem bem e apresentam como sua própria arte: a arte de fazer exposições, de fornecer testemunhos, indícios, probabilidades, todo o sistema das provas, das refutações – enfim, temos aí toda a passagem em que Sócrates enumera as diferentes partes da arte retórica na sua época. Ora, a essa reivindicação da possibilidade de pelo menos uma *tékhne retorikè* acima da função dialética, Sócrates vai responder dizendo que todos esses elementos não passam, de fato, de rudimentos do que é efetivamente a arte e o próprio ato de persuadir. Pois o que vai persuadir? Não é que vai se pôr no início do discurso uma exposição, depois testemunhos, depois dar ênfase a indícios, probabilidades, depois refutar, etc. O que faz que se vá poder persuadir é saber onde, quando, como e em que condições aplicar esses diferentes procedimentos. E aí, referência à medicina, é claro. O que faz a medicina curar não é que o médico conheça a lista dos remédios a aplicar, é que ele sabe exatamente em que doente aplicar, em que momento da evolução da doença, em que quantidade. Ora, do mesmo modo que o médico só é um bom médico se conhece não somente a *dýnamis* (o poder) dos remédios, mas também o corpo, a constituição dos corpos a que ele os aplica – e aí, referência a Hipócrates[13], e referência talvez a esse texto bem preciso em que Hipócrates ou [um médico] hipocrático se gaba de ter alterado tudo o que era a concepção do regime e ter substituído a simples codificação das receitas por uma reflexão sobre o regime em função do estado do corpo, estado do corpo por sua vez refletido em função do estado do clima e do mundo inteiro[14]. Referência a esses temas hipocráticos: Hipócrates foi portanto quem substituiu, completou ou permitiu que a arte não fosse simplesmente a aplicação de uma receita, mas sim uma arte de curar pelo conhecimento do corpo. Do mesmo modo, essa capacidade de persuadir, que a retórica diz ser ainda a sua *tékhne*, mesmo que se possa admitir que a dialética é necessária ao discurso, pois bem, essa *tékhne* retórica nada mais é que um *corpus* de receitas. Ela só será aplicável e só terá efeito se você conhecer, tal como o médico deve conhecer o corpo, a alma. É preciso conhecer aquilo a que se aplicam essas técnicas, [ou antes,] esses procedimentos retóricos. É preciso conhecer a alma, é o que está dito em 270e. Para dotar outrem tecnicamente da arte de falar, é preciso mostrar em sua essência (em sua *ousía*) a natureza (a *phýsis*) daquilo a que se aplica o discurso, isto é, a alma[15]. E em 271c, ele diz: "Já que justamente a função própria do discurso [a força do discurso: *lógou dýnamís*; M.F.] está em ser [voltamos então a esse tema que havia sido colocado; M.F.] uma psicagogia, aquele que quer ser um dia um orador talentoso deve necessariamente saber de quantas formas a alma é capaz."[16]

Creio que é preciso compreender bem: quando Sócrates e Platão enfatizam que a função da verdade deve ser uma função permanente ao longo de todo o discurso, e não simplesmente uma condição prévia de conhecimento, não querem dizer que o discurso precisa ser ligado à verdade, primeiro pelo conhecimento do que se fala, depois pelo conhecimento ou pela apreciação daqueles a quem se fala. Não se trata de dizer que, para fazer um discurso de verdade, seja necessário primeiro conhecer a verdade e em seguida levar em conta a pessoa a quem ele é dirigido. A dupla exigência de uma dialética e de uma psicagogia, de uma *tékhne dialektikè* e de um saber de psicagogia (de *psykhagogía*), essa dupla exigência deve ser compreendida como sendo, mais uma vez, não só uma exigência de quem fala, mas também uma exigência em função daqueles a quem se fala. Trata-se de uma dupla condição, duas condições absolutamente solidárias uma da outra e que devem constituir o modo de ser próprio do discurso filosófico. O conhecimento do Ser pela dialética e o efeito do discurso sobre o ser da alma pela psicagogia são ligados. Eles são ligados intrinsecamente e são ligados por um vínculo de essência, pois é pelo movimento da alma que esta poderá ter acesso ao conhecimento do Ser, e é no conhecimento do que é que a alma poderá conhecer a si mesma e reconhecer o que ela é, ou seja, parente do próprio Ser. E nesse momento compreende-se que o grande discurso que Sócrates fez (esse terceiro discurso, segundo no caso dele, terceiro no *Fedro*) sobre o verdadeiro amor, esse discurso que ele fez sobre o delírio, sobre o atrelamento da alma, sobre a ascensão às realidades, sobre o papel do eros, sobre as plumas que crescem, sobre o voo da alma que relembra, etc., tudo isso não tinha, no diálogo, como única função dar, enfim, um exemplo de discurso verdadeiro sobre o amor verdadeiro, oposto aos artifícios dos discursos retóricos. Sua função já era antecipar o conteúdo que é indicado na quarta parte. Esse discurso mostrava antecipadamente o vínculo que há entre o acesso à verdade e a relação da alma consigo mesma. Quem quiser seguir o caminho da dialética que vai pôr em relação com o próprio ser não pode evitar de ter, com a sua própria alma, ou com a alma do outro pelo amor, uma relação tal que essa alma seja modificada com isso e tornada capaz de ter acesso à verdade.

Dialética e psicagogia são duas faces de um só e mesmo processo, de uma só e mesma arte, de uma só e mesma *tékhne* que é a *tékhne* do logos. Como o logos filosófico, a *tékhne* filosófica do logos é uma *tékhne* que possibilita ao mesmo tempo o conhecimento da verdade e a prática ou a ascese da alma sobre si mesma. O discurso de retórica, o modo de ser do discurso retórico é um modo de ser tal que, por um lado, a indiferença à verdade é marcada pela possibilidade de dizer a favor ou contra, o justo como o injusto. E, por outro lado, o discurso retórico é marcado apenas pela preocupação com o efeito que será produzido na alma de quem escuta. Em compensação, o modo de ser do discurso filosófico é caracterizado pelo fato de que, por um lado, o conhecimento da verdade não é simplesmente necessário, não é simplesmente uma condição prévia nele, mas uma função constante. E essa função constante da relação com a verdade no discurso que é a dialética, essa função constante não pode ser dissociada do efeito imediato, do efeito direto que é operado, não simplesmente sobre a alma daquele a quem o discurso se dirige, mas também daquele que faz o discurso. É isso a psicagogia.

Conhecimento da verdade e prática da alma, articulação fundamental, essencial, indissociável da dialética e da psicagogia: é isso que caracteriza a *tékhne* própria do discurso verdadeiro, e é nisso que o filósofo, por ser ao mesmo tempo dialético e psicagogo, o filósofo será verdadeiramente o parresiasta, e o único parresiasta, o que o retórico, o homem da retórica não é capaz de ser nem de fazer. A retórica é uma *atekhnía* (uma ausência de *tékhne*) em relação ao discurso[17]. A filosofia, por sua vez, é *étymos tékhne* (a técnica autêntica) do discurso verdadeiro. Seria preciso então colocar a questão da escrita, tal como podemos deduzir daí, e tal como ela aparece no fim do discurso. Tentarei lembrar isso para vocês da próxima vez.* [...**]

*

NOTAS

1. Platão, *Apologie de Socrate*, 28b, trad. fr. M. Croiset, ed. cit., p. 155.
2. *Ibid.*
3. *Id.*, 28e-29b, pp. 155-7.
4. *Id.*, 28e, pp. 155-7.
5. Platão, *Phèdre*, 258d, trad. fr. L. Robin, ed. cit., p. 58.

---

* Foucault não retornará a esse problema na aula de 9 de março. O fim do manuscrito traz felizmente um indício do que ele gostaria de acrescentar sobre esse ponto:

"Pode-se compreender a partir daí, reinscrevendo-a nessa argumentação, a problemática da escrita que encerra o diálogo. É preciso compreender que esse desenvolvimento está em posição simétrica às observações feitas depois dos três discursos. A questão era: será que a má qualidade do discurso de Lísias não se devia à escrita? Nenhuma importância, respondeu Sócrates. As questões que convém colocar dizem respeito tanto à palavra, ao oral, quanto à escrita. E, agora que a *tékhne* autêntica a propósito do discurso revela ser a filosofia, como se apresenta a questão da escrita? O texto escrito não é vivo; ele não pode se defender sozinho. Não pode ser mais que um meio de *hypomnêsai*. [...] Não há divisão entre o logos e a escrita, mas entre dois modos de ser do logos: um modo de ser retórico, que falha tanto em relação ao problema do Ser, a que é indiferente, quanto ao do ser da alma, a que se dirige tão só pela lisonja; um modo de ser filosófico, vinculado à verdade do Ser e à prática da alma e que comporta a transformação da alma. Modo de ser logográfico do discurso retórico e autoascético do discurso filosófico."

** M.F.: vocês gostariam de fazer uma pequena reunião quinze para meio-dia, para quem interessar? Sim ou não?

6. "Onde, a meu ver, a coisa começa a ficar feia (*aishkrón*) é quando não se fala nem se escreve da maneira elegante, mas de maneira feia e ruim (*all'aiskhrôs te kaì kakôs*)" (*ibid.*).

7. "Não deve acaso ser uma qualidade daquilo que se quer dizer, bem e com elegância pelo menos, que haja no pensamento de quem fala um conhecimento do que é a verdade (*talethés*) do tema sobre o qual terá de falar?" (*id.*, 259e, p. 60; na verdade é Sócrates que propõe essa hipótese a Fedro).

8. "Da palavra, diz o lacônio, uma arte autêntica (*étymos téknhe*), na falta de ser ligada à Verdade (*áneu toû aletheías*), não há e nunca poderá nascer no futuro" (Plutarco, "Apophtegmes laconiens", 260e, *in Oeuvres morales*, t. III, trad. fr. F. Fuhrmann, Paris, Les Belles Lettres, 1988, pp. 62-3).

9. "Pois bem, é que afinal de contas a arte oratória não seria uma psicagogia (*psykhagogía*), uma maneira de conduzir as almas, parte da intermediação do discurso (*dià lógon*)" (Platão, *Phèdre*, 261a, ed. cit., p. 64).

10. "A arte de realizar uma modificação, pouco a pouco, utilizando similitudes (*tekhnikòs éstai metabibázein katà smikròn dià tôn omoioteton*) para fazer em cada caso passar da realidade ao seu contrário" (*id.*, 262b, p. 65).

11. "Ser capaz de retalhar por espécie (*kat'eíde*), observando as articulações naturais, é se aplicar a não quebrar nenhuma parte e evitar os modos de um mau esquartejador" (*id.*, 265e, p. 72).

12. *Id.*, 276e, p. 92.

13. *Id.*, 270c, p. 80.

14. Sobre a dificuldade de referir esse trecho de Platão a um ensinamento hipocrático preciso, cf. R. Joly, "Platon, Phèdre et Hippocrate: vingt ans après", *in Formes de pensée dans la* Collection Hippocratique. *Actes du IVe Colloque international hippocratique*, Genebra, Droz, 1983, pp. 407-22.

15. "É manifesto ao contrário que o ensino da eloquência, se dado com arte, mostrará em sua realidade (*tèn ousían*), com exatidão, a natureza (*tês phýseos*) daquilo a que o aluno aplicará seu discurso. Ora, esse objeto será, sem dúvida, a alma" (Platão, *Phèdre*, 270e, ed. cit., p. 81).

16. *Id.*, 271c, p. 82.

17. *Id.,* 274b, p. 86.

AULA DE 9 DE MARÇO DE 1983
Primeira hora

A reviravolta histórica da parresía*: do jogo político ao jogo filosófico. – A filosofia como prática de* parresía*: o exemplo de Aristipo. – A vida filosófica como manifestação da verdade. – A palavra permanente dirigida ao poder. – A interpelação de cada um. – O retrato do cínico em Epicteto. – Péricles e Sócrates. – Filosofia moderna e coragem da verdade.*

Hoje é a última sessão. Meu projeto era, em primeiro lugar, terminar o que eu estava lhes dizendo a propósito do que é o filósofo parresiasta em Platão. Procurei apreender alguns perfis desse filósofo nas cartas VII e VIII primeiro, depois no *Fedro*. E hoje gostaria de fazê-lo a propósito do *Górgias*, que faz surgir, a meu ver, um terceiro aspecto da função parresiástica da filosofia. E, depois, claro, contava e conto concluir. Mas, vocês me conhecem, eu corria o risco de me arrastar indefinidamente e não concluir. Estava portanto me perguntando se não seria o caso de começar concluindo, antes de passar a essa terceira parte, esse terceiro aspecto, esse terceiro perfil do filósofo parresiasta. Estava nesse ponto das minhas hesitações, quando [o serviço de] xerox me avisou que eles estavam com um problema e que o texto que eu queria distribuir para vocês (o texto do *Górgias*) não estaria pronto antes das dez, no mínimo, se é que estaria. Então, por conseguinte, a ordem das coisas determinou a série das minhas enunciações. E é portanto forçado, obrigado, que vou começar concluindo. Anotem isso, se quiserem, num canto da cabeça, depois voltarei ao assunto na segunda hora, ou no fim da primeira e na segunda hora, sobre um certo aspecto, mais uma vez, da *parresía* filosófica que eu gostaria de ressaltar mesmo assim, porque tem seu lugar no quadro que pretendia esboçar. Perdoem-me então esta inversão das cronologias e das lógicas. Concluamos, portanto, para começar.

Na primeira parte do meu curso, vocês se lembram, eu havia procurado analisar uma certa forma de *parresía* tal como podia aparecer, seja através de um texto de Eurípides, seja através de um texto de Tucídides.

E essa forma de *parresía* pode ser posta sob o signo, o símbolo, a marca de Péricles. Chamemos isso, se vocês quiserem, de momento pericliano da *parresía*. Depois, procurei esboçar um pouco o que poderíamos chamar de momento socrático-platônico da *parresía*. Enquanto o momento pericliano se situa, claro, na segunda metade do século V, o momento socrático e platônico se situaria na primeira metade, ou mesmo bem no início do século IV. Esse momento platônico da *parresía*, me parece que é o que vai engajar por um certo tempo, por muito mesmo, a prática filosófica. [...*] Portanto, primeira parte, era o momento pericliano da *parresía*. O segundo era o momento platônico que, no meu entender, engaja pelo menos a história da filosofia vista como certa prática de veridicção.

Em suma, abreviando, o que eu queria mostrar a vocês era o seguinte: assiste-se a uma espécie de deslocamento dos lugares e das formas de exercício da *parresía*. O que se vê, com esse momento platônico que procuro identificar, é o que acontece quando já não é a própria cena política, já não é a cena política principalmente – pelo menos a cena política entendida no sentido estrito, institucional do termo, com a Assembleia, os tribunais, enfim todos esses lugares de decisão – na qual vai [se] desenrolar o essencial da prática parresiástica, é a filosofia. Não quero dizer, em absoluto – e isso tem de ficar bem claro – que a *parresía*, o dizer-a-verdade no campo da política desapareceu. Ao longo de toda a história das instituições políticas da Antiguidade, até o Império Romano inclusive, esse problema do exercício da *parresía* no campo político será posto e sempre posto de novo. Afinal, a questão do conselheiro do imperador, a questão da liberdade dada pelo imperador à sua roda de lhe dizer ou não a verdade, a necessidade que ele tem de ouvir os lisonjeadores, ou a coragem com a qual ele aceita que lhe digam a verdade, tudo isso continuará a ser um problema político. Não quero em absoluto dizer que essa questão da *parresía* é confiscada de uma vez por todas pela filosofia. Não quero dizer tampouco, o que seria um erro histórico igualmente grosseiro, que a filosofia nasceu dessa transferência da *parresía* política para outro lugar. A filosofia existia antes de Sócrates, claro, exercer sua *parresía*. Quero dizer simplesmente, e creio que isso não deixa afinal de ter significado, que houve uma espécie de desvio progressivo da *parresía*, de que uma parte pelo menos e um conjun-

---

* M.F. [*um ronco encobre sua voz*]: Estão me ouvindo? Vocês não estão me ouvindo, eu também não. Quer dizer, estou ouvindo, mas não o que eu digo [*o barulho cessa*]. Bom, então esse momento platônico da *parresía* me parece que engaja por muito tempo a prática filosófica, ou mais exatamente, se vocês preferirem... [*de novo o mesmo barulho*]. Gosto muito dessa ideia de que o projeto de ilogismo pelo qual eu tinha me decidido se traduza por sanções técnicas tão drásticas...

to de funções foram desviados para a e na prática filosófica, e que esse desvio da *parresía* política para o campo da prática filosófica induziu, mais uma vez, não o nascimento da filosofia, não, de maneira nenhuma, como uma origem radical, mas uma certa inflexão do discurso filosófico, da prática filosófica, da vida filosófica. E é o momento dessa inflexão do discurso, da prática e da vida filosóficos pela *parresía* política que procurei reproduzir. Ao mesmo tempo que a filosofia se torna o lugar, ou antes, se torna um dos lugares da *parresía* – pelo menos tão importante quanto o da política e numa relação perpétua de cara a cara, de contestação relativamente à *parresía* política –, aparece um outro ator da *parresía*, um outro parresiasta. Já não era desse famoso cidadão que se tratava, por exemplo, no *Íon*, ou quando Tucídides mostrava como Péricles desempenhava seu papel político em Atenas. O parresiasta que aparece agora já não é o homem que, como cidadão, detém os mesmos direitos que todo o mundo, que todos os outros cidadãos, isto é, o direito de falar, mas ele tem algo mais, que é a ascendência em nome da qual ele pode tomar a palavra e empreender a condução dos outros. O parresiasta é agora alguém diferente, é um outro perfil, é um outro personagem. Já não é simplesmente, já não é somente, já é exatamente esse cidadão entre outros ou um pouco à frente dos outros. É um cidadão, vocês se lembram – vimos isso no caso de Sócrates –, claro que como os outros, que fala como os outros, que fala a linguagem de todo o mundo, mas que se mantém, de certo modo, apartado dos outros. Essa substituição, ou antes, essa duplicação do parresiasta político, que é um cidadão à frente dos outros, pelo filósofo, que é um cidadão como os outros, que fala a linguagem de todo o mundo, mas apartado dos outros, isso me parece ser um outro aspecto dessa mesma transformação que procurei apreender.

Logo, podemos dizer, não desaparecimento da *parresía* política, com todos os problemas que ela coloca e colocará mais uma vez até o fim da Antiguidade, não o nascimento súbito, radical da filosofia, mas constituição, em torno da filosofia, na própria filosofia, de um outro foco de *parresía*. Um outro foco de *parresía* se acendeu portanto na cultura antiga, na cultura grega, um foco de *parresía* que não atingiu o primeiro, mas que vai adquirir uma importância cada vez maior, por sua própria força e também pela transformação das condições políticas, estruturas institucionais, que vão evidentemente diminuir, de modo considerável, o papel dessa *parresía* política que havia adquirido todas as suas dimensões, toda a sua importância, todo o seu valor e todos os seus efeitos no campo da democracia. O desaparecimento das estruturas democráticas não faz desaparecer totalmente a questão da *parresía* política, mas evidentemente restringe muito seu campo, seus efeitos e sua problemática. E, por conseguinte, a *parresía* filosófica, na relação complexa que ela mantém com a política, adquirirá mais importância ainda. Em suma, a *parresía*, essa função que consiste em dizer livre e corajosamente a verdade, se desloca pouco a pouco, desloca seus acentos e entra cada vez mais no campo do exercício da filosofia. Fique claro, mais uma vez, que o que é a filha da *parresía* não é certamente toda a filosofia, não é a filosofia desde a sua origem, não é a filosofia sob todos os seus aspectos, mas é a filosofia entendida como livre coragem de dizer a verdade e, dizendo assim corajosamente a verdade, de adquirir ascendência sobre os outros para conduzi-los convenientemente, e isso num jogo que deve aceitar, de parte do próprio parresiasta, o risco que pode chegar até à morte. A filosofia, assim definida como livre coragem de dizer a verdade para adquirir ascendência sobre os outros, conduzi-los convenientemente inclusive expondo-se à morte, é isso, a meu ver, que é a filha da *parresía*. Em todo caso, a meu ver foi isso, sob essa forma, que a prática filosófica se afirmou ao longo de toda a Antiguidade.

Se vocês quiserem, vou tomar simplesmente como testemunho bem precoce o que um dos contemporâneos de Sócrates já manifestava. É Aristipo, tal como está descrito em Diógenes Laércio, que vocês logo veem aparecer, simetricamente a Sócrates e Platão, como um parresiasta também, de outro modo, é claro, mas parresiasta como sem dúvida será a maior parte dos filósofos da Antiguidade. Aristipo era um filósofo que também estava, como Platão, em relação com Dionísio, o tirano. Dionísio tinha aliás muita estima por ele – enfim, uma estima relativa, como vocês vão ver. E foi nas relações turbulentas dos dois que Aristipo, como Platão, mostrou sua *parresía*, mas evidentemente de um modo um pouco diferente, pois eis a anedota que Diógenes Laércio conta: "Tendo Dionísio cuspido na cara de Aristipo, este não se irritou e, como o criticassem por aceitar assim a cusparada de Dionísio: 'Vejamos', diz ele, 'os pescadores, para pegar um peixinho, se deixam molhar inteiros pelo mar, e eu que quero pegar uma baleia não suportaria uma cusparada?'"[1] Então, vocês estão vendo aí essa espécie de outro jogo, de outra forma da *parresía*, em que temos mais uma vez o filósofo em relação com o tirano, em relação com o governante e tendo de jogar um certo jogo de verdade em relação a ele. Mas, enquanto a dignidade de Platão não lhe permitia suportar injúrias, Aristipo aqui aceita as injúrias de Dionísio. Ele aceita as injúrias de Dionísio para ter mais certeza de guiá-lo melhor, como se pega uma baleia. Quando se trata de pegar uma baleia, um peixão, isto é, um tirano, não se pode suportar uma cusparada? Mas – isso sempre situado no âmbito geral do que era para Aristipo, do que era para Sócrates, do que era para Platão, do que será, me parece, para toda a filosofia antiga, a função geral da filosofia, isto é, a possibilidade de falar corajosa e livremente, e de dizer corajosa e livremente sua verdade –, ao perguntarem a Aristipo "que proveito ele havia tirado da filosofia", Aristipo respondeu: "O de poder falar livremente com todo o mundo."[2]

De fato, me parece que a filosofia antiga se apresenta como uma *parresía* sob diferentes aspectos. Primeiro, o fato de a filosofia antiga ser uma forma de vida deve ser interpretado no âmbito geral dessa função parresiástica pela qual ela foi perpassada, penetrada e sustentada. O que é uma vida filosófica? Uma vida filosófica é, evidentemente, uma certa opção de existência que comporta a renúncia a um certo número de coisas. Mas a vida filosófica, se é renúncia a um certo número de coisas, não o é tanto, não o é somente, em todo caso, para realizar uma purificação da existência, como será o caso do ascetismo cristão. Claro, essa dimensão da purificação da existência nas formas ascéticas da vida filosófica existe, e ela se arraiga por sinal na velha tradição pitagórica que não se deve menosprezar e cuja importância não se deve diminuir. Mas me parece que essa [função] pitagórica da purificação, cujos vestígios subsistem em Platão, claro, essa função não foi, se consideramos as coisas na longa duração – isto é, na história da filosofia antiga até o século II depois de Cristo –, a mais constante e a mais importante, nem para a determinação do que é a existência filosófica nem para a afirmação de que a filosofia não pode ser dissociada de uma certa forma de vida. A vida filosófica é uma manifestação da verdade. Ela é um testemunho. Pelo tipo de existência que se leva, pelo conjunto de opções que se faz, pelas coisas a que você renuncia, pelas que aceita, pela maneira como você se veste, pela maneira como fala, etc., a vida filosófica deve ser, de ponta a ponta, a manifestação dessa verdade.

Então sobre esse tema, poderíamos retomar as célebres *Vidas dos filósofos* tais como são contadas, sobretudo por Diógenes Laércio mas também por Filostrato. Essas *Vidas dos filósofos* – tenho certeza de que muitos de vocês as conhecem – são interessantíssimas. O interessante é ver de que maneira, de forma muito sistemática, são listados e como que entrelaçados elementos de doutrina, descrições físicas, materiais do *habitus*, do *éthos* do filósofo, e um certo número de anedotas, pequenos relatos, pequenas cenas, fragmentos de diálogo, réplicas. Creio que esses três elementos (a doutrina; a aparência física, o *éthos*; a pequena cena) são, nessas *Vidas dos filósofos*, a maneira pela qual a vida filosófica se anuncia como uma manifestação de verdade. Viver filosoficamente é procurar mostrar – pelo *éthos* (a maneira como se vive), a maneira como se reage (a determinada situação, nesta ou naquela cena, quando se está confrontado com esta ou aquela situação) e evidentemente a doutrina que se ensina –, sob todos esses aspectos e por esses três veículos (o *éthos* da cena, o *kairós* da situação e a doutrina), o que é a verdade.

Segundo, me parece que a filosofia também é *parresía*, ao longo de toda a sua história na cultura antiga, não apenas porque é vida, mas também porque, de forma permanente, ela não cessou de se dirigir, de uma maneira ou de outra, aos que governam. E isso, claro, de maneira bem diferente. Dirigir-se aos que governam pode assumir a forma da insolência cínica, de que lhes dei alguns exemplos. Pode ser a interpelação dos poderosos, na forma da diatribe dirigida direta ou indiretamente aos que exercem o poder, para criticar a maneira como eles exercem o poder. Essa intervenção, essa maneira de se dirigir aos que governam pode assumir evidentemente a forma da educação do Príncipe – é o caso por excelência de Sêneca. Pode ser também um pertencimento a círculos políticos que são muitas vezes, se não sempre, círculos de oposição política. Foi [esse] o papel, por exemplo, dos círculos epicuristas na Roma do século I antes e do século I depois [de Cristo]. Foi sobretudo o caso dos grandes círculos estoicos dos séculos I e II, em que encontramos figuras essenciais como a de Musônio Rufo[3]. Podem ser também conselhos dados em circunstâncias particulares a este ou àquele soberano. Há uma passagem muito interessante que encontramos na *Vida de Apolônio de Tiana*, de Filostrato[4], que conta como, por exemplo, no momento em que se revolta, organiza as legiões e empreende a tomada do Império, Vespasiano consulta dois filósofos, um dos quais Apolônio, para lhes perguntar qual é afinal o melhor regime a que deverá tender quando tomar o poder. Deve ser uma monarquia autocrática e, sobretudo, hereditária? Deve ser uma espécie de principado temperado pelo triunvirato? Tudo isso é um tipo de conselho que o filósofo se considera habilitado a dar. Logo a filosofia é uma forma de vida, é também uma espécie de ofício, ao mesmo tempo privado e público, de aconselhamento político. Isso me parece ser uma dimensão constante da filosofia antiga.

Parece-me também que a filosofia antiga é uma *parresía* de uma terceira maneira: no sentido de que ela é uma interpelação perpétua e dirigida, seja de forma coletiva, seja de forma individual, às pessoas, aos indivíduos privados, quer então sob a forma da grande predicação de tipo cínico e estoico, predicação que pode perfeitamente ocorrer no teatro, nas assembleias, nos jogos, que pode se dar nas esquinas, que pode ser a interpelação de um indivíduo, que pode ser a interpelação de uma multidão. Vocês têm também esta curiosíssima estrutura das escolas filosóficas antigas, cujo funcionamento é, afinal, bem diferente do que será a escola medieval (a escola monástica ou a universidade medieval), muito diferente, é claro, das nossas escolas. O funcionamento da escola de Epicteto é, desse ponto de vista, muito significativo, na medida em que era uma espécie de estrutura flexível em que o ensino ou a palavra podiam se dirigir, alternada ou simultaneamente, seja a alunos permanentes destinados a se tornar filósofos de profissão, seja a alunos que vinham fazer um estágio para completar de certo modo seus estudos e sua formação, pessoas que necessitavam por um certo tempo fazer uma espécie de cura filosófica – uma espécie de atualização filosófica. Havia também os que, passando por ali durante uma viagem, ou simplesmente porque tinham ouvido falar do ensino e do valor desse ensino, iam lá fazer uma consulta[5]. As *Conversações* de Epicteto devem ser lidas como voltadas seja para todas essas categorias de ouvintes ao mesmo tempo, seja, no mais das vezes, para esta ou aquela categoria de ouvintes. De tal sorte que cada uma das conversações não tem o mesmo valor e o mesmo sentido, na medida em que não se inscrevem todas no mesmo marco pedagógico. Também seria necessário citar comunidades mais raras, mais fechadas, como as dos epicuristas, onde o jogo do dizer-a-verdade também tinha bastante importância. E é, me parece, entre os epicuristas que vemos se formar a prática da confissão, da confidência recíproca, do relato detalhado dos erros que alguém comete e conta, seja a seu diretor, seja inclusive aos outros, para obter conselhos[6]. Parece-me que, sob esses diferentes aspectos, a filosofia antiga pode aparecer como uma espécie de grande elaboração dessa forma geral, desse projeto geral que é a *parresía*, a coragem de dizer a verdade aos outros para conduzi-los em sua própria conduta.

De sorte que, se tomamos a filosofia antiga assim, isto é, como uma espécie de prática parresiástica, vocês percebem que não podemos medi-la de acordo com o padrão do que foi a filosofia ocidental posterior, ou pelo menos de acordo com o padrão de como representamos hoje essa filosofia ocidental, digamos, de Descartes a Hegel, passando por Kant e os outros. Essa filosofia ocidental moderna, se a consideramos tal como é apresentada atualmente como objeto escolar ou universitário, tem relativamente poucos pontos em comum com a filosofia parresiástica de que procuro lhes falar. Essa filosofia antiga, essa filosofia parresiástica, em suas diferentes doutrinas, em suas diferentes seitas, em suas diferentes formas de intervenção e de expressão – aqui também seria preciso estudar o que foram as letras, o que foram os tratados teóricos, o que foi o papel dos aforismos, o que foi o papel das lições e dos sermões –, não deve de modo algum ser compreendida como um sistema que se apresenta como sistema de verdades num domínio determinado, ou sistema de verdades em relação ao próprio Ser. A filosofia é, viveu, ao longo da Antiguidade como livre interpelação da conduta dos homens por um dizer-a-verdade que aceita correr o risco do seu próprio perigo.

E me parece que, nessa medida, a forma mais típica da filosofia antiga é a que se pode encontrar descrita no fim dessa era de ouro da filosofia antiga, que se pode encontrar em Epicteto, na célebre conversação 22 do livro III das *Conversações*, em que faz o retrato do cínico. Não quero em absoluto dizer que esse retrato do cínico, na conversação 22 do livro III, seja a única forma de filosofia que se pode encontrar na Antiguidade. Não quero nem mesmo dizer que ela constitui um resumo de tudo o que poderia caracterizar essa filosofia. Essa conversação 22, e a maneira como a filosofia é apresentada nela, constitui uma espécie de limite em relação ao que foi a grande história da filosofia antiga como *parresía*. Limite em dois sentidos, porque, por um lado, creio que se atinge aí um certo limite do que foi a filosofia antiga; limite também porque já se sente esboçar aí, implicitamente, algo como o lugar em que o pensamento cristão, o ascetismo cristão, o dizer-a-verdade cristão vão se precipitar[7]. Gostaria simplesmente de citar algumas passagens dessa conversação que mostram como atua a função parresiástica tal como a esquematizei há pouco.

Primeiro, a filosofia como modo de vida, como modo de vida manifesto, como manifestação perpétua da verdade. O cínico, explica Epicteto, é alguém que se desprende de tudo o que pode ser um desejo seu. É alguém que se desprende de tudo o que são suas paixões. É sobretudo alguém que não procura ocultar seus desejos, suas paixões, suas dependências, etc., ao abrigo de alguma coisa, mas que se mostra nu, em sua nudez. "É preciso que tu saibas o seguinte: os outros homens se põem ao abrigo das suas paredes e da sua casa e das trevas para consumar as ações desse gênero [a saber: cólera, ressentimento, inveja, piedade; M.F], e têm mil meios para escondê-las: deixam a porta fechada, postam alguém em frente do seu quarto: 'se aparecer alguém, dize: saiu, está ocupado'. Mas o cínico, em vez de todas essas proteções, deve se abrigar atrás da sua reserva [a palavra traduzida por reserva é *aidós*; é essa espécie de relação consigo mesmo pela qual o indivíduo se respeita sem ter nada a esconder, e portanto sem nada esconder de si mesmo; o *aidós* não deve ser compreendido como uma reserva que seria, vamos dizer, da ordem do pudor tal como o entendemos, não tem nada a ver tampouco com a vergonha; o *aidós* é essa espécie de transparência pela qual o indivíduo, a partir do momento em que não tem nada a esconder de fato não esconde nada, é isso o *aidós*; pois bem, o cínico, em vez de todas essas proteções – essas paredes, esses criados que afastam os importunos, etc. – deve se abrigar atrás do seu *aidós*; M.F.]; ao contrário, é em sua nudez e em plena luz do dia que ele exporá sua indecência. Eis sua casa, eis sua porta, eis os guardas de seu quarto de dormir, eis suas trevas. Não, ele não deve querer ocultar nada do que lhe diz respeito (senão ele desaparece, ele destrói em si o cínico, o homem que vive à luz do dia, o homem livre, ele começa a temer algum objeto exterior, começa a necessitar que o ocultem), e, quando quiser, não poderá."[8] Logo, vocês estão vendo, o cínico é aquele que vive à luz do dia, e que vive à luz do dia porque é um homem livre, sem ter nada a temer do exterior. Ele é, em sua vida, a verdade no estado manifesto.

Segunda característica do cínico, que coincide com o que eu lhes dizia, é o fato de que, para dizer a verdade, ele está disposto a se dirigir inclusive aos poderosos, inclusive àqueles que são temíveis, sem que considere, de seu lado, que seja um perigo, para ele desastroso, perder a vida se seu dizer-a-verdade irritar aqueles a quem ele se dirigiu. E, evocando o exemplo de Diógenes, que se dirigiu a Filipe com a desenvoltura que se sabe, Epicteto comenta: "Na realidade, o cínico é para os homens um batedor que averigua o que lhes é favorável e o que lhes é hostil. E ele deve explorar com exatidão, depois voltar para anunciar a verdade, sem se deixar paralisar pelo temor a ponto de assinalar como inimigos os que não o são e sem se deixar perturbar ou confundir o espírito de alguma outra maneira pelas representações [que podem lhe ocorrer; M.F.]."[9] O cínico, o filósofo é portanto aquele para quem o enunciado da verdade não deve ser nunca contido por um temor qualquer. Terceiro aspecto desse filósofo tal como Epicteto o apresenta é o fato de que nesse papel daquele que é, assim, o batedor, que anuncia a verdade sem temer perigo, pois bem, o cínico, claro, salva a si mesmo. Não apenas ele se salva, mas ainda por cima, pela salvação que exerce assim e pela coragem com a qual diz a verdade, tem condições de prestar um serviço à humanidade inteira. "Se assim te aprouver, pergunta-me também se o cínico tomará parte nos negócios públicos. Parvo, podes imaginar uma política mais nobre do que aquela de que ele se ocupa? Em Atenas, porventura ele subirá à tribuna para falar de rendas e de recursos, [claro que não, o cínico é – M.F.] o homem que deve discutir com todos os homens, tanto com os atenienses como com os coríntios ou os romanos [e deve discutir – M.F.], não sobre os recursos e rendas públicas, nem sobre a paz e a guerra, mas [deve falar – M.F.] da felicidade e da infelicidade, da fortuna e do infortúnio, da servidão e da liberdade? Quando um homem participa ativamente de um esforço político, tu me perguntas se ele participará dos negócios públicos? Pergunta-me também se ele ocupará um cargo, e eu te replicarei de novo: tolo, que cargo é mais nobre que este que ele está exercendo?"[10]

No fundo, pouco tempo depois de Epicteto, seis ou sete séculos depois de Sócrates, pois bem, creio que o ensino cristão, em suas diferentes formas, virá substituir essa função parresiástica e despojar a filosofia pouco a pouco dela. Primeiro, novas relações com a Escritura e com a Revelação, novas estruturas de autoridade no interior da Igreja, uma nova definição do ascetismo, definido não mais a partir do controle de si, mas da renúncia ao mundo, tudo isso vai mudar profundamente, a meu ver, a economia do dizer-a-verdade. E já não será a filosofia que, por alguns séculos, desempenhará o papel da *parresía*. O que eu sugeriria a vocês é que essa grande função parresiástica da filosofia foi efetivamente transferida pela segunda vez, depois de ter sido transferida da política para esse foco filosófico, do foco filosófico para o que podemos chamar de pastoral cristã.

Mas a questão que eu gostaria de colocar é esta: não se poderia encarar a filosofia moderna, pelo menos a que reaparece a partir do século XVI, como sendo a realocação das funções principais da *parresía* dentro da filosofia e o resgate da *parresía*, que havia sido institucionalizada, organizada, que havia desempenhado de forma múltipla, rica, densa, interessante aliás, na pastoral cristã? Porventura não é isso que vai ser agora resgatado, retomado e posto novamente em jogo, com outras regras de jogo, na filosofia europeia moderna? E, nessa medida, não se deveria considerar a história da filosofia europeia, a partir do século XVI, não tanto uma série de doutrinas que empreendem dizer a verdade ou a inverdade, seja a propósito da política, seja da ciência, seja da moral. Talvez se possa encarar a história da filosofia europeia moderna como uma história das práticas de veridicção, como uma história das práticas de *parresía*. Porventura a filosofia moderna não pode ser lida, pelo menos em alguns de seus aspectos e alguns dos seus significados mais essenciais, como uma empresa parresiástica? Não é como *parresía*, muito mais que como doutrina sobre o mundo, sobre a política, sobre a Natureza, etc., que a filosofia europeia se inscreveu efetivamente no real e na história, ou antes, nesse real que é nossa história? Não é porventura como *parresía* sem cessar retomada que a filosofia sem cessar recomeça? E, nessa medida, a filosofia não é porventura um fenômeno único e próprio das sociedades ocidentais?

De fato, vendo a maneira como a filosofia moderna se desvencilhou, no século XVI, de um certo número de discussões, a maior parte das quais girava em torno do que era a pastoral cristã, de seus efeitos, de suas estruturas de autoridade, da relação que ela impunha à Palavra, ao Texto, à Escritura, considerando que a filosofia, no século XVI, se desvencilhou como crítica dessas práticas pastorais, parece-me que podemos considerar que é como *parresía* que ela se afirmou novamente. Afinal de contas, as *Meditações* de Descartes, se são de fato uma empresa para fundar um discurso científico em verdade, também [são] uma empresa de *parresía*, no sentido de que é o filósofo como tal que fala dizendo "eu" e afirmando sua *parresía* nessa forma, justamente, cientificamente fundada que é a evidência, e isso a fim de, antes de mais nada, desempenhar, em relação às estruturas de poder que são as da autoridade eclesiástica, científica, política, um certo papel em nome do qual poderá conduzir os homens. O projeto moral, que está presente desde o início da empresa cartesiana, esse projeto de moral não é simplesmente um aditivo a um projeto essencial que seria o de fundar uma ciência. Parece-me que, no grande movimento que vai da enunciação na primeira pessoa do que Descartes pensa verdadeiramente na forma da evidência até o projeto final de conduzir os homens até em sua vida e na vida do seu corpo, temos a grande retomada do que era a função parresiástica da filosofia no mundo antigo. E, nesse sentido, creio que não se poderia encontrar equivalente disso no que foi a filosofia quando, alinhada à teologia durante toda a Idade Média, ela deixava à pastoral cristã a função parresiástica. Em todo caso, se comecei o curso deste ano com Kant, foi na medida em que me parece que aquele texto sobre a *Aufklärung* escrito por Kant é um certo modo, para a filosofia, de tomar consciência, através da crítica da *Aufklärung*, dos problemas que eram tradicionalmente, na Antiguidade, os da *parresía* e que vão emergir novamente assim no curso dos séculos XVI e XVII, e que tomaram consciência de si mesmos na *Aufklärung*, em particular nesse texto de Kant.

Em todo caso, [...*], era para sugerir a vocês uma história da filosofia que não se alinhasse a nenhum dos dois esquemas que atualmente prevalecem com tanta frequência, o de uma história da filosofia que

---

* Inaudível.

buscaria sua origem radical em algo como um esquecimento, ou ainda o outro esquema, que consistiria em encarar a história da filosofia como progresso ou avatar ou desenvolvimento de uma racionalidade. Creio que é possível fazer também a história da filosofia, nem como esquecimento nem como movimento da racionalidade, mas como uma série de episódios e de formas – de formas recorrentes, de formas que se transformam – da veridicção. A história da filosofia, em suma, como movimento da *parresía*, como redistribuição da *parresía*, como jogo diverso do dizer-a-verdade, filosofia encarada assim no que poderíamos chamar de sua força alocutória. Aí está, podemos dizer, o que era o tema geral que eu queria desenvolver ou sugerir no curso deste ano.

Gostaria agora de voltar, com um pouco mais de precisão, ao que eu tinha tentado dizer, ao lembrar a vocês as duas imagens que procurei fixar. Primeiro a imagem de Péricles, a que aparece, de forma muito indireta, claro, no *Íon*, e de forma bem direta, em compensação, em Tucídides. Essa imagem vocês sabem qual era. Aquele cidadão, na Assembleia do povo em que cada um pôde dar na sua vez e livremente sua opinião, pois bem, ele se levanta, toma a palavra, e toma a palavra com a autoridade de quem é o primeiro dos atenienses. E ele toma a palavra nas formas solenes, nas formas rituais, nas formas codificadas que são as da retórica. E assim ele vai dar uma opinião, uma opinião que ele adverte ser a dele. Mas essa opinião pode se tornar, essa opinião deve se tornar, e de fato se tornará a opinião da cidade. E, com isso, o primeiro dos cidadãos e a própria cidade devem assumir em comum, através dessa opinião agora compartilhada, um risco que será o risco do sucesso e o risco do insucesso. Eis o personagem de Péricles. Pois bem, alguns anos depois, podemos esboçar o personagem de Sócrates, Sócrates que, por sua vez, nas ruas de Atenas, se recusando sistematicamente a ir à assembleia e se dirigir ao povo, fala a linguagem de todo o mundo e de todos os dias. E essa linguagem de todo o mundo e de todos os dias, ele utiliza para quê? Para cuidar de si mesmo recusando de forma visível e manifesta as injustiças que podem cometer contra ele, mas também incitando os outros, interrogando-os com desenvoltura – [para] cuidar dos outros mostrando a eles que, não sabendo nada, eles deveriam cuidar de si mesmos. E o outro perigo que uma atividade como essa comporta, pois bem, ele assume. Ele o assume até seu último suspiro, assume até a morte aceita. Eis portanto as duas imagens nas quais eu havia articulado o curso, e eu procurei mostrar a vocês a passagem de uma à outra.

Mas – e este é outro conjunto de conclusões que eu gostaria de tirar –, realçando essa passagem, essa transformação de um personagem em outro, parece-me que podemos ressaltar alguns dos três aspectos nos quais a filosofia antiga manifestou e exerceu as funções parresiásticas. O primeiro aspecto é o que procurei evidenciar a partir das cartas VII e VIII, isto é, a relação da *parresía* filosófica com a política, relação que procurei lhes mostrar que era uma relação ao mesmo tempo de exterioridade, de distância e no entanto de correlação. Essa *parresía* filosófica era um certo modo não político de falar aos que governam, e [lhes] falar a propósito da maneira como eles devem governar os outros e como devem governar a si mesmos. Essa relação indireta, essa relação de exterioridade e de correlação com a política situa a filosofia numa espécie de cara a cara com a política, cara a cara definido por sua exterioridade, definido também por sua irredutibilidade. E é aí que se manifesta, a meu ver, ao mesmo tempo a coragem própria da *parresía* e o fato de que a *parresía* filosófica experimenta, vocês se lembram, sua própria realidade nessa relação com a política.

O segundo aspecto que gostaria de mostrar – insisti nele da última vez – é o seguinte: é que a *parresía* filosófica se situa numa relação não mais de cara a cara ou de exterioridade correlativa com respeito à política, mas de oposição e de exclusão com respeito à retórica. É o que aparecia claramente no texto do *Fedro*. Essa relação da filosofia com a retórica é muito diferente da relação da filosofia com a política. Não é mais uma relação de exterioridade afirmada e de correlação mantida. É uma relação de contradição rigorosa. É uma relação de polêmica constante, é uma relação de exclusão. Onde há filosofia, deve haver relação com a política. Mas onde há filosofia não pode haver retórica. A filosofia se define, no *Fedro*, como alternativa e oposição à retórica. Se o homem político é, de certa maneira, outro em relação ao filósofo, é um outro ao qual filósofo fala e é um outro [junto ao qual] o filósofo prova a própria realidade da sua prática filosófica. O retórico, em compensação, é outro em relação ao filósofo no sentido de que, onde há o filósofo, o retórico deve ser expulso. Eles não podem coexistir, sua relação é de exclusão. E é a esse preço, da ruptura com a retórica, que o discurso filosófico, nessa própria operação de expulsão da retórica, poderá se constituir e se afirmar como uma relação constante e permanente com a verdade. Vocês se lembram que foi o que vimos no *Fedro* quando, na expulsão da retórica, na desqualificação da retórica, o que aparecia não era em absoluto o elogio de um logocentrismo que faria da palavra a forma própria da filosofia, mas a afirmação de um vínculo constante – seja sua forma escrita, seja oral, pouco importa – do discurso filosófico com a verdade, sob a dupla forma da dialética e da pedagogia. A filosofia só pode existir portanto ao preço do sacrifício da retórica. Mas nesse sacrifício a filosofia manifesta, afirma e constitui seu vínculo permanente com a verdade.

Enfim, o terceiro aspecto – e é esse terceiro aspecto que vou tratar de explicar daqui a pouco, pedindo que vocês o reponham em seu devido lugar, isto é, antes de tudo o que acabo de dizer – é aquele que podemos encontrar em muitos outros diálogos de Platão, em particular no *Górgias*. Logo, as *Cartas*, vamos dizer, definiriam a relação da filosofia como *parresía* à política. O *Fedro* mostraria o que é a filosofia como *parresía* em sua oposição à retórica. Pois bem, o *Górgias*, me parece, mostra a relação da filosofia com o que é a ação sobre as almas, o governo dos outros, a direção e a condução de outrem; a filosofia como psicagogia. Em todo caso é nesse texto que aparece a filosofia parresiástica na relação, também essencial, que ela tem não mais com a política, não mais com a retórica, mas com a psicagogia, com a direção e a condução das almas. Já não é ao homem político, já não é ao retórico, mas ao discípulo, mas à outra alma, mas àquele a quem se busca, àquele cuja alma se busca, e eventualmente o corpo, é a esse que se dirige essa filosofia parresiástica em sua atividade psicagógica. Assim, teríamos agora um terceiro tipo de relação. Já não é a relação em forma de cara a cara (a filosofia cara a cara com a política, como era no caso das *Cartas*). Já não é a relação de exclusão como em relação à retórica. É uma certa relação de inclusão, uma certa relação de reciprocidade, uma certa relação de conjuminância, uma relação que é pedagógica e erótica, e é isso que está definido no *Górgias* e que me parece ser o terceiro aspecto, o terceiro perfil do filósofo como parresiasta. E podemos dizer que a filosofia nesses três perfis (relação com a política, exclusão da retórica, busca da alma outra) assumiu, de certo modo, as funções principais que foi possível desenhar a propósito da *parresía* pericliana, da *parresía* política.

Afinal de contas, o grande ateniense Péricles, vocês se lembram, também tinha a coragem e a livre coragem de dizer a verdade para agir sobre os outros. Mas Péricles exercia sua livre coragem no próprio campo político. Sócrates, Platão e os filósofos antigos exercerão sua coragem em relação às instituições políticas, e não mais nas instituições políticas. Péricles dizia a verdade, contanto que o que ele dissesse fosse o que ele pensava ser verdadeiro. Sócrates, Platão e toda a filosofia antiga só poderão dizer a verdade em condições muito mais custosas. Seu discurso terá de ser articulado de acordo com os princípios da dialética. Enfim, no caso de Péricles, tratava-se simplesmente de agir persuadindo os que o ouviam. Sócrates e depois Platão, ou os outros filósofos, para poder agir sobre a alma dos outros terão de utilizar procedimentos bem diferentes dos da pura e simples persuasão.

Se virmos como essas três funções da *parresía* política de Péricles se veem transformadas na *parresía* socrática e, a partir daí, na *parresía* filosófica da Antiguidade, veremos também que nessas três funções se esboça o que me parece ser os elementos e as características mais fundamentais do que será a filosofia moderna no ser histórico que ela define para si. Ou seja, a filosofia moderna, mais uma vez, se nos dispomos a lê-la como uma história da veridicção em sua forma parresiástica, o que é? É uma prática que faz, em sua relação com a política, a prova da sua realidade. É uma prática que encontra, na crítica da ilusão, do logro, do engano, da lisonja, sua função de verdade. É enfim uma prática que encontra na transformação do sujeito por si mesmo e do sujeito pelo outro [seu objeto de exercício*]. A filosofia como exterioridade relativamente a uma política que constitui sua prova de realidade, a filosofia como crítica relativamente a um domínio de ilusão que a coloca diante do desafio de se constituir como discurso verdadeiro, a filosofia como ascese, isto é, como constituição do sujeito por si mesmo, parece-me que é isso que constitui o ser moderno da filosofia, ou talvez o que, no ser moderno da filosofia, retoma o ser da filosofia antiga.

Em todo caso, se essa perspectiva pode ser considerada, vocês entenderão por que a filosofia, tanto a filosofia moderna como a filosofia antiga, está e em todo caso estaria errada se quisesse dizer o que é preciso fazer na ordem política e como se deveria governar. Ela estaria errada em querer dizer como ficam o verdadeiro e o falso na ordem da ciência. Ela estaria igualmente errada se quisesse se dar como missão a libertação ou a desalienação do próprio sujeito. A filosofia não tem de dizer o que se deve fazer na política. Ela tem de estar numa exterioridade permanente e rebelde em relação à política, e é nisso que ela é real. Em segundo lugar, a filosofia não tem de compartilhar o verdadeiro e o falso no domínio da ciência. Ela tem de exercer perpetuamente sua crítica ao que é logro, engano e ilusão, e é nisso que ela joga o jogo dialético da sua própria verdade. Enfim, em terceiro lugar, a filosofia não tem de desalienar o sujeito. Ela tem de definir as formas nas quais a relação consigo pode eventualmente se transformar. A filosofia como ascese, a filosofia como crítica, a filosofia como exterioridade rebelde à política, creio que é esse o modo de ser da filosofia moderna. Era, em todo caso, o modo de ser da filosofia antiga.

* M.F.: o exercício da sua prática

Eram as coisas que eu pretendia extrair dessa história da *parresía* e da transferência da *parresía* política para a *parresía* filosófica. Vocês estão vendo então que, nesse esquema, falta um desenvolvimento, que está vazio. É o que devia ser [consagrado] ao *Górgias*, isto é, à maneira como Platão define, descreve a filosofia, não mais portanto em sua relação com o governante, nem tampouco em sua relação com o retórico, mas com aquele de quem ela se ocupa, isto é, esse outro, esse rapaz ou esse homem qualquer pelo qual ela se interessa, que ela busca e cuja alma procura formar. É esse tipo de relação – muito diferente [do] de cara a cara que havíamos encontrado na política, muito diferente [do] de exclusão em relação à retórica – que eu gostaria de tentar analisar a partir de um texto ou dois. Então, se vocês quiserem, vamos interromper agora. [...*]

*

NOTAS

1. Diógenes Laércio, *Vie, doctrines et sentences des philosophes illustres*, t. I, trad. fr. R. Genaille, ed. cit., p. 128 (trad. fr. Goulet-Cazé, livro II, § 67, ed. cit., p. 276).
2. *Ibid.* (trad. fr. Goulet-Cazé, livro II, § 68, p. 277).
3. Foucault havia feito numerosas referências a esse autor em *L'Herméneutique du sujet* (*passim*), mas de um ponto de vista ético. Há no entanto todo um desenvolvimento mais político sobre Musônio Rufo e Rubélio Plauto no manuscrito da aula de 27 de janeiro de 1982.
4. Filostrato, *Vie d'Apollonius de Tyane*, livro V, caps. 27-37, *in Romans grecs et latins*, ed. P. Grimal, Paris, Gallimard (col. "La Pléiade"), 1963, pp. 1194-206 (na verdade esse debate político envolve três filósofos: Apolônio, Eufrates, Dion).
5. Cf. sobre o funcionamento da escola de Epicteto a aula de 27 de janeiro de 1982, *in L'Herméneutique du sujet*, ed. cit., pp. 133-7.
6. Cf. sobre esse ponto o desenvolvimento de Foucault na aula de 10 de março de 1982 (*id.*, pp. 373-4), apoiando-se essencialmente nos fragmentos do *Perì parrhesías* de Filodemo.
7. Sobre a *parresía* cristã, remeter-se à última aula do ano de 1984.
8. Epicteto, *Entretiens*, t. III, 22, 14-16, trad. fr. A. Jagu, Paris, Les Belles Lettres, 1963, pp. 71-2.
9. *Id.*, 24-25, p. 73.
10. *Id.*, 83-83, p. 82.

---

* M.F.: vou tentar encontrar a xerox do texto de que estou falando.

AULA DE 9 DE MARÇO DE 1983
Segunda hora

Estudo do Górgias. *– A obrigação de confissão em Platão: o contexto de liquidação da retórica. – As três qualidades de Cálicles: episteme;* parresía*; eunoia. – Jogo agonístico contra sistema igualitário. – A palavra socrática:* básanos *e* homologia.

Repito o que disse: é a última aula. Suponho que vocês sabem que esta é a última aula do curso porque já tirei minhas conclusões. Gostaria portanto, um pouco a título de aditivo e para preencher uma lacuna, de voltar a dois textos do *Górgias*, essencialmente a um que me parece bastante bom para fixar, [ou antes] esboçar pelo menos o que é, na *parresía* filosófica, o tipo de relação que deve se instaurar, mais uma vez, não mais com o homem político, não mais com o retórico, mas com o discípulo. É o terceiro aspecto, o terceiro perfil, o terceiro campo de atividade, campo de exercício da *parresía*. [...] Eu tinha [portanto em] mente estudar sucessivamente dois textos do *Górgias*. Um sobre o qual passarei mais rapidamente, na medida em que é um texto que, apesar da importância que lhe é dada, não me parece justamente corresponder à *parresía* filosófica. E um outro texto em que Platão emprega a palavra *parresía*, e é o primeiro emprego da palavra *parresía* no que se poderia chamar de campo das práticas da direção de consciência. E é a esse segundo texto, evidentemente, que eu gostaria de me ater.

Brevemente, o que eu gostaria de dizer a vocês a propósito do *Górgias* é o seguinte: como vocês sabem, na classificação pós ou neoplatônica foi dado ao *Górgias* o subtítulo de *Perì tês retorikês* (Acerca da retórica). E é de fato uma interrogação sobre a retórica, mas uma interrogação que é totalmente diferente da que se encontra em *Fedro*. De fato, no *Fedro*, a crítica da retórica, como vocês sabem, se faz por uma imitação da retórica – jogo complexo, na medida em que a retórica é ela própria uma arte da lisonja –, imitação ao termo da qual, a propósito do amor, ele mostra que não é o discurso retórico que é capaz de fazer o elogio verdadeiro do verdadeiro amor, mas outro tipo de discurso que deve se articular, em permanência e continuamente, sobre a verdade na forma da dialética. O *Górgias*, por sua vez, coloca a questão da retórica, mas coloca-a de outro modo, e de duas formas. A diferença é dupla.

Primeiro porque o *Górgias* coloca a questão: "O que é a retórica?" E aí é preciso se referir, bem no início do texto, a toda uma série de interrogações centradas nisso. Enquanto os interlocutores sucessivos, sobretudo Górgias e Polos, querem fazer o elogio da retórica, Sócrates sempre responde: não, não é disso que se trata, o que nós queremos saber é *tis àn eíe tékhne tês retorikês* (o que é a arte retórica, qual é o ser da técnica retórica)[1]. E é ao fim de uma primeira discussão – que mostrará que a retórica não é nada, na própria medida em que ela é arte da lisonja – que vai acontecer algo que vai, não definir, mas mostrar, de fato, o que é essa outra *tékhne* que é a da filosofia como condução das almas. [Será] a passagem da retórica a essa outra prática que é a condução das almas a partir de uma interrogação sobre o que é o ser da retórica, e a demonstração, apenas teorizada, do que é a prática filosófica. Digo "apenas teorizada" porque, precisamente, há afinal uma pequena passagem em que se trata disso e [em que] justamente o ser do discurso filosófico vai ser vinculado à prática da *parresía*. Bom, aí está, por assim dizer, a arquitetura do diálogo, ou em todo caso a perspectiva que proponho para ler esse diálogo.

Então a primeira parte, que trata de "o que é retórica, o que é o ser da retórica?", leva à conclusão de que o ser da retórica não é nada, e a argumentação [geral] consiste em mostrar que a retórica não é capaz de alcançar o que ela pretende, isto é, o bem. O que ela faz, ao contrário, é sugerir, em vez de seu próprio objetivo, algo bem diferente, que é a imitação desse, o simulacro, a ilusão, de tal modo que substitua o objetivo do bem por essa aparência que é o prazer. Logo ela não alcança seu fim, e o fim que ela alcança não é nada. Por essas duas razões, a retórica não é nada. E é, em suma, depois de atingir esse resultado do não ser da retórica, pelo menos como *tékhne* (o fato de ela não ter o ser de uma *tékhne*, de uma verdadeira arte), é [depois de atingir esse ponto], em que a retórica não é mais nada, que se encontra, de certo modo como uma adição, este texto que mandei reproduzir (480a) e que é um texto altamente e, a meu ver, injustamente célebre. Leiamos esse texto rapidamente, se vocês quiserem: "Mas, se acontece que uma pessoa cometa uma falta, ou ela própria ou alguém por quem ela se interessa, é preciso comparecer a toda pressa, por vontade própria, lá onde obterá a mais rápida punição: perante um juiz, como se iria ao médico com medo de que o mal da injustiça, não sendo cuidado a tempo, corrompa a alma até o fundo e a torne incurável."² E um pouco mais adiante (estou indo depressa), ele diz: "Se se trata de nos defender em caso de injustiça, ou defender nossos parentes, nossos amigos, nossos filhos, nossa pátria quando é culpada, a retórica, Polos, não nos pode ser de nenhum uso; a não ser que se admita, ao contrário, que devíamos nos servir dela para primeiro nos acusar a nós mesmos, depois para acusar todos os nossos amigos ou parentes que fossem culpados, sem nada esconder, trazendo a falta à luz do dia, de tal sorte que o culpado se curasse pela expiação. Nesse caso, nós nos forçaríamos e forçaríamos os outros a não fraquejar, a nos apresentar bravamente aos juízes, de olhos fechados, como ao ferro e ao fogo do médico, no amor do belo e do bem, sem nos preocupar com a dor, e, se a falta cometida merece castigo físico, ir ao encontro do castigo, ao encontro dos grilhões, se ela merecer grilhões, dispostos a pagar se for preciso pagar, a nos exilar se a pena for o exílio, a morrer se for preciso morrer; sempre o primeiro a se acusar a si mesmo assim como aos seus; orador só para esse fim de tornar a falta evidente para melhor se libertar do maior dos males, a injustiça."³

Nem é preciso dizer os motivos pelos quais esse texto me interessa, já que um dos aspectos, enfim, uma das questões que eu gostaria de colocar para a história dessa *parresía* é um pouco a questão dessa longa e lenta evolução multissecular que levou a uma concepção da *parresía* política como direito, privilégio [de] falar aos outros para guiá-los (*parresía* pericliana) até essa outra *parresía*, eu ia dizendo pós-antiga, a de depois da filosofia antiga, que vamos encontrar no cristianismo e em que ela se tornará uma obrigação de falar de si mesmo, uma obrigação de dizer a verdade sobre si mesmo, obrigação de dizer tudo sobre si mesmo, e isso para se curar⁴. Essa espécie de grande mutação, da *parresía* "privilégio da livre palavra para guiar os outros" à *parresía* "obrigação para quem cometeu uma falta de dizer tudo por si mesmo para se salvar", essa grande mutação é um dos aspectos certamente mais importantes da história da prática parresiástica. E em certo sentido é exatamente isso que eu queria reconstituir. Ora, é evidente que temos aí, me parece e à primeira vista, como que o testemunho primeiro, sem dúvida, dessa inflexão da *parresía* "direito [de] falar aos outros para guiá-los" à *parresía* "obrigação de falar de si para se salvar". Essa longa história é evidentemente muito importante quando se quer analisar as relações entre subjetividade e verdade e as relações entre governo de si e governo dos outros. E a questão que gostaria de colocar é a seguinte: será que efetivamente pode-se ler esse texto como a primeira formulação dessa inflexão, dessa reviravolta? Texto que parece paradoxal, pois é um pouco como um hápax, é quase único – vocês vão ver que não o é exatamente – e anuncia sem anunciar, parece prefigurar, cinco ou seis séculos antes, o que será a confissão cristã. Porque um texto como esse – as formulações, os preceitos que são dados, as justificativas que são dadas – é muito próximo do que vocês poderão encontrar a partir do momento em que a prática da penitência for efetivamente institucionalizada – digamos depois, no decorrer do século III – e se tornar então uma prática constante pelo menos no ascetismo cristão, ou todo um aspecto do ascetismo cristão, a partir do século IV-V. Em todo caso, em textos que já são, por exemplo, os de são Cipriano[5], vocês veem que essa obrigação, quando se comete uma falta, de correr àquele que pode, ao mesmo tempo, como um juiz punir e como um médico curar, essa obrigação, essa formulação pode ser encontrada quase literalmente sem que, pelo que eu saiba – mas isso sob reserva –, jamais nenhum autor cristão tenha se referido a esse texto do *Górgias*, como se efetivamente eles soubessem que não era exatamente disso que se tratava. Enfim, pouco importa, aqui eu ponho pontos de interrogação. Talvez encontrássemos referências a esse *Górgias*, mas é absolutamente verdadeiro que à primeira vista a analogia é notável. De todo modo, nos comentários modernos desse texto, interpreta-se em geral essa passagem como um modelo sério da boa conduta moral e cívica. Sabemos muito bem que, quando se cometeu uma má ação, o melhor, afinal de contas, é ir àquele que pode condenar e curar, e isso [...*].

Sócrates volta aliás duas vezes – vocês estão vendo, há dois parágrafos – a essa ideia, parecendo por conseguinte estabelecer que a melhor maneira, o melhor modo da psicagogia seria portanto, para quem quiser se transformar e de injusto se tornar justo, utilizar a retórica para, na cena judicial onde efetivamente a retórica tem seu lugar privilegiado (eu ia dizendo natural, [ou melhor]: institucional), se acusar e, pela punição que daí decorre, obter a cura. Não é isso a verdadeira psicagogia? E então, que a psicagogia platônica seja [isso], que tenhamos aí a prefiguração reconhecida, autenticada pelo próprio Platão de uma prática que será em seguida secular e até milenar, disso os comentadores encontrarão a confirmação no fato, por exemplo, de que esse esquema parece, de certo modo, prefigurar o que o próprio Sócrates devia fazer quando, acusado, não fugiu dos seus juízes. Ao contrário, ele enfrentou, reconheceu certo número de acusações que tinham contra ele e aceitou

* Inaudível.

o castigo. É um fato também que encontramos em Platão, com muita frequência, esse tema de que a falta é uma doença, o que é um tema de origem pitagórica. A falta é uma doença, ou seja, é necessário compreendê-la no duplo registro da impureza que é preciso eliminar e da doença que é preciso curar. Purificação e cura são, na tradição pitagórica, misturadas, e é claro que encontramos aqui um eco disso. Enfim, também se pode encontrar com frequência entre os trágicos gregos a ideia de que, sendo a falta doença e impureza ao mesmo tempo, a sentença que pune, o julgamento que é proferido, o castigo que é dado constituem ao mesmo tempo cura e purificação. Pode-se portanto supor, de fato, que temos aí, apoiado, esteado por algumas outras confirmações e em eco com algumas outras ideias, esse tema de que a verdadeira transformação da alma deve ser feita através de uma retórica da confissão, numa cena judicial em que dizer a verdade sobre si mesmo e ser punido por outro vão levar à transformação do injusto em justo. E teríamos portanto aí uma espécie de núcleo cuja sorte seria milenar. Ora, creio que se damos a esse texto o sentido que acabo de sugerir, um sentido positivo e imediato, significa que nos deixamos obnubilar por dois esquemas anacrônicos: o esquema da confissão cristã, com sua dupla referência constante, judicial e médica, e o de uma prática penal que, desde o século XVIII pelo menos, não cessou de justificar a punição por sua função terapêutica.

[Então,] não acredito ser possível dar esse sentido a esse texto. E nada me parece mais distante da psicagogia platônica do que a ideia de que uma retórica da confissão na cena judicial poderia realizar a transformação do justo em injusto. De fato, se encontramos vários textos acerca da função terapêutica do tribunal em textos trágicos, ou em outros textos gregos, essa terapêutica é requerida ao tribunal não se refere, na maior parte do tempo, à alma de quem cometeu a falta. É uma terapêutica que deve ser aplicada à cidade. Tomem o exemplo de Édipo: punir o criminoso não cura o criminoso. Ela expulsa da cidade um mal que é, na verdade, ao mesmo tempo percebido como impureza e como doença. Não é uma psicagogia, é uma política. É uma política da purificação posta em jogo por essa ideia de que o tribunal cura, não é em absoluto uma psicagogia das almas individuais. Em segundo lugar, não creio que se possa invocar tampouco o exemplo de Sócrates, porque, no fundo, Sócrates faz algo totalmente diferente de se acusar quando é levado perante os tribunais. Sócrates não corre para o juiz depois de ter cometido uma falta, não se antecipa a ele: ao contrário, os juízes é que o perseguem. E, por outro lado, se ele se deixa condenar, não é em absoluto porque teria cometido uma injustiça e porque reconheceria ter cometido uma injustiça. Nos textos, seja o da *Apologia*, o do *Fédon*, um pouco o do *Críton*, seja também um texto que encontramos no fim do *Górgias* e em que se alude, por uma espécie de prefiguração retrospectiva, ao que havia sido – ao que ia ser em relação ao diálogo – o processo de Sócrates[6], Sócrates não aparece em absoluto como alguém que diz: sou culpado, é por isso que me submeto às leis. Mas: como os cidadãos se servem de leis, que são justas em si, mas para me condenar injustamente, eu cometeria uma injustiça se tentasse escapar dessas leis. O reconhecimento que devo à cidade, o respeito que é devido às leis, tudo isso faz que, mesmo processado injustamente, não me esquive aos processos nem às suas consequências. Aí é que estaria a injustiça. Portanto não é de modo algum uma coisa da ordem da confissão, é um jogo totalmente diferente que Sócrates joga com seus juízes. Não a confissão da falta cometida, mas a obediência às leis para não cometer uma injustiça não obedecendo a elas. Logo, não citemos o exemplo de Sócrates para confirmar o significado dessa suposta cena da confissão terapêutica e psicagógica.

Então por que Sócrates, aqui, faz essa referência à confissão das faltas, e que significado dar a esse trecho? É preciso primeiro, parece-me, recordar o contexto. Essa passagem fica entre a discussão de certo modo preliminar com Polos – em que, mais uma vez, acaba-se de demonstrar que a retórica não é nada, se lhe é pedido pelo menos ser uma *tékhne* –, entre, dizíamos, essa liquidação da retórica e o que vai ser, na segunda parte, através da discussão com Cálicles, a elucidação da própria *parresía* filosófica. É preciso considerar esse texto uma espécie de limite final do debate sobre a retórica e, me parece mais ainda, sua reviravolta histórica. É um uso quase bufo da retórica que Sócrates apresenta aqui. Enfim, ponho "bufo" entre aspas, convém ser mais prudente e comedido. Eis o que quero dizer: Sócrates acaba de estabelecer – ele mostrou que a retórica não era nada – que o importante não é escapar da injustiça dos outros. O importante é não cometer injustiça. E, se é isso o importante, de que serve a retórica? Ele disse: a retórica não pode servir para nada. Porque se o que é importante é não cometer injustiça, o importante será portanto fazer que o que é injusto se torne efetivamente justo, e não que quem é injusto apareça simplesmente como justo. Logo a retórica não serve para nada. E, simplesmente, chegando a esse limite ele diz: se de fato vocês querem utilizar a retórica, se apesar do não uso real da retórica vocês querem utilizá-la, para que poderiam utilizá-la? E então ele imagina esta cena paradoxal – cena que é, em si, impossível, que para um grego, creio, não faz sentido – em que se vê uma pessoa correr para o tribunal e – o texto diz isso precisamente – utilizar toda a sua arte de retórica para dizer: sou eu o culpado, por favor me punam. É como cena paradoxal, como cena impossível que Sócrates apresenta esse uso da retórica, para mostrar até que ponto, de fato, a retórica não pode nada. E de que seja esse o sentido – o de uma cena paradoxal e literalmente impossível – que Sócrates apresenta, temos a confirmação, a meu ver, na passagem que se segue imediatamente, na qual, depois de explicar esse uso confessional, esse uso de confissão da retórica, ele diz: haveria também um outro uso da retórica, se vocês querem de fato utilizá-la depois de admitirem que o importante é não cometer injustiça. Se vocês admitem isso, então vocês podem utilizar a retórica ou para, coisa absolutamente bizarra e inimaginável, se acusarem a si próprios, ou então: "Na situação inversa, se se trata de alguém, inimigo ou outro, a quem se queira prestar um desserviço – contanto que ele seja, não a vítima, mas o autor de uma injustiça, então [seria necessária uma – M.F.] mudança de atitude. Seria preciso envidar esforços, em ações e em palavras, para que ele não tenha de prestar contas e para que não compareça perante a justiça; ou, se ele comparecer, arranjar para que escape da punição, de tal sorte que, se roubou grandes somas, não as devolva, mas as guarde e as gaste pessoalmente e com os seus de maneira injusta e ímpia; que, se ele mereceu a morte por seus crimes, se possível não morra, mas viva para sempre em sua maldade ou que, pelo menos, viva o maior tempo possível nesse estado."[7] Parece-me que esse texto esclarece muito bem o significado do texto que precede imediatamente e do qual lhes distribuí uma xerox. A situação portanto é a seguinte: já que o importante é não cometer injustiça, pode-se deduzir daí que a retórica não é nada. Ela não é nada em si mesma e não é de nenhum uso. Mas, se vocês quiserem mesmo fazer – a partir desse princípio de que o importante é não cometer injustiça – um uso da retórica, dessa coisa que não é nada e que não serve para nada, se vocês quiserem usá-la, o que poderiam fazer dela? Pois bem, vocês fariam esses dois usos grotescos: um, correr ao juiz e lançar mão de todo o talento retórico de vocês para se acusarem; dois, quando vocês tiverem um inimigo contra o qual tenham uma desavença séria, vocês irão defendê-lo no tribunal e se esforçarão para fazer de tal sorte que ele não seja punido e que, dessa punição, ele não possa encontrar o princípio da sua transformação de homem injusto em justo. Vocês o manteriam na sua injustiça, fariam de sorte que ele não a reparasse, e é assim que vocês poderiam lhe prestar, vocês que são inimigos dele, o pior serviço. São os dois paradoxos da utilização impossível e ridícula da retórica, a partir do momento em que foram admitidos os princípios precedentes. Não há psicagogia da confissão, não há psicagogia judicial. Não é manifestando a verdade de si mesmo diante de um juiz que pune que vocês poderão, vocês que são injustos, se transformar em homens justos. E me parece portanto que é esse sentido que se tem de ter presente ao falar desse texto.*

Em compensação – aqui passamos ao outro texto de que eu gostaria de falar –, há uma passagem em que vemos qual é o modo de ser do discurso que efetivamente poderá realizar a psicagogia de que se trata. Não é a retórica, não é a falta judicial, não é nesse jogo da falta, da confissão e da punição que as coisas poderão ser realizadas. A passagem que eu cito para vocês [...**] está em 486d: "Se minha alma fosse de ouro, Cálicles, duvidas que eu não ficaria feliz em encontrar uma dessas pedras que servem para testar o ouro? Uma pedra tão perfeita quanto possível, que eu tocaria com minha alma, de tal sorte que, se ela estivesse [...] de acordo comigo sobre as opiniões da minha alma, isso, por esse fato, seria verdade. Com efeito, penso que para verificar corretamente se uma alma vive bem ou mal é preciso ter três qualidades[8] e que tu possuis todas as três: o saber (*epistemen*), a benevolência (*eúnoian*) e a franqueza (*parresían*). Encontro com frequência pessoas que não são capazes de me pôr à prova, por não serem sábias, como és; outras são sábias, mas não querem me dizer a verdade, porque não se interessam por mim como tu. Quanto a esses dois estrangeiros, Górgias e Polos, ambos são sábios e amigos meus, mas uma infeliz timidez os impede de ter comigo sua *parresía*. Nada mais evidente: essa timidez vai tão longe que reduz ambos a se contradizer por falsa vergonha diante de um auditório numeroso [...]. Tu, ao contrário, tens todas essas qualidades."[9] E enumera as três qualidades que Cálicles possui: ele é *epistémon* (tem episteme); tem amizade, afeto por Sócrates[10]; e "quanto à tua franqueza (*parresiázesthai*) e à tua falta de timidez, tu as afirmas altamente e teu discurso precedente não te desmentiu. Eis pois uma questão resolvida: cada vez que estivermos de acordo sobre um ponto, esse ponto será considerado suficientemente experimentado por ambas as partes, sem que seja preciso examiná-lo"[11]. Um pouco mais à frente, bem no fim, no pé da página, vocês estão vendo, a partir do que poderíamos chamar desse pacto parresiástico da prova das almas, este pequeno parágrafo, estas linhas que se

---

* O manuscrito compreende aqui um longo desenvolvimento sobre a diferença entre a posição de Sócrates aqui expressa quanto à função do castigo e a de Protágoras no diálogo de mesmo nome em 324a.

** M.F.: é a outra xerox.

referem efetivamente à conduta e à condução das almas: "Para mim, se eu vier a cometer alguma falta de conduta, estejas certo de que não faço isso de propósito, mas que é pura ignorância de minha parte, e como tu começaste a me dar conselhos, não me abandones, mas indica-me o gênero de ocupações a que devo me consagrar e a melhor maneira de me preparar para elas; se, mais tarde, depois que eu houver concedido hoje a ti a minha aquiescência, tu me pegas fazendo uma coisa diferente da que eu te disse, considera-me um covarde, indigno de receber doravante teus conselhos."[12]

Esse texto, como vocês estão vendo, se opõe, ainda que indiretamente, mas de forma bastante clara, ao que acabo de ler para vocês. Em ambos os casos, trata-se de: o que se deve fazer quando se comete uma falta? Hipótese bufa, absurda, para alguém que acreditasse na retórica: correr até o juiz e se acusar. E eis, agora, a outra fórmula que é justamente a da ação filosófica sobre a alma em que, se uma falta foi cometida, há que admitir que não foi cometida voluntariamente, que por conseguinte quem a cometeu necessita, mais uma vez e novamente, de conselhos. Mas se, depois desses conselhos e uma vez que ficou esclarecida a natureza da falta, ele cometer de novo essa falta, pois bem, sua única punição será a de ser abandonado por aquele que o dirige. Vocês estão vendo que estamos numa cena totalmente diferente, com outros procedimentos e num contexto totalmente diferente, com uma atuação totalmente diferente daquela da cena judicial da confissão. Gostaria então de voltar um pouco aos elementos presentes nessa passagem.

Parece-me que, nessa passagem, estão definidos, mesmo que de maneira rápida e de certo modo puramente metodológica (como regras da discussão), o modo de ser do discurso filosófico e sua maneira de vincular a alma ao mesmo tempo à verdade, ao Ser (ao que é) e ao Outro. Essa passagem me parece interessante porque retoma, teoriza, de maneira evidentemente fugidia mas mesmo assim muito clara, o que esteve em jogo ao longo do diálogo, já que – aqueles de vocês que [leram] se lembram – Sócrates não parou de dizer a seu interlocutor: não quero que você me faça grandes discursos, não quero que você me faça o elogio da retórica, quero simplesmente que responda às minhas perguntas. Quero que responda às minhas perguntas, não – como será dito no *Mênon* ou como encontraremos em outros diálogos – porque é no fundo de você mesmo que você sabe a verdade. [Ou antes], essa proposição está implícita nisso, mas não é nesse ponto que está focalizado o tema do "quero que você responda às minhas perguntas" que percorre todo o *Górgias*. "Quero que você responda às minhas perguntas" no *Górgias* significa: quero que você seja testemunha da verdade. Respondendo exatamente como você pensa, exatamente como você tem [presente ao] espírito, as perguntas que vou te fazer, sem nada dissimular, nem por interesse, nem por ornamentação retórica, nem por vergonha – [a qual] vai desempenhar novamente um papel importante aí –, pois bem, dizendo muito exatamente o que você pensa, teremos assim uma verdadeira prova da alma. Não é como instrumento de memorização, não é como jogo dialético com a memória que o diálogo é justificado aqui. Ele é justificado como uma prova permanente da alma, um *básanos* (uma prova) da alma e da sua qualidade pelo jogo das questões e das respostas.

Esse texto também é interessante porque, ao mesmo tempo que teoriza assim, agrupando pelo menos certo número de temas, que correm ao longo de todo o diálogo, que são uma espécie de pacto que Sócrates recorda ao longo de todo o diálogo, encontramos aqui, vocês estão vendo, a palavra *parresía*, palavra que é empregada, claro, em seu significado corrente, fora de seu campo político preciso, fora do campo institucional de que se falou. Quer dizer, trata-se aqui da pura e simples fala franca, de dizer o que se tem na cabeça, da liberdade de falar, de dizer exatamente o que se pensa, sem limites, sem vergonha. Mas, embora esse significado da palavra *parresía* seja o significado tradicional, a palavra é empregada aqui numa reflexão sobre o que deve ser o diálogo filosófico e o que deve ser, por conseguinte, o jogo de verdade e o jogo de prova que é jogado pelo filósofo e seu discípulo – o questionador e o questionado, o que persegue e o que é perseguido. Nessa medida, creio que temos aqui um primeiro uso – não há outros, em todo caso na literatura daquela época, nem houve antes – da palavra *parresía* no contexto, no interior dessa prática que já é a prática da direção de consciência. Vocês encontrarão então, bem mais tardiamente, textos que, inteira ou parcialmente em todo caso, atribuirão um papel importante à teoria da *parresía*. Vocês têm, por exemplo, um tratado de Plutarco consagrado à distinção dos lisonjeadores: como se pode reconhecer um lisonjeador, como se pode desmascarar um lisonjeador?[13] Na realidade esse texto é uma discussão muito técnica sobre o que é a lisonja em oposição à *parresía*. E vocês têm aí uma reflexão, se não teórica, pelo menos técnica, quase tecnológica sobre a *parresía*. Aqui, não se trata disso ainda, mas a palavra já é empregada no contexto dessa prática da condução das almas, da condução filosófica, da condução individual das almas, e é a primeira vez. Por isso, é preciso nos determos um pouco nesse texto.

O contexto no qual está situada essa passagem, vocês se lembram, é muito simples. Fica pouco depois da que lemos sobre a confissão e me parece estar justamente em oposição quase caricatural a ela. Polos foi desqualificado como interlocutor, pois de certo modo ele se deu mal na discussão. Foi obrigado a admitir que, se de fato o justo é melhor que o injusto, a retórica não serve para nada. É nesse momento que Cálicles intervém, e Cálicles viu perfeitamente onde estava o ponto fraco do discurso de Polos, a saber, que Polos tentou conciliar duas proposições. Primeiro, a proposição de que a retórica é útil; segundo, a proposição de que o justo é melhor que o injusto. Sócrates mostrou que as duas proposições não se sustentavam e, sustentando ele que o justo é melhor que o injusto, mostrou que a retórica é inútil, não apenas que é inútil mas que não é nada. Por conseguinte, a tática de Cálicles na discussão vai ser facilmente deduzida. Cálicles vai assumir a outra posição, que consiste em dizer: não é verdade que o justo seja preferível ao injusto, logo a retórica existe, logo a retórica é útil. É essa célebre passagem, sobre o fato de que o justo não é preferível ao injusto, que é explicada, interpretada não apenas – o que é exato – como esboço do que será Trasímaco na *República*, [mas] também reinterpretada como uma espécie de prefiguração do homem nietzschiano, uma espécie de afirmação primeira da vontade de poder. Essa interpretação, em compensação, me parece totalmente aventurosa e tão anacrônica quanto a que fazia da passagem que explicávamos antes uma prefiguração da confissão. Não é uma moral da confissão e do castigo, oposta a uma moral da vontade de poder que está em cena nesse diálogo de *Górgias*. Seria, por razões históricas óbvias, espantoso se assim fosse.

Se insisto em Cálicles é, vocês vão ver, por uma razão simples. Eu gostaria simplesmente, para situar as coisas, porque temos de correr, de dizer que no fundo Cálicles é um rapaz ao mesmo tempo correto, conveniente e, afinal, totalmente normal. Porque, se vocês pegam seu discurso sobre o justo e o injusto, [quando ele diz]: não é verdade que o justo deve ser preferido ao injusto, como é que ele justifica isso e com base em quê? Ele justifica dizendo: não se deve agir como um escravo, porque são os escravos que sofrem a injustiça sem poder se defender (está em 483b). 483c: deve-se pertencer aos fortes, aos mais capazes, aos que são *dynatoì pléon ékhein* (capazes de ter mais que os outros). É preciso procurar prevalecer sobre os *hoi polloí*, os mais numerosos (em 483d), é preciso estar entre os *dynatóteroi* (os que são mais poderosos que os outros). 483e: é preciso que o mais forte (*kreítton*) comande o menos forte, o mais fraco (*hétton*), é preciso fazer parte dos *béltistoi*, dos melhores[14]. Ora, tudo isso são as formulações mais banais, que podemos encontrar em qualquer grego, contanto que pertença à categoria dos cidadãos de pleno direito e que pertença também à classe daqueles que, por seu estatuto, por seu nascimento, por sua riqueza, têm a pretensão de governar a cidade. Não há nada de extraordinário no projeto de Cálicles. A única coisa em que ele tropeça e que faz que essa atitude absolutamente normal – querer estar entre os melhores e ser, a título de melhor, alguém que comande o mais fraco e o menos bom – [encontre uma resistência] é que ele tem diante de si um *nómos* (uma lei), que é precisamente a lei da democracia ateniense, que tende a dar o mesmo estatuto a todo o mundo e, sobretudo, impedir que um prevaleça sobre os outros. E – é aqui que, podemos dizer, há uma coisa que faz que o personagem de Cálicles não seja um jovem aristocrata exatamente igual a todos os outros – ele utiliza, perante o que para ele é um escândalo (essa lei da igualdade), uma argumentação que, sabemos, provém diretamente dos sofistas, provém de Górgias, provém de Protágoras, etc., e que consiste em dizer que o *nómos* é apenas uma questão de convenção que nenhuma lei proveniente da Natureza obriga. Ele reinterpreta portanto essa situação que para ele é intolerável. Ele, que quer jogar normalmente o jogo aristocrático do melhor, que pertence a um mundo agonístico em que os mais fortes devem prevalecer sobre os mais fracos, utiliza esse tipo de raciocínio. Deve-se ver portanto que, em Cálicles, Sócrates não tem em absoluto um representante premonitório de uma aristocracia quase nietzschiana – que seria incapaz de se dobrar a uma lei qualquer, a partir do momento em que essa lei quisesse dobrar seu apetite de poder. Em Cálicles, Sócrates tem um jovem que quer jogar, num sistema que se tornou igualitário, um jogo agonístico tradicional. Já não são suas vantagens de fortuna, seu estatuto tradicional que podem situá-lo entre os melhores, e o fato de que ele esteja entre os melhores não lhe proporciona uma autoridade real. Como ele poderá adquiri-la? Pois bem, simplesmente pela retórica. A retórica vai ser portanto um instrumento que lhe possibilitará jogar, no sistema igualitário, o velho jogo tradicional da preeminência e dos estatutos privilegiados. A retórica é esse instrumento para tornar novamente inigualitária uma sociedade à qual se procurou impor uma estrutura igualitária mediante leis democráticas. Essa retórica, portanto, já não deve ser indexada à lei, pois é contra essa lei que a retórica tem de atuar. A retórica deve portanto ser indiferente ao justo e ao injusto, e é como puro jogo agonístico que a retórica se vê justificada. Eis em que contexto se situa a passagem que eu gostaria de explicar.

Então, ante esse uso da retórica sem indexação ao justo e ao injusto, o que Sócrates vai propor a Cálicles? Pois bem, vai lhe propor um jogo discursivo que é inteiramente diferente, que é termo a termo diferente. De fato, primeiro, seja nessa situação tradicional, seja nessa situação conflitual em que pessoas pertencentes à elite ou que querem jogar o jogo agonístico deparam com uma estrutura igualitária e democrática, a retórica é um discurso que, no espírito de Cálicles como aliás no espírito dos retóricos, tem um só e único uso: trata-se de prevalecer sobre e, por conseguinte, de se dirigir aos numerosos (*hoi polloí*) e, dirigindo-se a *hoi polloí*, [de] persuadi-los. E, tendo por conseguinte obtido a persuasão e o apoio dos numerosos, será possível superar os rivais. A retórica é, podemos dizer, uma prática de discurso jogada com três categorias de personagens: há os numerosos que é preciso convencer; há os rivais sobre os quais é preciso prevalecer; e há aquele que utiliza a retórica e quer se tornar o primeiro.

O que Sócrates propõe a Cálicles é um discurso que não jogue esse jogo de três estágios, ou que não jogue nesse espaço agonístico com os mais numerosos, os rivais e aquele que quer prevalecer. É um discurso utilizado como *básanos*[15], como prova de uma alma por outra. Ao longo da discussão precedente com Polos, tratava-se de utilizar o interlocutor como um mártir, como uma testemunha[16]. Aqui, a palavra *básanos* faz que o discurso vá de uma alma a outra como uma prova. Como uma prova em que sentido? A utilização da metáfora da pedra de toque é interessante. A pedra de toque, de fato, mostra o quê? Qual é sua natureza e qual é a sua função? Sua natureza é que há algo nela como uma afinidade entre ela mesma e aquilo que ela prova e que vai fazer que a natureza do que é provado por ela seja, por ela, revelado. Em segundo lugar, a pedra de toque atua em dois registros. Ela atua no registro da realidade e no registro da verdade. Ou seja, a pedra de toque permite saber qual é a realidade da coisa que se quer provar por ela e, manifestando a realidade da coisa provada por ela, mostra-se se essa coisa é mesmo o que pretende ser e se, por conseguinte, seu discurso ou sua aparência são bem conformes ao que ela é. Logo a relação que vai haver entre as almas não será mais, em absoluto, essa relação de tipo agonístico em que a questão seria prevalecer sobre os outros. Entre as almas a relação vai ser de prova, vai ser a relação de *básanos* (de pedra de toque) em que haverá afinidade de natureza e, por essa afinidade de natureza, demonstração ao mesmo tempo da realidade e da verdade, isto é, do que é a alma no que ela pode ter de *étymos* (autêntico). Vocês se lembram, já havíamos encontrado essa noção de autêntico (de *étymos*) a propósito do logos[17]. E, na medida em que uma alma se manifesta pelo que diz (por seu logos, [pela] prova, no diálogo, do logos: saber o que ele é na realidade e se o que ele é, é efetivamente conforme à realidade e se ele diz a verdade), o que vale para o logos vale também para a alma. O jogo já não é agonístico (de superioridade), portanto. É um jogo de prova a dois, por afinidade de natureza e de manifestação de autenticidade, da realidade-verdade da alma.

Em segundo lugar, vocês estão vendo que, nessa prova de verdade, o ponto indicado várias vezes como sendo o elemento marcante e que vai fazer que se proceda efetivamente a essa prova e que essa prova leve a uma decisão, o que é? É o que, no texto, é chamado várias vezes de homologia. Homologia – esse termo reaparece várias vezes –, trata-se da identidade do discurso num e noutro[18]. Quando, nessas duas almas que se provam por afinidade de natureza, pode haver uma homologia que faz que o que é dito por um possa ser dito pelo outro, nesse momento haverá um critério de verdade. O critério de verdade do discurso filosófico não é portanto, vocês estão vendo, para ser buscado numa espécie de vínculo interno entre quem pensa e a coisa que é pensada. Não é portanto, de modo algum, na forma do que será mais tarde a evidência que a verdade do discurso filosófico é obtida, mas por uma coisa chamada homologia, que é identidade do discurso entre duas pessoas. Com uma condição porém, e é aqui que encontramos os três termos que eu gostaria de explicar e nos quais encontramos "*parresía*". Para que essa homologia, isto é, essa identidade do discurso, seja o que se quer que ela seja, isto é, uma prova da qualidade da alma, é preciso que não só o discurso mas a alma, mas o indivíduo que o pronuncia – e, para dizer a verdade, essas três coisas coincidem – obedeçam a um certo número de critérios. Esses três critérios [são]: episteme, eunoia, *parresía*[19]. Seria preciso remeter (mas infelizmente não tenho tempo) a outros textos que se encontram um pouco mais adiante, a propósito da lisonja[20]. Com efeito, o que é a lisonja? A lisonja também é, em aparência, uma homologia. O que é lisonjear? Lisonjear é pegar no ouvinte o que ele já pensa, formulá-lo por conta própria como meu próprio discurso pessoal, e restituí-lo ao ouvinte, que fica com isso tanto mais facilmente convencido e tanto mais facilmente seduzido por ser o que ele diz.

Temos aí – em aparência, vamos dizer – uma homologia. Mas isso nunca será chamado de homologia, porque essa aparência de identidade não passa de uma aparência. Não é o próprio logos que é idêntico, são as paixões, são os desejos, são os prazeres, são as opiniões, é tudo o que é ilusório e falso. É isso que é reproduzido e repetido na lisonja. Em compensação, a homologia do diálogo é um verdadeiro critério de verdade. E o fato de que os dois empreguem o mesmo logos não será lisonja, com uma condição: que os interlocutores sejam dotados de episteme, eunoia, *parresía*. Quero dizer: "que os ouvintes sejam dotados de". Vamos ter de voltar um instante a isso, mas deixemos de lado por ora, se vocês quiserem. Episteme, isto é, o que todos têm de saber: "saber" se opõe a essa lisonja que é assim posta à parte aqui, pois aqui ela serve apenas de opinião. Aqui, a episteme não se refere tanto ao que o interlocutor ou os interlocutores saberiam de um saber que teriam aprendido, mas [ao fato] de nunca dizer o que eles dizem a não ser sabendo efetivamente que é verdade. Segundo, a homologia não será lisonja com uma condição: que – de novo em oposição à prática dos lisonjeadores – o que os interlocutores procuram [não seja] o bem deles, seu lucro, sua boa reputação entre os ouvintes, seu sucesso político, etc. Para que a homologia tenha efetivamente valor de lugar de formulação e prova da verdade, será preciso que cada um dos dois interlocutores tenha, pelo outro, um sentimento de benevolência que provém da amizade (eunoia). E, enfim, terceira coisa, será preciso, para ter certeza de que a homologia não será simplesmente essa analogia do dizer na lisonja, que cada um dos dois utilize a *parresía*, isto é, [que nada] que seja da ordem do medo ou da timidez ou da vergonha venha limitar a formulação do que se pensa ser verdade. A coragem parresiástica é necessária. A episteme que faz que se diga o que se pensa ser verdade, a eunoia que faz que se fale somente por benevolência para com o outro, a *parresía* que dá a coragem de dizer tudo o que se pensa, a despeito das regras, das leis, dos hábitos, são as três condições [sob] as quais a homologia, isto é, a identidade do logos, num e noutro, poderá desempenhar esse papel de *básanos* (de prova, de pedra de toque) de que se trata. Episteme, eunoia, *parresía*, se vocês quiserem de fato fazer comparações filosóficas, digam-se que elas ocupam de certo modo, numa prática filosófica definida pelo diálogo e pela ação de uma alma sobre uma outra, exatamente, quer dizer, de certo modo o lugar que a evidência cartesiana desempenhará quando o discurso cartesiano se apresentar, se afirmar como o lugar em que se produz e se manifesta a verdade.

Então seria necessário evidentemente complicar um pouco as coisas, muito até, mas infelizmente não tenho tempo... Porque na verdade esse jogo é jogado a dois, quer dizer que nem a episteme, nem a eunoia, nem a *parresía* de Cálicles são as mesmas que a episteme, a eunoia e a *parresía* de Sócrates. E, justamente, tudo o que vai acontecer no diálogo, a partir desse momento, será a maneira como, jogando efetivamente com a episteme – o que ele sabe e o que ele sabe como verdadeiro –, jogando com a sua amizade – um pouco limitada, mas afinal de contas com a sua boa vontade para com Sócrates –, e depois com a sua *parresía* que é bem definida como a capacidade de dizer inclusive as coisas escandalosas e vergonhosas, pois bem, jogando com tudo isso e aplicando essas regras a seu próprio diálogo, Cálicles, pouco a pouco, vai ser levado a deixar o discurso de Sócrates prevalecer. E é nesse momento que, no silêncio de Cálicles, que renunciará a falar, se afirmará uma episteme de Sócrates que se manifestará na formulação desses grandes princípios concernentes ao corpo e à alma, à vida, à morte e à sobrevivência, que são como que o próprio núcleo do saber filosófico; a eunoia de Sócrates, que é a afeição que ele tem por Cálicles; e a *parresía* socrática, essa *parresía* de que ele dá prova ao longo de todo o diálogo, mas que será efetivamente evocada no fim, quando, por uma antecipação retrospectiva, o diálogo evoca o que será em breve o processo de Sócrates e sua morte, e a coragem com a qual ele dirá a verdade diante dos seus juízes[21].

É assim que, vocês estão vendo, episteme, eunoia e *parresía* constituem operadores de verdade. Por um pacto a que Sócrates convida Cálicles nesse diálogo, a homologia que vai se desenrolar, que vai ritmar o resto do diálogo, constituirá a própria prova da verdade do que se diz, e portanto da qualidade das almas que o dizem. Vocês estão vendo que, nessa concepção da pedra de toque, da homologia e da condição interna delas que culmina na *parresía*, temos a definição desse vínculo pelo qual o logos pode agir sobre a alma do outro e conduzi-lo à verdade. E é assim que essa *parresía* – que em seu uso político, digamos com base no modelo pericliano, tinha a possibilidade de vincular, em torno de quem comanda, a pluralidade dos outros na unidade da cidade –, pois bem, essa *parresía* vai agora vincular, um ao outro, o mestre e o discípulo. E, vinculando-os um ao outro, [ela vai] ligá-los um ao outro nessa unidade que já não é a unidade da cidade, mas a unidade do saber, a unidade da Ideia, a unidade do próprio Ser. A *parresía* filosófica de Sócrates vincula o outro, vincula os dois outros, vincula o mestre e o discípulo na unidade do Ser, ao contrário da *parresía* de tipo pericliano que vinculava a pluralidade dos cidadãos reunidos na cidade à unidade de comando do que assume a ascendência sobre eles. Vocês compreendem por que a *parresía* pericliana devia necessariamente levar a algo como a retórica, isto é, esse uso da linguagem que permite prevalecer sobre os outros e uni-los, por persuasão, à unidade desse comando, na forma dessa superioridade afirmada. Ao contrário, a *parresía* filosófica, que joga nesse diálogo entre o mestre e o discípulo, conduz não a uma retórica, mas a uma erótica. É isso. Muito obrigado.

*

NOTAS

1. *"Tis he Gorgíou tékhne"* (Platão, *Gorgias*, 448e, trad. fr. L. Bodin, ed. cit., p. 111).
2. *Id.*, 48a, p. 158.
3. *Id.*, 48b-d, p. 158.
4. Será na aula de 7 de março de 1984 que essas dimensões da *parresía* cristã serão estudadas.
5. Cf. principalmente as cartas (são Cipriano, *Correspondance*, trad. fr. L. Bayard, Paris, Les Belles Lettres, 1925).
6. "Cálicles: Tu me pareces, Sócrates, estranhamente seguro de que nunca nada semelhante te acontecerá, que vives ao abrigo e que não serias levado diante do tribunal por um homem talvez plenamente ruim e desprezível" (Platão, *Górgias*, 521c, ed. cit., p. 216, e todo o desenvolvimento que segue em 521d-522e, pp. 216-8).
7. *Id.*, 480e-481b, p. 159.
8. "É preciso ter três qualidades, e tu possuis todas as três: o saber (*epistémen*), a benevolência (*eúnoian*) e a franqueza (*parresían*)" (*id.*, 487a, p. 160).
9. *Id.*, 486d-487b, pp. 166-7.
10. "És instruidíssimo (*pepaídeusaí te gàr hikanôs*), como atesta uma multidão de atenienses, e tens amizade por mim (*emoì eî eúnous*)"(*id.*, 487b, p. 167).
11. *Ibid.*
12. *Id.*, 488a-b, p. 168.
13. "Les moyens de distinguer le flatteur d'avec l'ami", *in* Plutarco, *Oeuvres morales*, t. I-2, trad. fr. R. Klaerr, A. Philippon, J. Sirinelli, Paris, Les Belles Lettres, 1989.
14. "A lei, ao contrário, é feita pelos fracos e pela maioria (*hoi polloí*). Portanto é em relação a eles e tendo em vista o interesse pessoal deles que eles fazem a lei e decidem sobre o elogio e a crítica. Para assustar os mais fortes, os mais capazes de prevalecer sobre eles (*ekphoboûntes toùs erromemestérous tôn anthrópon kaì dynatoùs óntas pléon ékhein*) [...]. Mas a própria natureza, a meu ver, nos prova que, em boa justiça, aquele que vale mais deve prevalecer sobre o que vale menos, o capaz sobre o incapaz (*pléon ékhein kaì tòn dynatóteron toû adynatotérou*) [...] a marca do justo é a dominação do poderoso sobre o fraco (*tòn kreítto toû héttonos àrkhein*) [...] nós moldamos os melhores (*toùs beltístous*) e os mais vigorosos dentre nós" (Platão, *Górgias*, 483b-e, ed. cit., p. 162).
15. "Uma dessas pedras que servem para aquilatar o ouro (*tinà tôn líthon hê basanízousin tòn khrysón*)" (*id.*, 486d, p. 160; *básanos* designa em grego a pedra de toque).
16. "Eu, ao contrário, se não obtenho teu testemunho, e somente ele (*án mè sè autòn héna ónta mártyra*), em favor da minha afirmação, estimo não ter feito nada" (*id.*, 472b, pp. 144-5).
17. Cf. sobre esse ponto a aula de 2 de março e a citação do *Fedro* em 143a, *supra*, pp. 300-1.
18. "*Homologéseien*" (*Górgias*, 486d), "*homologéses*" (486e e 487e), ed. cit., pp. 166-7.
19. *Id.*, 487a, p. 166.
20. *Id.*, 502d-e, pp. 190-1, e 552d, p. 218.
21. Cf. *supra*, nota 6.

Situação do curso
Frédéric Gros*

---

* Frédéric Gros é professor de filosofia política da Universidade Paris-XII. Ensina também no Institut d'Études Politiques de Paris (Master "História e Teoria do político"). Última obra publicada: *États de violence. Essai sur la fin de la guerre*, Paris, Gallimard (col. "Les Essais"), 2006.

1. Projetos de escrita e novo ponto de partida

O curso dado por Michel Foucault em 1983 no Collège de France se intitula "O governo de si e dos outros". Esse título é ao mesmo tempo o de um livro que Foucault projetava publicar pelas Éditions du Seuil na nova coleção "Des travaux"[1]. Foucault empreende assim, naquele ano, pesquisas que deveriam ter vindo a ser capítulos dessa obra que nunca foi dada a público, completando as análises do ano precedente que também haviam sido construídas como uma série de desenvolvimentos que deviam encontrar seu lugar no mesmo volume. De fato, paralelamente à sua *História da sexualidade*[2], Foucault considerava a publicação de uma série de estudos sobre a governamentalidade antiga, em suas dimensões éticas e políticas. O curso se situa portanto no prolongamento do de 1982. Aliás, faz com frequência referência a ele, lembrando aqui e ali análises anteriores[3]. Em 1982, Foucault havia posto como marco geral do seu trabalho o estudo histórico das relações entre subjetividade e verdade[4]. Tratava-se para ele, partindo do estudo da noção de "cuidado de si" (*epiméleia heautoû, cura sui*) na filosofia grega e romana, de descrever as "técnicas", historicamente situadas, pelas quais um sujeito constrói uma relação determinada consigo, dá forma à sua existência, estabelece de maneira regrada sua relação com o mundo e com os outros. Logo ficou claro que esse cuidado de si não

1. Coleção lançada em fevereiro de 1983, dirigida por M. Foucault, F. Wahl e P. Veyne. Cf. sobre esse ponto a "Chronologie" de D. Defert, *in Dits et Écrits, 1954-1988*, org. D. Defert & F. Ewald, colab. J. Lagrange, Paris, Gallimard ("Bibliothèque des sciences humaines"), 4 vols; cf. t. I, p. 61.

2. *Histoire de la sexualité*, t. II (*L'Usage des plaisirs*) e III (*Le Souci de soi*), Paris, Gallimard, 1984.

3. Cf. *supra*, aulas de 12 de janeiro (primeira hora), de 16 de fevereiro (primeira hora), de 23 de fevereiro (primeira hora) e de 3 de março (primeira hora).

4. *L'Herméneutique du sujet. Cours au Collège de France, 1981-1982*, ed. F. Gros, Paris, Gallimard-Le Seuil (col. "Hautes Études"), 2001, pp. 3-4.

podia representar, salvo em formas degradadas (egoísmo, narcisismo, hedonismo), uma atitude espontânea, um movimento natural da subjetividade. Era preciso ser chamado por outrem a esse cuidado correto de si[5]. Via-se convocada com isso a figura do mestre de existência antigo, a qual representava, desde pelo menos o curso no Collège de France de 1980[6], uma grande alternativa histórica ao diretor de consciência cristão[7]. Porque esse mestre de existência fala muito mais do que escuta, instrui muito mais do que confessa, convida à construção positiva muito mais do que à renúncia sacrifical. A interrogação sobre o que deve estruturar essa palavra viva endereçada ao dirigido acarreta precisamente um primeiro estudo, em 1982, do tema da *parresía* como fala franca, coragem da verdade, no âmbito da direção de existência antiga[8].

A passagem do governo de si (*epiméleia heautoû* em 1982) ao governo dos outros (*parresía* em 1983) era coerente portanto. Foucault no entanto parece insistir em 1983 em assinalar um novo ponto de partida. Ele começa seu curso por um comentário do texto de Kant sobre o Iluminismo, precedido por sua vez de um ambicioso preâmbulo metodológico[9]. As primeiras palavras do curso adquirem, rapidamente, o aspecto de uma reavaliação global dos seus trabalhos desde a *História da loucura* e de um balanço metodológico, com Foucault tratando de cadenciar em três momentos o conjunto da sua obra (veridicção/governamentalidade/subjetivação), de precisar os grandes deslocamentos conceituais realizados cada vez e de afastar os mal-entendidos.

O essencial da primeira aula se centrará no entanto no texto de Kant. O opúsculo sobre a *Aufklärung*[10] já havia sido objeto, em 27 de maio de 1978, de uma comunicação à Société française de philosophie ("Qu'est-ce que la critique?")[11]. De um comentário ao outro, porém, e sob as repetições de superfície, a diferença é nítida. Em 1978, o texto de Kant havia sido posto na perspectiva de uma "atitude crítica" que Foucault data do início da era moderna e se opondo às exigências de uma

---

5. *L'Herméneutique du sujet*, ed. cit., p. 130.
6. Cf. sobre esse ponto a última aula de 1980 (26 de março).
7. *L'Herméneutique du sujet*, ed. cit., pp. 389-90.
8. Cf. ainda em *L'Herméneutique du sujet* o fim da aula de 3 de março, e as duas horas das de 10 de março (ed. cit., pp. 348-91).
9. Cf. *supra*, pp. 3-8, o início da aula de 5 de janeiro, primeira hora.
10. Podemos relembrar que os textos de Kant e de Mendelssohn são respostas à questão "O que é o Iluminismo?" que havia sido feita inicialmente pelo pastor Zöllner em dezembro de 1783, em nota a um artigo publicado na mesma *Berlinische Monatsschrift* e que concernia à questão do casamento em sua dimensão civil ou religiosa (cf. para maiores precisões o livro de J. Mondot, *Qu'est-ce que les Lumières?*, Presses Universitaires de Saint-Étienne, 1991).
11. Publicado no *Bulletin de la Société française de philosophie* de 27 de maio de 1978.

governamentalidade pastoral (dirigir pela verdade a conduta dos indivíduos). Pôr a questão do Iluminismo era reencontrar a questão: *como não ser tão governado?* O problema posto era o de uma "dessujeição" nos marcos de uma "política da verdade"[12]. A modernidade era então determinada como um período histórico privilegiado para estudar dispositivos de poder-saber sujeitadores[13]. Em 1983, a questão do Iluminismo será pensada como reinvestimento de uma exigência de dizer-a-verdade, de uma tomada de palavra de verdade corajosa surgida entre os gregos e que dava lugar a uma interrogação diferente: que governo de si deve ser posto ao mesmo tempo como fundamento e como limite do governo dos outros? A "modernidade" também muda de sentido: ela se torna uma atitude meta-histórica do próprio pensamento[14]. Permanece, em compensação, aqui e ali, a oposição entre duas heranças kantianas possíveis: uma herança transcendental na qual Foucault se recusa a se inscrever (estabelecer regras de verdade universais a fim de prevenir os desarranjos de uma razão dominadora); herança "crítica" na qual ele pretende, ao contrário, se reconhecer (provocar o presente a partir do diagnóstico do "que somos"). Desde a primeira aula, Foucault pretende portanto determinar seu próprio lugar no interior de uma herança filosófica, como se anunciasse que, através desses estudos sobre a *parresía*, ele problematizava o estatuto da sua própria palavra e a definição do seu papel. De resto, Foucault nunca esteve tão na vertical de si mesmo quanto neste curso[15].

2. Ética e política da *parresía*[16]

É à problematização histórica da noção de *parresía* antiga que Foucault vai consagrar o conjunto do ano de 1983. Antes de iniciar esse estudo, apoiando-se numa cena parresiástica exemplar relatada por Plutarco (Platão usando sua fala franca perante o tirano Dionísio e arriscando

12. *Id.*, p. 39.
13. *Id.*, p. 46.
14. Cf. *supra*, aula de 9 de março, primeira hora.
15. Esse trabalho sobre o Iluminismo também pode ser lido como uma maneira de situar sua própria filiação a Kant, de uma maneira diferente da de J. Habermas convidado no mesmo ano por P. Veyne para dar conferências no Collège de France (de 7 a 22 de março, cf. a "Chronologie" de D. Defert, ed. cit., p. 62). Lembremos que em 1981, quando a universidade de Berkeley havia projetado a criação de um seminário Foucault-Habermas que poderia ter se tornado permanente, Habermas havia proposto como tema "a modernidade" (cf. o que diz a esse respeito Foucault, *in Dits et Écrits*, t. IV, ed. cit., pp. 446-7).
16. Na falta de um "resumo do curso", como Foucault havia redigido todos os anos anteriores para a administração do Collège, damos aqui uma descrição do curso do ano em suas principais articulações.

com isso a vida), Foucault começa por lhe dar forma a partir de uma oposição ao *speech act* dos pragmáticos ingleses (as referências essenciais parecem ser Austin e Searle[17]). Voltamos a encontrar o diálogo com a tradição analítica anglo-saxã, já iniciado em *A arqueologia do saber*[18]. Em 1969, no entanto, tratava-se de opor duas determinações do "enunciado": seja, no caso da filosofia analítica, o enunciado como sequência de uma combinação de linguagem possível cujas regras de produção cumpre definir; seja, no caso da arqueologia, o enunciado como sequência inscrita realmente no arquivo cultural cujas condições de realidade cumpre definir. Em 1983, é o engajamento ontológico do sujeito no ato de enunciação que vai fazer a diferença em relação aos atos de linguagem, caracterizando-se a *parresía* como expressão pública e arriscada de uma convicção própria. Esse falar-a-verdade, abrindo um risco para seu enunciador, poderá no entanto abranger situações bem diferentes: o orador público na tribuna diante do povo reunido, o filósofo em posição de conselheiro do Príncipe, etc.

Em 1982, por ocasião das primeiras análises, tratava-se simplesmente de descrever, com a *parresía*, a franqueza do mestre de existência, pronto a sacudir seu discípulo e a provocar sua cólera denunciando sem meias palavras seus defeitos, seus vícios e suas más paixões. Foucault tinha então estudado particularmente o tratado de Galeno sobre as *Paixões da alma* e algumas cartas de Sêneca dirigidas a Lucílio, nas quais o mestre estoico faz o elogio de uma palavra transparente[19]. Ele tinha insistido também na especificidade, no marco da direção de existência, de uma *parresía* epicurista que implicasse, muito mais que o cara a cara do diretor e do discípulo, uma comunidade de amigos que se confiam livremente um ao outro para se corrigir mutuamente[20]. As aulas de 1984 é que prolongarão, para além do curso de 1983, essa problematização de uma *parresía* propriamente ética, remontando ao exame da prova das almas em Sócrates e nos cínicos[21]. Mas, se de Sócrates a Sêneca o objetivo permanece idêntico (transformar o *éthos* daquele a que se dirige), a maneira não é mais a mesma. A *parresía*, objeto do curso de 1984, já não se exerce no interior de uma relação individual de direção, mas constitui, antes, um pronunciamento em praça pública que toma a forma da pala-

17. Cf. os exemplos tomados ("está aberta a sessão", "desculpe", etc.) na aula de 12 de janeiro, segunda hora.
18. *L'Archéologie du savoir*, Paris, Gallimard, 1969, cf. por exemplo pp. 118-20 *et passim*.
19. *L'Herméneutique du sujet*, aula de 10 de março, segunda hora, ed. cit., pp. 378-94.
20. *L'Herméneutique du sujet*, aula de 10 de março, segunda hora, ed. cit., pp. 371-3.
21. Aulas de fevereiro e março de 1984.

vra irônica, maiêutica em Sócrates, ou também da arenga brutal e grosseira do cínico. No entanto, todas essas formas de *parresía* (socrática, cínica, estoica ou epicurista) permanecem relativamente irredutíveis à relação política.

Ora, em 1983, de Eurípides a Platão, é essencialmente uma *parresía* política que Foucault estuda, muito embora as últimas aulas do mês de março tomem, a partir da oposição entre filosofia e retórica, outros rumos[22]. Essa *parresía* política compreende duas grandes formas históricas: a de uma palavra dirigida à Assembleia, ao conjunto dos cidadãos por um indivíduo preocupado em fazer triunfar sua concepção do interesse geral (*parresía* democrática); a de uma palavra privada que a filosofia destina à alma de um príncipe para incitá-lo a bem se dirigir e lhe fazer entender o que os lisonjeadores lhe mascaram (*parresía* autocrática).

O estudo da *parresía* democrática é construído a partir de dois conjuntos de textos: as tragédias de Eurípides e os discursos de Péricles "relatados" por Tucídides em sua *Guerra do Peloponeso*. Uma grande parte do mês de janeiro será consagrada à análise esmiuçada do *Íon* de Eurípides[23]. A tragédia conta como Íon (ancestral legendário do povo jônio), filho oculto dos amores de Apolo e Creusa, alcança o segredo do seu nascimento e pode, enfim, ao descobrir que tem uma mãe ateniense, vir fundar em Atenas o direito democrático. Nessa peça, a *parresía* não é refletida nem como direito fundamental do cidadão, nem como competência técnica própria dos dirigentes políticos. Ela é esse exercício livre da palavra, atuante numa rivalidade entre pares, que deverá designar o melhor para governar. Ela se arraiga nessa dimensão (provisoriamente designada por Foucault com o termo *dynasteía*, por oposição a *politeía*[24]) da política como "experiência", em vez de regra de organização das multiplicidades: acha-se interrogado aí o que o engajamento político requer em termos de construção pelo sujeito de uma relação consigo.

Trata-se portanto de ler a tragédia euripidiana como esse momento de fundação legendária do dizer-a-verdade da democracia ateniense, pelo qual um cidadão empenha sua palavra livre para intervir nos assuntos da cidade, na medida em que esse dizer-a-verdade é irredutível ao direito igualitário de tomar a palavra (isegoria). Foucault, no entanto, para terminar, toma o cuidado de identificar, através do estudo de dois discur-

---

22. Cf. *supra*, aulas de 2 e 9 de março.
23. Na aula de 2 de fevereiro, primeira hora (cf. *supra*), Foucault estuda as ocorrências do termo *parresía* nas outras tragédias de Eurípides: *As fenícias*, *Hipólito*, *As bacantes* e *Orestes*. No curso dado em Berkeley no outono de 1983, ele acrescentará um estudo sobre *Electra* (cf. M. Foucault, *Fearless Speech*, Los Angeles, Semiotext(e), 2001, pp. 33-6).
24. Cf. *supra*, aula de 2 de fevereiro, primeira hora.

sos de Creusa, a emergência tímida de duas modalidades parresiásticas destinadas a se reforçar e a se desenvolver: o discurso de imprecação de um inferior se erigindo diante do seu superior para denunciar sua injustiça, que se tornará a tomada de palavra corajosa do filósofo diante do Príncipe; a confissão de uma falta a um confidente, que se encontrará numa *parresía* cristã redefinida como abertura transparente do coração ao diretor de consciência[25]. A primeira modalidade será estudada ao longo do mês de fevereiro de 1983. Quanto à segunda, somente em 1984 ela será objeto de um exame feito na urgência da última aula[26]. Mas em 1980 Foucault havia consagrado seu ano a analisar a constituição da confissão cristã a partir dos rituais de penitência[27], mas não se tratava de *parresía*.

A *parresía* democrática, no *Íon* de Eurípedes, era objeto de uma fundação legendária. Os discursos de Péricles recompostos por Tucídides permitem desta vez refleti-la em seu exercício concreto. O estudo preciso desses discursos, testemunhas do que Foucault chama de "idade de ouro" da *parresía* democrática, lhe permite construir a diferença entre, por um lado, a tomada de palavra igualitária (a isegoria) e, por outro, a tomada de palavra corajosa e singular, introduzindo no debate a diferença de um dizer-a-verdade. É essa tensão entre uma igualdade constitucional e uma desigualdade relativa ao exercício efetivo do poder democrático que interessa Foucault. De fato, essa desigualdade introduzida pela *parresía* (exercício de uma ascendência), longe de questionar o fundamento democrático, seria destinada a garantir o exercício concreto deste. Por isso, no entanto, esse equilíbrio é frágil. A todo instante, o igualitarismo formal pode refluir para essa diferença introduzida pelo discurso verdadeiro de quem, para defender seu ponto de vista sobre o interesse comum, empenha corajosamente sua palavra. É então o momento demagógico, criticado por Isócrates e por Platão, como recuperação da *parresía* pela isegoria. O parresiasta é então rejeitado e desacreditado por um populacho versátil, que os demagogos lisonjeiam a seu bel-prazer. A *parresía* democrática se altera e se transforma: ela se torna o direito publicamente reconhecido de dizer a qualquer um qualquer coisa, de qualquer modo.

A *parresía* ressurgirá em sua positividade, é fato, mas num outro âmbito: o do confronto do filósofo com o Príncipe. É para estudar esse novo dizer-a-verdade que Foucault se lança no segundo grande exercício

---

25. Cf. *supra*, aula de 26 de janeiro, segunda hora.
26. Aula de 24 de março de 1984, segunda hora.
27. Cf. as aulas de fevereiro e março de 1980.

de leitura de 1983: depois do *Íon* de Eurípides, a carta VII de Platão. Aqui também, o estrito marco de uma descrição histórica das modalidades da *parresía* será rapidamente superado, com Foucault se apoiando nessa leitura para determinar, a partir de uma interpretação surpreendente de Platão, a própria identidade da empresa filosófica. Em 1981 (aula de 18 de março), Foucault já tinha posto o problema da relação entre o discurso filosófico e a realidade. Classicamente, lembrava ele, considera-se que a filosofia reflete, mascara ou racionaliza o real. O exemplo preciso dos grandes textos filosóficos do período helenístico sobre o casamento permitia, segundo Foucault, reconsiderar essa relação: a filosofia pode de fato se definir como uma empresa de elaboração e de proposição teóricas de posturas subjetivas feitas para estilizar certas práticas sociais. Em 1983, Foucault colocará de outro modo o problema do "real" da filosofia. Por esse termo, não se trata para ele de entender um referente extralinguístico qualquer, mas aquilo com que uma atividade deve se confrontar para fazer a prova da sua verdade própria. A carta VII permite que Foucault defina esse real, quando Platão explica as razões da sua vinda à Sicília. Fica-se sabendo nela que a atividade filosófica não deve se confinar somente ao discurso, mas colocar-se à prova das práticas, dos conflitos e dos fatos. O real da filosofia será encontrado nesse confronto ativo com o poder. A filosofia encontra um segundo real numa prática contínua da alma. De fato, ela não poderia, sempre de acordo com a carta VII, ser compreendida como sistema constituído de conhecimentos (*mathémata*): ela é prática de si, exercício contínuo da alma. Foucault reencontra aqui caminhos já trilhados em 1982. Mas ele pode ao mesmo tempo responder assim às célebres leituras de Derrida denunciando o "logocentrismo" de Platão. De fato, para Foucault não se encontra em Platão uma recusa platônica da escrita que se efetuaria em nome do puro logos, mas um trabalho silencioso de si sobre si, que desqualifica o conjunto do logos, seja ele escrito ou oral. Essa crítica das grandes teses derridianas continuará no mês de março com a análise do *Fedro*, quando Foucault mostrará que, aí também, a linha divisória essencial não é entre o escrito e o oral, mas sim, para retomarmos os termos do manuscrito, entre um "modo de ser logográfico do discurso retórico e um modo de ser autoascético do discurso filosófico"[28]. Para terminar, o exame preciso dos "conselhos" políticos circunstanciados dados por Platão aos amigos de Dion no fim dessa carta VII permite que Foucault reconsidere a figura platônica do "filósofo-rei". Ele se recusa a ver aí o tema de uma legitimidade pelo saber, como se a

28. Manuscrito da aula de 2 de março de 1983.

ciência filosófica pudesse, por sua superioridade especulativa, enformar a ação política. O que deve coincidir é, antes, um modo de ser, uma relação de si a si: o filósofo não tem de fazer reconhecer pretensões políticas em vista das suas competências especulativas, mas se trataria, em vez disso, de fazer o modo filosófico de subjetivação atuar no interior do exercício do poder. Numa palestra de abril de 1983 na universidade de Berkeley, Foucault prolonga essas análises recusando-se a comparar as "teorias" dos intelectuais com base em suas "práticas políticas": "a chave da atitude política pessoal de um filósofo não deve ser requerida a suas ideias, como se pudesse ser deduzida delas, mas à sua filosofia, como vida, à sua vida filosófica, a seu *éthos*"[29].

As duas últimas sessões de 1983 no Collège de France já apontam para o ano de 1984. Nelas, Foucault estuda sucessivamente a *Apologia*, o *Fedro* e o *Górgias* de Platão. A análise da *Apologia* será retomada em 1984, apoiada pela do *Fédon* e do *Laques* (do *Críton* também, em menor medida). Mas, se o mesmo texto é retomado, a perspectiva já não será a mesma: em 1984, Foucault descreverá a *parresía* socrática como provação ética da sua própria vida e da do outro por uma palavra de verdade. Tratar-se-á então de colocar o problema da "verdadeira vida".

Mas em 1983 Foucault se aplica principalmente em construir a oposição entre filosofia e retórica no marco do que chama de uma "ontologia dos discursos"[30]. O dizer-a-verdade filosófico na *Apologia*, por seu caráter direto e sem rodeios, se opõe à retórica judicial. Com o *Fedro*, a insistência é posta nas implicações de um dizer-a-verdade filosófico completo (uma iniciação ontológica autêntica, uma metafísica do lugar da alma no Ser), que denunciaria de antemão as imposturas da retórica. O *Górgias*, enfim, mais classicamente, estabelece para Foucault o divórcio entre uma *parresía* socrática como provação da alma (psicagogia) e, com Cálicles, uma arte retórica alimentada por uma ambição política.

3. MÉTODOS

A análise dos textos gregos é sempre rigorosa e muito analítica. O manuscrito de 1983 comporta à margem passagens em grego retraduzidas, o que mostra a importância e a meticulosidade desse trabalho rente ao texto original. Foucault segue quase sempre seu texto escrito quando

---

29. "Politique et éthique: une interview", *in Dits et Écrits*, t. IV, n.º 341, ed. cit., pp. 585-6.

30. Cf. *supra*, aula de 2 de março, primeira hora.

dá seu curso e improvisa muito pouco. Somente os manuscritos das últimas sessões, a propósito do *Fedro* e sobretudo do *Górgias* de Platão, compreendem longos desenvolvimentos que não serão pronunciados, por falta de tempo. Mais do que antes, sente-se em 1983 que Foucault transmite trabalhos em curso; às vezes ele hesita, ou marca passo, outras vezes esboça e tenta sínteses. A impressão de participar da gestação de uma pesquisa é fortíssima, com frequência, e o tom nunca é dogmático (Foucault multiplica os "acho", os "poderíamos dizer", "parece que", "talvez"...). Essa dimensão de laboratório de ideias, de balões de ensaio teóricos, de caminhos traçados suportava, no fim das contas, muito mal as condições encontradas por Foucault no Collège de France: um vastíssimo público silencioso, cativado, disposto a receber uma palavra magistral num recolhimento e numa admiração sem falha. Nenhum intercâmbio, nenhuma discussão. Numerosas vezes Foucault se queixa desse ambiente e da atitude que ele lhe impõe. Como ele mesmo diz, está condenado ao "teatro", a representar o papel do grande professor oficiando sozinho do seu púlpito. Várias vezes, exprime seu descontentamento e diz a sua vontade de encontrar estudantes ou professores que trabalhem sobre temas próximos, a fim de poder fazer um intercâmbio de perspectivas. Ele organiza encontros, reserva salas para tentar reconstruir um pequeno grupo de trabalho. Em 1984, essa saudade do trabalho de grupo ainda se fará sentir.

Foucault explicita várias fontes críticas de que pôde se servir, aqui e ali, para problematizar a *parresía*: cita o livro de Scarpat[31] e, sobretudo, os verbetes de grandes enciclopédias ou dicionários de teologia[32]. No entanto, Foucault nunca vai buscar nessa literatura secundária teses nem mesmo parâmetros interpretativos, mas unicamente referências, logo retrabalhadas no texto original e situadas no âmbito de uma problematização própria. Assim, os comentários de Eurípides, Tucídides e Platão são inteiramente originais. A maneira de proceder é a mesma que em 1982: comentários de texto muito precisos, com uma grande atenção dada ao texto grego (várias vezes ele corrige a tradução existente), acompanhados de pontos de vista de repente muito abrangentes. Mas Foucault já tinha nos habituado a esse contraste acentuado entre análises minuciosas a propósito de algumas linhas de grego e uma súbita ampliação, uma abertura para uma história secular da subjetividade. Como ele diz du-

---

31. G. Scarpat, *Parrhesia. Storia del termine e delle sue traduzioni in latino*, Brescia, Paideia Editrice, 1964.
32. Por exemplo H. Schlier, "Parrêsia, parrêsiazomai", *in* G. Kittel (org.), *Theologisches Wörterbuch zum Neuen Testament*, Kohlhammer Verlag, Sttutgart, 1949-1979.

rante a segunda aula de 19 de janeiro: "Que o essencial, que o fundamental da história passa pelo fio miúdo e tênue dos acontecimentos é uma coisa, creio eu, [em relação à qual] é preciso ou se resolver, ou então [que é preciso] enfrentar corajosamente. A história, e o essencial da história, passa pelo buraco de uma agulha." Globalmente, o método continua sendo o que ele havia utilizado no ano precedente, a propósito do cuidado de si: a partir de uma noção (aqui: a *parresía*), identificar textos-chave, descrever as estratégias de uso, desenhar linhas de evolução ou de ruptura.

O exame do *Íon* de Eurípides apresenta no entanto particularidades notáveis: Foucault desenvolve nesse caso uma análise estrutural da obra que vai muito além dos marcos iniciais do estudo (a noção de *parresía*). Ele põe à prova então uma série de grades de leitura elaboradas uma primeira vez com a leitura do *Édipo rei* de Sófocles (tragédia várias vezes comentada: em 1971, 1972, 1973, 1980 e 1981[33]). A progressão dramática se deixa descrever como série de encaixes de pedaços de verdade que se ajustam dois a dois (estrutura do *sýmbolon*). E a própria cena trágica é compreendida como lugar de enfrentamento de regimes de veridicção[34] concorrentes (o dizer-a-verdade dos deuses, o dos homens, etc.), de emergência de novas estruturas de veridicção (o testemunho judicial em *Édipo*, a imprecação e a confissão em *Íon*) e, enfim, de desqualificação (o saber tirânico em *Édipo*) ou de legitimação (o falar-a-verdade democrático em *Íon*) de uma palavra política. Fora isso, desta vez no âmbito de uma análise dos grandes temas mitológicos, Foucault segue explicitamente os passos de Dumézil para estudar a figura de Apolo, deus da voz, deus do ouro e da fecundidade. Em 1984, a propósito, dessa vez, do *Fédon* de Platão, Foucault continuará a trabalhar, em seu curso, os estudos de Dumézil[35].

---

33. Ele propõe um estudo da tragédia em 1971 no Collège de France (curso "A vontade de saber"), em 1972 nos Estados Unidos (seminário de Buffalo sobre "A vontade de verdade na Grécia antiga", que compreende uma análise da tragédia de Sófocles e uma conferência sobre "O saber de Édipo" na universidade de Cornell), em 1973 (primeira das aulas dadas no mês de maio no Rio de Janeiro sobre "A verdade e as formas jurídicas"), em 1980 (curso no Collège de France, aulas de 16 e 23 de janeiro) e 1981 (primeira das seis aulas dadas em Louvain em maio "Agir mal, dizer a verdade. Funções da confissão").

34. Cumpre notar aqui que, de maneira mais ampla, no primeiro curso dado por Foucault em 1970 no Collège de France, as práticas judiciais é que aparecem como matrizes de veridicção.

35. Interpretação das últimas palavras de Sócrates ("Críton, devemos um galo a Esculápio", *in Fédon*, 118a), a partir de *Le Moyne noir en gris dedans Varenne* de G. Dumézil (Paris, Gallimard, 1984).

4. Escopos

O curso dado em 1983 é particularmente precioso, visto que os estudos nele encontrados não resultaram em nenhuma publicação em vida de Foucault (as seis aulas dadas em Berkeley no mês de outubro de 1983, publicadas sem autorização depois da sua morte, coincidem de forma bem sucinta com o que havia encontrado pleno desenvolvimento de janeiro a março[36]). O curso de 1982 no Collège de France (*L'Herméneutique du sujet*) já havia permitido mostrar como a problematização antiga da sexualidade não devia constituir mais que uma grande história dessas práticas pelas quais um sujeito se constitui em e a partir de uma relação determinada com a verdade (as técnicas de si). O curso de 1983, por sua vez, mostra a que ponto esse estudo histórico das práticas de subjetivação ética não desvia Foucault do político[37]. Com efeito, encontra-se no cerne do curso a afirmação de uma relação essencial e estruturante entre filosofia e política. Mas essa relação se encontra refletida de maneira absolutamente original. De fato, classicamente, essa relação assumia a forma da "filosofia política": seja a descrição de uma cidade ideal, regida por um conjunto de leis perfeitas (problema do melhor regime), seja também a fundação em razão, a dedução metafísica ou, mais modestamente, a análise conceitual da relação política. Já foi dito quanto a leitura por Foucault da carta VII de Platão o havia levado a reavaliar singularmente essa relação. De fato, com a política, a filosofia faria o encontro do seu "real": não pode fazer a prova da sua verdade senão confrontando-se a ela. O que significa que a filosofia não tem de enunciar a verdade da política, mas de enfrentar o político para fazer a prova da *sua* verdade.

Encontrar seu "real" vai querer dizer para a filosofia seja pôr em ação, num campo político de resto autônomo, a diferença da sua palavra, do seu discurso (exemplo da *parresía* de Péricles em Tucídides), seja também enformar a "vontade política"[38], isto é, propor elementos de estruturação de uma relação consigo capaz de suscitar o engajamento, a adesão ou a ação políticos.

---

36. M. Foucault, *Fearless Speech*, ed. cit.

37. Com essa recentragem no estudo do pensamento político grego, o curso de 1983 faz eco ao primeiro curso de 1971 ("A vontade de saber") consagrado às práticas judiciais da Grécia arcaica e já propondo a análise de conceitos cruciais da democracia ateniense, como o de isonomia.

38. Aula de 16 de fevereiro, primeira hora (a ilustração é fornecida então pela figura platônica do filósofo conselheiro do Príncipe).

Nisso, o curso de 1983 faz algo bem diferente de colocar o problema do "cuidado com os outros" depois de ter colocado o do "cuidado de si" no ano anterior. Trata-se, antes, de compreender como o discurso filosófico no Ocidente constrói uma parte fundamental da sua identidade nessa dobra do governo de si e dos outros: que relação consigo deve ser construída naquele que quer dirigir os outros e naqueles que lhe obedecerão? Essa dobra já estava no cerne da interrogação kantiana sobre o Iluminismo tal como Foucault a tinha compreendido.

Os escopos políticos do curso extravasam amplamente o contexto da sua enunciação, ainda que, retrospectivamente, não se possa deixar de sublinhar coincidências entre o teor dos debates da época e as posições teóricas defendidas por Foucault quanto à relação entre a filosofia e a política[39]. Mas não é esse contexto que esclarece as posições de Foucault: é antes sua leitura dos antigos que o ajuda a problematizar um *éthos* político de que ele dá prova naqueles anos. Embora a filosofia deva encontrar seu real numa relação com o político, essa relação tem de ser a de uma "exterioridade relativa"[40]. A ação de Foucault na Polônia a partir de dezembro de 1981 ao lado da CFDT[41], ou mesmo suas intervenções no debate francês da época (quer se trate do caso dos irlandeses de

---

[39]. Desde maio de 1981, a esquerda está no poder na França e F. Mitterrand à frente do país. A partir da reviravolta liberal da política mitterrandiana, logo se começa a deplorar que os "intelectuais de esquerda", outrora tão ativos na contestação, careçam hoje de energia para fazer propostas concretas ou defender novas reformas. No *Le Monde* de 26 de julho de 1983, Max Gallo, que na época queria provocar um debate em torno dessas rupturas, publica um artigo sobre "o silêncio dos intelectuais" em que, constatando "a ressurgência das ideias de direita", lamenta que uma "ampla fração" da nova geração intelectual tenha se "'retirado para o Aventino'", na hora em que seria preciso refletir sobre a entrada do país no caminho de uma "modernização" ativa. Alguns dias depois, no mesmo jornal, Philippe Boggio prolonga o debate (sempre com o mesmo título: "O silêncio dos intelectuais") e observa: "Ninguém se preocupa, no Collège de France, nas editoras ou no CNRS [Centro Nacional de Pesquisas Científicas], em colocar a sua pedra no edifício da esquerda no poder, notadamente quando sopra o vento da polêmica com a oposição." Como queria evocar com eles "suas relações com o Estado", ele nota que "alguns, como Simone de Beauvoir ou Michel Foucault, se recusaram a participar dessa pesquisa" (na verdade, Foucault não se considerava atingido por essas críticas, em razão dos seus numerosos engajamentos concretos). Esses artigos são publicados no mês de julho (para sermos completos, deveríamos citar a resposta de J.-M. Helvig a Max Gallo publicada em *Libération*, a de P. Guilber no *Quotidien de Paris*, etc.), logo depois portanto de Foucault ter dado seus cursos no Collège de France sobre a *parresía* política. Mas algumas das aulas poderiam soar como uma resposta antecipada a essas críticas. Com efeito, Foucault não cessou de salientar que a função do filósofo não é dizer aos políticos o que eles teriam de fazer. Ele não tem de legislar no lugar deles nem se apresentar como avalista intelectual de sua ação, como se devesse apoiar com seu saber a pertinência das decisões tomadas por eles.

[40]. Cf. *supra*, aula de 9 de março, primeira hora.

[41]. Cf. sobre esse ponto a "Chronologie" de D. Defert, ed. cit., p. 60. [CFDT: central sindical francesa – N. do T.]

Vincennes[42] ou do problema da Seguridade Social[43]) pode perfeitamente servir de ilustração para essa postura ética. Essa nova maneira de fazer política procedendo por problematização em vez de por dogmas, apostando nas capacidades éticas dos indivíduos em vez de na adesão cega a doutrinas, também esteve na raiz, em julho de 1983, da "Academia Tarnier", grupo de personalidades amigas que se reuniam para refletir sobre a situação política internacional[44].

De maneira mais geral, esse curso constitui uma contribuição importante para os grandes debates teóricos sobre a democracia e, mais geralmente ainda, sobre o próprio ser do político. Partindo do exemplo grego (de Tucídides a Platão), Foucault expõe de maneira original a tensão inerente a toda democracia: sobre um fundo de igualdade constitucional, é a diferença introduzida por um dizer-a-verdade que faz funcionar a democracia; mas, em contrapartida, ela sempre constitui uma ameaça recorrente para esse dizer-a-verdade. Vemos isso no curso: Foucault não faz parte do campo dos detratores cínicos da democracia, como tampouco de seus bajuladores cegos. Simplesmente, ele a problematiza.

Uma das dimensões mais surpreendentes deste curso talvez esteja na maneira como Foucault afirma com muita nitidez e serenidade sua relação com a filosofia como palavra de verdade, livre e corajosa. Podemos reconsiderar aqui o movimento geral do curso. Foucault partira, com Kant, de uma definição nova da filosofia moderna: era moderna a filosofia que aceitava pensar, não a partir de uma reflexão sobre a sua própria história mas de uma convocação pelo presente. O que dizer desse hoje que nos convoca a pensar? Essa interrogação sobre o que, do presente, deve ser refletido, na medida em que nos convoca a pensar e em que essa convocação participa de um processo de que o pensador participa e leva a cabo, essa interrogação havia sido definida por Foucault como ponto de abertura de uma filosofia propriamente moderna, na tradição da qual ele próprio queria se inscrever.

O estudo da *parresía* antiga leva Foucault à descrição paciente de um dizer-a-verdade filosófico, de uma palavra viva que une palavra corajosa dirigida ao poder e provocação ética, de Péricles a Platão. No fim do percurso[45], constata-se que o característico da filosofia moderna, desta vez desde o *cogito* cartesiano que rejeita as autoridades do saber

42. Cf. sobre esse ponto "Le Terrorisme ici et là", *in Dits et Écrits*, t. IV, n.º 316, ed. cit., pp. 318-9.
43. Cf. sobre esse ponto "Un système fini face à une demande infinie", *id.*, n.º 325, pp. 367-83.
44. Cf. sobre esse ponto a "Chronologie" de D. Defert, ed. cit., p. 62.
45. Trata-se da primeira hora da aula de 9 de março.

até o "*sapere aude*" kantiano, consiste numa reativação dessa estrutura parresiástica. Essa ponte construída pela primeira vez entre a filosofia antiga e a filosofia moderna pode enfim abrir, em Foucault, para uma determinação meta-histórica da atividade filosófica: é o fato de exercer uma palavra corajosa e livre que continuamente ressalta, no jogo político, a diferença e o caráter incisivo de um dizer-a-verdade, e que visa a inquietar e transformar o modo de ser dos sujeitos.

Meus agradecimentos a Daniel Defert por sua generosidade constante e a Jorge Davila por sua grandeza de alma.

F. G.

Índice das noções

acoplamento
  (– discurso de razão e discurso de verdade): 127 &n.*, 128
  (– oráculo e lira, – do canto e do oráculo): 114 [Dumézil]
adýnatoi, os impotentes: 145; v. classificação dos cidadãos [Eurípides, *Íon*]; (ódio dos –): 146
agonístico(a)
  (campo – [na cidade]): 146, 277
  (discurso –): 125
  (espaço –): 335
  (estrutura – da *parresía*): 54, 146.
  (jogo – [na vida política]): 98, 206; (jogo – tradicional num sistema que se tornou igualitário): 334; (a retórica como jogo –): 334
  (mundo –): 334
  (relação de tipo – *vs.* relação de *básanos*): 335
ágora
  (– e *gê*, em oposição): 155; v. *autourgós*
  (deslocamento dos problemas políticos da – para a *ekklesía*): 192; v. monarquias helenísticas
  (os cínicos, homens da –): 265
aidós, "reserva", (esse respeito) dos governados pelos governantes, dos governantes para com eles mesmos: 249, 256n.25, 314-5
ajuste
  (– regulado das veridicções): 120n.1
  (– universalidade/ordem pública): 37

  (bom – *politeía/parresía*, da democracia ao dizer-a-verdade, entre democracia e verdade): 160-1, 163, 166 [Péricles, Tucídides]
  (mau –): 166-7 [Demóstenes, Isócrates]; v. *parresía*
alétheia, verdade: 306n.8
  (relação inversa entre – e *páthos* em *Íon* e em *Édipo rei*): 108; v. também: Luciano
aleturgia, descoberta, desvendamento da verdade: 76-8, 107, 127
  (– do nascimento): 80, 83
  v. *étymos lógos*
alma(s)
  (– de boa qualidade: afinidade da alma com *tò prâgma*): 228 & 234n.16
  (– democrática [e ausência de discernimento]): 183-4; (– e anarquia): 184, v. desejos
  (a – do príncipe, lugar de relação filosofia/política): 265-6 [Kant/Platão]
  (a – e o conhecimento do Ser): 304 *[Fedro]*; v. psicagogia
  (a – e o corpo): 248, 250
  (a – e o logos): 335
  (a –, lugar de episteme): 228
  (ação da *parresía* sobre a – dos cidadãos): 189
  (ação de uma – sobre outra): 337
  (*analogon* entre estado democrático e – democrática): 183 [Platão]; v. má *parresía*
  (ascese da – sobre si mesma): 304

(condução das – individuais): 189
(condução das almas): 324, 331-2
(conhecimento da verdade e prática da –): 304
(contemplação da – por si mesma): 220
(formação da –, governo da – do indivíduo, dos cidadãos, do príncipe): 8, 46, 173, 178, 179, 183, 186, 206, 224, 266, 268-9, 275; (– do indivíduo e *lógos alethès*): 183-4
(formas de que a – é suscetível): 304
(imortalidade da –): 248
(luz, *phôs*, dentro da –): 226, 233n.6 &n.11; v. "centelha", *tribé*
(medicina das –): 44 e 56n.3 [Galeno]
(prova de uma – pela outra, contra uma outra): 189, 332, 335, v. *básanos*; (prova das almas em Sócrates e nos cínicos): 348
(qualidades necessárias à vida da –): 330 & 339 n.8 *[Górgias]*
(transformação da – e retórica da confissão): 327
(transmissão da *parresía* de uma – a outra): 189
(vínculo da – à verdade, ao Ser, ao Outro): 331 *[Górgias]*
(voo da –): 304 *[Fedro]*
analítica
(– da razão): 30
(filosofia – da verdade, analítica anglo-saxã, *vs.* ontologia do presente): 21
anarquia
(– do desejo, dos desejos, na alma democrática, na cidade): 184; v. má democracia
apotegma, *apóphtegma*, "espartíaco", lacônio; 300 & 306n.8 [Platão, *Fedro*; Plutarco]
arauto, *kérux*: 124, 152, 154, 157n.17
arbitragem, *díaita* [regime médico], árbitro, *diaitetés*; 251, 253-4, 257n.36-7 [Aristóteles; Platão, *Leis*]

aristocracia: 26, 140, 197 [Platão, Vico]; (– quase nietzschiana): 333
arte de governar: 201
(genealogia da –): 180n.*; (– no século XVI): 8, 67, 166n.*;
v. logos e/mais *érgon*
arte oratória; 301, 306n.9
ascendência
(– do parresiasta corajoso sobre a alma do Príncipe ou sobre a Assembleia): 166 &n.*, 175, 184, 288, 309, 338
(– e risco de vida): 253, 290, 310
(– moral ou social, de alguns e diferença em democracia): 147, 163-6, 172, 189, 199, 206, 272; v. discurso verdadeiro
(– pervertida): 168-9, 184 [Isócrates, Plutarco]; v. má *parresía*
(jogo da – e da superidade, polo da – e tomada de palavra): 159-61; v. retângulo da *parresía*
ascendentes, pais (falta moral dos –): 151, 325; v. confissão
ascese, *áskesis*
(a filosofia como –): 180, 200, 321; v. alma, *synousía*; v. também: *máthesis*
ascetismo cristão; 311, 314
(– e prática da penitência): 316, 325 [são Cipriano]
(– renúncia ao mundo, e já não autocontrole): 316
Assembleia (do povo, *boulé*), *ekklesía*: 69, 102n.4, 152-3, 156, 161-2, 164, 166, 174-6, 183, 186, 286 [Sócrates], 318
Aufklärung, Iluminismo: 36-8, 266, 317 [Frederico da Prússia, Kant, Mendelssohn]
(a –, processo cultural autodesignado que inaugura a modernidade europeia): 8-9, 13, 15-6, 22
(a –: redistribuição das relações entre governo de si e governo dos outros): 32

(– e história da razão): 21
(– e Revolução): 21-2
(– vs. tolerância): 36
(– mendelssohniana), (– e *Hascalá*):
  10-12
(o momento da –, a era da –): 27, 37
(vínculo de pertencimento entre
  crítica e –): 30-2
Ausgang, saída (do homem do estado
  de menoridade): 26-7, 34, 36 [Kant]
autocracia
  (democracia e/ou –): 181, 187, 243,
  273, 277; (passagem da
  democracia à –): 166n.*, 181; v.
  alma do Príncipe, ascendência
autocrático (governo, poder, regime –):
  172, 179, 187, 239, 241-2; v.
  parresía autocrática
autoctonia: 73
  (–, arraigamento territorial e
  exercício individual da *parresía*):
  98
autourgós, lavrador
  (–, referência política positiva de
  Eurípides): 153, 155-6 *[Orestes]*

básanos, prova da alma: 254 &
  257n.38, 332, 335, 338 & 339n.15; v.
  alma, homologia, *tribé*

"centelha", cintilação; 119, 233n.6-7
  &n.11
cidadania
  (– de fresca data e *parresía*): 168,
  171 [Isócrates]; v. isegoria
  (– e nascimento): 93, 102n.4
  (– legal na Atenas pós-pericliana): 99
  [Aristóteles, Eurípides]
  (constituição da – e dos direitos
  aferentes): 181; (direito de –): 93
  & 102n.4; (direito de palavra
  constitutivo da –): 147, 151; (não
  direito à –): 69, 97, *vs*.
  pertencimento
  (democracia e –): 159
cidadão(s)

(– pleno, cidadão de cepa): 154;
  (acesso dos – à palavra): 140; v.
  pertencimento, estatuto
(categorias de – em Atenas: *khrestoì*,
  dynámenoi, sophoí): 94-5
  [Eurípides, *Suplicantes*]
(classificação dos –: *adýnatoi,
  sophoí, dunámenoi*): 145-6
  [Eurípides, *Íon*]
(estatuto de – e *parresía*): 97, 147
(massa dos – de direito, *plêthos*): 94,
  193, (– e não cidadãos): 69-70;
  (cidadão "de nome", não cidadão
  "de fato"): 102n.3
(necessidade de –): 93
cidade(s)
  (– democrática): 69, 163-5, 171,
  181-2 [Políbio], v. isegoria,
  isonomia, *politeía*; (cidade
  democrática ruim): 183, 195, 198,
  v. ajuste, anarquia
  (– dos iônios [ou jônios]: Atenas): 73
  [Aristóteles, *Íon*]
  (– grega como unidade política, *mía
  pólis*): 242
  (– ideal): 179, 189, 299; (jogo da
  cidade ideal): 230, (– e relação
  com o logos): 201
  (– oligárquica): 181
  (classe média nas cidades): 103n.9
  [Eurípides]
  (constituição da –, organização
  institucional da –): 188-9, 208,
  239; v. *politeía*
  (decadência das –): 192; v.
  monarquias helenísticas
  (direção real das grandes cidades):
  200 [Platão, Carta V]; v. logos
  e/mais *érgon*
  (direito de –): 154; (direito
  fundamental: direito de falar à –,
  direito de dizer a verdade na –): 77,
  100, 146-7, 159 [Eurípides,
  Políbio]
  (elogio da – por Péricles): 161; v.
  isonomia

(harmonia da –): 219; (harmonia, *symphonía* entre as cidades): 245; v. *phonê*
(papel pacificador do filósofo na –): 178; v. parresiasta
(poder sobre a –, dizer-a-verdade oracular e discurso de verdade): 127, 135
(primeira fileira, *prôton zugòn*, na –): 93, 95, 97-8 & 103n.7, 107, 145-6, 161, 206, 289; v. jogo agonístico, liça, *politeía* [Eurípides]
(terapêutica da –): 211, 213 &n.*, 214, 327; v. árbitro, conselheiro político
(vigília da, vigília sobre a –): 296
cínico(s) (o/s) [Diógenes, o Cínico, Diógenes Laércio, Sêneca]
(a pregação de tipo – e estoico): 313
(lugar do dizer-a-verdade dos –: a ágora): 277, 315
(nudez do –): 314 [Epicteto]
(risco assumido no enunciado da verdade, falta de temor no –): 316; v. *parresía* filosófica
cinismo/platonismo (polaridade): 260
coincidência: v. real da filosofia [Platão, *República*, Carta V]
(– desejada entre filosofia e exercício do poder): 199, 262
(– *vs.* correlação, interseção entre filosofia e política): 262, 264-8
confissão: 77, 102, 110-3, 129, 332, 349 *[Íon, Hipólito]*; v. falta, erro
(– blasfematória e confissão acusatória): 102; v. grito
(– confidência, confissão-canto de cólera, confissão-diálogo): 130
(– de Creusa, confissões de Fedra): 128-9, 150-1 *[Íon, Hipólito]*
(a – platônica como prefiguração da confissão cristã): 325
(a –, proclamação de injustiça): 124-5, 128; (confissão-imprecação, recriminação): 128
(dupla –): 102, 128

(jogo da falta e da – e da punição): 330
(prática da – entre os epicuristas): 313
(retórica da – numa cena judicial): 327-8 [Sócrates]
(vergonha da – da falta): 84, 127, 129
(veridicção da –): 142; v. dizer-a--verdade
conhecimento
(– de si): 43-4
(os cinco graus do –): 228-30 [Platão, Carta VII]
(teoria platônica do –): 223, 227-30; v. elementos
consciência
(– da falta e maldição trágica): 150
(– da vocação, *Beruf*, de pensar por si mesmo): 33 [Kant]
(– e *parresía* moral): 142
(diretor de –, *Seelsorger*, à guisa de consciência, *Gewissen*): 29-30 [Kant]; v. direção de consciência
(liberdade de – e religião): 11-2 [Kant, Mendelssohn]
(substitutos da – moral; o livro, o diretor de consciência, o médico): 42
conselheiro do Príncipe: 68 &n.*, 166n.*, 173, 179, 180n.*, 235
(–: figura, função, papel, estatuto): 235, 286-7
(teoria do –): 204
conselheiro, *sýmboulos*
(– filósofo; função persuasiva): 212-5, 242
(– médico: diagnóstico): 239, 242; (– de um homem doente): 210
(– político: papel, estatuto, tarefa): 203, 212-5, 235; (– e nomóteta): 208-11 *[Leis]*
(questão do – do imperador em Roma): 312
conselheiros (os) de Ciro: *parresía* e *philía*: 186-7, 190n.13
Conselho, *Boulé*
(Platão contra a maioria do –): 287
conselhos platônicos; 203, 255

(– a Dionísio, a Íon, aos amigos de Íon): 63, 196, 236-9, 244-9, 256n.17, 260, 262
(– a um Príncipe): 212, 235; (– ao Príncipe): 251 *[Leis]*
(– conjunturais [guerra civil] e em referência a princípios): 252
(– e *parresía*): 250-1, 255, 274-5
(– e promessa de escuta): 215
(–: formação moral dos governantes): 249
(– indicadores da relação filosofia/política): 235, 259
(– moralizantes, morais): 236-7, 256n.17
(– nomotéticos): 250-1 *[Leis]*
(– particulares ao Príncipe, individuais aos cidadãos, ao povo): 276
(– político(s) [fora campo político]: imparcialidade): 193, 243, 252, 257n.33, 289, (– decepcionantes): 236
(– políticos de um filósofo a um tirano): 195
(– políticos e prática médica): 210-3 [*República*, *Leis*, Carta VII]
(– *vs.* opiniões antiplatônicas de Diógenes, o Cínico): 260
(forma, natureza, conteúdo dos –): 236
(teoria do – político): 196
conselhos, *symboulé*
(– de Péricles): 160-1, 165-6, 237; (– do pedagogo a Creusa): 132, 135 *[Íon]*
constituição da cidade: 147-8, 156, 193, 213; v. *politeía*
(– ateniense, de Atenas): 73, 77-8, 88n.4, 94 & 103n.13, 154, 158n.24, 289 [Diomedes, Taltíbio, Teramenes; Aristóteles, Eurípides, Íon; Pseudo-Xenofonte]
(– democrática e *parresía*): 160, 163-4 [Tucídides]
(– democrática dos aqueus): 140,

147; v. isegoria, isonomia, *parresía* [Políbio]
(– e regimes confiáveis, *pistàs*): 240
(– e temas hipocráticos, analogias médicas): 303
(– ideal e *parresía*): 179
(– justa: do reino de Ciro): 185 [Platão, *Leis*]
(– política vetando toda guerra ofensiva): 19 [Kant]
(pluralidade das constituições e *phonê*: a cada uma sua voz no corpo político): 193-5, 208, 213, 256n.16; v. dizer-a-verdade [Carta V], *vs.* lisonja, imitação
constituição dos modos de ser do sujeito: 5-6, 42 (– do sujeito por si mesmo): 321; v. filosofia
coragem
(– da verdade, livre coragem, verdadeira coragem e risco): : 162, 164, 166n.*, 200, 277-8, 308, 310-1, 314-5, 320, 337; v. *parresía* filosófica [Diógenes Laércio; Platão, Sócrates]
(– militar e cívica, corajoso, *andreîos*): 155, 159-60, 162, 320; v. *parresía* democrática [Péricles]
v. retângulo da *parresía*
corrupção (acessibilidade à –): 165 [Tucídides]
crítica(o)
(– analítica e ontologia da atualidade): 21-2
(– da retórica e imitação): 323
(– das práticas pastorais [século XVI]): 316
(–, fracasso; vertente positiva): 223
(a filosofia considerada – social): 232, 312
(a obra – de Kant): 21, 29-34
(a questão do lugar da –): 167 [Isócrates]
(deslocamento da – platônica): 180n.*; v. encruzilhada platônica
(diagnóstico e –: crítica do exercício do poder [Antiguidade]): 241

(emergência no século XVIII do
    discurso – na ordem política): 67
(juízo, opinião – *vs.* tentativa de
    persuasão): 54 [Dion]
(interrogação – e *Aufklärung*): 21-2;
    v. *Ausgang*, saída do estado de
    menoridade
v. também: dizer-a-verdade, filosofia
cultura de si
    (era dourada da –): 43

daímon, gênio: 57n.19 [Plutarco]
    (duplo papel do –): 287, 296
    [Apologia]
democracia: 70n.2, 139-41, 146
    [Políbio], 160-1, 163, 170n.6
    [Tucídides], 167 [Isócrates], 172
    [Políbio], 176, 203, 206, 241; v.
    cidade democrática
    (–: ateniense): 136, 140, 148, 286
    (–: definição morfológica): 140
    (–: lugar da *parresía*): 272
    (– e autocracia): 166n.*, v. parresiasta,
    (–; méritos recíprocos): 180
    (– e guerra do Peloponeso): 197
    (– e isonomia): 182
    (– e monarquia): 179
    (– e opinião comum): 182-3
    (– e *parresía*, vínculo de
        pertencimento circular, vínculo
        perigoso entre): 143-4, 156, 159,
        166, 168, 177, 179, 273 [Sócrates];
        (problema do dizer-a-verdade na
        –): 145, 175; v. *parresía*
        democrática, retângulo da *parresía*
    (a questão da pedagogia na –): 179
    (boa –, *alethinè demokratía*): 156,
        160, 163-6; v. bom ajuste
    (elementos internos, constitutivos da
        –: *eleuthería*, isonomia, isegoria):
        140, 182
    (exercício do poder, *dynasteía*, na –):
        147-8
    (gênese da –: passagem da oligarquia
        à democracia): 181-2 [Platão,
        República]; v. também:
        encruzilhada platônica [Sócrates]

(grande circuito da –, articulação
    politeía/parresía): 164
(má –): 183, 287; v. supressão da
    diferença, mau ajuste, má *parresía*
(paradoxo da emergência do e da
    morte do discurso verdadeiro na –);
    (relação *dynasteía/politeía*): 170,
    198 [Sócrates]
(problema *parresía*/isegoria na –):
    172-3; (*parresía*, isegoria, *politeía*
    na –): 272, 290
(projetos de reforma contra a – ou a
    demagogia atenienses): 156
    [Teramenes]
(repartição efetiva da autoridade
    política na –): 94, 136, 163-
    4democrático (o homem) e uso do
    lógos alethès: 184
descrição (ordem da –) e ordem da
    prescrição: 27-8, 32 [Kant]
desejos necessários e desejos
    supérfluos; 183 [Platão]; v. anarquia
destino (*týkhe*): 96, 108, 144 [Dion,
    Xuto]
diferença
    (– entre isegoria e *parresía*): 139-40,
        172
    (– não essencial entre democracia ou
        tirania na experiência de Sócrates):
        288-9
    (– pela emergência do dizer-a-
        -verdade no jogo da democracia):
        169, (– e processo de
        governamentalidade): 189; v.
        ascendência
    (diferenças hierárquicas,
        compensadas pela *philía*): 187
        [Platão]
    (supressão da – entre o dizer-a-
        -verdade e a opinião da maioria):
        169; v. má *parresía*
"digressão": 227 & 233n.4; v. escrita
dikhómytha, palavras dúplices: 153-4,
    158n.18 [Eurípides, Taltíbio]
"dinástica do saber"; 157n.6
direção de consciência: 42-3, 45, 64,
    71, 177, 332

direito de palavra: constitucional, estatutário, jurídico, de falar livremente, direito político, de cidadania: 69, 91, 96, 141 [Políbio], 147, 172, 271-2
(transmissão por linha materna e não matrilinear do –): [caso de Íon] 69-70, 96-9, 100, 102n.4
[Aristóteles, Eurípides, Péricles]
direito(s)
(– absoluto da filosofia sobre o discurso político): 199 [Platão]; (questão do acesso ao poder dos "que filosofam corretamente"): 266-7
(– de fundar o direito): 29, 91
(– de voto na Atenas pós-pericliana): 99
(– e filosofia): 16, 145, 266, 269n.6, 296, 303
(– e opressão): 126
(–, poder, estatuto, em função do nascimento): 141
(condições do exercício do –): 151
(divisão igualitária do –): isonomia, isegoria na democracia: 181-2, 272 [Péricles]; v. *parresía* democrática
(estrutura de igualdade entre – e dever: para o *dêmos* e intrínseca ao exercício do poder): 55, 69, 77, 106
(princípios internos do –): 20
v. aleturgia, cidadania, democracia, oligarquia
direitos ancestrais; 107, 168; v. pertencimento ao solo, nascimento, poder
discurso agonístico: 125; v. também: grito
discurso filosófico: 14, 127n.*, 199, 238, 261
(– e discurso retórico): 281, 286, 298, 305n.*, 319-20
(– e persuasão): 53, 297
(*dýnamis* do –, prova de si mesmo): 297, (*dýnamis lógou*): 303

(homologia de/entre discurso e coincidência): 336
([modo de ser] autoascético do –): 305n.*
discurso político: 8, 67, 70, 77, 102, 127
(a matriz do –: acoplamento do discurso sensato e do discurso do fraco): 127&n.*-128; v. dizer-a--verdade
discurso verdadeiro, filosófico/político
(– de verdade: dialética e pedagogia): 319
(–: discurso de verdade dirigido à alma do Príncipe): 8, 14, 266; (restrição da liberdade do discurso político): 70
(–: o discurso verdadeiro, de verdade, de veridicção): 146, 263, 269, 284; (dramática política do –): 66-7;
(– e processo de governamentalidade): 169
(finalidade e estratégia do discurso verdadeiro): 52, 300
(o real do discurso filosófico: logos e *érgon*): 199, 207-8, 211, 223, 260, 265, (– e prática política): 267
(paradoxo da emergência do discurso verdadeiro, e da morte do discurso verdadeiro na democracia): 169-70
v. também: práticas discursivas
dizer a verdade, dever e direito de – intrínsecos ao exercício do poder: obrigação de verdade e exercício perigoso da liberdade: 35, 44, 64, 66, 271, 273, 325
dizer toda a verdade que tem de ser dita: obrigação do mestre (para com o discípulo): 47
dizer tudo, dizer a verdade/o dizer-a--verdade, fala franca; v. confissão, *parresía*, parresiasta, verdade
dizer tudo, toda a verdade: 42-3
dizer-a-verdade
(– cristão): 314, 325
(– da confissão): 84, 325
(– do oráculo): 84, 100, 102; v. oracular

(– e duplo de sombras): 142
(– e procedimentos de governo): 42
(– fora de toda *tékhne*): 283
   [Apologia]
(– irruptivo): 61; v. enunciado
   parresiástico, risco
(– no campo político): 233n.*, 273
   (– e risco da morte): 56
(– político): 78, 99-100, 199, 275
(ajuste da democracia e do –): 163,
   167
(dramaturgia do –): 77, 79 *[Édipo rei, Íon]*; v. aleturgia
(imitação do –): 171; v. retórica
(série dos três –: oráculo/confissão/
   discurso político): 76, 84
dynasteía
(–, reservada aos *autourgoí*): 156
   [Eurípides]
(problemas da – distintos dos da
   politeía): 147-8, 154, 193 [Platão]
dynasteúontes (os) e a filosofia: 198
   elementos do conhecimento das
   coisas (*ónoma*, logos, *eídolon*,
   episteme incluindo *orthè dóxa* e
   noûs), formas, níveis de
   conhecimento: 227-8 [Carta VII];
   v. conhecimento

eleuthería, liberdade
(–, *philía*, *koinonía* no Império persa
   [de Ciro]): 186-7 & 190n.13 *[Leis]*
(–: refere-se à independência
   nacional e à liberdade interna):
   139, 190n.6 *[República]*
eloquência democrático-judicial: 283;
   v. oradores, retórica
encruzilhada platônica: 180 & 180n.*
[ensino] hipocrático: 303 & 306n.14
entusiasmo revolucionário; 19, 38
   [Kant]; v. Revolução
enunciado parresiástico e enunciado
   performativo: 59-65
enunciado parresiástico: aquilo pelo
   que o sujeito falante se vincula à
   enunciação: 61; v. pacto

enunciado performativo: [vinculado a]
   uma pragmática do discurso: 65
epicuristas (os): 45 & 57n.7 [Filodemo]
(– e prática da confissão): 313
(antiepicurista): 192 & 201n.1
   [Plutarco]
érgon: v. logos
eros socrático: 207 *[Alcibíades]*, 304
   [Fedro]
escravidão, *douleía*, em relação ao deus
   e em relação ao homem: 273n.35
escravo(s), *doûlos*: privado de *parresía*:
   149 [Eurípides], 150, 333
(– da lei): 249; v. *aidós*
(medicina de –, para escravos
   [somente prescritiva]): 211
escrita e filosofia: recusa platônica da
   escrita
(a escrita como *tékhne*, a filosofia
   como *tékhne étymos*): 298, 301,
   305 &n.*, 306n.8
(a filosofia *vs.* transmissão de
   mathémata): 225-32, (– *vs.*
   logocentrismo): 225-32, 242
   [Cartas II & VII]; v. "digressão",
   elementos do conhecimento
Escritura
(– e pastoral cristã): 318
(– e Revelação): 316
esoterismo, tema da carta II: 225
essência (a) mesma, *ousía*
(– da coisa, *tò ón*): 227
(– da *politeía*): 192; (– de cada
   politeía): 193; v. *phonê*
estado de menoridade: 27-33; v.
   Ausgang [Kant], v. também: par
estatuto
(– de cidadão, dos cidadãos na
   democracia): 69; v. categorias de
   cidadãos, cidadão(s) (classificação
   dos –), direitos, isegoria, isonomia
(– de pertencimento e de nascimento
   do governante): 334
(– do estrangeiro em Atenas): 70
   [Xuto, Íon]
(– do sujeito no enunciado

performativo *vs.* enunciado
   parresiástico): 59-63, 65-6, 68-70
(–: e jogo da preeminência entre os
   melhores e os privilegiados): 334
(indiferença do – na persuasão
   parresiástica): 163, 206
exercício de si mesmo: 43; (– do
   outro): 321
exercício prático da filosofia em suas
   práticas: 198, 221, 229, 231, 310
exercício(s)
   (– da filosofia e exercício do poder):
      198-9
   (– da palavra que persuade): 98
   (– da *parresía*): 308 *et passim*
   (– da religião, exercício privado): 11
      [Kant, Mendelssohn]
   (– do discurso filosófico como
      tarefa): 211
   (– do jogo político como campo de
      experiência): 147
   (– do poder [político, da política]):
      6, 78, 97-8, 106-7, 147, 156, 169,
      179, 261, 263:
   (– mais elevado da liberdade,
      exercício perigoso, do dizer-a-
      -verdade, do discurso verdadeiro, da
      verdade): 64-6, 146, 148, 159, 166
experiências negativas de Sócrates
   (democracia e oligarquia): 198
expulsão, exílio, ostracismo, risco da
   morte, como privação de *parresía*,
   sancionando a enunciação da
   verdade: 56, 99, 141, 149-50, 167,
   169, 175

fala franca: 42-3, 71-2, 88n.2, 91, 105,
   141; v. dizer-a-verdade
   (– cínica e indiscrição): 47
   (– identificada à *parresía*): 332
   (–: liberdade de palavra, *licentia*):
      136n.6, 190n.6
   (–: veridicidade): 52-3, 61
   ("grosseria" da –): 158n.20
   (– *vs.* [mutismo] por consciência de
      falta): 150 *[Íon]*; v. falta, estatuto
falta: v. confissão, epicuristas

(–como doença e impureza): 327
   [Platão]
(– como tentativa de restabelecimento
   da justiça): 328, 330 [Sócrates];
   (cometer uma –: ser *ádikos*,
   injusto): 83, 85, 89n.23 [Apolo]
(– de conduta): 330
(– e infâmia legal): 150
(– e maldição): 150 & 157n.10
   [Creusa, *Íon*; Fedra, *Hipólito*]
(– moral, falta dos pais): 151 [Íon]
(discurso da –): 112
(obrigação de confissão da – "para se
   salvar"): 325-6; v. *parresía* pós-
   -antiga
faltas de Dionísio (as duas): (escrita do
   tratado [logografia]): 224, (aplicação
   do modelo da cidade grega à escala
   da Sicília): 241; v. cidade(s), *phonê,
   politeía*
faltas do Estado: (representação
   [cênica] das –): 167 [Isócrates]
ficção (análise de toda ontologia como
   uma –): 281
figuras da dramática do discurso
   verdadeiro (o ministério, o filósofo, o
   profeta, o crítico, o revolucionário):
   66-7
filosofia
   (a – como condução das almas, como
      psicagogia): 276, 320 *[Górgias]*,
      321, 332
   (a – como superfície de emergência
      de uma atualidade): 13-4
   (a – como *tékhne étymos*): 301, 305,
      306n.8; v. logos e/mais *érgon,
      prâgma, prágmata*
filosófica
   (condução –): 332
   (escuta –): 214-5
   (prática/s –): 221, 229
   (vontade –): 214
   v. veridicção
filósofo
   (o – conselheiro): 13-4, 177, 193-4,
      196, 201; v. conselhos platônicos,
      conselheiro do Príncipe, discurso

verdadeiro, *parresía* política;
(questão da intervenção do – na cena política): 199, 203n.8, 206, 213 &n.*, 261; (resistência do – a um poder político): 198
(o – médico: função terapêutica na *politeía*: diagnóstico, regime, persuasão): 211-2; v. medicina, médicos
(o – pacificador): 178
(o – parresiasta): 178, 189; (duplicação do parresiasta político pelo –): 309; v. inflexão, logos e/mais *érgon*, real da filosofia (o – e as leis): 208, 212-4, 230-1, v. leis, v./*vs.* nomóteta
foco filosófico: 315-6
foco(s) ou matrizes de experiência, [na] articulação entre formas de um saber possibilidade, matrizes normativas de comportamento, modos de existência virtuais: 4-5, 7, 41
focos de *parresía*: 309
funções (as três) indo-europeias da mitologia: mágico-política, guerreira, de fecundidade: 113-5 [Dumézil]

genealogia
(– da arte de governar): 180n.*
(– da modernidade como questão): 14
(– da política como jogo e experiência): 148-9
(– das funções apolínicas): 113 [Dumézil]
(– do dizer-a-verdade no campo político): 228
(– do pensamento político como racionalização da ação política): 197
(– no duplo sentido de continuidade histórica e pertencimento territorial [na peça, *Íon*]): 106
Gewissen, consciência moral: 29, 31-2 [Kant]
governamentalidade
(discurso verdadeiro na raiz do processo de –): 168

(história do discurso da –): 67
(procedimentos e tecnologias de –): 6, 22n.4, 41-2, 44
governo da "nossa Europa" segundo Vico: 26-7*, 38n.3
Governo
(– das almas): 140; v. filosofia, psicagogia
(– de si e governo dos outros, relação consigo mesmo e com os outros): 8, 42, 233, (– relação viciada: estado de menoridade): 32
(– de si para governar os outros; ser *egkratés*, [numa] relação de poder de si para consigo): 245 & 256n.17, 275
(– e relação *phóbos/bía, aidós*): 249
(– e relação privado/público): 34-5
(– pelo outro e obrigação de dizer a verdade): 44; (o dizer-a-verdade do outro, elemento essencial de –): 44
(– pelo Príncipe, do Príncipe, da alma do Príncipe): 8
(– por um estrangeiro: governo confiado a mãos estrangeiras): 240
(bom –: acordo entre *politeía* e *phonê*): 245; v. cidade(s)
(exercício do poder como campo de procedimentos de –): 6
(formação moral e – da cidade): 249
(o discurso filosófico, o soberano e os atos do seu –): 267
grito da dor e da recriminação: 117-9 [Creusa, Eurípides]
(– do fraco): 143
(– organizado): 119, 201n.3, 292n.4 v. oráculo, *phonê*
guerra do Peloponeso (431-404 a. C.): 75, 93, 99, 116, 156, 160, 174, 197, 255-6 [Tucídides, Xenofonte]

Hascalá [etim. *Sekhel*, lit. *Verstand*]: 10 & 23n.12; v. Iluminismo [Mendelssohn]
herói
(– da coragem e do bom conselho: mítico, homérico): 153, 155

(– epônimo, ancestral comum): 73
herói (o) e o arauto: 154
hino apolínico e hino védico: 113-4
   [Dumézil]
história das ontologias: 281; v.
   liberdade, veridicção
história do pensamento: 4 & 22n.1,
   265, 281, 291; v. focos de experiência
historicismo e negativismo: 7n.*
homologia (identidade do logos entre
   duas pessoas): 336-8
   (–, episteme, eunoia e *parresía*): 338
   v. *básanos*, discurso filosófico; *vs.*
      lisonja

Iluminismo: 10-24, 27, 36; v. *Aufklärung*
   [Kant]
ilusão
   (a filosofia moderna como crítica da
      –): 301
   (duplo de sombras do dizer-a-
      -verdade): 31, 84, 110, 275
   (ilusões, paixões e discurso de
      verdade): 110 [Creusa]
   (produzir a –): 301; v. persuasão,
      retórica, v. também: *tékhne*
      dialektiké
imigrante [caso de Íon]: transformação
   de um – em autóctone: 72
imperialismo genealógico: 74
Império persa de Ciro: 185 [Xenofonte,
   Ciropédia; Platão, *Leis*]
inflação do número de cidadãos
   (legislação para evitar a – [e Atenas]):
      91
inflexão do discurso filosófico,
   derivação da *parresía*; 309, 320, 335
injustiça/justiça: 54, 85, 100-1, 142,
   236, 248, 256n.26, 326
   (injustiça: proporção atropelada): 124
   (– dos poderosos): 125, 127n.*, 128,
      130, 142, 143, 204; (discurso da –:
      "iniquidade dos poderosos"):
      124-7 [Creusa]
   (dizer com justiça a injustiça dos
      outros): 112; v. dizer-a-verdade
   (greve de fome, suicídio): 125

(justiça e leis: [risco de] reparar uma
   injustiça com uma injustiça): 328
   [Platão]
   (o mal da injustiça): 325 *[Górgias]*
injusto/justo: 48, 83, 89n.23, 248, 261,
   290, 300, 304, 318, 326-9, 333
   [Dion, Cálicles, Górgias, Trasímaco];
   v. "pequenas diferenças"
interesse geral, interesse público
   (divisão do poder no –) [a democracia
      segundo Péricles]: 163-5
intruso, estrangeiro, bastardo: intrusão
   política e bastardia: 91-5 [Íon]
isegoria (igualdade de palavra): 69,
   70n.1, 99, 139-40, 157n.1, 161, 163,
   172-3, 182; v. democracia, direito de
   palavra
isegoria e *parresía*: 140-1, 146-7, 163,
   172 [Políbio]; (arraigamento da
   parresía na isegoria): 172
isonomia, leis iguais para todos, lei da
   igualdade: 99, 140, 163, 182
   [Péricles], 334-5

jogo
   (– agonístico, aristocrático): 98, 206,
      334-6; v. retórica
   (– da cena judicial da confissão
      [Creusa]): 129, 331
   (– da democracia e da *parresía*): 163-4,
      166, v. ajuste, dizer-a-verdade,
      diferença; (ruptura do jogo da
      parresía): 287, 310 [Platão]
   (– da liberdade): 182
   (– da retórica): 215
   (– da verdade e do direito de palavra
      em [e sob] qualquer governo): 173,
      179, 193, 195, 276, 310 [Diógenes,
      Platão]
   (– de metades): 100; v. mentiras
      (meias –), verdade enviesada
   (– de verdade e de prova entre mestre
      e discípulo): 332
   (– do dizer-a-verdade filosófico, do
      ser verdadeiro filosófico): 261
   (– do eros platônico): 282

(– do poder autocrático): 172
(– do sagrado): 114
(– entre afirmação filosófica e poder
    político): 261
(– entre obediência e uso privado):
    37; v. privado/público
(– intrínseco ao logos, à filosofia):
    208
(– nomotético e jogo mítico): 231
(– oracular de perguntas e respostas):
    82
(– político): 204, 209, (regra do –):
    140, (– da *politeía*): 289judeu: 10-2,
    23n.22; v. *Aufklärung, Hascalá*
    [Kant, Mendelssohn]
juízes acólitos no processo de
    Parresiades: 279 [Luciano]
justiça [justiça, equidade]; 48, 52, 126,
    155, 219, 236, 285
    (– do fraco): 125, 142
    (palavra de –): 126, 136
justiça e felicidade: 49

kairós, ocasião: 200, 202n.12, 204,
    207, 312
koinonía, comunidade
    (– *arkhôn*, compartilhamento, divisão
       dos poderes): 240-1
    (*eleuthería, philía,* –: que asseguram
       a unidade do império de Ciro,
       segundo Platão): 186 & 190n.13,
       187 *[Leis]*

lazer (*skholé*) filosófico: 218; v.
    prágmata
lei(s): 69, 72, 93, 96-7, 99, 103n.14,
    148, 163, 172, 181-2, 187-9, 201n.6,
    208, 250-1, 257n.37 &n.38, 261,
    263
    (escravo da –): 256n.25 [Carta VII]
    (– de *hoi polloí*): 339n.14 *[Górgias]*
    (– e regimes locais): 237, 244, 246,
       261, 263, 272
    (*parresía* a despeito das –): 337
    (respeito dos ritos [e tradições] e das
       –): 132, 140

([Sócrates] do lado da – e da justiça):
    287 & 293n.18, 288 *[Apologia]*,
    328 *[Górgias]*; v. filósofo
    (guardião das –): 250-1 [Carta VII,
    Leis]
v. *aidós*, cidade(s), isonomia,
    nómos/oi, nomóteta, obedecer,
    politeía/i.
liberdade: v. direito de palavra,
    eleuthería
    (– de palavra): 57n.11 &n.14, 63, 98,
       141, 171-2, 185-6, 271; (– em
       palavras lisonjeiras): 183
    (– de expressão (problema
       estritamente político [Políbio]), de
       opinião): 274
    (– de raciocínio no uso público): 36
       [Kant]
    (– de se calar do deus): 82
    (– e hábito do jugo, servidão): 33,
       253
    (– no jogo agonístico): 98
    (– na enunciação da verdade e
       obrigação de dizer a verdade:
       liberdade de pacto [entre si e] a
       verdade): 63-4; v. pacto
       parresiástico
    (– popular): 26 [Vico]
    (a – como capacidade de fazer): 281
    (a – como exercício perigoso): 64
    (hierarquia na [concessão] da –): 98
    (restrição da – do discurso político):
       70
    ("verdadeira liberdade"): 57n.23
       [Quintiliano]
liça
    (– e *parresía*: na primeira fileira, no
       terreno político, no campo
       agonístico): 125, 146, 155, 160-1
língua
    (análise da –, dos fatos da língua, e
       análise dos discursos): 65
    ("língua serva", "boca escrava"):
       69-70, 72, 96 [Eurípedes]; v.
       escravo, cidade (direito de –)
linguagem de Sócrates

(– "de todos os dias", "como ela vem", linguagem de fé, de credibilidade (*pístis*), de fidelidade): 284-6
linguagem/língua
(– de coragem e de verdade): 160
(– de estrangeiro, *xénos*) [Sócrates]: 283
(– de verdade, de razão, armadura da *politeía*): 77; (– de razão e da verdade): 189
(– desenfreada do demagogo): 154
(– dúplice): 152-4; v. *dikhómytha*
(– livre): 57n.23 [Quintiliano]
(– os oradores: arte de falar e arte da linguagem): 280, 283; v. retórica
(– própria/[específica] a cada governo, cada *politeia*, cada Estado): 256n.16; v. *phonê*
(– violenta, como substituto do verdadeiro): 55
(palavra oracular e linguagem de razão): 76
lisonja: v. retórica
(–: categoria do pensamento político [antigo]): 274
(– e *parresía amathés*, não indexada à verdade): 51, 155
(a – como analogia do dizer, homologia sem eunoia): 336
(a – como má imitação, mau duplo da *parresía*): 274, 275, 280, 292n.2, 293 n.22 [Plutarco, Epicteto]
(a – como modo de ser do logógrafo): 304-5n.*; v. escrita
(discurso de –, demagógico): 167-8
(teoria da – em Sócrates e Platão): 274 & 292n.1 *[Górgias, Fedro]*
livre
(– coragem de dizer a verdade): 61, 64, 82, 311, 320
(– palavra, palavra livre): 136, 140, 325, 332, 349; (– jogo do discurso verdadeiro): 168
(medicina – para gente livre): 211-2
(princípio do – acesso de todos à palavra): 169, 269; v. democracia, isegoria
(uso – da razão): 37 [Kant]
logocentrismo
(– na filosofia ocidental): 231; v. escrita
logógrafo (que não faz seu discurso baseado em suas palavras): 284, 299 *[Lísias]*, 300
lógos alethès, s.v. *aletheía*
(ausência do – na cidade: anarquia): 184-5
lógos alethès: 184-5; v. discurso verdadeiro, de verdade, *parresía*, verdade
logos e/mais *érgon*: a tarefa filosófica no campo da política, relação do filósofo com o real: 200-1, 203, 205, 208, 210-1, 229, 232-3, 291 [Cartas V & VII]
lógos étymos
(–: relação originária do logos com a verdade, como ponto de junção entre *aletheía* e *pistis*): 285-6
logos menos *érgon*, simples logos
(a cidade ideal com –): 201
(o filósofo "verbo vazio" como –): 201, 202n.14, 207, 209
logos, palavra sensata, persuasiva, de razão e verdade: 55, 99, 128, 154-5, 165
(fazer o – atuar na pólis): 98
loucura do amo: 150
loucura
(a –, conjunto de normas, matriz de conhecimentos, de experiências): 5, 41
(história da –): 5
lugar (o) do dizer-a-verdade político: 277
luz, *phôs*
(–: centelha da alma, na alma): 226, 233n.6n.9n.11; v. "centelha"
(– da sabedoria e da inteligência): 234n.17
(– das coisas): 226, 233n.9 &n.11
(– do deus dourado, Apolo): 117-9

maldição: 123, 150 [Creusa, *Íon*; Fedra, *Hipólito*]
mathémata, matemas: conteúdo explícito da escrita, conteúdos de conhecimento e fórmulas do conhecimento: 225-7, 230, 233n.4&n.11, 349; v. escrita; *vs.* filosofia, *synousía*
máthesis/áskesis e *parresía* filosófica: 180, 200
matrizes
  (– de conhecimentos possíveis): 6
  (– de experiência): 41; v. foco(s) de experiência, história do pensamento
  (– normativas de comportamento): 5, 6
medicina
  (–: arte de conjuntura, arte de conjectura); (grande –: arte do diálogo e da persuasão): 211-2
  (conselho político e prática da –): 211
médico(s)
  (–, conselheiro político e filósofo: [funções comuns]: diagnóstico, diálogo, cuidado com a vida do doente/da *politeía*, regime): 212-4, 239, 242-3, 303
  (–: técnico da medicina do corpo; filósofo: técnico da medicina das almas): 44 [Galeno]
  v. também: escravos
menoridade: 25, 27-36
  (–: incapacidade de [usar] seu entendimento sem a direção de outrem): 25, (– por falta não de entendimento mas de coragem): 25; v. par, estado de menoridade [Kant]
  (interesse de uma – *vs.* interesse geral): 163 & 170n.6
mentira, meia mentira, verdade enviesada
  (– enunciada como verdade [pelo deus] ao Coro): 108-11 *[Íon]*
  (meia mentira [do deus], revelação mentirosa): 84-5, 91, 96, 100, 106;

(– [do fraco: de Creusa] para obter a verdade): 106; v. duplo de sombra(s) (*s. v.* dizer-a-verdade), ilusão
(mentira persuasiva do advogado, do orador): 279, 283, 292n.5
mestre, amo/senhor: 34, 47, 54, 105, 196, 217, 225-6
  (– de obras: ausente [do] trabalho da verdade): 107
  (– e discípulo): 47-8, 49-50, 197, 221n.11, 225-6; v. *máthesis* (amo/povo, *Räsonnieren* e obediência): 34 [Kant]; (senhores [os persas] dos povos): 190n.13 *[Leis]*
  (aquisição de conhecimentos sem – e integração cultural): 11, 23n.15
  (limites ao poder dos –): 150
  v. também: loucura do amo
mímesis, imitação: 274; v. também: lisonja
modernidade
  (– europeia e história da razão): 21
  (a questão da – na cultura europeia): 14
  v. genealogia, filosofia, polaridade
momphé/omphé (enfrentamento, substituição): 118, 121n.11 *[Íon]*; v. oráculo
monarquia: 37, 179, 185, 194, 196, 204, 241, 243, 250, 262, 277
  (– etapa na marcha geral de toda sociedade): 26 [Vico]
monarquias helenísticas (época das grandes –) e decadência das cidades: 192, 263
morte do corpo e imortalidade da alma: 248 [Carta VII]
morte(s)
  (a – de Sócrates, sanção da democracia): 203
  (a –: preço arriscado do dizer-a--verdade: ameaça de morte sobre a enunciação da verdade): 56, 167, 175, 211, 215; (a – aceita pelo parresiasta): 310, 318; (a – de

Sócrates): 282, 298, 295-7
[Apologia]
(a questão da condenação à – por crime: condenar à vida?): 152, 329
(a – [suposta]: desaparecimento depois do nascimento de uma união ilegal [caso de Íon]): 120, 124, 129
([incidência] política da –: morte de Péricles e declínio de Atenas): 166
(vida e – do discurso verdadeiro na democracia): 169
(violência e –: o discurso que leva a morte aos outros): 215
mortos
(elogio dos – "por Atenas" feito por Péricles): 163 [Tucídides]

nascimento
(– e fecundidade): 115, 122
(– erecteu e apolínico): 136
(–, pertencimento, estatuto): 65, 94-5, 100, 111, 141, 143, 145, 145, 205 [Alcibíades, Íon, Alexandros]
(aleturgia do –, trama dramática): 76 *[Íon, Alexandros]*, 77, 79, 107 *[Édipo rei]*
negócios da cidade, negócios públicos: 94-5, 146, 162-3, 202n.6, 203, 349; v. *prágmata*
nómos/oi: 138, 230, 237, 244, 334; v. isonomia, lei(s)
(*koinòs* –, lei comum entre vencedores e vencidos): 247-8, 256n.23 [Carta VII]
nomóteta (o), dador de leis
(o – e o filósofo): 178, 213, 228-33n.*, 247 [Carta V, *República, Leis* vs. Carta VII]

obedecer, obediência
(– e ausência de raciocínio): 33-6; v. estado de menoridade
(– e persuasão): 98, 182, 188, 213
(– e uso livre da razão no domínio privado): 37; v. privado/público
(necessidade de – na ordem da sociedade civil): 37 & 39n.22 [Kant], 98, 148, 150, 188
oligarquia: 140, 147, 181, 194, 198, 200, 256n.16, 301; v. *dynasteía*
ontologia da veridicção: 281-2
ontologia do presente: 22
opinião: 44, 48, 54, 99, 162, 168
(– e *eleuthería*): 182; (– e isegoria): 140, 144, 147, 153, 162, 168, 174-6; v. democracia
(– reta, *orthè dóxa*): 227; v. conhecimento
oracular
(ambiguidade – do deus): 85, 100
(deus oracular/deus sensato): 135, 142
(dizer-a-verdade –): 76, 82-3, 100, 136
(enigma –): 76, 84 & 88n.8; (enigma oracular/dificuldade de confessar): 84 [Apolo, *Íon, Édipo rei*; Dumézil]
(estrutura – do dizer-a-verdade pelos deuses): 82; (veridicção – do deus): 142
(função do – e função de fecundação): 115
(passagem do dizer-a-verdade – ao dizer-a-verdade político): 100
oráculo (*omphé*): 51, 77, 81, 83, 107, 109-11, 113-4, 117-8, 124, 134, 137n.25
(– e canto, – e lira); v. acoplamento
(– mudo do deus/palavra do homem, canto de indiferença/grito da mulher): 118, 134
(recriminação e –): v. *momphé/omphé*
(reticência, deficiência do –, do deus oracular): 83, 100, 101, 116, 131
orador(es): 67, 153, 166-7, 179-80, 180n.*, 276, 279, 302-3, 325; [Luciano, Tácito, Tucídides]
ouro (tema do –): 119-20; [Apolo; Dumézil]
ousía, essência: 285, 303 & 306n.15 *[Fedro]*; v. também: alma, *lógos étymos, prâgma, synousía*

pacto parresiástico
(– da escuta): 296

(– da prova das almas): 331 *[Górgias]*;
   v. também: *básanos*
(–: do sujeito falante consigo
   mesmo): 62-4, 152, 162-4, 186
   [*Apologia, Leis*; Kant, Tucídides]
(ruptura do –): 164 [Péricles]
paideia filosófica: 276
palavra(s)
   (– de comando): 80, 87 &n.*, 97
      &n.*, (– e verdade): 136
   (– dúplices): v. *dikhómytha*
   (– e deliberação): 103n.13 [Pseudo-
      -Xenofonte]
   (– e isegoria): 70n.1, 99, 139-40,
      157n.1, 161, 163, 169, 172-3, 182,
      269
   (– e vergonha): 128; v. confissão,
      vergonha
   (– judicial): 140; (– de justiça): 126,
      136
   (– oracular): 76-7, 84, 119, (– e
      linguagem de razão): 77
   (– política e risco político): 98-9
   (– profética/s): 107
   (– que persuade): 98
   (– verdadeira, sensata, agonística no
      campo da pólis): 98
   (acesso dos cidadãos à –): 140
   (atos de –): 125, (– e risco): 126
   (direito de –): 69, 80, 91, 96, 105,
      141, 147, 151, 172, 271-2
   (liberdade de –): 57n.11 &n.14, 63,
      98, 136n.6, 141, 171-2, 185-6,
      190n.6, 271; (– livre): 136, 140,
      325, 332, 349
   (tomada de –): 156, 157, 161, (– e
      dizer-a-verdade): 59-60, 67, 69
par
   (– democracia e orador), (– o
      Príncipe e seu conselheiro): 179-80
   (– obediência e ausência de
      raciocínio) , (– privado e público):
      34, 36; v. estado de menoridade,
      privado/público [Kant]
paradoxos
   (– [entre] estrutura democrática e
      discurso verdadeiro): 169-70

(– entre *parresía*, *politeía* e
   dynasteía): 328-9
v. experiências negativas de Sócrates
parresía
   (– [autocrática], e poder autocrático):
      172-3
   (– *amathés*, não instruída, não
      indexada à verdade): 154
   (– cínica): 47
   (– cívica): 184, 189
   (– democrática; 186 [Tucídides]),
      (–: garantia de autonomia): 183;
      (*parresía*/democracia, vínculo de
      pertencimento circular): v.
      democracia
   (–: direito político de exercer a fala
      franca em sua cidade): 143
   (– do servidor): 151 *[Bacantes]*
   (– e texto do historiador [Tucídides]):
      272
   (– e texto do trágico [Eurípides]): 272
   (– estoica): 313
   (– ética): 64
   (– filosófica): 296-300, 319, 337-8,
      (– como forma de vida): 291, 311,
      (– *vs.* discurso retórico): 52-3
      [Quintiliano]
   (– judicial): 144
   (– moral): 144
   (– pericliana): 330
   (– política ou político-estatutária:
      discurso verdadeiro na ordem da
      política, exercício do poder pelo
      dizer-a-verdade): 185, 308-9, 320;
      (transferência da – política para a –
      filosófica): 322
   (– pós-antiga): 325
   (– psicagógica): 178, 320
   (– socrática): 290, 294, 321, 337-38
   (–: veridicidade): 64; v. dizer-a-
      -verdade
   (a –: maneira de dizer a verdade):
      51-2, 66 *et passim*
   (a –: noção ambígua: prática
      necessária e perigosa): 47, 177, 179
   (a –: noção aranha): 45

(a–, como virtude, como dever, como técnica): 43
(boa –: bom ajuste da democracia e do dizer-a-verdade): 155, 159-60, 166-9, 176, 180n.*, 185; v. pertencimento, ascendência, cidadania [Tucídides, Isócrates]
(condição da –: liberdade na enunciação da verdade): 63-4
(desdobramento da –): 177, 184, 274
(duplo escalonamento da –): 185 [Platão]; v. *lógos alethès*
(estrutura dinâmica e estrutura agonística da –): 146
(má –: pós-pericliana): 156, 166-9, 188, 195; v. encruzilhada platônica, mímesis; *vs.* diferença
(momento pericliano [e] momento platônico da –): 308 &n.*
(retângulo constitutivo da –): 159-61, 163
parresiasta(s): 50-1, 53, 59, 63-4, 150, 165, 168, 177, 189, 195, 252, 274, 276, 286, 320, 348
(ascendência do – sobre a alma do Príncipe ou sobre a Assembleia): 166n.*, 176, 184, 289, 309, 338
(dizer-a-verdade e risco de morte para o –): 56, 64, 195, 252, 289, 310
(função, papel do –): 251, 255; v. enunciado parresiástico, pacto parresiástico, filósofo
(o –: guia moral da cidade): 189
pastoral cristã: 316
([transferência da] função parresiástica para a –): 316
paz
(– de Nícias [421 a.C.]): 74-5, 116; v. guerra do Peloponeso
(– e harmonia [doméstica] e na cidade): 96
(– e verdade): 79 *[Édipo rei]*
(– perpétua): 26 [Kant]
(paz/guerra e mau ajuste democrático): 116, 166, 168, 173-4 [Tucídides; Demóstenes, Isócrates]

pedagogia, formação das almas [dos governantes], da alma do Príncipe: 179, 261, 319
"pequenas diferenças" (caminho do justo ao injusto): 301-2 *[Fedro]*
persuadir, persuasão, elemento da *parresía*, *vs.* objetivo da retórica: *passim*; v. *tékhne dialetktikè* e *tékhne retorikè*
pertencimento
(– a uma cidade): 95; (– ao campo político): 289, 312; (– ao corpo dos cidadãos): 146; (– ao *dêmos*): 70
(– a uma doutrina, a um presente, a uma comunidade, a um "nós"): 8, 14
(– à terra, territorial): 98, v. *autourgós*; (– da nobreza ao solo): 168
(continuidade histórica e –): 106
(vínculo de – circular *parresía/* democracia): 144, 177, 272
(vínculo de – entre a crítica e a *Aufklärung*): 27, 31; v. estado de menoridade
phonè, voz
(– da *politeía* [em democracia]): 193-4, 201n.2 [Carta V], 213, 239, 245; v. cidade(s)
(– do *plêthos* [regime monárquico]): 193 *[República]*
(a própria Voz): 114 [Dumézil]
poder de comando
([condições de exercício do –]: direitos ancestrais, genealogia): 106-7, 151; v. direito(s), *dynasteía*
poder parresiástico
(exercício do – pelo discurso verdadeiro: [introduzir] o dizer-a--verdade na ordem da política): 97, 200, 261, 264; (lugar de exercício do –: a alma do Príncipe [segundo Platão]): 265; v. alma, ascendência, conselheiro
poder
(– compartilhado): 181; v. isegoria
(– "de um só": monarquia, tirania): 93, 161; *vs.* liça

polaridade Antiguidade/modernidade: 14
politeía, constituição, regime, organização de uma cidade: 69-70, 77, 161, 193-5, 206, 213 &n.*&-4, 244, 247, 250, 256n.7; v. cidade(s), constituição
  (– e *dynasteía*): 147-8
  (– e isegoria): 147, 161, 272
  (– e isonomia): 182
  (– e *parresía*): 148-9, 160-1, 163-4, 178; v. ajuste
politeía/parresía/dynasteía: 154, 170
prâgma (to), o real da filosofia: 217-8 & 222n.12, 220, 223, 225, 228 & 234n.16
  (a filosofia como –): 233n.*
prâgma/prágmata (duplo entendimento): 217-8
prágmata
  (– negócios da cidade [concernem aos *khrestoí*]): 94-5; *vs.* lazer/*skholé*
  (–: práticas filosóficas): 217-8; v. real da filosofia, lazer, *synousía*
pragmática do discurso: 65-6
prática filosófica: 14, 208, 267, 278, 308 &n.*, 309, 319, 324, 337
práticas discursivas: 6, 41
"preguiça" e "covardia" (*Faulheit, Feigheit*): 32-4, 36; v. estado de menoridade
Príncipe
  (problema da alma do –, nos confins da direção individual com o campo político): 46; *passim*
privado/público, *Privat/Publikum*
  (*Publikum*: como realidade instituída): 9 & 23n.21 [Kant, Fichte]
  (uso privado das nossas faculdades/uso livre da razão): 33-8 [Kant]; v. estado de menoridade, obediência
psicagogia, condução das almas: 180, 276-8, 280, 301 & 306n.9, 303-5, 320, 326, 330, 332; v. alma
  (– e *tékhne dialektikè*): 302

  (– pelos discursos): 301 & 306n.9
  [Fedro], 304
purificação
  (– da existência): 311; v. ascetismo cristão, confissão, vergonha
  (cura e –: eco da tradição pitagórica em Platão): 337

raça
  ([Atenas:] "cidade em que a – não tem mácula"): 69 [Eurípides]
Räsonnieren, uso da faculdade de raciocinar: 34-5, 38-9n.14; v. obedecer, privado/público [Kant]
real da filosofia: 207, 209, 215, 218, 221, 223, 229-31, 232, 235-6, 349; v. *prâgma*, *vs.* coincidência
retângulo da *parresía*
  (–: vértice constitucional, vértice do jogo político, vértice da verdade, vértice da coragem): 159-60
retórica/filosofia/política: 180 & n.*, 209
"retórica e filosofia", e *parresía* filosófica: 280
  (–: dirigida a muitos *vs.* dirigida aos indivíduos): 276
  (–: discurso filosófico *vs.* discurso retórico): 286-96
  (–: escuta retórica *vs.* escuta filosófica): 215
  (– garantia de não esquecimento de um caminho em direção ao progresso): 20-1; v. *Aufklärung*, entusiasmo revolucionário
  (–: lisonja *vs.* discernimento): 276
  (–: técnica retórica *vs.* prática filosófica): 324
  (–: *tékhne dialektikè, tékhne retorikè* e *atekhnia* do discurso retórico): 302-5
  (a *parresía*: figura de estilo da retórica): 46-53, (– figura de pensamento): 53 [Quintiliano]
  (a retórica: instrumento da desigualdade): 334; (não indexação ao justo e ao injusto): 328-30

(clivagem entre retórica e filosofia: a sofística): 278 [Luciano];
(oposição entre –): 280 *[Apologia]*, 281, 297-8, 304-5n.*, 320 *[Fedro]*
(crítica da retórica por imitação *[Fedro]*, rejeição da retórica *[Górgias]*): 323-4
(retórica/filosofia: arte da palavra *vs.* arte do dizer-a-verdade): 276; (relação inversa com a verdade): 300, 308
(vontade comum de persuadir, finalidade diferente): 52-3; v. também: *parresía amathés*
Revolução Francesa: 16-23, 33, 36, 38

senhor de si: 245 & 256n.17; (– do [seu] Império como de si mesmo: dever do monarca): 269
sophoí
(os –: *dunámenoi* e *khrestoí*): 94-5, 103n.7, 145-6; v. cidadãos [Eurípides, Pseudo-Xenofonte]
synousía, o ser com: 225-6, 233n.6 [Carta VII]; v. *prâgma*, vs. *mathémata*

tribé, "fricção"
(–: exercício que permite o acesso ao conhecimento de *tò prâgma*, quinta forma de conhecimento): 228-30, 231, 234n.17 [Carta VII]; v. exercício(s), *prâgma*

verdade
(– e coragem): 277, 290;
(transmissão da – pelo parresiasta, guia moral): 189 *[Górgias]*; v. retângulo da *parresía*
(– e política: conformidade do dizer no Estado à essência do Estado): 195; (discurso de – em relação à ação política e não no campo político): 261, 289, 291 *[República]*, (*vs.* verdade e eficiência da persuasão no campo da política): 98; v. conselheiro, dizer-a-verdade, democracia, direito de palavra
(–: *parresía* indexada ao logos de verdade): 208-10, 214, 216, 220, 262-3, 281, 308, 317-8, 321; v. coragem, discurso verdadeiro
(– política e democracia, função do ajuste *politeía/parresía*): 160-2, 166, 178-80, 183
(– *vs.* opinião constituída): 274
(desvendamento, eclosão da – pelo choque das paixões, entre *alétheia* e *páthos*, aplacamento das paixões pelo discurso de *parresía*): 105, 108, 127, 131
(discurso socrático e –: relação originária da linguagem com a verdade): 285-6; (a – dialética instrumento de persuasão da verdade): 302, 304
(o conhecimento da –, função constituinte, permanente do discurso verdadeiro): 300-1, 304
(o pensamento moderno como analítica da –): 21
(verdades necessárias para conduzir os outros e se conduzir): 278
veridicção filosófica

Índice onomástico

Acaio, ancestral dos aqueus: 74, 80, 88n.14, 135; v. Eurípides
Agamêmnon: 152; (dinastia de –): 153; v. Eurípides, *Orestes*
Alcibíades [~450-404 a.C.], *Alcibíades*: 43, 205-7, 219-20, 221n.3, 242, 256n.11; v. Platão
Alexandros-Páris, *Alexandros*: 76, 88n.7; v. Eurípides
Altmann, Alexander: 23n.12
Apolo, filho de Leto: 77, 80-3, 89n.23, 91, 100-2, 105-6, 108, 112-6, 118, 121n.5, 123-4, 126, 129-32, 134-5, 142-3; v. Dumézil, Eurípides, *Íon*
Apolônio de Tiana [... ~212 d.C.]: 312 & 322n.4
Aristipo [435-356 a.C.]: 310-1; v. Diógenes Laércio
Aristomaca: 48; v. Dionísio, Dion de Siracusa, Platão, Plutarco
Aristóteles: 57n.24, 73, 88n.4, 102n.4, 238, 257n.37
Atena: 75, 83, 134-5, 142-3; v. Eurípides
Augusto [Caius Julius Caesar Octavianus Augustus, 63 a.C.-14 d.C.], imperador romano: 26, 237, 264; v. Dion Cássio
Austin, John Langshaw: 70n.1

Bourel, Dominique: 23n.12 &n.14, &n.15

Cármides: 197, 202n.5; v. Platão
Ciro II, o Grande [~ 559-529 a.C.]: 185-6, 190n.13, 242-3, 273; v. Platão *[Leis]*, Xenofonte *[Ciropédia]*
Cleofonte: 154, 158.n.19, 168; v. Eurípides; *Orestes*
Cléon [séc. V a.C.]: 99
Clitemnestra: 152, 156; v. Eurípides
Creonte, tirano de Tebas: 51, 107; v. Sófocles
Creusa, filha de Erecteu: 73-7, 80-7, 89n.25, 91, 96, 100-102, 105-6, 108-13 &n.*, 115, 119-120, 123-35, 137n.22 n.26 n.31, 142-3, 151; v. Eurípides, Sófocles
Crítias [~450-403 a. C.]: 197, 202n.5; v. Platão

Defert, Daniel: 22n.1, 343n.1, 345n.15, 354n.41, 355n.44
Demóstenes [384-322 a.C.]: 46, 166
Derrida, Jacques: 234n.20, 349
Descartes, René: 13, 313, 317
Diógenes Laércio [séc. III d.C.]: 260, 266, 269n.1, 310, 322n.1-2
Diógenes, o Cínico [~404-323 a.C.]: 260-1, 265-6, 269n.2; v. Diógenes Laércio, Epicteto
Diomedes: 152-4; v. Eurípides, *Orestes*
Dion Cássio [Cassius Dio Cocceianus, ~155-235]: 237 & 255n.4, 264 & 269n.4
Dion Crisóstomo [30-117 d.C.]: 264 & 269n.5
Dion de Siracusa [~408-354 a.C.], *Dion*: 47-56, 57n.18, 60, 63, 71, 175-8,

196, 199-201, 203-5, 232, 236-9, 242, 246-8, 252-3, 256n.17 263; v. Dionísio, o Moço, Platão, Plutarco
Dionísio, o Moço [~367-344 a.C.], tirano de Siracusa: 48-55, 60, 63, 175-8, 196, 199-200, 203-4, 206-7, 216, 223-5, 227, 230, 236-42, 244-8, 256n.9 &n.17, 260, 263, 265, 310; v. Dion, Plutarco
Dionísio, o Velho [~430-367 a.C.], tirano de Siracusa: 47, 196, 199, 240-2, 250
Dório, ancestral dos dórios: 74, 80 & 88n.14, 135; v. Eurípides
Doroteu de Gaza: 46 & 57n.15
Dumézil, Georges; 113-6 & 121n.5-8, 352n.35

Édipo, *Édipo*: 51, 57n.22, 60, 78-80, 84, 86, 88n.11-13, 100, 105, 107-8, 120n.1, 131, 142, 327, 352n.33; v. Sófocles *[Édipo rei, Édipo em Colona]*; v. também: *Íon*, Laio
Egisto, 152-3; v. Eurípides, *Orestes*
Electra, *Electra*: 152-3, 347n.23; v. Eurípides, Sófocles
Epicteto [c. 50-130 d.C.]: 291 & 293n.22, 313-6 & 322 n.5, 322 n.8
Erecteu, rei lendário de Atenas, *Erecteu*: 75-6, 81, 87, 92, 95, 102n.3, 109; (dinastia de –): 133, 141, 154; v. Eurípides
Etéocles/Polinices, dinastia edipiana: 149, 166n.*; v. Eurípides *[Fenícias]*
Eufraio: 192-3; v. Platão [Carta V]
Eurípides [480-406 a.C.]: 46, 70 & n.3, 71-6, 78, 89n.6-7 n.9 n.14, 90n.18-32, 92-3, 98-9, 102n.1-3 & n.5, 103n.6-24, 106, 116, 121n.2-4 & n.9-15, 125, 130, 133, 136n.1-2 & n.7-16, 137 n.17-31
Ewald, François: Xn.5, XIII, 22n.1

Febo: 89n.25, 113-4, 128, 134-5; v. Apolo; Dumézil, Eurípides
Fichte, Johann Gottlieb: 15 & 23n.21

Filodemo [~110-28 a.C.]: 45 & 57n.9 & n.11, 322n.6
Filostrato [~175-249 d.C.]: 311-2 & 322n.4
Fontana, Alessandro:n.5, XIII
Frederico II da Prússia [1712-1786]: 36-7; v. Kant

Galeno, Cláudio [Claudius Galenus, 131-201 d.C.]: 41, 43-4, 56n.3, 346
Galileu [Galileo Galilei, 1564-1642]: 52, 61
Gantz, Timothy: 88n.10
Gelon [~530-478], tirano de Gela, depois de Siracusa: 49, 51, 53, 63
Gigante, Marcello: 45 & 57n.11
Gleim, Johann Wilhelm: 10-1 & 23n.15
Grégoire, Henri: 72, 74, 88n.2-3 & n.5, 102n.3

Hécuba, esposa de Príamo: 76; v. Eurípides
Hegel, Georg Wilhelm Friedrich: 22, 38n.14, 313
Heráclito de Éfeso [550-480 a.C.]: 76, 82
Herder, Johann Gottfried von: 9 & 22n.10; v. Kant
Hermes: 75 & 88n.6, 76, 80-2, 108; v. Eurípides
Heródoto [484-420 a.C.]: 72 & 88n.3
Hipólito, *Hipólito*: 71, 130 & 137n.17-8, 150, 157n.10-3, 347n.23; v. Eurípedes
Homero: 152 [cf. *Ilíada*]
Hyppolite, Jean: IX, 22n.1, 39n.14

Íon, herói mítico, ancestral epônimo dos iônios ou jônios, *Íon*: 69-70 & n.3, 71-4, 76-7, 88n.1-3 n.5 n.9 n.14, 89n.23 & 27, 91-102n.1-3 n.5, 103 n.6-8 n.10 n.12 n.14-24, 105-109, 115, 120, 121n.12-5, 123-4, 126-36, 129-135, 136n.1-2 n.7-16, 137n.19-28 n.30-1, 139, 167, 177, 272, 275, 289, 293n.20, 309, 318; v. Aristóteles, Eurípides; v. também: Sófocles *[Édipo rei]*

Isócrates [436-338 a.C.]: 46, 166-7, 170n.11, 174, 176, 178, 190n.1, 199, 273, 275, 283, 287

João Crisóstomo [~344-407 d.C.]: 46, 57n.12-4
Jocasta: 108, 149; v. Eurípides *[Fenícias]*
Joly, Robert: 306n.14

Kant, Immanuel: 9-21, 22n.*, 22n.7 & n.10, 23n.16 & n.22, 25, 27-34, 36-8, 38n.1 n.7 n.11, 266, 313, 317, 344n.10 n.11, 345n.15

Lagrange, Jacques: IXn.1, XIn.8, 22n.1
Laio: 78-9, 88n.10; v. Sófocles *[Édipo rei]*
Las Cases, Emmanuel de: 255n.2
Leão, o Salamínio: 288, 290; v. Platão, *[Apologia]*
Lefort, Claude: 157n.7
Leibniz, Gottfried Wilhelm: 13
Lessing, Gotthold Ephraim; 11, 23n.15
Leto: 112-3, 123-4; v. Dumézil
Levinas, Emmanuel: 23n.14
Lísias: 297-9, 305n.*; v. Platão *[Fedro]*
Loxias: 135, 137n.27-8; v. Eurípides, *Íon*
Luciano de Samosata [~125-192 d.C.]: 46, 278-80, 292n.4-5

Maquiavel [Niccolò Machiavelli, 1469-1527]: 237
Marco Aurélio [Marcus Aurelius Antoninus, 121-180 d.C.]: 46, 269
Máximo de Tiro [séc. II d.C.]: 46
Mecenas [Caius Cilinius Maecenas, ~69-8 a.C.]: 237; v. Dion Cássio
Mendelssohn, Moses: 10-1, 13, 20, 23n.12-15
Musônio Rufo [séc. I d.C.]: 312 & 322n.3

Nícias [~470-413 a.C.]: 74-5, 99, 283; v. Tucídides

Nicocles [... ~353 a.C.]: 273; v. Isócrates
Nietzsche, Friedrich: XIn.7, 22

Orestes, *Orestes*: 152-3, 156, 157n.16-17, 158n.18 n.20-23 n.25-26, 160, 166, 347n.23; v. Eurípides, Sófocles

Pelli, Moshe: 23n.12
Penteu: 151-2; v. Eurípides *[Bacantes]*
Perdicas II, rei da Macedônia [450-413 a.C.]: 192-4, 213; v. Platão [Carta V]
Péricles [~495-429 a.C.]: 98-9, 102n.4, 159-166, 168, 174, 176, 206, 237, 271-2, 275, 307-9, 318, 320-1; v. Tucídides *[Guerra do Peloponeso]*
Philippson, Robert: 45 & 57n.9
Pítia (a): 75-6, 133-4; v. Eurípides, *Íon*
Platão: 26n.*, 43, 46, 48-56, 57n.19, 63, 65, 71, 125, 140, 171, 175, 177-86 & 180n.*, 189, 190n.3-14 & n.16-7, 191-201, 201n.2 n. 4, 202n.6-11, 203-9, 211, 213-7, 221-33, 235-57, 259-70, 273-5, 281, 284-5, 289, 292n.7-10, 293n.11-9 n.21, 297, 299, 303, 305n.1-5, 306n.6-7 n.9-17, 307, 310-1, 321-3, 326-7, 339 n.1-3 n.6-12 n.14-16 n.18-20
Plutarco [~50-125 d.C.]: 46-9, 51-2, 57n.18, 60, 62, 64, 68, 71, 175-8, 192, 196, 201n.1, 264, 274, 292n.2, 300, 306n.8, 332, 339n.13
Políbio [~200-120 a.C.]: 46, 68, 70n.2, 139-141, 144, 146, 157n.1, 172
Pólis: 49; v. Plutarco
Popper, Karl: 232 & 234n.21
Príamo, rei mítico de Troia: 76; v. Eurípides

Quintiliano [Marcus Fabius Quintilianus, ~30-100 d.C.]: 46, 53, 57n.17 & n.23

Richelieu, Armand Jean du Plessis de: 237 & 255n.3

Scarpat, Giuseppe: 45 &57n.10
Schlier, Heinrich: 125-6, 136n.3 n.5
Scholem, Gershom G.: 23n.12
Searle, John Rogers: 70n.1
Sêneca [Lucius Annaeus Seneca, ~60-39 a.C.]: 46 & 57n.16, 312
Sócrates: 198-7, 203, 205-6, 215-7, 219, 224, 252, 274, 282-8, 291, 292n.7-8, 293, n.12-13 n.15-19 n.21, 295-303, 305n.* n.1-4, 306 n.7 & 330 n.*, 339 n.6-12, 352n.35; 197-8, 203, 205-6, 215-7, 219, 224, 252, 274, 282-8, 291, 308-10, 318, 320-1, 324, 326-31, 334-5, 337-8, 339 v. *Alcibíades*, Cálicles, Lísias, Platão *[Apologia]*, *[Fedro]*
Sófocles [~496-406 a.C.]: 57n.22. 74, 78, 88n.12-13, 107, 120n.1, 352n.33

Taltíbio: 152-4; v. Eurípides, *Orestes*; Homero

Teramenes [450-404 a.C.]: 156, 158n.24
Teseu: 103n.11
Tucídides [~460-395]: 160-1, 163-4, 170n.1-10, 173, 176, 178, 237, 255n.5, 259, 263-4, 271-3, 307, 309, 318; v. Péricles *[Guerra do Peloponeso]*

Vico, Giambattista/Giovanni Battista: 26 &38n.3-5

Weber, Max: 22

Xenofonte [~430-355 a.C.]: 185, 243 & 256n.12, 273, 275; Pseudo-Xenofonte: 94, 103n.13
Xuto: 73, 74, 76, 78, 80-2, 84-8, 88n.3 & n.14, 89n.27, 91-93, 95-97, 100-1, 105-11, 115, 131-2, 134-6, 142-3; v. Creusa, Eurípides, *Íon*

GRÁFICA PAYM
Tel. [11] 4392-3344
paym@graficapaym.com.br